读名著

品湖湘

湖湘文化保护传承工程项目
2024年度湖南省社科基金重大委托项目

湖湘文化名著读本

文学卷（修订版）

总主编 朱汉民

刘再华 蔡慧清 编著

湖南大学出版社 · 长沙
HUNAN UNIVERSITY PRESS

图书在版编目（CIP）数据

湖湘文化名著读本．文学卷 / 朱汉民总主编 ；刘再华，蔡慧清编著．-- 2 版，修订版．-- 长沙 ：湖南大学出版社，2024. 12. -- ISBN 978-7-5667-3344-3

Ⅰ. Z835；I206

中国国家版本馆 CIP 数据核字第 2024UY0616 号

湖湘文化名著读本 文学卷（修订版）

HUXIANG WENHUA MINGZHU DUBEN WENXUE JUAN（XIUDING BAN）

编　　著：刘再华　蔡慧清

项目总监：邹　彬　王桂贞

责任编辑：邹　彬　李　婷　周文娟

印　　装：湖南省众鑫印务有限公司

开　　本：710 mm × 1000 mm　1/16　　**印　　张：**32.25　　**字　　数：**608千字

版　　次：2024年12月第1版　　**印　　次：**2024年12月第1次印刷

书　　号：ISBN 978-7-5667-3344-3

定　　价：96.00元

出 版 人：李文邦

出版发行：湖南大学出版社

社　　址：湖南·长沙·岳麓山　　**邮　　编：**410082

电　　话：0731-88822559（营销部）　88821594（编辑部）　88821006（出版部）

传　　真：0731-88822264（总编室）

网　　址：http://press.hnu.edu.cn

湖湘文化名著读本

编委会

总序

在漫长的人类文明史上，中华文明之所以成为一个从未中断的连续性文明体，缘于中华文化内在的恒长生命力。对于中华文化组成部分的湖湘文化，我们不能够仅仅将其理解为中华文化体系中的地域形态文化，它也是中华文化的杰出代表。沿着中华文化演变的历史脉络，湖湘文化经历了漫长的形成、演变、发展、重构的历史过程。湖湘文化作为中华文化的优秀典范，既具有中华文化的普遍精神，又形成了其独特的传统。

一、湖湘文化对中华文化的重要贡献

湖湘文化形成、发展于漫长的历史过程中，它在不同历史背景下的发展机遇、文化形态、重要贡献，均与中华文化的主体性建构密切相关。湖湘文化之所以在中华文化体系中居于重要地位，是因为它坚守中华民族的家国情怀、人文精神、文化使命，对中华文化的建构发展作出了重要贡献。

湖湘文化有三个重要发展时期，即楚汉时期、宋明时期和近代。湖湘文化人在此时期均创造出独特的历史成就和文化贡献，顺应了中华文化发展的历史趋势，充分反映了中华文化主体性建构的要求。

楚汉时期是湖湘文化登上中华文化历史舞台的重要时期。楚国时期的湖湘地区是楚文化的重要区域，在此产生了将中原道德文化与沅湘民俗文化相结合的浪漫主义文学艺术，其典型代表是屈原的“楚辞”。屈原是战国时期杰出的诗人、思想家、政治家，晚年被流放于湖湘大地，创作了融入湖湘地域特色的《离骚》《九歌》《九章》《天问》等作品。屈原在《离骚》中表露自己的心迹：“济沅湘以南征兮，就重华而陈词。”他在沅湘之地而向舜帝陈词，表达了身处南楚沅湘的屈子对华夏文化主体的敬重和认同，这一种文化情怀推动了南楚文化与中原文化的融合。屈原还进一步通过《九歌》的创作，建构了一个将沅湘地区的自然神崇拜与中原地区的圣王崇拜融为一体的艺术形象，逐渐使中原地区的舜帝与苗蛮民族的精神偶像统一起来。他以自己独特的艺术创造与深刻思想，推动了中华文化的多元融合与历史建构。“楚辞”不仅是楚文化的典范，也是中华文化的艺术经典。屈原在“楚辞”中构建了一个体现中华文化精神的艺术世界，推动了一种具有包容性的文化传统的历史建构，对中华文化与民族精神的形成作出了突出的贡献。在之后两千多年的历史长河中，屈原的“楚辞”一直陶冶着中华儿女的审美情操和精神世界。两汉时期建构的中华文化，是人类文明史上最宏大、最丰富、最深刻且具有蓬勃生命力的文明体之一。两汉文化主要由三大地域文化即齐鲁文化、秦晋文化、荆楚文化构成。荆楚文化是湖湘文化的源头，亦可谓湖湘文化的母体，她为两汉以后逐步成熟的中华文明作出了杰出贡献。此后，被流放在湖南的文人学者继承了屈原所奠定的湖湘文统，表现出与屈原一脉相承的精神气质。西汉的贾谊是继屈原之后影响最大的湖湘文人，他在湖南创作了《吊屈原赋》《鹏鸟赋》等充满湖湘神韵的文学作品，在中国文学史上具有重要地位。司马迁作《史记》时将屈原、贾谊合传，故而湖南在历史上又被称为“屈贾之乡”。

宋明时期既是中华文化的成熟与深化时期，也是湖湘文化的丰富与发展时期。两宋时期湖湘地区理学崛起，书院教育大盛，推动了湖湘文化的兴盛和发展，进而推动了中华文化的深入发展。两宋时期湖湘学派崛起，推动了理学思潮的创新和发展，涌现出许多著名的理学家，如周敦颐、胡宏、张栻等。湖湘地区书院的蓬勃发展，为理学的发展和传播作出了重要贡献。宋以前文化教育并不发达的湖湘地区，在两宋时期拥有“天下四大书院”中的岳麓书院和石鼓书院，时有“天下书院楚为盛”的说法，这些都反映了湖湘地区的文化教育对中华文化的历史贡献。明末时期的王船山以毕生精力从事学术研究，留下了一百多种著作，内容涉及哲学、政治、经济、历史、文学、教育、宗教、科技等领域，构建了一个博大精深的思想文化体系。他对自己的学术期许“六经责我开生面”，充分表达了他对中国思想文化发展趋势的深刻洞察。一方面，王船山全面继承、系统总结了以“六经”为代表的中国思想文化传统；另一方面，他又根据历史变革与发展趋势，大胆创新、全面发展了中国的传统思想文化。正因此，他留给后人的是一个既有深厚中华文化传统又有超前时代意义的思想文化体系。

从晚清到民国是中华文化近代化的重要时期，也是湖湘文化的继承与创新时期。清末民初，湖湘文化开始进入大发展时期。晚清以来的近代中国面临“三千年未有之变局”，中华文化受到西方文化的巨大冲击。近代知识分子群体主动承担起学习和引进外来的器物文化、制度文化、思想文化的大任，全方位地推动中国文化的近代化。同时，他们又坚守中华传统文化精神，坚守中华文化中具有恒常意义的价值体系，以实现中华文化的主体性转型。清末民初的湖湘知识分子群体参与了这一历史进程，那些提倡学习西方近代器物、制度、思想的志士仁人，很多都是胸怀家国的优秀湖湘儿女。他们在致力于中华文化近代化建设的同时，也在进一步推动中华文化的主体性转型。那些在近代史上推动中华文化近代化的先驱人物，有着对中华五千多年文化的高度自信。这种文化自信是建立在对中华文化的深刻思考和深厚情感基础之上的，所以，尽管他们也批判中华文化中的糟粕部分，但是他们从来没有对中华文化丧失信心。如魏源既呼唤“师夷长技以制夷”，倡导学习西方先进技术，又坚守中华文化“三代之心”的理想精神，以行王道致富强作为近代中国的最终目标。谭嗣同也是一位有着高度文化自信和文化自觉的人。他坚持以“仁”为价值体系核心来革新近代中国文化体系，他的代表作《仁学》就鲜明地体现出中华文化主体性革新的精神。杨昌济更坚定地相信，中华文化的价值理念是具有普遍性的世界主义。他说：“吾国圣贤之教，本取世界主义，故恒谓吾国为天下。”① 总之，湖湘学人坚信中华优秀文化既有贯通古今的恒常性价值，又有超越民族国家的普遍性价值。

近代湖湘文化对中华文化发展的重要贡献是湖湘学人在新文化运动中吸纳、宣传马克思主义，且将外来的马克思主义与中华文化相结合而建立中国化马克思主义。近代湖湘知识分子群体既是强调经世致用的实用主义者，也是追求大同之道的理想主义者，大多数近代湖湘知识分子持中国传统的大同、王道理念来推动中国的现代化进程。青年毛泽东曾表达了自己对中国最高理想“大同圣域”的向往。他说：“彼时天下皆为圣贤，而无凡愚，可尽毁一切世法，呼太和之气而吸清海之波。孔子知此义，故立太平世为鹄，而不废据乱、升平二世。大同者，吾人之鹄也。”② 新文化运动中，科学社会主义思潮从西方传入中国，那些追求大同理想的湖湘知识分子很快就接受了马克思主义，并在湖南地区创建了共产主义小组。中国在现代化进程中，最终选择了马克思主义。中国化马克思主义包含着深刻的中华文化思想内涵。如青年毛泽东一度从中外各种新思潮中探寻实现大同理想的道路，最后通过阅读《共产党宣言》等马克思主义著作，找到了实现大同理想的科学社会主义，确定了共产主义信仰。中华人民共和国成立前夕，毛泽东在《论人民民主专政》一文中指出：“康有为写了《大同书》，他没有也不可能找到一条到达大同的路。资产阶级的共和国，外国有过的，中国不能有，因为中国是受帝国主义压迫的国家。唯一的路是经过工人阶级领导的人民共和国”，“经过人民

① 杨昌济著，王兴国编注：《杨昌济集㈠》，湖南教育出版社，2008 年版，第 85 页。
② 《毛泽东早期文稿》，湖南人民出版社，2008 年版，第 76 页。

共和国到达社会主义和共产主义，到达阶级的消灭和世界的大同”。① 所以，毛泽东把共产主义称为“真正的大同”。可见，中华文化中的大同理念成为马克思主义传入中国的文化基础和精神助力。马克思主义传入中国之后，以毛泽东为代表的一代中国共产党人将实事求是思想作为民族形式的马克思主义，指导中国革命和建设。毛泽东诠释的实事求是之所以成为中国共产党的思想路线，是因为它是一种典型的中国化马克思主义思想。更具体地说，实事求是既有深厚的中国思想传统基础，又能够体现马克思实践唯物主义的普遍原理。中华民族作为一个重视实践的民族，具有实事求是的思想传统与文化基因，所以中国共产党人能够走出一条中国式革命的道路，并且形成了毛泽东思想。总之，我们可以把将中国传统的大同之道与共产主义理想结合起来、将实事求是之道与实践唯物主义结合起来，理解为近代湖湘文化对中华文化现代化发展的重要贡献。

由此可见，一部湖湘文化形成和发展的历史，就是一部传承和发展中华文化道统、参与中华文化建构的历史。在中国历史发展过程中的一些重要阶段，总有一些湖湘知识分子在引领中华文化的主体性建构，推动中华文明的建设与发展。他们致力于中华文明建设和发展的精神动力，正是中华文化的基本精神与中华道统的核心价值——其中包括大同理想、王道政治、内圣外王和实事求是。他们的文化自信，正源于对中华文化所具有的普遍性与恒常性价值的精神信念。

二、湖湘文化的主要特色

湖湘文化是中华文化体系中的地域形态文化之一，具有鲜明的地域特色。学界曾经从不同角度对湖湘文化的地域特色作过概括，这对推进湖湘文化的

① 《毛泽东选集》第 4 卷，人民出版社，1991 年版，第 1471 页。

研究和宣传起到了很好的作用。这里主要从文源、文脉和文气三个方面，考察和定位湖湘文化的主要特色与优势。

其一，文源深。中华文明是世界古文明中唯一从未中断过的文明。史籍记载的“三皇五帝”，充分体现了中华民族的悠久文明历史，而湖湘文化与“三皇”中的炎帝、“五帝”中的舜帝均有着密切的关联。在中华文明史上，炎帝神农氏是农耕文化的奠基人，《周易·系辞》载神农氏“斫木为耜，揉木为耒，耒耨之利，以教天下”。在湖南地区出土的新石器时代遗址，如道县玉蟾岩遗址、澧县彭头山遗址，均证明了炎帝神农氏时代（甚至更早的历史时期）湖南地区便创立了比较发达的农业文明。可见，“三皇”之一的炎帝神农氏既是中华农耕文明的开拓者，又是湖湘文化的开拓者。后来，炎帝神农氏因为民治病，误食毒草而亡，葬于今湖南炎陵县。“五帝”之一的舜帝则是中华道德文化的奠基人。舜帝是出生于中原地区的华夏部落首领，很多历史典籍中记载了他的道德精神，如孝敬父母、恭谦礼让、以德治国、举贤任能等。舜帝的道德精神成为中华传统道德的典范，在中华大地产生了重大的影响。据《史记》记载，舜帝南巡时崩于苍梧之野，葬于九嶷。此后，九嶷山的舜帝陵就成为湖湘儿女祭拜舜帝、弘扬道德文化的地方。

湖湘文化的文源深，不仅仅在于它与中华民族农耕文化、道德文化的源头相关，还在于它与中国古典文学、两宋道学的源头直接相关。中国古典诗歌有两个源头：北方的《诗经》与南方的“楚辞”。屈原是楚辞艺术的奠基人与杰出代表，他的许多代表作品都是他被流放于湖南地区时创作的，吸收了沅湘之地的神话巫风。可见，湖湘文化为屈原的诗歌作品提供了源头活水。宋代被称为“道学宗主”“理学开山祖”的周敦颐出生于湖南道县，又多年在湖南地区为官并从事学术研究与文化传播，故而也是湖湘学的奠基人。屈原与周敦颐，“一为文学之鼻祖，一为理学之开山”（钱基博语），充分反映了湖湘文化的源远流长。

其二，文脉广。“文源深”着重从时间维度表达湖湘文化的悠久，“文脉广”则着重从空间维度表达湖湘文化的广大。区域文化虽然是针对某一空间范围而言的，但其形成、发展、演变均离不开不同区域文化之间的交流和互动。湖湘文化之所以获得很大发展，除了对本土文化的继承、创新以外，还在于对外来文化的不断学习、吸收，故而具有文脉广的特点。湖湘文化形成的上古时期，中原文化与南方本土文化相结合，极大地促进了中华文化的发展。炎帝神农氏的圣王人格精神，其实就是北方的英雄传说（炎帝）与南方的宗教信仰（农神）交流互渗的结果。舜帝南巡逝世并葬于九嶷，受到南方民众的普遍敬仰，亦体现出湖湘文化对中原道德文化的接受与吸收。另外，湖南本土的苗蛮文化，如果追溯其来源，也是九黎部落（东夷文化）南迁的结果。

屈原的“楚辞”作品也体现出文脉广的特点。一方面，他的部分诗歌源于沅湘巫歌，具有南音歌谣、巫风歌舞的地域特色与湖湘风情；另一方面，这些诗歌表现出对“美政”“美人”的理想追求，特别是对舜帝这位远古圣王的崇敬，其文脉显然为中原华夏族文化。周敦颐之所以能够成为道学宗主、理学开山鼻祖，固然是由于他能够继承齐鲁之风、孔孟学统，同时还与他大胆吸收和兼容佛、道思想有关。作为周敦颐理学思想的传承者，南宋胡宏、张栻在湖南地区创建的湖湘学派，也具有文脉广的特点。湖湘学派的创立缘于二程洛学南传，故而有浓厚的洛学特色；湖湘学者又广泛地与闽学学派的杨时、朱熹，与浙东学派的吕祖谦、薛季宣、陈傅良，与江西学派的陆九渊、陆九韶等开展学术交流，学术上有典型的兼容并蓄的特点。王船山能够成为清初三大儒之一，也缘于他的文脉广。他不但继承了宋时的湖湘学统（其中包括胡安国的《春秋》学、胡宏的人性论、张栻的知行论），而且继承了张载关学的学术思想，将气学发扬光大；同时吸收了浙学的事功取向。再如晚清的湖湘学人，其思想学术无不具有文脉广的特点。曾国藩将知识学问分成义理、考据、辞章、经济等“四门之学”。他本人能够在这“四门之学”中取得突出的成就，很大程度上在于他的文脉广。如他的义理之学源于洛闽，考据之学宗吴皖，辞章之学承桐城，经济之学源于浙东、湖湘各地。可见，广泛的文脉成就了湖湘学人，也推动了湖湘文化的大发展。

其三，文气足。“文气”是古代文论中的一个专有名词，一般用来指文章中所体现出的作者的精神气质，而用“文气”来描述湖湘文化的特征时，就有狭义与广义之分。狭义的文气，专指那些在湖湘地区创作的作品或湖南人的著述中所表达出的既具有地域特色又充满生命活力的精神气质。湖南作为一个文化大省，曾产生了一大批著名的作家和优秀的文学作品。屈原的《离骚》《九歌》《九章》《天问》，是中国较早的文学经典。此后，这里产生了许许多多在中国文学史上占有重要地位的作品，如贾谊的《吊屈原赋》《鹏鸟赋》，柳宗元的《永州八记》，范仲淹的《岳阳楼记》，周敦颐的《爱莲说》，等等。明清至近代，湖湘地区涌现出不计其数的文化名人，如李东阳、王夫之、曾国藩、何绍基、王闿运、丁玲、沈从文等，他们的作品均表现出一种充盈而劲悍的文气。最早提出“文气说”的曹丕曾说，“文以气为主，气之清浊有体，不可力强而致”①。其中的“气”就指作者内在的精神气质。湖湘作家群体的精神气质大多是血性与灵性的结合，并表现出劲直、刚烈、气雄的特色，作家群体及其代表作品凸显出文气足的特点。

广义的“文气”指某个人物群体所具有并表现出来的文化气质。湖湘大地有数千年的文化积淀，加之宋以后湖湘教育发展很快，湖南人才群体普遍体现出一种特别的文化气质。除了那些从事文学、学术等与“文”有关的人普遍具有文气，军人与政治家群体也表现出特别的文气。晚清的湘军集团就是一个具有“文气”的军事集团、政治集团。湘军集团的大部分将领是文人学者出身，受过系统的文化教育，能够治学为文。他们还用这种“文气”训练士兵，军营中常常传出琅琅书声。军队能够具有这样鲜明的文气，在历史上罕见。近代湖南许多著名的革命将领如黄兴、蔡锷等均显出鲜明的文气。同样，湖南的政治家也具有鲜明的文化气质。其中表现得最充分的是毛泽东。毛泽东是中国历史上影响很大的政治家、军事家，他的政治才能、军事才能使得他能够领导中国人民推翻三座大山、建立中华人民共和国；同时，他又

① 严可均校辑：《全上古三代秦汉三国六朝文》，中华书局，1958年版，第1097页。

是一位创作了大量文学名篇的诗人，一位热爱哲学并且提出了系统哲学理论的哲学家。毛泽东是历史上罕见的文气足的政治领袖。

三、为什么要编“湖湘文化名著读本”

2023年6月2日，习近平总书记在文化传承发展座谈会上特别指出，只有全面深入了解中华文明的历史，才能更有效地推动中华优秀传统文化创造性转化、创新性发展。同样，我们只有深入了解湖湘文化的历史，特别是了解湖湘文化对中华文化的历史贡献，才能更有效地推动中华文化重要组成部分的湖湘文化的创造性转化、创新性发展。

我们应该如何深入了解湖湘文化呢？显然，学习、了解湖湘文化，离不开下列几条途径。

其一，阅读湖湘文化的文献典籍。湖湘文化在几千年的历史演变发展过程中，留下了卷帙浩繁的文献典籍，它们是悠久的湖湘文化的体现。想要了解湖湘文化的学习者，无疑应该把这些历史文献典籍作为重要的资料。通过阅读这些典籍，我们可以穿过时空隧道，领悟湖湘文化的丰富内涵。

其二，考察湖湘文化的历史遗迹、文化遗物。由于时间的剥蚀，曾经鲜活的湖湘文化的历史现象和文化形态逐渐演变为博物馆里的文物与文化遗迹。它们是辉煌、灿烂的湖湘历史文化的见证，客观、忠实地叙述着湖湘历史文化。通过参观、考察湖湘文化的历史遗迹、文化遗物，我们可以了解、感受湖湘文化的历史风貌和丰富内涵。

其三，观察、思考当代湖湘人的文化心理、性格气质、风俗习惯。文化心理、性格气质、风俗习惯均是文化积淀的结果，通过对当代湖湘民众习俗、性格、心理等方面的观察思考，可以找到与湖湘文化相关的信息，进而了解湖湘文化。许多民俗学、社会学、人类学、心理学的研究者，都通过这一途径了解和诠释着湖湘文化。

其四，阅读湖湘文化研究著述，参加湖湘文化专题讲座。从事湖湘文化研究的学者，通过上述文献典籍、文物遗迹、民俗活动等载体，获得对于湖湘文化的认知，进而撰写关于湖湘文化的著述，开办湖湘文化专题讲座。通过阅读他们的著述，参与专题讲座，可以更快捷地获得有关湖湘文化的历史知识。

上述学习湖湘文化的途径，各有其特点和长处。而我们采用编写“名著读本”的方式，希望能引导读者深入学习湖湘文化的思想内涵和人文内核，深刻了解湖湘文化。本丛书具有以下特点：

其一，采取选读湖湘文化名著的途径，引导读者更加准确、深入地了解湖湘文化。几千年的湖湘文化历史主要是凭借文献典籍保存下来的。其他的如文物古迹、风俗习惯，也只有借助文献典籍，其文化意义才能够彰显出来。大量的湖湘文化研究论著与专题讲座，也主要是以文献典籍为依据而完成的。阅读文献典籍应该是最全面、最深入、最系统地了解湖湘文化的路径。但由于湖湘文化文献浩繁，普通读者显然难以入手，非湖湘文化研究专业人士也没有必要下那么大的功夫去读。本丛书精选了那些能够体现湖湘文化精华的原著，这些文化名著往往既能够集中体现中华文化精神，又能够反映湖湘文化特色。

其二，将湖湘文化名著与湖湘文化研究著述结合起来。对于读者，仅仅阅读湖湘文化原典，可能难以把握其中的思想核心与文化内涵；仅仅阅读湖湘文化论著，又可能难以进行独立思考。本丛书希望引导读者在自己阅读原著的同时，又能阅读到专业学者的注解、评析，继而能够快速、准确、深入地了解湖湘文化。

其三，将湖湘文化名著分为不同学科，包括哲学、文学、历史学、教育学、军事学等不同领域，以更加全面地介绍湖湘文化，满足不同爱好者的需求。湖湘文化的研究是一个综合性很强的学术场域，其文化内涵离不开各个不同的学科视域。本丛书的编著者均是在上述学科领域中具有较高学术涵养、取得一定学术成果的学者。他们以专业的眼光，选取能够代表湖湘文化的名著，并作出专业的注解、评析，以帮助读者从不同学科视域品读湖湘文化。

“湖湘文化名著读本”丛书最初于2012年出版，包含哲学卷、佛教卷、道教卷、文学卷、教育卷、军事卷。丛书出版后产生了较好的社会反响。近年来，以习近平同志为核心的党中央一直在强力推动中华优秀传统文化的创造性转化、创新性发展，特别是习近平总书记提出将马克思主义与中华优秀传统文化相结合，进一步推动了民众对中华优秀传统文化的学习。作为中华文化典范的湖湘文化，也受到从中央到地方各级领导的重视，进而引发了广大读者对湖湘文化的学习热情，关于湖湘文化的著述方兴未艾。湖南省委、省政府为了进一步推广湖湘文化，指示湖南大学修订、完善“湖湘文化名著读本”丛书，并将其列为“湖湘文化保护传承工程”项目。同时，本丛书还被湖南省哲学社会科学工作办公室列为“2024年度湖南省社科基金重大委托项目（24WTA14）”。湖南大学高度重视，成立了编委会和修订工作专班，以期圆满完成这一重大文化工程项目。

根据湖南省委、省政府和湖南大学的指示以及湖南大学出版社工作专班的安排，我受命主持本丛书的修订和完善工作。本次修订，我们根据现代大学生、公务员、广大文化爱好者等不同群体学习湖湘文化的需要，选取哲学、历史学、文学、教育学、军事学等五个学科的湖湘文化名著，请相关作者根据新的研究成果，增补、完善本丛书，以体现当代学者对中国传统文化、湖湘文化的研究水平。我在原序的基础上，对湖湘文化的历史概貌、文化成就、地域特色以及本丛书出版始末、主要特色作了一个基本的介绍。

是为序。

朱汉民

2024年10月31日定稿于岳麓书院文昌阁

前言

湖湘文学的发展与湖南地区的政治建设、经济开发基本同步，其中所包孕的人文情怀和艺术感悟体现了湖湘文化的基本精神，在文学演变过程、文学精神建构、艺术风格和体裁形式等方面具有鲜明的地域特色。

就文学演变过程而言，湖湘文学既是千百年来湖南作家呕心沥血的精神成果，也凝结着许多流寓湖南的外省籍作家的心血。概而言之，宋代以前，湖湘文学创作以流寓湖南的外来作家为主。春秋战国时期，湖南地属楚国，文学方面出现了以屈原为代表的楚辞体作家。屈原晚年流放湖湘，足迹遍及沅水、澧水和湘江流域的许多地区，创作了《九歌》《涉江》《怀沙》等优秀作品。这些作品标志着湖湘文学的辉煌开篇。秦汉至唐五代，中国的政治中心在中原或南方江浙地区，湖南地处边缘，经济文化相对落后，政治上常常成为贬官逐臣的聚散地。被贬的官僚文人带着人生的失意行走于湖湘大地，既为湖南带来了中原地区的先进文化，也为湖湘文脉的形成提供了许多具有独特精神品质的文学佳作。汉代贾谊谪宦长沙，凭吊湘水，作《吊屈原赋》，抒发了与屈原异代同悲的心境。赋以骚体写成，开后代辞赋家追怀屈原的先例。司马迁作《史记》，将屈原、贾谊合传，历史上因此将二人并称为屈贾。

屈贾辞赋的骚怨精神从此深深地浸入湖湘文学创作的血脉之中，成为湖湘文统形成的标志。唐代诗人杜审言、宋之问、沈佺期、张说、王昌龄、刘长卿、韩愈、刘禹锡、柳宗元、李绅等人都曾经因贬官流寓湖南，并留下文学的足迹。特别是刘禹锡、柳宗元两人参加永贞革新失败后谪贬常德、永州，其境遇与屈原、贾谊惊人相似，因而在文学上自觉地传承屈骚精神。其他如大诗人李白、杜甫，也曾经在湖湘地区漫游和生活，杜甫最后还客死在湘江的一叶小舟上，两人对屈原的人格和文学才华推崇备至。李白《江上吟》诗云："屈平词赋悬日月，楚王台榭空山丘。"杜甫在《戏为六绝句》中写道："不薄今人爱古人，清词丽句必为邻。窃攀屈宋宜方驾，恐与齐梁作后尘。"这些伟大诗人对屈原的推崇，进一步固化了湖湘文学宗师屈贾的传统。

先秦至晚唐五代，湖南本土作家见于文献记载的有刘巴、蒋琬、黄盖、罗含、欧阳询、李群玉、刘蜕、胡曾、齐己、李宏皋等，虽然代不乏人，但是群体很小。比较而言，李群玉、刘蜕、胡曾、齐己等人影响较大。李群玉举进士不第，以布衣游长安，通过投诗获得唐宣宗赏识，授弘文馆校书郎。其诗宗法屈原、杜甫，风格以沉郁哀怨为主，间杂妍丽，笔力遒劲。刘蜕以散文名世，亦工诗。他所著的《山书》十八篇，文笔古朴奇奥，表达了一种带有平均主义色彩的民本思想。刘熙载《艺概》论其诗"学楚辞尤有深致"，"颇得《九歌》遗意"。胡曾以《咏史诗》闻名于世。《咏史诗》凡一百五十首，每首都以地名为题，评咏当地历史人物和事件，立论平实，语言质朴无华。齐己是唐代著名诗僧，《全唐诗》录其诗八百余首，为湘籍诗人之最。其诗古雅高远，写景抒情，常富有清淡冷峭、空灵洒脱的神韵。五代时期，马殷在湖南建立楚国，其子马希范继位后，设天策府文学馆，推举李宏皋、廖匡图、徐仲雅等十八人为学士。天策府十八学士文人群体的形成为马楚时期湖南文学的发展增添了一道亮丽的风景。

宋代理学形成，湖湘文学创作整体上呈现重义理的倾向。道县人周敦颐，人称濂溪先生，是北宋理学奠基人。胡宏、朱熹、张栻等理学名家在湖南传道讲学，培养了一大批理学人才，湖湘学派正式形成。这标志着湖湘文化开始进入全国文化发达地区行列。与此相对应，宋元时期的湖湘文学创作，本土作家的影响日益扩大。周敦颐的《爱莲说》托物言志，虽然篇幅只有百余字，却脍炙人口，在中国散文史上占有一席之地。朱昂的《广闲情赋》以物写志，庄重典雅，艺术上继承了楚辞香草美人以喻君子的传统。王以宁以词记述军旅生活，吟咏人生情怀，风格狂放豪宕。乐雷发的诗集《雪矶丛稿》被收入《江湖诗集》，风格雄伟劲健。元代冯子振紧跟时代潮流从事散曲创作，所作《鹦鹉曲》四十二首，邓子晋《太平乐府序》赞其"字按四声，字字不苟，辞壮而丽，不淫不伤"，人称"一代词伯"。欧阳玄主持纂修《经世大典》、四朝实录及宋、金、辽三史，是元代文坛领袖人物之一，文章与虞集齐名，人称"一代宗师"。陈泰"以吟咏自适"，《四库提要》论其歌行，"大致气格近李白，而造句则多类李贺、温庭筠"，"才气纵横，颇多奇句"。李祁被誉为元明之际湖湘第一诗人，遗著《云阳集》收入《四库全书》。平民诗人胡天游擅长杂言古体歌行，《四库提要》论其诗"长歌慷慨之中，能发乎情，止乎礼义。身处末季，惓惓然想见太平，犹有诗人忠厚之遗"。

明清以降，湖南本土作家整体崛起，蔚为大观，湖湘文学在中国文学界的地位日益提高。明初，茶陵人李东阳论诗讲声律，重格调，主张学习盛唐，宗法杜甫，直接开启李梦阳、何景明为代表的前七子文学复古运动。何孟春、彭民望、杨一清等湘籍诗人聚集在李东阳周围，形成茶陵诗派。茶陵诗派是湖南文学史上第一个具有全国性影响的文学流派。明代中后期，湖南诗人龙膺与后七子的王世贞、吴国伦相友善，江盈科与公安派主将袁宏道为同年进士，交往密切，两人均厕身当时最著名文学团体之中，创作上取得了令人瞩目的成就。冯一第、周圣楷、杨嗣昌，还有以陶汝鼐为代表的一批前朝遗民诗人，艺术上则崇尚竟陵派幽深孤峭的美学风格。清初，王夫之在抗清失败后隐居船山，以"六经责我开生面，七尺从天乞活埋"自期，发愤著书。王夫之回头审视明代的灭亡，将竟陵派诗歌定性为"亡国之音"予以否定，将"身之所历，目之所见"视为文学创作的"铁门槛"（《夕堂永日绪论·内篇》），反对立门户，反对拘泥死法，其文学思想对后世湖南文学的发展产生了深远影响。清中叶，湖南文学创作阵营进一步壮大，出现了以张九钺为代表的张氏文学家族，孙起栋、欧阳辂、“湘中七子”等较有影响力的作家，谢振定、唐仲冕、严如熤、周有声、陶澍等经世派官员在诗文创作方面也取得了较大成就。进入近代，湖湘文学在诗歌和散文创作方面最终挤进中国文学的第一方阵。诗歌方面，魏源主张“自道其情，情达而止”，创作了大量山水诗。汤鹏于诗“无体不工”。曾国藩、何绍基提倡宋诗。王闿运宗法汉魏六朝，创汉魏六朝诗派。易顺鼎诗学温庭筠、李商隐，与樊增祥一道开创中晚唐诗派。谭嗣同鼓吹“诗界革命”。其他如许瑶光、郭嵩焘、左宗棠、王先谦、释敬安、宁调元、皮锡瑞、曾广钧、杨度等的诗文创作，艺术上亦可圈可点。骈文和散文方面，王先谦编《国朝十家四六文钞》，所收十家中，王闿运、周寿昌两家为湖南作家。曾国藩文宗桐城，创立湘乡派，极大地扩大了湖南文学在全国的影响。

“五四”以后，湖湘文学最终完成了从近代向现代的转型，涌现出欧阳予倩、田汉、丁玲、沈从文、张天翼、周扬等一大批著名作家，在小说和戏剧创作方面取得了前所未有的成就，湖南文学发展自此进入了新时代。

就文学精神建构与艺术风格而言，曾国藩认为，湖南文学精神的形成深受屈原和周敦颐两人的影响。《湖南文征序》云：

湖南之为邦，北枕大江，南薄五岭，西接黔、蜀，群苗所萃，盖亦山国荒僻之亚。然周之末，屈原出于其间，《离骚》诸篇为后世言情韵者所祖。逮乎宋世，周子复生于斯，作《太极图说》《通书》，为后世言义理者所祖。两贤者，皆前无师承，创立高文。上与《诗经》《周易》同风，下而百代逸才举莫能越其范围。而况湖、湘后进，沾被流风者乎？

在曾国藩看来，湖湘文学的抒情传统是屈原奠定的，宋代以后，湖湘文学出现重义理的倾向，则主要是受了周敦颐的影响。表现在艺术风格上，前者属于浪漫主义，后者常常赋予文学一种经世情怀，偏重于议论和写实。两者在宋代以后相互融合，相互激荡，共同酿造出湖湘文学独特的精神品质和艺术魅力。概括起来，主要表现在两个方面。其一，继承屈原《离骚》《九歌》的创作传统，湖湘文学书楚语、记楚事，着力反映湖南地区的社会生活和风俗民情，常常选择湖湘地区特有的自然景物酿造瑰丽奇特的意境，表现手法上具有浓郁的浪漫主义色彩，文字充满悲怨，缠绵悱恻，又常常饱含着一种血性，至柔至刚，至情至性，具有强大的艺术感染力。如王夫之的《九昭》赋、《述怀》词，宁调元的狱中诗等，其风格可以用龚自珍《己亥杂诗》中的两句诗来概括，那就是“亦狂亦侠亦温文”，“歌哭无端字字真”。其二，湖湘作家在人格修养上追慕屈贾风流和周敦颐的理学情怀，讲气节，重义理，重学问，胸怀家国，心忧天下。屈原“哀民生之多艰”，上下求索，“虽九死其犹未悔”。周敦颐以莲花自喻，“出淤泥而不染，濯清涟而不妖”，推崇峻洁刚正、不趋炎附势的君子人格。历代湖湘作家以此为楷模，前赴后继，不断创新。这种人格操守折射到文学创作上，就赋予湖湘文学一种胸怀天下的家国情怀，一种敢于直面人生、直面社会、直面黑暗的斗争精神，湖湘文学的风骨因此而确立。

就文学体裁形式而言，传统诗文创作是湖湘古代文学成就的主要方面，这也是中国古代文学发展的基本特点。诗歌和散文是中国文学的正宗，写诗作文是中国古代知识分子基本的生活方式。小说和戏曲直到元代以后才逐渐成为文学创作的主要文体。但是，与中原和江浙地区不同，小说、戏曲在湖湘古代文学中始终没有取得一代之文学的地位，个中原因我在论冯子振与元代湖南散曲时曾做过探讨。归纳起来，主要有两点。其一，戏剧是随着城市经济的繁荣，适合市民阶层的审美趣味而发展起来的新兴艺术。与开发较早的中原及江浙地区相比，湖南地区的工商业与城市经济发展相对滞后，长沙、衡阳、岳阳等城市虽然历史悠久，也有相当规模，但并未像北京、杭州、扬州等地一样，成为全国或一个较大地区的政治、经济、文化中心，加上民风自古朴实，市民阶层的生活方式不够普及，因而缺少戏曲艺术发展的物质条件和群众基础。其二，理学文化的影响。湖南是理学的发源地。周敦颐、胡宏、胡安国、朱熹、张栻，直到明代的王阳明等无数理学名家曾在这里传道讲学。受其影响，湖湘知识分子不计利禄，一心求道，践履务实，不尚空谈，关心现实，注重经世，这种理学情怀决定了他们不可能对类属声歌之末的戏曲艺术投以太多的关注。诸如此类区域经济和文化因素的制约，使得戏曲、小说这两种元明清时期最常见的文学形式在湖南地区没有引起人们的重视。元代湖南文学中，杂剧方面没有传世之作，散曲创作声名较著者，也只有冯子振一人而已。明清两代，虽然出现了许潮、龙膺、张九钺、张声玠、杨恩寿等有一定知名度的戏曲作家和理论家，但是与诗文创作相比，其群体规模与创作实绩显得微不足道。这种情况直到“五四”以后才发生根本性改变。

做好《湖湘文化名著读本　文学卷》的编撰工作并非易事。困难主要来自两方面。其一，“名著”的标准难以把握。在确定入选篇目的过程中，我们感到湖湘文学名著的拣选只能在湖湘文学发展的历史语境中进行。相当一部分作品历经时间的淘洗，在湖湘文学史上流传下来，但其思想含量和艺术水准可能并未达到人们心目中“名著”的标准。对于这些作品，选还是不选呢？其二，自身学力水平的限制。湖湘文学历史悠久，作品浩如烟海，在短时间里凭几人之力要读完现存的作品别集并从中选出“名著”，几乎是不自量力。几经斟酌，我们采取了偷懒的做法，在选择清中叶以前的作家作品时，主要利用《全上古三代秦汉三国六朝文》《全唐诗》《全唐文》《沅湘耆旧集》等已有文献成果，而没有去一一搜寻入选作家的别集。这样做虽然有些冒险，但我们相信这些时代湖湘文学的名篇佳作基本上已经选入了这些书中。对于近代作家作品，则主要从别集中挑选。在确定入选篇目时，同时兼顾三个方面的考虑。其一，既充分考虑作品文本的思想性与艺术性，也兼顾以诗（文）存人和以人存诗（文），尽可能给读者提供比较多的湖湘文学作家与作品信息，力求比较全面地反映先秦至近代湖南文学发展的大致情况。其二，就入选作家作品的时代而言，前松后紧。唐前湖南文学创作以外来作家为主，为了突显本土文学的发生和发展过程，刘巴、黄盖、蒋琬、罗含等人的小文，虽然称不上名篇，但是填补了这一时期湖南文学的空白，故每人选存了一篇。唐代至宋元时期，本土作家的作品选录标准较宽，外来作家则只选名篇。陶渊明、范仲淹非湖南人，也没有到过湖南，但《桃花源记》《岳阳楼记》对湖南文化发展与传播的影响十分深远，故不能不选入。明清时期，湖南本土作家整体崛起，作品数量庞大，选录标准从严，但亦兼顾全面。其三，就文体而言，考虑到篇幅的限制，所选作品以诗为主，古代辞赋、散文、词、散曲酌选，小说和戏剧概不入选。现代湖南文学以白话为主，语体风格与古代完全不同，本书只选录了十一首诗歌。散文作品一时难以选准，一概从略。如此取舍，肯定有得有失，不当之处还望读者谅解。

刘再华　蔡慧清

目次

屈 原

湘夫人 / 001　涉江 / 003　怀沙 / 005　离骚 / 008

贾 谊

吊屈原赋 / 017　鹏鸟赋 / 019

刘 巴

答先主 / 024

蒋 琬

承命上疏 / 026

黄 盖

与曹公书 / 028

罗 含

答孙安国书 / 030

陶渊明

桃花源记 / 032

阴　铿

渡青草湖 / 034　江津送刘光禄不及 / 035　和傅郎岁暮还湘州 / 036

欧阳询

《艺文类聚》序 / 037

王昌龄

送柴侍御 / 039

李　白

陪族叔刑部侍郎晔及中书贾舍人至游洞庭五首 / 041
陪侍郎叔游洞庭醉后三首（其三） / 043

杜　甫

岁晏行 / 044　登岳阳楼 / 045　祠南夕望 / 046
风疾舟中伏枕书怀三十六韵奉呈湖南亲友 / 048

元　结

春陵行 / 051　道州刺史厅壁记 / 053

怀　素

寄衡岳僧 / 055

韩　愈

答张十一功曹 / 056

刘禹锡

百舌吟 / 058　采菱行（并引） / 059　秋词二首 / 060
望洞庭 / 061　潇湘神 / 062

柳宗元

江雪 / 064　渔翁 / 065　钴鉧潭西小丘记 / 066　捕蛇者说 / 067

李群玉

黄陵庙 / 070　自澧浦东游江表途出巴丘投员外从公虞 / 071

刘　蜕

山书（并序） / 074　悯祷辞（有序） / 078

胡　曾

咏史·长城 / 080　咏史·息城 / 080

齐　己

湘江送客 / 082　日日曲 / 083　送惠空上人归 / 083

李宏皋

复溪州铜柱记 / 085

朱　昂

广闲情赋 / 090

廖匡图

赠泉陵上人 / 094

路　振

伐棘篇 / 095

范仲淹

岳阳楼记 / 097

周敦颐

拙赋 / 099　　爱莲说 / 100

黄庭坚

雨中登岳阳楼望君山二首 / 102　　书摩崖碑后 / 103

秦　观

踏莎行・雾失楼台 / 105

米　芾

潇湘八景图诗序 / 107

王以宁

水调歌头・裴公亭怀古 / 111

易　祓

寄御史节判陶岑 / 113　识山楼 / 114　蓦山溪 / 115

刘　翰

种梅 / 117

乐雷发

闲居自遣（二首） / 118　乌乌歌 / 119

冯子振

鹦鹉曲·山亭逸兴 / 121

欧阳玄

临溪亭记 / 123

胡天游

遣闷 / 125　醉歌行 / 126

陈　泰

秋江钓月图歌（并序） / 128

李　祁

次王子让韵（二首） / 130　次贺琴南韵 / 131　讯蟹说 / 132

刘三吾

过洞庭次蔡元礼韵 / 135　登城 / 136

茹　瑺

送陈琳司训归衡山 / 138

彭友信

纸鸢 / 140　　和太白岳阳楼韵 / 141

夏原吉

冬日闻蛙 / 142

刘大夏

赠谢御史 / 144

李东阳

与钱太守诸公游岳麓寺四首，席上作（之三） / 146　　长江行 / 147

杨一清

岳阳楼三首（其二） / 150

何孟春

惆怅 / 152　　郊斋夜坐二首（其二） / 153

陈洪谟

长沙道中 / 155

徐一鸣

春日感兴 / 157

许　潮

客秋有感（其二） / 159

艾　穆

出都 / 160

车大任

监司伍公容庵与税监忤，弃官遄归，余甚壮其行而窃有慨焉，成四律（其三） / 162

江盈科

闻报改官（二首） / 164　蛛蚕 / 165

庄天合

落花诗（其三） / 167

车以遵

日复一日行 / 168

周圣楷

听雪 / 170
常五书至，始哭钟子伯敬于寝。生而友，死而以师事之，礼也。成二首（其二） / 171

龙　膺

观大龙湫醉中放歌 / 172

李腾芳

衡阳舟中 / 174

黄学谦

醉起拟长庆体(其二) / 175　　乱后入城 / 176

冯一第

江上 / 178　　野望 / 179

郭都贤

五十诞辰 / 180　　缺题二首 / 181　　补山堂歌 / 183

陶汝鼐

感愤 / 185　　放还贻别诸同难者(其二) / 187

严首昇

下第访白仲清 / 188　　山行 / 189

郭金台

独酌 / 190　　被乱家散，舟载妻儿入郡，经道昭山 / 191

黄周星

荒寺愁坐同允康赋 / 193

程　本

还山示内(二首) / 195　　宿南河渡口 / 196

袁 准

山居咏梅（其三） / 198　落花（其五） / 199

卢传来

九日山中候陶仲调未至，独酌述怀 / 200　秋尽，山居述怀 / 201

王夫之

初度口占 / 202　菩萨蛮·又述怀 / 203　蝶恋花·衰柳 / 204
祓禊赋 / 205　船山记 / 207

刘友光

山中（其一） / 210

王 岱

锄园作 / 211　满江红·白门春日 / 212

陶之典

庚申秋客都门赠王山长先生 / 214

尹惟日

秋日感愤（其一） / 216　寄程石瓘 / 217

廖元度

偶成 / 219

王　敔

夏夜 / 221

陈鹏年

重九后二日(其二) / 222　　霜夕 / 223
浪淘沙·寒夜，同石千一对酒作 / 224

曹耀珩

放舟夜归 / 225

彭维新

江岸晚霁 / 227

陈之駓

馆谷不至 / 229　　落解 / 230

陈长镇

金陵怀古(其二) / 232

王文清

读李北海岳麓碑有怀 / 234　　秋夜偶成 / 236

张九钺

晦日夜坐 / 238　　昨闻二首(其一) / 239
耒阳谒杜文贞公祠二首(其二) / 240

张九键

秋日送友人之岳阳 / 242

张九镒

村北 / 243　读杜集 / 244　长夏午睡（其二） / 245

张九镡

晚登岳阳楼二首（其一） / 247　题烛影摇红旧词后 / 248

郭　浚

舟发潭城 / 249

朱景英

秋蝶四首（其一） / 250

孙起栋

到长沙示季弟幼梅、犹子铤 / 252　送别东坡先生墨迹一首（有序） / 253

贺国华

岳麓寺 / 256

黄湘南

夜坐 / 257

周恭先

游仙 / 258

吴 柷

过常山 / 260　岳阳楼三首 / 261

周锡溥

发宁夏，咏怀四首示诸子 / 263

周锡渭

广陵怀古(其一) / 266

孙起楠

维扬览古二首 / 268　湘中览古二首 / 269

邓枝麟

登岳阳楼 / 271

周有声

屈贾祠 / 272　长沙古迹九首(选三) / 273

唐仲冕

六十生朝淮南舟中自述(其四) / 275　触目 / 276

谢振定

峒峿山下题壁 / 277　送罗两峰归扬州 / 278

鄢正笏

画村二首 / 280

欧阳辂

山居 / 282　邵陵别友人 / 283

李象鹄

到家 / 285　自遣 / 286

晏贻琮

登岳阳楼 / 288

郭步韫

蝉 / 290　自遣 / 291　萍 / 292

邓显鹤

登岳阳楼 / 293　长沙秋感十首(其三) / 294

陶　澍

送贺柘农熙龄南归 / 296　天心湖望杨阁部坟山二首 / 297

魏　源

游山吟(选二) / 299　舟中感事(选二) / 301
寰海(其九) / 302　海国图志叙 / 303

何绍基

柬魏默深 / 306　山雨 / 307　清狂柬研生 / 308

汤　鹏

飞鸟 / 310　严先生歌(并序) / 311

吴敏树

书谢御史 / 313　君山月夜泛舟记 / 316

罗泽南

粪叟传 / 319

曾国藩

寄怀刘孟容 / 322　送莫友芝 / 325　傲奴 / 327　求阙斋记 / 328
湖南文征序 / 331

左宗棠

感事（四首） / 334

周寿昌

高阳台·即席分咏烛泪 / 337

彭玉麟

军中感兴十首 / 339　题邓尉山中潘伟如中丞犖园梅花画壁 / 342

许瑶光

阿芙蓉咏 / 344　乌鹊怨 / 346　暮春志慨 / 347

郭嵩焘

夏至（有序） / 353　枕上作 / 354

孙鼎臣

君不见四首（录一） / 356

李元度

游天岳山记 / 357

易佩绅

登岳麓山 / 360　声声泪 / 361　民怀篇 / 362

邓辅纶

湘江晚行作 / 365

王闿运

圆明园词 / 367　附：徐树钧《圆明园词序》 / 371
梦芙蓉·题王太守《戴笠图》 / 376　辩通 / 377

王先谦

酒后口号二首 / 380　感事二首 / 381　纪事 / 383

陈启泰

疏影 / 385

皮锡瑞

哀谭复生 / 387

释敬安

白梅诗 / 390　感事二十一截句，附题冷香塔并序（选三首） / 391

王以敏

八声甘州 / 393

易顺鼎

寓台咏怀六首（选一） / 395　黛海歌赋罗浮 / 396　别普陀山 / 398
水调歌头 / 399　哭庵传 / 400

陈　锐

望江南 / 403

李希圣

怀古 / 404　登城 / 405

谭嗣同

题江建霞东邻巧笑图诗（其三） / 407　晨登衡岳祝融峰（其一） / 408
望海潮・自题小照 / 409

曾广钧

庚子落叶词十二首（同李亦元、王聘三作） / 411

宁调元

丁未七夕（选三） / 416　武昌狱中书感（选二） / 417
芳草渡・游侠 / 419　一剪梅 / 420

黄　兴

挽刘道一烈士 / 421

杨　度

湖南少年歌 / 423　　自题小照 / 428

陈衡哲

鸟 / 430

毛泽东

沁园春·长沙 / 433　　蝶恋花·从汀州到长沙 / 434

蔡和森

少年行·北上过洞庭有感 / 437

萧　三

梅花 / 440

田　汉

毕业歌 / 442

刘梦苇

铁路行 / 444　　最后的坚决 / 446

朱　湘

葬我 / 448　　采莲曲 / 449

吕亮耕

江南曲 / 453　　宝剑篇——赠壮士 / 456

陈　辉

为祖国而歌 / 458

参考文献 / 464

后　记 / 467

屈原

屈原（约前340—前278），名平，字原，战国时楚国人，曾任左徒、三闾大夫等职。主张修明法度，联齐抗秦，忠事楚怀王却屡遭排挤，怀王死后又因顷襄王听信谗言而被流放至沅湘一带。原既痛国之危亡，又感理想之无法实现，乃投汨罗江而死。著有《离骚》《九歌》《天问》《九章》等，开楚辞之体。其中《九章》（除《抽思》外）和《九歌》均为流寓湖南时所作。

湘夫人

帝子降兮北渚①，目眇眇兮愁予。袅袅兮秋风，洞庭波兮木叶下。白薠兮骋望②，与佳期兮夕张③。鸟萃④兮苹中，罾何为兮木上⑤。沅有茝兮醴有兰⑥，思公子⑦兮未敢言。荒忽兮远望，观流水兮潺湲。麋何食兮庭中？蛟何为兮水裔⑧？朝驰余马兮江皋，夕济兮西澨⑨。闻佳人兮召予，将腾驾兮偕逝。筑室兮水中，葺之兮荷盖⑩。荪壁兮紫坛⑪，播芳椒兮成堂。桂栋兮兰

① 帝子：指湘夫人，神话传说中她是帝尧的女儿，所以称“帝子”。降：从天而降。渚：水中小洲。从这句开始是迎神的男巫所唱。

② 薠（fán）：秋生水草。骋望：放眼远望。

③ 佳：佳人，指湘夫人。一本“佳”下有“人”字。张：陈设，指祭品、祭具等。

④ 萃：聚集。

⑤ 罾（zēng）：渔网。木：树。以上两句的意思是：山鸟本应聚集在树上，渔网本应撒设在水中，现在却违反常理，山鸟聚集在水里，渔网撒在树上。诗人用这种反常的现象比喻神的心意与自己相悖谬，追求不到。

⑥ 茝（chǎi）：香草名，即白芷。醴：一本作“澧”，指澧水。从这句开始是扮湘夫人的女巫所唱。

⑦ 公子：指湘夫人。

⑧ 水裔：水边。以上两句的意思是：麋鹿为什么不在山中，却跑到人家的庭院里寻食？蛟龙为什么不在深渊，却跑到水边来？诗中以此比喻男巫追求湘夫人的艰难、不顺利。

⑨ 济：渡水。澨（shì）：水边。

⑩ 葺（qì）：编茅草盖房子。荷盖：以荷叶盖房。

⑪ 荪壁：荪草装饰的墙。紫坛：用紫贝铺砌的中庭。坛，中庭，楚地方言。

橑，辛夷楣兮药房①。罔薜荔兮为帷②，擗蕙櫋兮既张③。白玉兮为镇，疏石兰兮为芳。芷葺兮荷屋，缭之兮杜衡。合百草兮实庭，建芳馨兮庑门④。九疑⑤缤兮并迎，灵之来兮如云⑥。捐余袂兮江中⑦，遗余褋兮醴浦⑧。搴汀洲兮杜若⑨，将以遗兮远者⑩。时不可兮骤得⑪，聊逍遥兮容与⑫。

（洪兴祖撰，白化文、许德楠、李如鸾、方进点校：《楚辞补注》，中华书局1983年版，第64-68页。）

评析

本篇是祠祀湘夫人的祭歌，与《湘君》为姊妹篇。近人多认为湘君与湘夫人是湘水的配偶神。两篇主题因此相互对应，分别写湘君、湘夫人祈望对方来临而对方却迟迟不来的深切思慕与哀怨之情。诗中的男巫以湘君思念湘夫人的语调吟唱，抒发了一种驰神遥望、祈之不来、盼而不见的惆怅心情，扮演湘夫人的女巫则捐袂遗褋，表达了长相亲不相离的意愿，格调缠绵悱恻。全诗寓情于景，情景交融，特别是“筑室兮水中”一段描写，广采荷叶、溪荪、紫贝、桂树、辛夷、白芷、薜荔、石兰、杜蘅等异香花草，为迎接湘夫人而修盖的水底花房，透彻玲珑，极具浪漫色彩，达到了纯美的境界。诗中景物和语言带有浓郁的楚文化色彩，具有极强的艺术感染力。

① 辛夷：一种香木，北方叫木笔，南方叫迎春。楣：门上的横梁。药：香草名，即白芷。

② 罔：通“网”，这里作动词，编织。薜荔：香草名，即木莲。帷：帷帐。

③ 擗（pǐ）：用手分开。櫋（mián）：一本作“槾”。当作幔，幔是帐子的顶。既张：已经挂好。

④ 庑（wǔ）：走廊。以上四句是迎神的男巫想象和湘夫人共同生活的环境。

⑤ 九疑：九嶷山，又名苍梧山，在今湖南省宁远县境内。相传舜帝南巡时死于苍梧之野，葬在九嶷山。这里指九嶷山诸神。

⑥ 灵：神灵。如云：形容神灵众多。

⑦ 捐：抛弃。袂：旧说是衣袖，但衣袖无法抛弃。或当作袂，是传写的错误。袂是小囊，妇女所佩。从这句开始是扮湘夫人的女巫所唱。

⑧ 遗：丢下。褋：没有里子的单衣。醴浦：澧浦，澧水之滨。

⑨ 搴：拔取。汀洲：水中或水边的平地。杜若：香草名，又名山姜，有令人不忘之功能。

⑩ 遗：赠与。远者：远处的人，指迎神的男巫。因为即将和他远别，所以称“远者”。

⑪ 骤得：屡次得到。

⑫ 聊：姑且。逍遥：悠然自得的样子。容与：徘徊，漫步。

涉江

余幼好此奇服兮①，年既老而不衰。带长铗之陆离兮②，冠切云之崔嵬③。被明月兮珮宝璐④。世溷⑤浊而莫余知兮，吾方高驰而不顾。驾青虬兮骖白螭⑥，吾与重华游兮瑶之圃⑦。登昆仑兮食玉英⑧，与天地兮同寿，与日月兮同光。哀南夷⑨之莫吾知兮，旦余济乎江湘。

乘鄂渚而反顾兮⑩，欸秋冬之绪风⑪。步余马兮山皋，邸余车兮方林⑫。乘舲船余上沅兮⑬，齐吴榜以击汰⑭。船容与而不进兮，淹回水而疑滞⑮。朝发枉陼兮⑯，夕宿辰阳⑰。苟余心其端直兮，虽僻远之何伤。

入溆浦余儃佪兮⑱，迷不知吾所如。深林杳以冥冥兮，猿狖之所居。山

① 幼：小时候。好：喜欢。奇服：奇异的服装，即下文的“长铗”“冠云”等佩饰，比喻志行高洁，与众不同。

② 长铗：长剑。陆离：长剑低昂、色彩绚丽之状。

③ 切云：本意指切近云端，这里是高冠的名称。崔嵬：高耸的样子。

④ 明月：珍珠名。珠光晶莹，有如月光，故名。珮：同“佩”，佩带。璐：美玉。

⑤ 溷：同“混”，混浊。

⑥ 青虬：黑色有角的龙。白螭：白色无角的龙。这里都是马名。驾青虬兮骖白螭，意为驾着黑马骖白马。骖：在两边驾车的马，这里作动词用，两边配上的意思。

⑦ 重华：帝舜的名字。瑶之圃：产美玉的园圃。应即指下句的昆仑，昆仑山以产玉闻名。古代神话中昆仑山上有瑶圃，是上帝的花园。

⑧ 玉英：玉树的花。服食玉英比喻自己修养高洁。

⑨ 南夷：楚国南部的少数民族。屈原流放的沅湘流域，当时聚居着苗族等少数民族，这些地方的人多未开化，所以称之为“南夷”。

⑩ 乘：登上。鄂渚：地名。据《战国策·燕策》：“汉中之甲，乘舟出于巴，乘夏水而下汉，四日而至五渚。”裴骃《史记·苏秦列传》“集解”：“《战国策》曰：‘秦与荆人战，大破荆，袭郢，取洞庭、五渚。’然则五渚在洞庭。”鄂渚应当就是临近洞庭的五渚之一，并非今天湖北的武昌。反顾：回顾。

⑪ 欸：叹息。绪风：余风。

⑫ 步：慢慢地走。山皋：山边。邸：停留。方林：地名，所指不详。联系上文“山皋”不是地理专名来看，则“方林”亦不当为专名，意为大树林。

⑬ 舲：有篷窗的小船。上沅：溯沅水而上。

⑭ 齐：同时并举。吴榜：大桨。一说，吴榜是吴地制造的船桨。汰：水波。

⑮ 淹：停留。回水：回旋的水流。疑滞：通“凝滞”，停滞不前。

⑯ 发：出发。枉陼：枉渚，地名，在今湖南省常德市附近，沅水北岸。

⑰ 辰阳：地名，在今湖南省辰溪县西。

⑱ 溆浦：地名，即溆水之滨，在今湖南省溆浦县一带。儃佪：彷徨徘徊。

峻高以蔽日兮，下幽晦以多雨。霰雪纷其无垠兮，云霏霏而承宇①。哀吾生之无乐兮，幽独处乎山中。吾不能变心而从俗兮，固将愁苦而终穷。

接舆髡首兮②，桑扈臝行③。忠不必用兮，贤不必以。伍子④逢殃兮，比干菹醢⑤。与前世而皆然兮⑥，吾又何怨乎今之人！余将董道而不豫兮⑦，固将重昏⑧而终身！

乱曰：鸾鸟凤皇，日以远兮。⑨ 燕雀乌鹊，巢堂坛兮⑩。露申辛夷，死林薄兮⑪。腥臊并御，芳不得薄兮⑫。阴阳易位，时不当兮。怀信侘傺⑬，忽乎吾将行兮！

（洪兴祖撰，白化文、许德楠、李如鸾、方进点校：《楚辞补注》，中华书局 1983 年版，第 128-132 页。）

① 霏霏：盛多的样子。承：连接。宇：天空。

② 接舆：春秋时楚国的隐士，即《论语·微子》篇所说的“楚狂”。髡（kūn）首：剃去头发，是古代的一种刑罚。古人认为头发受之于父母，所以剃去头发就是一种侮辱。据朱熹《论语集注》，接舆“被发佯狂，后乃自髡”，他其实是以这种佯狂的举动表示坚决不与统治者合作。

③ 桑扈：人名，古代隐士。即《庄子·大宗师》中所说的“子桑户”。臝（luǒ）行：裸体而行。臝，同“裸”。《孔子家语》说桑扈“不衣冠而处”，愤世嫉俗又玩世不恭。

④ 伍子：伍员，字子胥，春秋时吴国大夫，曾劝吴王夫差拒绝越国求和并停止伐齐，因遭太宰嚭陷害渐被疏远。后吴王赐剑逼他自杀。屈原的遭遇与伍子胥非常相似，所以在诗中常常咏及伍子胥。

⑤ 比干：殷纣王的贤臣。菹醢（zū hǎi）：古代的一种酷刑，把人剁成肉酱。比干向纣王进谏，被纣王剖腹挖心而死。

⑥ 与：读作“举”，整个的意思。这句是说整个前代都是如此。

⑦ 董道：正道。豫：犹豫。

⑧ 重昏：犹言处于重重黑暗之中，接二连三地遭受忧患。

⑨ 句意：比喻贤人远离朝廷。鸾鸟：传说中凤凰一类的神鸟。凤皇：凤凰，传说中的神鸟。这里的鸾鸟、凤凰都比喻忠臣贤士。

⑩ 燕雀乌鹊：比喻奸佞小人。巢：本义为鸟窝，这里用作动词，筑窝的意思。堂：殿堂和祭坛，比喻朝廷的高位。

⑪ 露申：瑞香花。《湘阴县图志》：“露申，瑞香。”《庐山记》：“一比丘昼寝，闻花香酷烈，觉求得之，因名睡香。人以为瑞应，名瑞香。”辛夷：香木名。北方叫木笔，南方叫迎春。林薄：交错丛生的草木。这两句用香花异草枯死丛林比喻贤人穷困死于山野。

⑫ 腥臊：难闻的气味，比喻奸佞小人。御：进用。芳：指芬芳的东西，比喻正直的君子。薄：靠近。这两句比喻奸佞小人都被进用，贤人却被斥逐。

⑬ 怀信：怀抱忠信。侘傺：因失意而心神不定的样子。

评析

《涉江》是屈原晚年流放沅湘途中所作。诗人从湖北鄂渚出发，由洞庭湖溯沅水西行，途经常德枉渚，一直到达湘西辰溪、溆浦等地，所以题作《涉江》。诗中记述其渡江南下艰难凄苦的旅程和沧桑无助的心情，大量运用比喻手法，以奇异的服饰象征品格的清高脱俗，反复申述诗人品行高洁、理想远大却不为世人所理解的悲哀，表达了作者对时俗混乱与龌龊小人的极度愤慨。姜亮夫《屈原赋校注》解释此诗："此章言自陵阳渡江而入洞庭，过枉陼、辰阳入溆浦而止焉，盖纪其行也。发轫为济江，故题曰《涉江》也……文义皆极明白，路径尤为明晰。"诗中有关沅水流域秀丽景物的描绘，想象瑰丽，情景交融，极具浪漫主义色彩。本篇还是我国最早的一首纪行诗，对后世同类诗歌的创作产生了深远的影响。

怀沙

滔滔孟夏兮①，草木莽莽。伤怀永哀兮，汩徂南土②。眴兮杳杳③，孔静幽默④。郁结纡轸兮⑤，离慜而长鞠⑥。抚情效志兮⑦，冤屈而自抑。

---

① 滔滔：《史记》引作"陶陶"，和暖貌。一说滔字也作"慆"，悠久，《诗经·东山》："慆慆不归。"孟夏：旧历四月。

② 汩：迅疾的样子。徂：往，去。这句是说急速地走向南方。

③ 眴（shùn）：同"瞬"，眨眼。杳杳：深暗幽远的样子。

④ 孔：很。幽默：静寂。

⑤ 纡轸（yū zhěn）：萦绕于心的痛苦。这句话是说心里因忧思郁结而深为痛苦。

⑥ 离：通"罹"，遭受。慜（mǐn）：同"悯"，忧患。鞠：窘困。这句是说身遭忧患而长期窘困。

⑦ 抚：循，按。效：考核。这句犹扪心自问。

刓方以为圜兮①，常度未替②。易初本迪兮③，君子所鄙。章画志墨兮④，前图未改。内厚质正兮⑤，大人所盛。巧倕不斫兮⑥，孰察其拨正⑦。

玄文处幽兮⑧，矇瞍谓之不章⑨；离娄微睇兮⑩，瞽以为无明⑪。变白以为黑兮，倒上以为下。凤皇在笯兮⑫，鸡鹜翔舞⑬。同糅玉石兮，一概而相量⑭。夫惟党人鄙固兮⑮，羌不知余之所臧⑯。任重载盛兮⑰，陷滞而不济⑱。怀瑾握瑜兮⑲，穷不知所示⑳。邑犬之群吠兮㉑，吠所怪也。非俊疑杰㉒兮，固庸态㉓也。文质疏内兮，众不知余之异采。材朴委积兮㉔，莫知余之所有。

① 刓（wán）：刻，削。圜：同“圆”。欲削方木以为圆形，意谓变节从俗。
② 常度：正常的法度。替：废。
③ 易：改变。初：初志。本迪：意为“常道”，和易初对举成文。这句是说改变初志和本意。
④ 章：同“彰”，明白。画：规划。志：牢记。《史记》引作“职”，是“识”的假借字。墨：工匠画线用的绳墨，比喻法度。
⑤ 内厚：内心敦厚。质正：品质端正。
⑥ 倕：人名，相传是尧时的巧匠。斫（zhuó）：砍削。
⑦ 拨：弯曲。这两句是说人才要通过试用才会发现。
⑧ 玄文：黑色的花纹。处幽：处在幽暗的地方。
⑨ 矇瞍（sǒu）：有眼珠而看不见的叫作矇，没有眼珠的叫作瞍。不章：没有文采。这两句是比喻贤才被埋没。
⑩ 离娄：也叫离朱，古代传说中视力最好的人，能于百步之外见秋毫之末。微睇（dì）：微闭着眼睛看。睇，斜视。
⑪ 瞽：盲人。无明：没有视力。这两句是比喻真才被错看。
⑫ 笯（nú）：竹笼。这句是比喻忠臣贤士被压抑。
⑬ 鹜：鸭子。这句比喻无能小人受到重用。
⑭ 概：古代量米麦等用以刮平斗斛的丁字形木器。一概相量，使用同一个“概”去量不同的东西，即等量齐观、同等看待。
⑮ 党人：指朝中结党营私的奸臣。鄙固：鄙陋顽固。
⑯ 臧：美好。一说“臧”同“藏”，抱负。
⑰ 任重载盛：负荷重，装载多。这句以车为喻，指自己曾经在朝中担负重任。
⑱ 陷滞：因陷没而停滞不前。不济：不成。这句是说因埋没沉滞不能实现自己的志愿。
⑲ 怀、握：在衣叫怀，在手叫握。瑾、瑜：都是美玉。这里借喻自己品质纯洁美好。
⑳ 穷：穷困。示：告示，给人看。这句是说自己虽然怀瑾握瑜，但处境艰难，不知如何向人显示。
㉑ 邑：古时称国为邑。吠：狗叫。
㉒ 非俊疑杰：诽谤才俊，猜疑豪杰。
㉓ 庸态：庸人的常态。
㉔ 材：有用的木料。朴：没有加工的木料。委积：堆积。

重仁袭义兮①，谨厚以为丰②。重华不可遌兮③，孰知余之从容！古固有不并兮④，岂知其何故？汤禹久远兮，邈⑤不可慕。惩连改忿兮⑥，抑心而自强。离慜而不迁兮⑦，愿志之有像⑧。进路北次兮⑨，日昧昧其将暮。舒忧娱哀⑩兮，限之以大故⑪。

乱曰：浩浩沅湘，分流汩兮⑫。修路幽蔽，道远忽⑬兮。怀质抱情⑭，独无匹兮⑮。伯乐既没，骥焉程⑯兮？万民之生，各有所错⑰兮。定心广志，余何畏惧兮？曾伤爰哀⑱，永叹喟兮。世溷浊莫吾知，人心不可谓兮。知死不可让⑲，愿勿爱⑳兮。明告君子㉑，吾将以为类㉒兮。

（洪兴祖撰，白化文、许德楠、李如鸾、方进点校：《楚辞补注》，中华书局 1983 年版，第 141–146 页。）

---

① 重：重复。袭：重叠。这句是说我仁而又仁，义而又义。
② 谨厚：谨慎忠厚。丰：充实。
③ 重华：虞舜的名字。遌（è）：遇到。
④ 固：本来。不并：不并世而生。
⑤ 邈：远。
⑥ 惩连：《史记》引作“惩违”，可从。惩，戒惧。“惩违”与“改忿”对文，意为克制自己的忿恨。
⑦ 离慜：遭受忧患。迁：改变。
⑧ 像：法则。本句意为愿自己的志行能为后人效法。
⑨ 次：住宿。
⑩ 舒忧娱哀：舒展忧虑，排遣哀痛。
⑪ 限：规定的日子，期限。大故：指死亡。
⑫ 分：洪兴祖《补注》本作“汾”，汾读作“湓”。《前汉书·沟洫志》颜师古注：“湓，踊也。”水汹涌的样子。汩：水流迅速的样子。
⑬ 忽：荒远。《史记》于“道远忽兮”以下有“曾吟恒悲兮，永叹慨兮。世既莫吾知兮，人心不可谓兮”四句。
⑭ 怀质抱情：“怀瑾握瑜”之义。质，指品质。情，指思想。这句是说自己抱忠信之情，怀敦厚之质。
⑮ 匹：朱熹《楚辞集注》认为“匹，当为正字之误也”。“正”，评断的意思，与下文“程”叶韵，此说甚确。
⑯ 程：考核，衡量。
⑰ 错：同“措”，安排。
⑱ 曾伤：无尽的悲伤。曾，同“层”，重叠。爰哀：无休止的哀痛。爰，古通“咺”，哀而不止。
⑲ 让：推辞，退让。
⑳ 爱：吝惜。
㉑ 明告：公开告诉。君子：指彭咸。
㉒ 类：榜样。

评析

《怀沙》是否屈原之绝命词，学术界存在着不同的说法。《史记·屈原列传》说屈原“作《怀沙》之赋”，“自沉汨罗以死”。司马迁的年代离屈原不远，其记载似较可信。宋代朱熹《楚辞集注》解释《怀沙》题意，也说是“言怀抱沙石以自沉也”。而从篇中所流露出的情绪来看，诗人作此赋时已经下定了从容赴死的决心。

屈原深感前途无望，理想破灭，于是赋《怀沙》以明志，决定从容赴死以保全自己高尚的节操。这是诗人别无选择的选择。唯其如此，作者没有将笔墨局限于倾诉个人遭遇的不幸与感伤，而是以一种视死如归、无所畏惧的气概，怀着无比愤怒的心情揭露党人的贪鄙谗佞与卑劣丑陋，“邑犬之群吠兮，吠所怪也。非俊疑杰兮，固庸态也”，他们“变白以为黑兮，倒上以为下”，致使整个朝堂小人当道，忠臣贤士被埋没于山野草间。屈原不愿意“易初本迪”，屈从现实，于是“明告君子”，决定以身殉国，以此与邪恶势力做最后的抗争。为了表达这种情感，全诗采用短促句式，句法灵活多变，参差错落；句中句尾多用“兮”字协调音节，形成起伏回宕、一唱三叹的韵致，使得诗的语言形式与思想内涵浑然一体，酿造出一种崇高的悲剧美。

离骚

帝高阳①之苗裔②兮，朕皇考③曰伯庸。摄提④贞于孟陬⑤兮，惟庚寅吾

① 高阳：颛顼，楚人崇拜的天神，太阳神。
② 苗裔：苗，初生的植物。裔，衣服的末边。苗裔，喻指子孙后代。
③ 皇考：对亡父的尊称。
④ 摄提：太岁在寅时为摄提格，此为“摄提格”的简称。
⑤ 孟陬（zōu）：正月。

以降。皇览揆①余初度兮，肇②锡余以嘉名。名余曰正则兮，字余曰灵均。纷吾既有此内美兮，又重③之以修能。扈④江离与辟芷⑤兮，纫⑥秋兰以为佩。汩⑦余若将不及兮，恐年岁之不吾与。朝搴⑧阰之木兰兮，夕揽洲之宿莽⑨。日月忽其不淹兮，春与秋其代序⑩。惟⑪草木之零落兮，恐美人之迟暮。不抚⑫壮而弃秽兮，何不改此度⑬？乘骐骥以驰骋兮，来吾道⑭夫先路。

昔三后⑮之纯粹兮，固众芳之所在。杂申椒与菌桂⑯兮，岂维纫夫蕙茝⑰？彼尧舜之耿介⑱兮，既遵道而得路。何桀纣之猖披⑲兮，夫唯捷径以窘步。惟夫党人之偷乐⑳兮，路幽昧㉑以险隘。岂余身之惮殃兮，恐皇舆之败绩。忽奔走以先后兮，及前王之踵武㉒。荃㉓不察余之中情兮，反信谗而齌怒㉔。余固知謇謇㉕之为患兮，忍而不能舍也。指九天以为正兮，夫唯灵修之

① 揆（kuí）：推理揣度。
② 肇：开始。
③ 重（chóng）：再。
④ 扈：楚方言，披挂在身上。
⑤ 江离与辟芷（zhǐ）：均为香草名。
⑥ 纫（rèn）：原指草有茎叶可做绳索。这里指连缀在一起。
⑦ 汩：迅疾的样子，此处形容时光飞逝。
⑧ 搴（qiān）：拔取。
⑨ 宿莽：草名，经冬不死。
⑩ 代序：指时光不断更迭，周而复始。
⑪ 惟：思虑。
⑫ 抚：趁。
⑬ 度：态度行为，这里指现行的政治法度。
⑭ 道（dǎo）：通“导”，引导。
⑮ 三后：三王，指夏禹、商汤、周文王。
⑯ 申椒与菌桂：均为香木名。
⑰ 蕙（huì）茝（chǎi）：均为香草名。
⑱ 耿介：光明正大。
⑲ 猖（chāng）披：猖狂。
⑳ 偷乐：苟且享乐。
㉑ 幽昧（mèi）：黑暗。
㉒ 踵（zhǒng）武：足迹。
㉓ 荃（quán）：香草名，喻楚怀王。
㉔ 齌（jì）怒：暴怒。
㉕ 謇謇（jiǎn）：形容忠贞直言的样子。

故也。曰黄昏以为期兮，羌中道而改路。初既与余成言兮，后悔遁而有他。余既①不难夫离别兮，伤灵修之数化②。

余既滋③兰之九畹兮，又树④蕙之百亩。畦留夷与揭车⑤兮，杂杜衡与芳芷。冀⑥枝叶之峻茂兮，愿俟时乎吾将刈⑦。虽萎绝其亦何伤兮，哀众芳之芜秽⑧。众皆竞⑨进以贪婪兮，凭不厌乎求索。羌内恕己以量人兮，各兴心而嫉妒。忽⑩驰骛以追逐兮，非余心之所急。老冉冉⑪其将至兮，恐修名之不立。朝饮木兰之坠露兮，夕餐秋菊之落英。苟⑫余情其信姱⑬以练要⑭兮，长顑颔亦何伤？掔⑮木根以结茝兮，贯⑯薜荔之落蕊。矫⑰菌桂以纫蕙兮，索胡绳之缅缅⑱。謇吾法夫前修兮，非世俗之所服。虽不周于今之人兮，愿依彭咸⑲之遗则。长太息以掩涕兮，哀民生之多艰。余虽好修姱⑳以鞿羁兮，謇朝谇㉑而夕替。既替余以蕙纕㉒兮，又申之以揽茝。亦余心之所善兮，虽九死其

① 既：本来。
② 数化：多次变化。
③ 滋：栽种。
④ 树：种植。
⑤ 留夷与揭车：均为香草名。
⑥ 冀：希望。
⑦ 刈（yì）：收获。
⑧ 芜秽：荒芜腐烂。
⑨ 竞：并。
⑩ 忽：急。
⑪ 冉冉（rǎn）：渐渐。
⑫ 苟：确实。
⑬ 信姱（kuā）：诚信而美好。
⑭ 练要：心中简练合于要道。
⑮ 掔（qiān）：持。
⑯ 贯：拾取。
⑰ 矫：举起。
⑱ 缅缅（lí）：长而下垂的样子。
⑲ 彭咸：殷贤大夫，谏其君，不听，投江而死。
⑳ 修姱（kuā）：洁净而美好。
㉑ 谇（suì）：进谏。
㉒ 纕（xiāng）：佩带。

犹未悔。怨灵修①之浩荡兮，终不察夫民心。众女②嫉余之蛾眉兮，谣③诼④谓余以善淫。固时俗之工巧兮，偭⑤规矩而改错⑥。背绳墨以追曲兮，竞周容⑦以为度。忳郁邑余侘傺⑧兮，吾独穷困乎此时也。宁溘死以流亡兮，余不忍为此态也。鸷鸟之不群兮，自前世而固然。何方圜之能周兮，夫孰异道而相安。屈心而抑志兮，忍尤⑨而攘⑩诟。伏⑪清白以死直兮，固前圣之所厚。

悔相道之不察兮，延伫乎吾将反。回⑫朕车以复路兮，及行迷之未远。步余马于兰皋⑬兮，驰椒丘且焉止息。进不入以离尤兮，退将复修吾初服。制芰荷以为衣兮，集芙蓉以为裳。不吾知其亦已兮，苟余情其信芳。高余冠之岌岌兮，长余佩之陆离⑭。芳与泽其杂糅兮，唯昭质其犹未亏。忽反顾以游目兮，将往观乎四荒。佩缤纷其繁饰兮，芳菲菲其弥章⑮。民生各有所乐兮，余独好修以为常。虽体解吾犹未变兮，岂余心之可惩⑯。

女媭⑰之婵媛⑱兮，申申⑲其詈予。曰鲧婞直⑳以亡身兮，终然殀乎羽之

① 灵修：指楚怀王。
② 众女：喻群臣。
③ 谣：诋毁。
④ 诼（zhuó）：诽谤。
⑤ 偭（miǎn）：违背。
⑥ 错：通“措”，措施，指先圣之法。
⑦ 周容：苟合取容，指以求容媚为常法。
⑧ 侘（chà）傺（chì）：失志的样子。
⑨ 尤：责骂。
⑩ 攘：容忍。
⑪ 伏：通“服”，保持，坚守。
⑫ 回：调转。
⑬ 皋（gāo）：水边高地。
⑭ 陆离：修长而美好的样子。
⑮ 章：明显。
⑯ 惩：惧怕。
⑰ 女媭（xū）：屈原的姐姐。
⑱ 婵媛：牵挂。
⑲ 申申：反反复复。
⑳ 婞（xìng）直：刚正。

野。汝何博謇而好修兮，纷独有此姱节①。薋菉葹以盈室兮，判独离而不服。众不可户说兮，孰云察余之中情。世并举而好朋兮，夫何茕②独而不予听。依前圣以节中兮，喟凭心而历兹。济沅湘以南征兮，就③重华而敶词：启④《九辩》与《九歌》⑤ 兮，夏康⑥娱以自纵。不顾难以图后兮，五子用⑦失乎家巷。羿⑧淫游以佚畋兮，又好射夫封狐。固乱流其鲜终兮，浞⑨又贪夫厥家。浇⑩身被服强圉兮，纵欲而不忍。日康娱而自忘兮，厥首用夫颠陨。夏桀之常违兮，乃遂焉而逢殃。后辛之菹醢⑪兮，殷宗用而不长。汤禹俨而祗敬兮，周论道而莫差。举贤而授能兮，循绳墨而不颇⑫。皇天无私阿⑬兮，览民德焉错辅。夫维圣哲以茂行兮，苟得用此下土。瞻前而顾后兮，相观民之计极。夫孰非义而可用兮，孰非善而可服。阽⑭余身而危死兮，览余初其犹未悔。不量凿而正枘兮，固前修⑮以菹醢。曾歔欷余郁邑兮，哀朕时之不当。揽茹⑯蕙以掩涕兮，沾余襟之浪浪。

跪敷衽以陈辞兮，耿吾既得此中正⑰；驷玉虬以乘鷖兮，溘埃风余上征。朝发轫于苍梧⑱兮，夕余至乎县圃⑲；欲少留此灵琐兮，日忽忽其将暮。吾令

① 姱节：美好的节操。
② 茕（qióng）：孤独。
③ 就：靠近。
④ 启：禹之子。夏朝的开国君主。
⑤ 《九辩》与《九歌》：相传是启从天上偷带到人间的乐曲。
⑥ 夏康：启子太康。
⑦ 用：因此。
⑧ 羿：指后羿。
⑨ 浞（zhuó）：寒浞，羿相。
⑩ 浇：寒浞之子。
⑪ 菹（zū）醢（hǎi）：肉酱，这里作动词用，指剁成肉酱。
⑫ 颇：倾斜。
⑬ 私阿：偏私。
⑭ 阽（diàn）：临危，遇到危险。
⑮ 前修：前贤。
⑯ 茹：柔软。
⑰ 中正：治国之道
⑱ 苍梧：舜所葬之地。
⑲ 县圃：神山，在昆仑山之上。

羲和①弭节兮，望崦嵫②而勿迫。路曼曼其修远兮，吾将上下而求索。饮余马于咸池兮，总余辔乎扶桑。折若木以拂日兮，聊逍遥以相羊③。前望舒使先驱兮，后飞廉使奔属。鸾皇为余先戒兮，雷师告余以未具。吾令凤鸟飞腾兮，继之以日夜。飘风屯其相离兮，帅④云霓而来御。纷总总其离合兮，斑陆离其上下。吾令帝阍开关兮，倚阊阖⑤而望予。时暧暧⑥其将罢兮，结幽兰而延伫。世溷浊而不分兮，好蔽美而嫉妒。朝吾将济于白水兮，登阆风而緤⑦马。忽反顾以流涕兮，哀高丘之无女。溘吾游此春宫⑧兮，折琼枝以继佩。及荣华之未落兮，相下女之可诒⑨。吾令丰隆⑩乘云兮，求宓妃⑪之所在。解佩纕以结言兮，吾令蹇修⑫以为理。纷总总其离合兮，忽纬繣⑬其难迁。夕归次⑭于穷石兮，朝濯发乎洧盘。保⑮厥美以骄傲兮，日康娱以淫游。虽信美而无礼兮，来违弃而改求。览相观于四极兮，周流乎天余乃下。望瑶台之偃蹇兮，见有娀⑯之佚女。吾令鸩为媒兮，鸩告余以不好。雄鸠之鸣逝兮，余犹恶其佻巧。心犹豫而狐疑兮，欲自适而不可。凤皇既受诒⑰兮，恐高辛之先我。欲远集而无所止兮，聊浮游以逍遥。及少康之未家兮，留有虞⑱之二姚。理弱而媒拙兮，恐导言之不固。世溷浊而嫉贤兮，好蔽美而称恶。闺中既以邃

① 羲和：神话中的太阳神。
② 崦嵫：神话中的日入之山。
③ 相羊：徘徊。
④ 帅：率领。
⑤ 阊（chāng）阖（hé）：天门。
⑥ 暧暧：昏暗的样子。
⑦ 緤（xiè）：拴，系。
⑧ 春宫：东方青帝的居舍。
⑨ 诒（yí）：赠送。
⑩ 丰隆：云神。
⑪ 宓妃：神女，伏羲氏之女。
⑫ 蹇修：伏羲氏之臣。
⑬ 纬繣（huà）：乖戾。
⑭ 次：住宿。
⑮ 保：依仗。
⑯ 有娀：传说中的上古国名。
⑰ 受诒：指完成聘礼之事。
⑱ 有虞：传说中的上古国名。

远兮，哲王①又不寤。怀朕情而不发兮，余焉能忍而与此终古。

索琼茅以筳②篿兮，命灵氛③为余占之。曰两美其必合兮，孰信修而慕之？思九州④之博大兮，岂唯是其有女？曰勉远逝而无狐疑兮，孰求美而释女？何所独无芳草兮，尔何怀乎故宇？世幽昧以昡曜⑤兮，孰云察余之善恶。民好恶其不同兮，惟此党人⑥其独异。户服艾以盈要兮，谓幽兰其不可佩。览察草木其犹未得兮，岂珵美⑦之能当？苏粪壤以充帏兮，谓申椒其不芳。欲从灵氛之吉占兮，心犹豫而狐疑。巫咸将夕降兮，怀⑧椒糈而要之。百神翳其备降兮，九疑缤其并迎。皇剡剡其扬灵兮，告余以吉故⑨。曰勉升降以上下兮，求矩矱⑩之所同。汤禹俨而求合兮，挚⑪咎繇⑫而能调。苟中情其好修兮，又何必用夫行媒。说操筑于傅岩兮，武丁用而不疑。吕望⑬之鼓刀兮，遭周文而得举。宁戚⑭之讴歌兮，齐桓闻以该⑮辅。及年岁之未晏兮，时亦犹其未央。恐鹈鴂之先鸣兮，使夫百草为之不芳。何琼佩之偃蹇⑯兮，众薆⑰然而蔽之。惟此党人之不谅⑱兮，恐嫉妒而折之。时缤纷其变易兮，又何可以淹留。兰芷变而不芳兮，荃蕙化而为茅⑲。何昔日之芳草兮，今直⑳为此萧艾

① 哲王：明智的君王。
② 筳（tíng）：小竹片。
③ 灵氛：传说中的上古神巫。
④ 九州：泛指天下。
⑤ 昡曜：惑乱的样子。
⑥ 党人：朋党之人。
⑦ 珵（chéng）美：美玉。
⑧ 怀：馈。
⑨ 吉故：明君遇贤臣的吉祥故事。
⑩ 矩矱（yuē）：法度。
⑪ 挚：伊尹名。
⑫ 咎（gāo）繇（yáo）：皋陶。
⑬ 吕望：指吕尚。
⑭ 宁戚：春秋时卫人，齐桓公认为贤人，以他为卿。
⑮ 该：周详。
⑯ 偃蹇：多而美丽的样子。
⑰ 薆（ài）：隐蔽。
⑱ 谅：信。
⑲ 茅：比喻已经蜕化变质的谗佞之人。
⑳ 直：竟然。

也。岂其有他故兮，莫好修之害也。余以兰为可恃兮，羌无实①而容长。委②厥美以从俗兮，苟得列乎众芳。椒专佞以慢慆③兮，榝④又欲充夫佩帏。既干进而务入兮，又何芳之能祗⑤。固时俗之流从兮，又孰能无变化。览椒兰其若兹兮，又况揭车与江离⑥。惟兹佩之可贵兮，委厥美而历兹。芳菲菲而难亏兮，芬至今犹未沬⑦。和调度以自娱兮，聊⑧浮游而求女。及余饰之方壮兮，周流观乎上下。

灵氛既告余以吉占兮，历⑨吉日乎吾将行。折琼枝以为羞兮，精琼爢以为粻。为余驾飞龙兮，杂瑶象以为车。何离心之可同兮，吾将远逝以自疏。邅⑩吾道夫昆仑兮，路修远以周流。扬云霓之晻蔼⑪兮，鸣玉鸾之啾啾。朝发轫于天津兮，夕余至乎西极。凤皇翼其承旂兮，高翱翔之翼翼。忽吾行此流沙⑫兮，遵赤水而容与。麾⑬蛟龙使梁津兮，诏西皇使涉予。路修远以多艰兮，腾众车使径待。路不周⑭以左转兮，指西海以为期。屯⑮余车其千乘兮，齐玉轪⑯而并驰。驾八龙之婉婉兮，载云旗之委蛇。抑志⑰而弭节⑱兮，神高驰之邈邈。奏《九歌》而舞《韶》兮，聊假日以媮乐。陟升皇之赫戏⑲兮，

① 无实：不结果实。
② 委：丢弃。
③ 慢慆（tāo）：傲慢放肆。
④ 榝（shā）：茱萸。
⑤ 祗（zhī）：尊敬。
⑥ 揭车与江离：比喻培育的人才。
⑦ 沬（mèi）：消失。
⑧ 聊：姑且。
⑨ 历：选择。
⑩ 邅（zhān）：楚地方言，转向。
⑪ 晻蔼：旌旗蔽日的样子。
⑫ 流沙：指西极，此处沙流如水。
⑬ 麾（huī）：指挥。
⑭ 不周：山名，在昆仑西北。
⑮ 屯：聚集。
⑯ 轪（dài）：车轮。
⑰ 志：通“帜”，旗帜。
⑱ 弭节：放下赶车的马鞭，使车停止。
⑲ 赫戏：形容光明。

忽临睨夫旧乡。仆夫悲余马怀兮，蜷局①顾而不行。

乱②曰：已矣哉，国无人莫我知兮，又何怀乎故都？既莫足与为美政兮，吾将从彭咸之所居。

（洪兴祖撰，白化文、许德楠、李如鸾、方进点校：《楚辞补注》，中华书局1983年版，第3-47页。）

评析

《离骚》是屈原被楚怀王疏远期间所作的抒情诗，是中国古代最长的抒情诗。屈原心系楚国命运、心怀革新政治的理想，却因小人谗言遭楚怀王疏远。忧国之心无可倾诉，写下《离骚》。全诗围绕作者自述高洁身世、不公政治遭遇和不灭的理想心志三个中心主题展开，表达对国家政局的担忧、对个人命运的反思和即使身逢灾厄也绝不同流合污的意志，因此也被誉为“用血泪凝成的生命挽歌”。写作中大量采用比兴手法，穿插丰富的神话和寓言故事，以绚丽的文采和恢宏的结构将现实的叙述与幻想相互交织，表现出积极的浪漫主义精神，开创了中国文学史上的“骚体”诗歌形式，也成为中国诗歌从大雅歌唱时代演进到浪漫独唱时代的标志。

淮南王刘安认为《离骚》兼有《国风》“好色而不淫”与《小雅》“怨诽而不乱”。刘勰推崇《离骚》为“奇文”，他在《文心雕龙》中为探究“穷文致”的方法，专辟一章“辨骚”，认为屈原之作“酌奇而不失其真，玩华而不坠其实”，“朗丽以哀志”。在污浊的环境中，作者虽然在哀伤地述说自己的心志，劝诫讽刺时局，但用词高雅华美，想象瑰丽奇特，其开辟的“香草美人”的比喻传统，和“路曼曼其修远兮，吾将上下而求索”的“求索”精神影响深远。

① 蜷局：卷屈不行的样子。

② 乱：终篇的结语。

贾谊

贾谊（前200—前168），洛阳人，西汉初年著名政论家、文学家。官至太中大夫，因被权贵中伤，出为长沙王太傅。后为梁怀王太傅，怀王坠马而死，贾谊深自歉疚，三十三岁即忧伤而死。著有《过秦论》《论积贮疏》《陈政事疏》等，辞赋以《吊屈原赋》《鹏鸟赋》最著名。

吊屈原赋

恭承嘉惠兮①，俟罪②长沙。侧闻③屈原兮，自沉汨罗。造托湘流兮④，敬吊先生。遭世罔极⑤兮，乃陨厥身⑥。呜呼哀哉，逢时不祥！鸾凤伏窜兮，鸱枭⑦翱翔。阘茸⑧尊显兮，谗谀得志；贤圣逆曳⑨兮，方正⑩倒植。世谓随夷为溷兮⑪，谓跖跻为廉⑫；莫邪⑬为钝兮，铅刀为铦⑭。吁嗟默默，生之无

① 承：承受。嘉惠：好的恩惠。实指被贬长沙。
② 俟罪：待罪，表示对自己的任职惴惴不安，唯恐力薄才疏而渎职犯罪，这是客套话。
③ 侧闻：侧耳听闻。
④ 造：到。讬：寄托。
⑤ 遭世罔极：遇到是非不分的统治者。罔，无。极，准则。
⑥ 陨：通“殒”，死亡。厥：其，指屈原。
⑦ 鸱枭：鸱鸮，猫头鹰一类的鸟。古代以为恶鸟，常用以比喻小人，与上句以鸾凤喻君子正相反。
⑧ 阘茸（tà róng）：比喻鄙陋无能的人。
⑨ 逆曳：倒着拖拉。
⑩ 方正：指品性刚毅正直的人。
⑪ 随夷：卞随和伯夷。卞随，古代隐士。相传商汤曾想把天下让给卞随，随认为这是把他当贪婪之人，于是投水而死。伯夷，商末孤竹君长子，与其弟叔齐互让君位，反对周武王伐纣，隐居首阳山，不食周粟而死。溷（hùn）：混乱。
⑫ 跖（zhí）：传说是春秋时奴隶起义的领袖，被诬为“盗”。跻：庄跻，战国时楚人，也被诬为“大盗”。
⑬ 莫邪（yé）：古代名剑，相传是名匠莫邪所铸，故名。
⑭ 铅刀：用铅铸的刀，刀刃柔软，不能割物。铦：锋利。

故兮，斡弃周鼎①，宝康瓠兮②。腾驾罢牛③，骖蹇驴兮④；骥垂两耳，服盐车兮⑤；章甫荐履⑥，渐不可久兮；嗟苦先生，独离此咎兮⑦。

讯曰⑧：已矣！国其莫我知兮，独壹郁其谁语⑨？凤漂漂其高逝兮，固自引而远去。袭九渊之神龙兮，沕⑩深潜以自珍；偭蟂獭以隐处兮⑪，夫岂从虾与蛭螾⑫？所贵圣人之神德兮，远浊世而自藏。使骐骥可得系而羁兮，岂云异夫犬羊！般纷纷其离此尤兮⑬，亦夫子之故也⑭。历九州而相其君兮，何必怀此都⑮也？凤凰翔九千仞⑯兮，览德辉而下之。见细德之险征兮⑰，遥曾击而去之。彼寻常之汙渎兮⑱，岂能容夫吞舟之巨鱼！横江湖之鳣⑲鲸兮，固将制于蝼蚁⑳。

（龚克昌等评注：《全汉赋评注》，花山文艺出版社 2003 年版，第 4-9 页。）

① 斡（wò）弃：旋转抛弃。周鼎：周朝的传国宝鼎。
② 宝：作动词用，以为宝。康瓠（hù）：大葫芦。康，大。或以为“康”通“漮”，空虚的意思，亦通。
③ 腾：乘。罢：通“疲”。
④ 骖（cān）：古代驾在车前两旁的马。蹇：跛足。
⑤ 服：驾。盐车：拉盐的车。
⑥ 章甫：殷商时期成人戴的礼帽。荐：垫。这句是说用帽子垫鞋，比喻是非贵贱颠倒。
⑦ 离：通“罹”，遭遇。咎：罪。
⑧ 讯：告。相当于《楚辞》中的乱辞，就是本文讲完又重宣其意。
⑨ 壹郁：抑郁。谁语：告诉谁。
⑩ 沕（mì）：潜藏的样子。
⑪ 偭（miǎn）：面向。蟂（xiāo）：鳄鱼一类动物。蟂与獭都是吃鱼的动物。
⑫ 蛭（zhì）：水蛭，俗称蚂蟥。螾：同“蚓”，即蚯蚓。
⑬ 般：通“斑”，乱。尤：罪过。
⑭ 夫子：对屈原的尊称。这句是说屈原吃了那么多苦头，原因是他不能像凤鸟一样翱翔，或者像神龙一样深藏。
⑮ 此都：指楚国郢都。实指楚国。
⑯ 仞：古七尺或八尺为一仞。千仞，喻其高。
⑰ 细德：鄙微的德行，指小人。险征：危险的征候。
⑱ 寻常：古代八尺为寻，十六尺为常。汙：同“污”，池子。渎：小水沟。
⑲ 鳣（zhān）：鲟鳣，江湖及近海中的一种无鳞大鱼。
⑳ 蝼蚁：蝼蛄和蚂蚁。

评析

据《汉书》贾谊传，《吊屈原赋》是公元前176年贾谊离开京城赴长沙途经湘水时所作。其时作者被汉文帝疏远，外放为长沙王太傅，作者的遭遇与屈原流放沅湘时极为相似，故作此赋，既伤屈原，又“因以自喻”。

赋开篇叙写作缘起，写自己负罪遭贬，途经湘水，因感屈原之遭遇而作赋。接着悲吊屈原因“遭世罔极”沉渊而死。在贾谊看来，屈原之死完全是社会造成的。所谓“鸾凤伏窜兮，鸱枭翱翔。阘茸尊显兮，谗谀得志；贤圣逆曳兮，方正倒植”，正是由于当时的社会是非颠倒，美丑不分，善恶不辨，致使屈原怀才不遇，无法实现自己的报国理想，而他又不愿意同流合污，最后不得不自沉江底，以死相争。作者对此感同身受，异代同悲，所以在赋之结尾满怀悲愤地写道：“彼寻常之汙渎兮，岂能容夫吞舟之巨鱼！横江湖之鳣鲸兮，固将制于蝼蚁”。“汙渎”不容“巨鱼”，“鳣鲸”为“蝼蚁”所制，屈原的时代如此，作者自身的遭际何尝不是如此？不同的是，他没有像屈原那样选择以身殉国，而是主张“远浊世而自藏”。赋以骚体写成，开汉代辞赋家追怀屈原之先例，曾经引起无数后人的同情和共鸣。

鹏①鸟赋

单阏②之岁兮，四月孟夏。庚子日斜兮③，鹏集予舍。止于坐隅兮，貌甚

① 鹏：楚人称鸮为鹏，俗称猫头鹰。
② 单阏（è）：太岁星在卯为单阏，这里是指汉文帝六年，这一年岁在丁卯。
③ 庚子：指四月的庚子那一天。日斜：太阳西斜。

闲暇。异物来萃兮①，私怪其故②。发书占之兮③，谶言其度④，曰："野鸟入室兮，主人将去。"请问于鹏兮："予去何之？吉乎告我，凶言其灾⑤。淹速⑥之度兮，语予其期。"鹏乃叹息，举首奋翼⑦；口不能言，请对以臆⑧。

万物变化兮，固无休息。斡流而迁兮⑨，或推而还⑩。形气转续兮，变化而蟺⑪。沕穆无穷兮⑫，胡可胜言！祸兮福所倚，福兮祸所伏⑬；忧喜聚门⑭兮，吉凶同域⑮。彼吴强大兮，夫差以败；越栖会稽兮，勾践霸世⑯。斯游遂成兮，卒被五刑⑰；傅说胥靡兮，乃相武丁。⑱ 夫祸之与福兮，何异纠纆⑲？命不可说兮，孰知其极？⑳ 水激则旱兮㉑，矢激则远；万物回薄㉒兮，振荡相

① 异物：怪异之物，指鹏鸟。萃：止。
② 私：暗自。故：原因。
③ 发：打开。书：此处指占卜用的书。
④ 谶（chèn）：预言吉凶祸福的话。度：数，即吉凶的定数。
⑤ 灾：祸害。
⑥ 淹速：迟早。指命运的长短。淹，迟。
⑦ 奋翼：扑打翅膀。
⑧ 请对以臆：请以猜测之语作为回答。
⑨ 斡（wò）流：运转。迁：变化。
⑩ 推：推移。还：回。指回旋往复。
⑪ 形气：指有形体和无形体的物质。转：转化。续：继续。而：通"如"。蟺：通"蝉"。这两句是说，形与气的转化交替如蝉之蜕皮一样。
⑫ 沕（mì）穆：精微深远的样子。
⑬ 祸兮福所倚，福兮祸所伏：语出老子《道德经》。倚，依托。伏，隐藏。
⑭ 聚门：聚集同一家门。
⑮ 同域：同在一个地方。域，境界，范围。
⑯ 吴：指春秋时吴国。夫差：春秋末吴国国君。越：指春秋时越国。栖：居住。会稽：会稽山，在今浙江省绍兴市。勾践：春秋末越国国君。这两句用春秋时吴越相争的故事说明成反为败、失反为得的道理。
⑰ 斯：秦国丞相李斯。被：遭受。五刑：古代的五种刑罚，这里指李斯被腰斩。事见《史记·李斯列传》。
⑱ 句意：传说傅说初在傅岩操服劳役，殷高宗武丁认为他是贤人，用他为相。胥靡：古代的一种刑罚，把罪人系在一起，强迫他们服劳役。胥，互相。靡，系缚。
⑲ 纠纆（mò）：指绳索相互纠缠在一起。纠，两股的绳。纆，三股的绳。
⑳ 句意：意思是说天命无法解释，谁知道它的究竟？极：终极。
㉑ 激：冲激，压迫。旱：通"悍"，指水的汹涌，湍急。
㉒ 回薄：往返激荡。薄，逼。

转①。云蒸雨降兮②，纠错相纷③。大钧播物兮④，坱圠无垠⑤。天不可预虑⑥兮，道不可预谋⑦；迟速有命兮，焉识其时⑧？

且夫天地为炉兮，造化为工⑨；阴阳为炭兮，万物为铜。合散消息兮，安有常则⑩？千变万化兮，未始有极⑪！忽然为人兮，何足控抟⑫？化为异物兮，又何足患⑬？小智⑭自私兮，贱彼贵我；达人大观兮，物无不可⑮。贪夫殉财兮⑯，烈士殉名。夸者死权兮，品庶每生⑰。怵迫之徒兮，或趋西东⑱；大人不曲兮，意变齐同⑲。愚士系俗兮，窘若囚拘⑳；至人遗物兮㉑，独与道俱。众人惑惑兮，好恶积亿㉒；真人恬漠兮，独与道息㉓。释智遗形兮，超然

① 相转：相互转化。
② 蒸：因热而上升。降：因冷而下降。
③ 纠错：纠缠错杂。纷：纷乱。
④ 大钧：指天，大自然。钧是古代制陶器的转轮，自然界的形成犹如钧制造陶器。播物：运转造物。
⑤ 坱圠（yǎng yà）：茫茫无边际的样子。垠：边际。
⑥ 预虑：事前想到。
⑦ 预谋：事先计划到。
⑧ 迟速：与前文的“淹速”同，指寿命的长短。时：期限。
⑨ 工：巧匠。
⑩ 合：聚集。消：灭。息：生长。常则：一定的规律。
⑪ 未始：未尝。极：终极。
⑫ 忽然：偶然。控：引持。抟（tuán）：捏搓。控抟，引申为爱惜生命。
⑬ 异物：指死。患：忧虑。
⑭ 小智：目光短浅的人。
⑮ 达人：知命通达的人。大观：眼光远大。可：适宜。
⑯ 贪夫：贪图钱财的人。殉财：为财而死。
⑰ 夸者：追求权势虚名的人。品庶：众庶，即众人。每：贪。
⑱ 怵迫：为利所诱迫。趋西东：东奔西走，趋利避害。
⑲ 大人：道德高尚的人。不曲：不肯弯曲。指不肯屈志从俗。意变齐同：这句话的意思是说，大人对亿万变化的事物都等量齐观，一视同仁。意，同“亿”。
⑳ 愚士：蠢人。系俗：被世俗所牵累。窘：困迫。
㉑ 至人：道德完善的人，即圣人。遗物：抛弃一切外物，也即清除一切杂念。
㉒ 惑惑：思想十分迷乱。积亿：堆积在心中。亿，同“臆”。
㉓ 真人：道家所谓得天地之道的人。恬漠：恬静，淡漠。指内心不为外界事物所干扰。息：止。

自丧[①]；寥廓忽荒兮，与道翱翔[②]。乘流则逝兮，得坻则止[③]；纵躯委命兮，不私与己[④]。其生兮若浮，其死兮若休[⑤]；澹乎若深渊之静，泛乎若不系之舟[⑥]。不以生故自宝兮，养空而浮[⑦]；德人无累[⑧]，知命不忧。细故蒂芥，何足以疑！

（龚克昌等评注：《全汉赋评注》，花山文艺出版社2003年版，第10-16页。）

评析

《鹏鸟赋》是贾谊谪贬长沙时所作。据《史记·屈原贾生列传》记载："贾生为长沙王太傅三年，有鸮飞入贾生舍，止于坐隅。楚人命鸮曰'服'。贾生既已适（谪）居长沙，长沙卑湿，自以为寿不得长，伤悼之，乃为赋以自广。"服，同"鹏"，亦名鸮，俗称猫头鹰，古人认为是不祥之鸟。贾谊谪宦长沙，心情本来就很抑郁，看到猫头鹰进入家中，不由得产生一种"主人将去"的不祥之感，于是作赋以自解。作者假托与鹏鸟的问答，抒发自己怀才不遇的抑郁不平情绪，集中阐发了老庄祸福相倚、齐死生、等荣辱的哲学思想，最后以"德人无累，知命不忧。细故蒂芥，何足以疑"作结，点明全篇主旨：既然死生、祸福都可以听天由命，任其自然，那么像鹏鸟飞入舍内这样的琐细之事，有什么值得疑虑忧伤的呢？

全赋在写作上最突出的特点是以议论为主行文结篇，通过议论抒写对生

① 释：放弃。遗：丢掉，忘却。超然：超脱于物外的样子。自丧：自忘其身。
② 寥廓：深广的样子。忽荒：同"恍惚"，看不真切。翱翔：浮游。这里是形容真人自由自在、逍遥自得的样子。
③ 坻（chí）：水中的小洲。这两句是说随流行止，一任自然。
④ 纵躯委命：把身躯完全委托给命运，任凭自然。不私与己：不把身躯视为私有之物。
⑤ 浮：寄托。休：休息。
⑥ 澹：恬静。泛：浮动。
⑦ 故：缘故。自宝：自爱，自贵。养空而浮：养空性而心如浮舟。
⑧ 德人：行道而有得于心的人，亦即道德高尚的人。《庄子·天地》："德人者，居无思，行无虑，不藏是非美恶。"累：牵连，挂念。

命忧患的思考，阐发人生的哲理。作者旁征博引，通过古今人事的千变万化，形象地阐明了小智与达人、贪夫与烈士，以及大人、愚士、至人、众人、真人、德人等对于生命的不同态度。为了增强议论的形象性，作者大量运用排比句式和比喻手法，语言表达以整齐的四言句为主，凝练精警，感情充沛，行文造句具有明显的散文化特点。

刘巴

刘巴（约170—222），字子初，三国时零陵烝阳（今湖南邵东）人。少有才名，荆州牧刘表连辟及举茂才，皆不就。刘备入蜀后，辟巴为左将军西曹掾。官至尚书令。章武二年卒。有《刘令君集》。

答先主①

昔游荆北，时涉师门。记问之学②，不足纪名。内无杨朱③守静之术，外无墨翟④务时之风，犹天之南箕⑤，虚而不用。赐书乃欲令贤甥摧鸾凤之艳，游燕雀之宇，将何以启明之哉？愧于“有若无，实若虚”，何以堪⑥之！

（严可均校辑：《全上古三代秦汉三国六朝文》，中华书局1958年版，第1382页。）

评析

刘巴十八岁时，在荆州担任郡署户曹吏主记主簿。当时，刘备来荆州投奔刘表，因仰慕刘巴大名，便让刘表之甥周不疑向刘巴求学。刘巴鄙视刘备，拒绝了他的请求。本文当是刘巴推辞刘备请求时所写的一封信。文中刘巴自

---

① 先主：指刘备。

② 记问之学：指只记诵书本以资谈助或应答问难的学问。意思是学问未融会贯通，不成体系。

③ 杨朱：字子居，战国时魏国（今河南开封市）人，反对儒墨，尤其反对墨子的“兼爱”，主张“贵生”“重己”，重视个人生命的保存。其思想观点散见于《庄子》《孟子》《韩非子》《吕氏春秋》等书。

④ 墨翟：墨子，名翟，战国时著名思想家，墨家学派创始人，著有《墨子》。

⑤ 南箕：星名，即箕宿。共四星，二星为踵，二星为舌，踵窄舌宽，夏秋之间见于南方，故称“南箕”。古人观星象而附会人事，认为箕星主口舌，多以比喻谗佞。典出《诗经·小雅·巷伯》：“哆兮侈兮，成是南箕。彼谮人者，谁适与谋？”

⑥ 堪：承受。

贬为“燕雀”，说自己“内无杨朱守静之术，外无墨翟务时之风”，恭维刘表之甥有“鸾凤之艳”，从而以不堪大任为由拒绝了刘备的请求。言辞恭敬，态度却很坚决，从中不难看到刘巴的个性。

蒋琬

蒋琬（？—246），字公琰，零陵湘乡（今湖南湘乡）人。三国时著名政治家。初随刘备入蜀，诸葛亮死后封大将军，辅佐刘禅，主持朝政，统兵御魏，封安阳亭侯。清代陈运溶辑有《蒋恭侯集》一卷，收入《湘中名贤遗集五种》。

承命上疏

芟秽弭难①，臣职是掌。自臣奉辞汉中，已经六年。臣既暗弱②，加婴疾疢③，规方④无成，夙夜忧惨。今魏跨带⑤九州，根蒂滋蔓，平除未易。若东西并力⑥，首尾掎角⑦，虽未能速得如志，且当分裂蚕食，先摧其支党⑧。然吴期二三⑨，连不克果⑩，俯仰惟艰，实忘寝食。辄与费祎等议⑪，以凉州⑫胡塞之要，进退有资，贼之所惜，且羌胡乃心，思汉如渴，又昔偏军入羌，郭淮破走⑬，算其长短，以为事首。宜以姜维⑭为凉州刺史。若维征行，衔持

① 芟（shān）秽弭（mǐ）难：这里指消灭曹魏平息国难。芟，割草，引申为除去。秽，肮脏的东西。弭，平息，停止，消除。
② 暗弱：懦弱而不明事理。
③ 婴：患，缠绕。疾疢（chèn）：泛指疾病。
④ 规方：规划策略。
⑤ 跨带：跨越连带，指全部据有。
⑥ 东西并力：指吴蜀东西合力。
⑦ 首尾掎角：首尾成掎角之势。
⑧ 支党：党羽。
⑨ 然：然而。期：延期。二三：概数，指一再地。
⑩ 克：能够。果：得出结果。
⑪ 辄：就。费祎：字文伟，蜀汉名臣，深得诸葛亮器重。
⑫ 凉州：古地名，今甘肃省武威及其周边地区。
⑬ 郭淮：三国时魏国名将。破：失败。
⑭ 姜维：字伯约，蜀汉名将。

河右，臣当帅军，为维镇继①。今涪②水陆四通，惟急是应。若东北有虞③，赴之不难。

（严可均校辑：《全上古三代秦汉三国六朝文》，中华书局 1958 年版，第 1388 页。）

评析

本文是蒋琬应皇帝之命进呈的奏章，主要内容是就当时蜀国的军事形势与人事安排提出建议。从文中“与费祎等议”之语看，蒋琬上疏前曾与费祎等人就相关问题展开过讨论，可见其严肃慎重。表现在行文上，全文条分缕析，思虑周详，言辞恳切，语气平和理性，报国之情与忠君之心隐然可见，颇有诸葛亮前后《出师表》之遗韵。

文章以自责开篇，说自己奉命主持汉中事务已经六年，由于性格和身体方面的原因无所作为，但忧心常在。接着分析天下大势，认为魏国地域辽阔，实力强大，“平除”已非易事，因而必须坚持联吴伐魏的政策不动摇，只有这样才能构成掎角之势，通过蚕食魏之领土，逐渐摧毁其势力范围。当前的主要问题是吴国一再延期其承诺，“东西并力”没有取得实质性的效果。思虑再三，蒋琬认为凉州是河右最重要的要塞，“进退有资”，当为“事首”，所以建议任命最具才干的姜维担任凉州刺史，自己愿帅军驻涪城为姜维后援。

诸葛亮曾说：“公琰托志忠雅，当与吾共赞王业者也。”蒋氏之忠雅气度从此篇中可见一斑。

① 镇继：在后面继续镇守，即作为后援应战。
② 涪：古州名，治所在今重庆市涪陵区。
③ 虞：忧患，这里指战事。

黄盖

黄盖（？—215），字公覆，零陵泉陵（今湖南永州）人。三国时东吴名将，历仕孙坚、孙策、孙权三朝。赤壁之战中，黄盖前往曹营诈降，趁机以火攻大破曹军，成为赤壁之战的主要功臣，其事迹被后人广为传颂。

与曹公书

盖受孙氏厚恩，常①为将帅，见遇不薄，然顾天下事有大势，用江东六郡山越之人②，以当中国百万之众，众寡不敌，海内所共见也。东方将吏，无有愚智，皆知其不可，惟周瑜、鲁肃，偏怀浅戆③，意未解耳。今日归命，是其实计。瑜所督领，自易摧破。交锋之日，盖为前部，当因事变化，效命在近。

（严可均校辑：《全上古三代秦汉三国六朝文》，中华书局 1958 年版，第 1409 页。）

评析

黄盖给曹操的这封信是一封诈降书。面对来势汹汹的曹军，周瑜等人决定用火攻，选择适当时机将曹军战船一举烧毁于江面之上。为达此目的，东吴老将黄盖先献苦肉记，故意向世人造成他与周瑜不和的假象。接着修书曹操，表达投降意愿。为诱使曹操上当，黄盖此书看似简略，实际上颇藏心机。

整封信的写作思路是站在曹操的立场上“实话实说”，以此使曹操深信

① 常：通“尝”，曾经。
② 江东六郡：指吴郡、会稽、丹阳、豫章、庐陵、庐江六郡。
③ 偏怀浅戆：心思偏窄，浅陋愚拙。

不疑。信开篇说自己“受孙氏厚恩”，“见遇不薄”，言下之意，他不是一个忘恩负义之人，并不想背叛孙吴。这样写的目的意在表白自己信奉忠义，为人诚实，绝非卖主求荣之人。接着分析天下大势，黄盖斩钉截铁地说：“用江东六郡山越之人，以当中国百万之众，众寡不敌，海内所共见也。”以曹军当时的实力，曹操本人可能也持有这样的心理，因而这话他是爱听的，而黄盖这样说的目的则是要在曹操面前证明自己对时局有清醒的认识。如果这种认识是正确的，那么他的“投降”就有了合理的依据，曹操就会相信他的选择是理性的，是识时务的明智之举。为了加深这种印象，黄盖又指名道姓批评周瑜、鲁肃等主战派“偏怀浅戆”，其结果必然是死路一条。有了这样的逻辑基础，黄盖最后才向曹操抛出他的见面礼：“交锋之日”他愿为曹军“前部”，将根据战场情况的变化为曹军“效命”。这一点对于曹操来说最具诱惑力。

从历史的情况来看，黄盖的这一纸短信确实使老谋深算的曹操上当了。赤壁之战中，黄盖率军诈降，取得了火烧赤壁的重大胜利。从这个意义上说，这封信在赤壁之战中确实发挥了重要的作用。

罗含

罗含（292—372），字君章，东晋桂阳郡（今湖南耒阳）人。祖父罗彦曾官临海太守。父罗绥官至荥阳太守。含幼孤，为叔母朱氏所养。少好学，初为郡功曹，官至长沙相。年 77 卒。著有《湘中记》（已佚）。

答孙安国书①

获书，文略旨辞，理亦兼情，虽欣清酬，未喻②乃怀。区区③不已，请寻前本④，本亦不谓物都不化，但化者各自得其所化，颓者亦不失其旧体，孰主陶是？载混载判，言□然之至分，而不可乱也。如此，岂徒一更⑤而已哉？将与无穷，而长更矣。终而复始，其数历然，未能知今，安能知更？盖积悲忘言，谘求⑥所通，岂云唯慰，聊以寄散而已矣。

（严可均校辑：《全上古三代秦汉三国六朝文》，中华书局 1958 年版，第 2211 页。）

评析

罗含著有《更生论》，专门论事物的发展变化。罗氏认为："万物有数，而天地无穷。然则无穷之变，未始出于万物。万物不更生，则天地有终矣，天地不为有终，则更生可知矣。"文章写好后，罗含送给时任长沙太守的孙

① 孙安国：孙盛，字安国，太原中都（今山西平遥）人。晋代著名史学家，曾任长沙太守，著有《魏氏春秋》《晋阳秋》等，《晋书》卷八十二有传。

② 喻：说明，使人理解。

③ 区区：庸碌，愚拙。

④ 前本：这里当指罗含送给孙盛的《更生论》原文。

⑤ 更：变化。

⑥ 谘求：访求。

盛审阅。孙盛读完文章后致书罗含，提出了一些不同意见。于是罗含又给孙盛写了这封信，对自己的观点作了进一步说明，主要阐明了两层意思。其一，世上万物的变化绝不是“一更而已”，而是“长更”不已。其二，事物的变化有规律可循，所谓“终而复始，其数历然”；而要认识事物的变化规律，必须从现在开始，所谓“未能知今，安能知更?”文章语言温文尔雅，情理兼融，从“聊以寄散”之语看，作者自身之人生态度亦以达观自适为主，散发着浓浓的玄学气息。

陶渊明

陶渊明（约365—427），名潜，字元亮，号五柳先生，世称靖节先生，东晋柴桑（今江西九江）人。我国第一位田园诗人。传世作品被后人编为《陶渊明集》。

桃花源记

晋太元①中，武陵②人捕鱼为业，缘溪行，忘路之远近。忽逢桃花林，夹岸数百步，中无杂树，芳草鲜美，落英缤纷。渔人甚异之。复前行，欲穷其林。

林尽水源，便得一山。山有小口，仿佛若有光。便舍船，从口入。初极狭，才通人，复行数十步，豁然开朗。土地平旷，屋舍俨然。有良田、美池、桑竹之属。阡陌交通③，鸡犬相闻。其中往来种作，男女衣着，悉如外人。黄发垂髫④，并怡然自乐。

见渔人，乃大惊。问所从来，具答之。便要还家，设酒，杀鸡作食。村中闻有此人，咸来问讯。自云先世避秦时乱，率妻子邑人来此绝境，不复出焉，遂与外人间隔。问今是何世，乃不知有汉，无论魏晋。此人一一为具言所闻，皆叹惋。余人各复延至其家，皆出酒食。停数日，辞去。此中人语云："不足为外人道也。"

---

① 太元：晋孝武帝年号，自公元376年至396年，共计21年。

② 武陵：晋郡名，治所在今湖南省常德市。

③ 阡陌交通：田间小路交错相通。阡陌，田间小路，南北走向的叫阡，东西走向的叫陌。交通，交错相通。

④ 黄发垂髫：指老人和小孩。黄发，旧指长寿的特征，这里指老人。垂髫，垂下来的头发，这里指小孩子。

既出，得其船，便扶向路，处处志之。及郡下，诣太守，说如此。太守即遣人随其往，寻向所志，遂迷，不复得路。南阳刘子骥①，高尚士也。闻之，欣然规往。未果，寻病终。后遂无问津者。

（吴泽顺编：《陶渊明集》，岳麓书社 1996 年版，第 100 页。标点符号有改动。）

评析

《桃花源记》作于何时，陶渊明是否到过湖南，学术界有不同看法。但有一点可以肯定，那就是《桃花源记》对理想社会的向往与建构意味着对现实社会的批判甚至否定，对后世湖南文学的发展和文化精神的形成产生了深远的影响。

文章开篇以“芳草鲜美，落英缤纷”的桃花林作为铺垫，引出一个质朴自然的化外世界。借助武陵渔人偶入桃源的见闻，虚实结合，层层设疑，以浪漫主义笔法虚构了一个与黑暗现实相对立的美好世界，寄托了作者的社会理想，反映了广大人民的意愿，同时也流露出作者逃离现实、乐天知命的老庄思想。全文构思精巧，详略得当而中心突出，感情真挚，语言质朴精练，具有独特的风格。特别是作者采用小说笔法，借武陵渔人行踪这一线索，把现实和理想境界联系起来，独具匠心。文中有关武陵渔人进入桃花源的描写，看似轻描淡写，却十分引人入胜。此文一出，“世外桃源”一词逐渐成为人们理想世界的代名词。

① 刘子骥：名驎（lín）之，《晋书·隐逸传》说他“好游山泽”。

阴铿

阴铿，字子坚，生卒年不详。阳铿祖籍甘肃武威，东晋义熙末年，曾祖袭随宋武帝南迁至南平（今湖北荆州）。初仕梁，为湘东王法曹行参军。梁亡入陈，官至晋陵太守、员外散骑常侍。有《阴常侍集》。

渡青草湖①

洞庭春溜满，平湖锦帆张。沅水桃花色，湘流杜若香。穴去茅山②近，江连巫峡③长。带天澄迥碧，映日动浮光。行舟逗远树，度鸟息危墙。滔滔不可测，一苇讵能航④。

（邓显鹤编撰，欧阳楠点校：《沅湘耆旧集》第一册，岳麓书社 2007 年版，第 25 页。）

评析

根据诗题及所写内容，此诗当是作者春天泛舟渡青草湖时所作。青草湖，又名巴丘湖，在岳阳县西南，因岸边有青草山而得名。诗写沿途美景，境界阔大，层次分明，色调明快，笔墨酣畅。开篇两句点明渡湖时间在春天，以“满”“平”二字勾勒春水潋滟的湖泊景光，“溜”字尤具情趣，充满活力。“沅水桃花色，湘流杜若香”，写沅水与湘江的不同景色，非常自然地融入了桃花源和湘君、湘夫人的故事。“穴去茅山近，江连巫峡长”则暗用汉代茅

① 青草湖：亦名巴丘湖，在今湖南岳阳市西南，岸有青草山，故名。湘江、汨罗江水由此汇入洞庭湖。

② 茅山：在江苏省句容市东南，本名句曲山。山有华阳洞，相传汉代茅盈、茅固、茅衷三兄弟在此得道成仙。

③ 巫峡：长江三峡之一，有巫山神女的传说。

④ 一苇：一束苇，比喻船小。《诗经·河广》：“谁谓河广，一苇杭之。”讵（jù）：怎，岂。

盈、茅固、茅衷三兄弟于茅山得道成仙和巫山神女的传说，使诗的意蕴更加丰富，更添一种神奇幻迷的色彩。“带天”“映日”二句是远眺，写水天相接、湖光闪烁；“行舟”“度鸟”二句是近观。四句皆据景写实，动静相生。面对一望无际、深不可测的湖水，诗人不由得产生“一苇讵能航”的担忧，旅途劳顿、世路艰险的感慨自然也暗含其中。全诗字雕句琢，却不失清新流丽，艺术上颇具匠心。

江津送刘光禄不及①

依然临江渚，长望倚河津。鼓声②随听绝，帆势与云邻。泊处空余鸟，离亭已散人。林寒正下叶，钓晚欲收纶。如何相背远，江汉与城闉。③

（邓显鹤编撰，欧阳楠点校：《沅湘耆旧集》第一册，岳麓书社 2007 年版，第 26 页。）

评析

阴铿的送别诗颇具特色，多以情景交融、委婉动人取胜，此篇即是代表。诗前四句写诗人渡口送行，因迟到未能与友人相见，只得引领远眺，目送友人帆影远去，内中依依不舍、失望惆怅之情随着鼓声、帆影不断延伸，表现得淋漓尽致。李白的千古名句“孤帆远影碧空尽，唯见长江天际流”可谓深得其妙。中间四句借渡口离亭啼鸟、树叶飘零的景物描写，营造出凄凉冷清的意境，更加形象地表现了诗人心中的孤独怅然之情。整首诗借景抒情，渲

① 江津：江边渡口。
② 鼓声：古时开船的打鼓之声。
③ 句意：刘远去江汉，自己返归城里，背道而行，愈离愈远。

染离愁别绪，使人不胜伤感。

和傅郎岁暮还湘州①

苍茫岁欲晚，辛苦客方行。大江静犹浪，扁舟独且征。棠枯绛叶②尽，芦冻白花轻③。戍人寒不望，沙禽迥④未惊。湘波各深浅，空轸⑤念归情。

（邓显鹤编撰，欧阳楠点校：《沅湘耆旧集》第一册，岳麓书社 2007 年版，第 26 页。）

评析

这是一首江上送别诗，是阴铿描写江景的名作。全诗抒发了一种“扁舟独且征”的孤独之感。岁暮时分，诗人与将要乘舟远行的友人告别，触目所见，海棠、芦苇已经枯萎，红叶落尽，白花轻飞，一片凄冷孤寂的景象。如此写景，既是写实，也是抒情，借凄凉之景物抒写其心头实实在在郁积的悲凉之情。全诗寓情于景，通过江浪、扁舟、棠叶、芦花、戍人、沙禽等意象，将“湘波各深浅，空轸念归情”的思乡之情表达得淋漓尽致，无限感伤。

① 傅郎：指傅縡，灵州人。梁末为王琳记室。琳败后入陈。陈后主即位，迁秘书监、右卫将军兼中书通事舍人。湘州：今长沙。

② 绛叶：红叶。

③ 芦冻白花轻：芦苇秋冬时节有白花。

④ 迥（jiǒng）：远。沙禽与人距离远，故不惊动。

⑤ 轸（zhěn）：悲痛，悲伤。

欧阳询

欧阳询（557—641），字信本，临湘（今湖南长沙）人。隋时官太常博士，入唐后累迁给事中、太子率更令、弘文馆学士，封渤海县男。与颜真卿、柳公权、赵孟頫并称“楷书四大家”。其楷书法度严谨，笔力险峻，世称“欧体”。编有《艺文类聚》一百卷。

《艺文类聚》序

夫九流百氏，为说不同。延阁石渠①，架藏繁积。周流极源，颇难寻究。披条索贯②，日用宏多。卒欲摘其菁华，采其旨要，事同游海，义等观天。皇帝命代膺期③，抚兹宝运，移浇风于季俗④，反淳化于区中⑤。戡乱靖人⑥，无思不服。偃武修文⑦，兴开庠序⑧。欲使家富隋珠⑨，大怀荆玉⑩。以为前辈缀集，各抒其意。《流别》《文选》⑪，专取其文。《皇览》《遍略》⑫，直书其事。文义既殊，寻检难一。爰⑬诏撰其事，且文弃其浮杂，删其冗长，金

① 延阁石渠：古代帝王藏书之所。

② 披条索贯：翻检求索之意。

③ 命代膺期：承受期运，指受天命为帝王。

④ 移浇风于季俗：指移风易俗。浇风，浮薄的社会风气。季俗，末世颓败的风俗。

⑤ 区中：人世间。反淳化于区中，意谓教化百姓，使人民归于淳朴。

⑥ 戡（kān）乱：平定叛乱。靖人：使人平安。

⑦ 偃（yǎn）武：停息武备。修文：加强文治，主要指修治典章制度，提倡礼乐教化等。

⑧ 庠（xiáng）序：泛指古代的地方学校。殷代叫庠，周代叫序。

⑨ 隋珠：隋侯之珠，比喻珍贵的物品。

⑩ 荆玉：荆山之玉，比喻美质贤才。

⑪《流别》：指西晋挚虞的《文章流别论》。《文选》：我国现存最早的诗文总集，南朝梁昭明太子萧统编撰。

⑫《皇览》：三国时刘劭、王象、桓范、韦诞、缪袭等奉敕编撰的一部类书，专供皇帝阅读，故称《皇览》。原书隋唐后已失传。《遍略》：《华林遍略》，梁武帝萧衍下令华林园学士编撰的一部类书，共六百二十卷。

⑬ 爰：于是。

箱玉印，比类相从①，号曰《艺文类聚》。凡一百卷，其有事出于文者，便不破之为事，故事居其前，文列于后。俾②夫览者易为功，作者资其用，可以折衷今古，宪章坟典云尔③。太子率更令宏文馆学士渤海男欧阳询序。

（董诰等编：《全唐文》卷一四六，中华书局 1983 年影印本，第 1478-1479 页。）

评析

《艺文类聚》是欧阳询奉高祖李渊之命主持编修的一部类书，参与其事的还有令狐德棻、陈叔达、裴矩、赵弘智、袁朗等十余人。武德七年（624）成书。全书凡一百卷，分 46 部，每部又列子目，“事居其前，文列于后”。全书编成后，欧阳询写了这篇序，简约而全面地交代编撰此书的缘起和目的，阐明编书的原则和方法。文章大量运用排比对偶句式，杂用典故，语言顺畅，文笔优美。

① 比类相从：按类归在一起。
② 俾（bǐ）：使。
③ 宪章：典章制度，这里是取法的意思。坟典：三坟、五典的并称，泛指古代典籍。

王昌龄

王昌龄（约698—756），字少伯，京兆长安（今陕西西安）人。开元十五年（727）进士及第，任秘书省校书郎。二十二年（734），调汜水尉，再移江宁丞。晚年不拘细行，贬龙标尉。安史之乱后回归故里，为濠州（一作亳州）刺史闾丘晓所杀。其诗绪密而思清，有“七绝圣手”之称，边塞诗与高适、王之涣齐名。原有集，已散佚。明人辑有《王昌龄集》，今存诗一百七十余首。

送柴侍御①

沅水②通波接武冈③，送君不觉有离伤。青山一道同云雨，明月何曾是两乡④。

（王士禛编选，张明非译注：《唐贤三昧集译注》，上海古籍出版社2019年版，第198页）

评析

《送柴侍御》作于唐玄宗天宝七年（748），是王昌龄被贬为龙标尉期间所作的一首送别诗。友人柴侍御要离开龙标前往武冈，王昌龄作此诗寄寓别情、疏解朋友之间的离愁别绪。

“沅水通波接武冈”，首句点明友人柴侍御即将前往的武冈与他们当时所在的龙标相邻，“沅水通波”表明两地之间有一沅水，道路险阻。“接”字实

① 柴侍御：作者友人，生平不详。侍御，官名。
② 沅水：今湖南沅江，流经贵州省、湖南省等地。
③ 武冈：今属湖南邵阳，与当时作者所在的龙标（今湖南黔阳）相距约一百多里。
④ 两乡：指诗人所在的龙标与柴侍御将要前往的武冈两地。

为安慰之词，安慰友人两地虽有一水之隔，但距离相近。第二句“送君不觉有离伤”，诗人故作轻快地宽慰友人不必为离别而伤感，但两地毕竟是隔山隔水的“两乡”，诗人自己又何尝没有“离伤”？第三、四句“青山一道同云雨，明月何曾是两乡”，以景入情，二人虽相隔两地，但可以共睹青山云雨和明月之美，地理上的距离会因同时空的美景而消失，心灵的“两乡”变为了“一乡”。在送别诗中，多见以缠绵凄切的风格凸显离别之愁与相思之意，而王昌龄这首《送柴侍御》却是别开蹊径、出人意料，以轻松畅快、简单利落的话语，减轻彼此的离愁，这种体贴入微的友情，更加令人动容。

李白

李白（701—762），字太白，号青莲居士。唐代著名诗人，曾于乾元二年（759）秋至上元元年（760），两度漫游湖湘，留下了三十余首诗作。有《李太白集》三十卷传世。

陪族叔刑部侍郎晔及中书贾舍人至游洞庭五首[1]

洞庭西望楚江[2]分，水尽南天不见云。日落长沙秋色远，不知何处吊湘君。（其一）

南湖[3]秋水夜无烟，耐可乘流直上天。且就洞庭赊月色，将船买酒白云边。（其二）

洛阳才子谪湘川[4]，元礼[5]同舟月下仙。记得长安还欲笑，不知何处是西天[6]。（其三）

洞庭湖西秋月辉，潇湘江北早鸿飞。醉客满船歌白苎[7]，不知霜露入秋衣。（其四）

① 刑部侍郎：刑部的次官，掌管法律、刑狱等事务。晔：李晔，曾任刑部侍郎，乾元二年（759）四月，因被人诬陷，贬为岭南道境内的一名县尉。中书贾舍人至：中书舍人，官名，主要任务是撰拟诰敕。贾至，与李白同时诗人，乾元二年贬岳州司马。

② 楚江：指流经楚地的长江。长江从西北方向流至岳阳，与洞庭湖水汇合，再向东北流去，宛如被洞庭湖分为二截，故云“楚江分”。

③ 南湖：指洞庭湖。在长江之南，故称。

④ 洛阳才子：指贾谊。因贾至与贾谊同姓，又同为洛阳人，所以把贾至比作贾谊。湘川：指湘江一带。

⑤ 元礼：东汉李膺的字。据《后汉书·郭泰传》记载，李膺任河南尹时，在士大夫中有很高的声望。他的朋友郭泰离京还乡时，送行的人很多，但郭泰只与李膺同船渡河，送行的人望见都很羡慕，把他们比作神仙。这里是用李膺来比李晔。

⑥ 西天：指长安。这两句化用桓谭《新论》“人闻长安乐，则出门西向而笑”句意，表示对长安的怀念。

⑦ 白苎（zhù）：《白苎歌》。

帝子潇湘去不还，空余秋草洞庭间。淡扫明湖开玉镜，丹青画出是君山。(其五)

(彭定求等编：《全唐诗》，中华书局1960年版，第1830页。)

评析

公元759年秋天，刑部侍郎李晔贬官岭南，行经岳州（今湖南岳阳），与诗人李白相遇，其时贾至亦谪居岳州，三人相约同游洞庭湖，李白便写下了这一组七绝诗，凡五首。第一首写落日时分，诗人在洞庭湖上骋目四望，水天一色，云霞无边，不知于何处凭吊湘君。第二首具体写游南湖，突出的是一个“酒”字。浪漫的诗人面对南湖秋水，直欲“乘流直上天”，于烟波浩渺的湖水中“赊”取月色一片，以此“买酒白云边”，与朋友喝个痛快。第三首写的是月下饮酒时的场景。诗人将贾至比作贾谊，李晔比作李膺。二人身处贬谪途中，心中自然有对长安的怀念，但饮酒的快乐冲淡了贬谪的哀愁。第四首写湖西秋月，醉客满船，人们欢唱着《白苎》之歌，不知不觉中秋露已经沾湿了衣裳。最后一首纯粹写景。在诗人眼里，洞庭湖就是一面拂去尘埃的玉镜，君山耸立在湖中宛如一幅美丽的图画。

李白善于从民间文艺和神话传说中吸取素材，其诗歌想象新颖奇特，风格雄健奔放，色调瑰玮绚烂，语言流转自然，音律和谐多变。这组诗即景会心，触景生情，诗人将自己的内心感受融化于眼前的自然景物之中，酿造出一种独特的意境氛围，写景抒情，天然不可凑泊。

陪侍郎叔[1]游洞庭醉后三首（其三）

划却君山好[2]，平铺湘水流。巴陵无限酒，醉杀洞庭秋。

（彭定求等编：《全唐诗》，中华书局1960年版，第1830页。）

评析

此诗作于乾元二年（759）秋。这一年春天，李白在流放夜郎途中遇赦放还，先在湖北江陵一带待了一段时间，然后出游湖南。在岳阳遇到时由刑部侍郎贬官岭南的族叔李晔，二人同游洞庭湖，开怀畅饮，心中充满感慨。

诗的前两句“划却君山好，平铺湘水流”，起笔非常突兀，令人称奇。诗人突发奇想，意欲将君山削去，好一任湘水无所阻拦地肆意流泻，实际上这是在发泄心中的牢骚与不平。李白才华横溢，抱负远大，但一生蹭蹬不遇，正是这种遭遇使他在醉眼蒙眬之际，感到眼前的君山就像横亘在他人生道路上的一道障碍，必欲铲除而后快。后两句“巴陵无限酒，醉杀洞庭秋”，想象更为奇特。在诗人眼里，无边的洞庭湖水变成了酒，君山上的红叶恰似洞庭之秋绯红的醉颜。这两句诗既是对洞庭秋景的绝妙写照，也曲折地表达了作者此时的心情。君山铲不去，世路仍难行，自己能够选择的只有尽情地一醉。这就是李白！诗笔洒脱，为人亦豪放不羁，倜傥不群。杜甫论李白之诗，“笔落惊风雨，诗成泣鬼神”，此诗即是明证。

① 侍郎叔：指李晔。

② 划却：铲掉。君山：洞庭湖中的一座山。

杜甫

杜甫（712—770），字子美，自号少陵野老。祖籍襄阳（今湖北襄阳），其曾祖时迁居巩县（今河南巩义）。唐肃宗时官左拾遗，后入蜀，加检校工部员外郎，故世称杜拾遗、杜工部。一生写诗1500多首，诗风沉郁顿挫，被后世尊称为“诗圣”，其诗被称为“诗史”。代表作有“三吏”“三别”等。唐代宗大历三年（768）至五年（770），杜甫携家人在湖南漂泊了三年，期间作诗100余首。有《杜工部集》。

岁晏行

岁云暮矣多北风，潇湘洞庭白雪一作云中。渔父天寒网罟①冻，莫徭射雁鸣桑弓②。去年米贵阙军食，今年米贱大伤农。高马达官厌③酒肉，此辈杼轴茅茨空④。楚人重鱼不重鸟，汝休枉杀南飞鸿。况闻处处鬻男女，割慈忍爱还租庸⑤。往日用钱捉私铸，今许一作来铅锡和青铜。刻泥为之最易得，好恶不合长相蒙。万国城头吹画角⑥，此曲哀怨何时终。

（彭定求等编：《全唐诗》，中华书局1960年版，第2382页。）

① 罟（gǔ）：渔网。

② 莫徭：瑶族的古称。《隋书·地理志下》：“长沙郡又杂有夷蜑，名曰莫徭，自言其先祖有功，尝免征役，故以为名。”桑弓：桑木做的弓。

③ 餍：吃饱喝足。

④ 此辈：指农家夫妇。杼轴：旧式织布机上的两个部件，即用来持纬（横线）的梭子和用来承经（竖线）的筘，这里用作动词，指纺织。茅茨：茅草屋。

⑤ 割慈忍爱：指出卖儿女。还：缴纳。租庸：指唐王朝实行的“租庸调”赋役制度，每丁岁纳粟稻谓之租，不役者日纳绢三尺谓之庸，纳绢绫棉麻谓之调。这里泛指一切苛捐杂税。

⑥ 万国：泛指各地。画角：古管乐器，形如竹筒，本细末大，外加彩绘，故称画角，发声哀厉高亢，军中多用以报告时辰。吹画角，指战乱不止。

评析

这是一首七言古诗，作于唐代宗大历三年（768）。这一年杜甫携家人从夔州（今四川奉节）出三峡，岁暮时分到达湖南岳阳，漂泊于长江湘水之上。诗人目睹社会的动乱和人民生活的苦难，内心充满对时局的焦灼和忧虑，用纪实手法写下了这首诗。全诗十八句。首二句承题，点明作诗的时间和地点，勾勒出一幅天寒地冻、惨淡凄冷的图画，为后文叙写时事涂抹上一层悲凉的氛围。第三至十二句用铺叙和对比手法描写人民生活的苦难，揭露达官贵人的腐朽。“况闻处处鬻男女，割慈忍爱还租庸。”繁重的苛捐杂税压得人民喘不过气来，不得不卖儿卖女以缴纳租税。与此形成鲜明对照的是，那些达官贵人们依旧锦衣玉食，享不尽的荣华富贵。诗的最后六句通过今昔对比，对朝廷政策提出直接的批评。“万国城头吹画角，此曲哀怨何时终。”面对社会动荡军阀混战，诗人内心充满焦灼却又无可奈何。

总体上看，这首诗的主题内容、艺术风格与“三吏”“三别”等名作惊人地相似，集中表现了诗人的民生之念与时局之忧，具有诗史的特征。

登岳阳楼

昔闻洞庭水，今上岳阳楼。吴楚东南坼①，乾坤②日夜浮。亲朋无一字，老病有孤舟。③ 戎马关山北，④ 凭轩涕泗流。

（彭定求等编：《全唐诗》，中华书局1960年版，第2566页。）

① 坼（chè）：分裂，这里指划分。
② 乾坤：原指天地，这里指日月。
③ 杜甫作此诗时五十七岁，除患肺病外，还患有风痹症，左臂偏枯，右耳已聋。诗人出蜀后，未曾定居，全家一直过着船居生活。
④ 戎马关山北：指北方战争未息。其时吐蕃屡次入寇。

评析

《登岳阳楼》作于唐代宗大历三年，曾经赢得过“盛唐五律第一”的赞誉，是杜诗中广为传诵的经典名篇。

诗的首联写初登岳阳楼的喜悦。在这之前，诗人没有到过岳阳，但对于洞庭湖的美名早有耳闻。“昔闻”“今上”，一虚一实，穿越了漫长时空，蕴含着无数人生的感慨。颔联写登楼所见。“吴楚东南坼，乾坤日夜浮。”诗人极目远望，吴楚大地被洞庭湖划分成两块，日月随着湖水的荡漾日复一日、夜复一夜地沉浮。一“坼”一“浮”，既生动传神地写出了洞庭湖水的波光潋滟，又暗喻着社会人生的漂浮不定。二句气势恢宏，雄跨古今。颈联写登楼所感。面对烟波浩渺的湖水，诗人不由得联想到自己的现实处境。亲朋远在天涯，音讯全无；自己孤舟漂泊，既老且病。尾联由个人而及国家，抒发了一种忧国忧民的焦灼之情。在诗人心里，自己虽然老病孤舟，生活艰难，但他最放心不下的还是动荡的时局。北方的战争还没有停息，人民依旧在水深火热中煎熬。诗人凭栏远望，涕泪纵横。全诗意境开阔，气韵沉郁，诗人命运的孤寂与眼前江山的壮阔构成强烈的反差，形成一种巨大的艺术张力，使人读后百感交集，潸然泪下。

祠南夕望

百丈①牵江色，孤舟泛日斜。兴来犹杖屦②，目断更云沙。山鬼迷春

① 百丈：牵船的篾缆。
② 杖屦：拄杖漫步。

竹①，湘娥②倚暮花。湖南清绝地，万古一长嗟。

（彭定求等编：《全唐诗》，中华书局 1960 年版，第 2568 页。）

评析

此诗是杜甫拜谒湘夫人祠后，次夕在祠南回望所作。前四句写回望所见。那是一个春天的傍晚，诗人骋目远望，落日斜阳里，湘江中一叶孤舟逆水上行，纤夫肩上的麻绳牵动着一江春色。诗人拄杖漫步，恋恋不舍，回望湘夫人祠已渐行渐远，渺隔云沙。后四句抒望中之情。诗人仿佛看到屈原笔下为竹林遮迷的山鬼，追随舜帝不遇的湘夫人在苍茫的暮色里斜依花树，依然在含情地期待。诗的最后两句“湖南清绝地，万古一长嗟”，既是对前面写景的总结，又极其含蓄地抒发了作者自身的现实感受。诗人漂泊异乡，联想到流放沅湘、行吟泽畔的屈原，还有屈原笔下的山鬼和湘夫人，不由得生出一种异代同悲的感慨。屈原忠君爱国、眷恋故土的情怀与诗人产生了强烈的共鸣。明代张綖注释此诗，认为结尾二句极有含蓄，“如此清绝之地，徒为迁客羁人之所历，此万古所以同嗟也”。细读全诗不难感到，杜甫确实是在借湘妃和屈原的故事浇心中之垒块，寄寓自己的忠君爱国之情。

① 山鬼：山神。迷：遮迷。

② 湘娥：指湘妃。

风疾舟中伏枕书怀三十六韵奉呈湖南亲友

轩辕①休制律，虞舜罢弹琴②。尚错雄鸣管，犹伤半死心③。圣贤名古邈，羁旅病年侵。舟泊常依震④，湖平早一作半见参⑤。如闻马融⑥笛，若倚仲宣襟⑦。故国悲寒望，群云惨岁阴。水乡霾白屋⑧一作蜃，枫岸叠青岑。郁郁冬炎瘴，蒙蒙雨滞淫。鼓迎非一作方祭鬼，弹落似鸮禽。兴尽才无闷，愁来遽不禁。生涯相汩没，时物自一作正萧森。疑惑尊中弩⑨，淹留冠上簪。牵裾⑩惊魏帝，投阁为刘歆⑪。狂走终奚适，微才谢所钦。吾安藜不糁⑫，汝贵

① 轩辕：黄帝号轩辕氏。据《汉书·律历志》："黄帝使泠纶，自大夏之西，昆仑之阴，取竹之解谷生其窍厚均者，断两节间而吹之，以为黄钟之宫。制十二筩以听凤之鸣，其雄鸣为六，雌鸣亦六，比黄钟之宫，而皆可以生之，是为律本。"

② 虞舜：舜帝。古代五帝之一。据《史记·乐书》："昔者舜作五弦之琴，以歌南风；夔始作乐，以赏诸侯。"裴骃《史记集解》引王肃说："《南风》，育养民之诗也。其辞曰：'南风之薰兮，可以解吾民之愠兮。'"上两句为无理埋怨之辞。因作者正患风疾，故而怪罪于黄帝、舜帝之制律弹琴。

③ 半死心：形容心灵受到的折磨和摧残很深。

④ 震：卦名。这里指东方。

⑤ 参：星名，二十八宿之一，酉时现于西方。

⑥ 马融：字季长，东汉学者，尤长于古文经学，爱好音乐，著有《长笛赋》。

⑦ 仲宣：王粲，字仲宣，东汉末年文学家，"建安七子"之一。所作《登楼赋》中有句云："凭轩槛以遥望兮，向北风而开襟。"以上两句是以马融笛声比风疾发作时的耳鸣，以王粲登楼"向北风而开襟"喻病苦中的颤抖。

⑧ 白屋：茅屋。

⑨ 尊中弩：酒樽中的弩影。典出汉代应劭《风俗通义》中"杯弓蛇影"的故事，指因错觉而产生疑惧，比喻疑神疑鬼。

⑩ 牵裾：牵拉着衣襟，指直言进谏。据《三国志·魏志·辛毗传》，魏文帝曹丕欲迁冀州十万户到河南，群臣上谏不听，辛毗牵衣极谏，终于震动了魏文帝，减去了五万户。

⑪ 投阁：从阁上跳下。据《汉书·扬雄传》，扬雄校书天禄阁时，刘歆之子刘棻常向他请教，后刘棻因上书献符命获罪，扬雄受到牵连，便欲投阁而死。"扬雄投阁"遂成典故，常用来形容文人无故受到牵连，遭受无妄之灾。刘歆：字子骏，西汉后期著名学者。

⑫ 藜：红心藿，嫩时可作菜，老后茎可作手杖。糁：本指煮熟的米粒，这里作动词用。

玉为琛。乌几①重重缚，鹑衣②寸寸针。哀伤同庾信③，述作异陈琳④。十暑岷山⑤葛，三霜楚户砧⑥。叨陪锦帐座，久放白头吟。反朴时难遇，忘机陆易沉。应过数粒食，得近四知金。春草封归恨，源花费独寻。转蓬忧悄悄，行药病涔涔。瘗夭追潘岳⑦，持危觅邓林⑧。蹉跎翻学步，感激在知音。却假苏张⑨舌，高夸周宋镡⑩。纳流迷浩汗⑪，峻址得嵚崟⑫。城府开清旭，松筠一作篁起碧浔⑬。披颜争倩倩，逸足竞骎骎⑭。朗鉴存愚直，皇天实照临。公孙仍恃险⑮，侯景未生擒⑯。书信中原阔，干戈北斗深。畏人千里井⑰，问俗九州箴⑱。战血流依旧，军声动至今。葛洪尸定解⑲，许靖力还一作难任⑳。家

---

① 乌几：乌皮几，乌羔皮裹饰的小几案，古人坐时用以靠身。
② 鹑衣：补缀的破旧衣衫。
③ 庾信：字子山，南北朝时文学家，晚年出使西魏，文风变得极为沉郁苍凉。
④ 陈琳：字孔璋，三国时文学家，"建安七子"之一。
⑤ 岷山：山名，在四川省北部。这里指四川。杜甫曾漂泊四川多年。
⑥ 三霜：指三年。楚户：楚地人家。砧：捣衣石。
⑦ 瘗（yì）：掩埋，埋葬。潘岳：字安仁，后人常称其为潘安，西晋文学家，有一子早夭。而据杜甫《自京赴奉先县咏怀五百字》："老妻寄异县，十口隔风雪。谁能久不顾？庶往共饥渴。入门闻号咷，幼子饿已卒。"杜甫亦有一子早夭。故云"瘗夭追潘岳"。
⑧ 邓林：喻树林、拄杖。典出《山海经·海外北经》："夸父与日逐走。入日，渴。欲得饮，饮于河渭，河渭不足，北饮大泽。未至，道渴而死。弃其杖，化为邓林。"
⑨ 苏张：指苏秦、张仪，二人皆以能言善辩著称。
⑩ 周宋镡：语出《庄子·杂篇·说剑》，"天子之剑，以燕谿石城为锋，齐岱为锷，晋魏为脊，周宋为镡，韩魏为夹。"镡，剑鼻。
⑪ 纳流：容纳细流。浩汗：水深广貌。
⑫ 峻址：地势高。嵚崟（qīn yín）：高大、险峻的样子。
⑬ 松筠：松树和竹子，喻节操坚贞。碧浔：绿水边。
⑭ 骎骎（qīn）：马跑得很快的样子。
⑮ 公孙：指公孙述。公孙述在王莽当权时任导江卒正（即蜀郡太守），刘秀起兵后，他自恃四川地势险要，在蜀地自立为王。
⑯ 侯景：字万景，北魏怀朔镇人。据《南史》侯景传，高澄派魏将慕容绍宗追杀侯景，慕容绍宗担心鸟尽弓藏，故意放跑了侯景。后世遂以"侯景未擒"作为讨伐叛逆不力的典故。
⑰ 千里井：语出魏曹植《代刘勋妻王氏见出为诗》，"人言去妇薄，去妇情更重。千里不唾井，况乃昔所奉。"意思是常饮此井，虽然远去千里，以后不可能再饮，但毕竟曾经饮过，因而不忍唾弃。比喻念旧不忘。
⑱ 九州箴：指汉代扬雄所作《九州箴》。箴，古代一种文体，以告诫规劝为主。
⑲ 葛洪：东晋道教学者，炼丹家，自号抱朴子。著有《抱朴子》《西京杂记》等书。南朝刘宋以后社会上就流传着葛洪尸解得仙的传说。尸解：道教认为道士得道后可遗弃肉体而仙去，或不留遗体，只假托一物（如衣、杖、剑）遗世而升天，谓之尸解。
⑳ 许靖：字文休，汝南人。三国时蜀汉政治家，曾任蜀郡太守。

事丹砂诀，无成涕作霖。

（彭定求等编：《全唐诗》，中华书局1960年版，第2574-2575页。）

评析

据清代学者仇兆鳌考证，此诗是杜甫的绝笔之作，作于唐代宗大历五年（770）。这年冬天，诗人携家人乘船从长沙到岳阳，经过洞庭湖时，风疾愈趋严重，诗人预感自己将不久于人世，于是作此诗寄给湖南的亲友。

全诗以忧苦为基调，意义上分为四层。第一层从开始至“时物自萧森”，着重表现病苦。开篇写风疾，故意用不合常理的愤激之语埋怨黄帝、虞舜制律弹琴，又以马融的笛声比风疾发作时的耳鸣，以王粲登楼“向北风而开襟”喻病苦中的颤抖，以此表现风疾带来的痛苦，发端奇警。接着写湖中行船所见所感。“舟泊常依震，湖平早见参”，“惨岁阴”，“冬炎瘴”等语，既是写景，也点明了作诗的地点和时间。第二层从“疑惑尊中弩”到“得近四知金”，主要是回顾往事，表达因疏救房管获罪出走西南时期战战兢兢、生活困窘的漂泊之苦。在慨叹自己进退两难处境的同时，讥刺朝贵，字里行间暗藏着奔涌起伏的激愤之情。第三层从“春草封归恨”到“皇天实照临”，叙述入湘后的漂泊生活，表达对亲友的感激之情，更加衬托了衰病交加、作客他乡的孤苦。第四层从“公孙仍恃险”至结尾，叹息战乱不止，感伤自己将死于道路，饱含着凄切动人的家国之忧。“战血流依旧，军声动至今”；“书信中原阔，干戈北斗深”。藩镇作乱，战事不息，生灵涂炭，家乡音信断绝，归日杳不可期。处此艰难境地，诗人预感自己不久就将像晋朝的葛洪尸解那样，必死无疑。而自己死后，家事靠谁维持呢？“家事丹砂诀，无成涕作霖”，这饱含深情的哀鸣，其实是在向湖南的亲友嘱托后事，希望他们能够伸出援手，照顾他的家人。这也是诗人写作此诗的目的所在。

这是一首奉呈亲友的五言长篇排律。全诗以诗代书，凡三十六韵七十二句，一韵到底，对偶精切，又不乏富于变化的流水对，用典更是“无一字无来处”，毫无堆砌之感，读起来感觉如道家常，十分自然。

元结

元结（719—772），字次山，自号漫郎、聱叟，河南人。天宝十二载（753）进士。唐代宗广德元年（763）出任道州刺史。永泰元年（765）贬春陵（今湖南宁远县）守。大历元年（766）再任道州刺史。大历三年调离湖南。居湘期间留下了不少山水游记、诗歌和碑铭。有《元次山集》十卷。

舂陵行

癸卯①岁，漫叟授道州刺史②。道州旧四万余户，经贼③已来，不满四千，大半不胜赋税。到官未五十日，承诸使征求符牒④二百余封，皆曰“失其限者，罪至贬削”。於戏！若悉应其命，则州县破乱，刺史欲焉逃罪。若不应命，又即获罪戾，必不免也。吾将守官⑤，静以安人，待罪而已。此州是舂陵⑥故地，故作《舂陵行》以达下情。

军国多所需，切责在有司。有司临郡县，刑法竞欲施。供给岂不忧，征敛又可悲。州小经乱亡，遗人实困疲。大乡无十家，大族命单羸。朝餐是草根，暮食仍木皮。出言气欲绝，意速行步迟。追呼尚不忍，况乃鞭扑之。郭亭传急符，来往迹相追。更无宽大恩，但有迫促期。欲令鬻儿女，言发恐乱随。悉使索其家，而又无生资。听彼道路言，怨伤谁复知。去冬山贼来，杀夺几无遗。所愿见王官，抚养以惠慈。奈何重驱逐，不使存活为。安人天子

① 癸卯：唐代宗广德元年（763）。
② 漫叟：元结自号。道州：今道县，位于湖南南部，与两广毗邻。
③ 贼：广德元年冬，“西原蛮”少数民族占领道州月余。“贼”是对“西原蛮”的诬称。
④ 征求符牒：征敛赋税的公文。
⑤ 守官：忠于职守。
⑥ 舂（chōng）陵：汉侯国名，故城在今湖南省宁远县境内。道州州治在今湖南省道县，昔人有“舂陵古之道州也”之语。

命，符节我所持①。州县忽乱亡，得罪复是谁。逋缓违诏令②，蒙责固其宜。前贤重守分，恶以祸福移。亦云贵守官，不爱能适时。顾惟孱弱者，正直当不亏。何人采国风，吾欲献此辞。

（彭定求等编：《全唐诗》，中华书局 1960 年版，第 2704 页。）

评析

据诗前小序，此诗是作者任道州刺史时所作。道州原有四万多户人家，几经战乱，作者到任时，剩下的已不到原来的十分之一。人民生活困苦不堪，官府的横征暴敛却有增无减。元结目睹民不聊生的惨状，毅然为民请命，作此诗以达下情。

全诗分三部分。开篇四句为第一部分，是全诗的大背景，写朝廷基于“军国多所需”，“切责”郡县官员征敛赋税，哪怕是动用刑法也在所不惜。第二部分自“供给岂不忧”至“况乃鞭扑之”，具体描写战乱之后道州百姓困苦不堪的处境。作者担忧军国的供给，又悲悯征敛下的百姓，心里充满矛盾。第三部分自“郭亭传急符”至结尾，是全诗的主体，写催征赋税时的感受和思想活动。“更无宽大恩，但有迫促期”，朝廷对赋税的征收催得很急。作者身为地方官长，“欲令鬻儿女，言发恐乱随。悉使索其家，而又无生资”，心里万分不忍。而人民则怨声载道。面对如此情势，“逋缓违诏令，蒙责固其宜”，诗人一方面想忠于职守，一方面又同情“孱弱者”，经过激烈的思想斗争，最终决定缓征赋税，并希望最高当局能够体察下情，以安民为重。

首先从艺术上看，这首诗最显著的特点是叙事抒情，主要用白描手法陈列事实，不尚辞藻，不事雕琢，具有一种自然本色的美。其次是间杂议论，直抒胸臆，有效地深化了诗的主题。再次是诗中的心理描写曲折细腻，非常逼真地表现了诗人从忧军国供给到悲征敛，从催征赋税到顾恤孱弱的百姓。

① 符节我所持：受朝廷任命来做官。
② 逋缓：拖欠，延缓。

最后是决定缓征租税、守官待罪的思想变化过程，感情真挚动人。大概正是这些原因，此诗深得杜甫的欣赏。杜甫在《同元使君春陵行》诗中这样写道："观乎《春陵》作，欻见俊哲情。……道州忧黎庶，词气浩纵横。两章（指《春陵行》及《贼退示官吏》）对秋月，一字偕华星。"对元结此诗给予了高度评价。

道州刺史厅壁记

天下太平，方千里之内，生植齿类，刺史能存亡休戚之。天下兵兴，方千里之内，能保黎庶，能攘①患难，在刺史耳。凡刺史若无文武才略，若不清廉肃下，若不明惠公直，则一州生类，皆受其害。

於戏！自至此州，见井邑邱墟，生人几尽。试问其故，不觉涕下。前辈刺史，或有贪猥②昏弱，不分是非，但以衣服饮食为事。数年之间，苍生蒙以私欲，侵夺兼之，公家驱迫，非奸恶强富，殆无存者。问之耆老③，前后刺史，能恤养贫弱，专守法令，有徐公履道、李公廙而已④。遍问诸公，善或不及徐、李二公，恶有不堪说者。故为此记，与刺史作戒。自置州以来，诸公改授，迁黜年月，则旧记存焉。

（董诰等编：《全唐文》卷三八二，中华书局1983年影印本，第3875页。）

① 攘：抵御，排斥。
② 贪猥（wěi）：贪鄙。
③ 耆（qí）老：年老而有地位的士绅。
④ 徐履道：名见《元和姓纂》和《唐御史台精舍题名考》，曾做过刑部员外郎、永州刺史，事迹不详。李廙（yì）：字敬仲，一字敬叔，唐宗室后裔，历官吏部员外郎、郎中。年二十九为尚书右丞。至德二载被劾贬江华郡太守。

评析

厅壁记是刻写在官府墙壁上的一种记体散文，起源于秦朝，唐代盛极一时。其主要功能是记述为官者的授受年月以及所辖地区的民情风俗和地名变迁等，间或亦寓劝惩之意。元结作此文的目的主要是后者。作者就任道州刺史后，目睹署衙厅壁所记历任刺史的迁黜年月，联想到他们的官声政绩，心里感慨万千，于是作此文以自警自戒，同时对后来者提出告诫。

全文分两部分。第一部分自开头至“皆受其害”，总论刺史的职能及其重要性。刺史在唐代是地方州郡最高行政长官，不管是太平时期还是战乱年代，一个地方的民生治乱都与刺史存在着密切的关系。用元结的话来说，“凡刺史若无文武才略，若不清廉肃下，若不明惠公直，则一州生类，皆受其害”。这里实际上提出了担任刺史一职的三个必备条件，其一是要有“文武才略”，其二要“清廉肃下”，其三要“明惠公直”。

第二部分自“於戏”至结尾，对照上述三个条件，具体评述道州刺史与道州治乱的关系。作者到达道州时，该地“井邑邱墟，生人几尽”，造成这种局面的原因就是“前辈刺史”“贪猥昏弱，不分是非”。在历任道州刺史中，元结通过实地调查、访问，发现只有徐履道、李廙两位能“恤养贫弱，专守法令”。正是有感于这种现状，他才写作了这篇厅壁记。

厅壁记作为一种文体，其特点是篇幅短小，强调纪实，简洁体要。元结此文短短二百余字，笔锋锐利，可谓精悍之极。文中对于前任道州刺史的评议，有点有面，有正面的肯定，也有很多反面的批评，这实际上蕴含着作者对时政时弊的批判，表现了他自身“清廉肃下”“明惠公直”的官品人格和“恤养贫弱，专守法令”的为政理想。

怀素

怀素（725—785），字藏真，俗姓钱，零陵人。幼年好佛，出家为僧。初习佛经、历律书，后致力于书法，其草书用笔圆劲有力，奔放流畅，与唐代另一草书家张旭齐名，人称“颠张狂素”。怀素同时善诗，但书名掩盖文名，传世作品书法居多，诗仅存二首，即《题张僧繇醉僧图》和《寄衡岳僧》。

寄衡岳僧

祝融①高座对寒峰，云水昭丘②几万重。五月衲衣③犹近火，起来白鹤冷青松。

（彭定求等编：《全唐诗》，中华书局1960年版，第9122页。）

评析

这是一首交游诗，寄赠的对象是一位南岳僧人，其人其事亦难确考。诗的前两句回忆与该僧的交往。诗人曾经在祝融峰上与该僧对坐闲谈，极目寒峰，记忆犹新。分别后天各一方，云水万重。第三、四句点明作诗的时间在五月，南岳山高，气温偏低，僧人们依然烤着火，而栖息在青松上的白鹤早晨起来，也感到阵阵寒意。全诗意境清冷，“寒峰”“犹近火”“冷青松”诸语，都给人一种清冷的感觉。这种清新自然的诗风与怀素狂草的奔放飘逸似乎迥异其趣。

① 祝融：本名重黎，中国上古神话人物，号赤帝，后人尊为火神。这里指祝融峰。
② 昭丘：亦作“昭邱”，春秋楚昭王墓，在湖北省当阳市东南。
③ 衲衣：僧衣，借指僧人。

韩愈

韩愈（768—824），字退之，河南河阳（今河南孟州市）人。世称韩昌黎。唐代古文运动的倡导者。苏轼称他“文起八代之衰”，明人推他为唐宋八大家之首。贞元十九年（803），韩愈被贬为连州阳山（今广东阳山）县令，赴谪途中路经湖南，滞留数月，留下了十余首诗作。有《昌黎先生集》。

答张十一功曹①

山净江空水见沙，哀猿啼处两三家。筼筜②竞长纤纤笋，踯躅闲开艳艳花。未报恩波知死所，莫令炎瘴③送生涯。吟君诗罢看双鬓，斗觉霜毛一半加。

（彭定求等编：《全唐诗》，中华书局1960年版，第3840页。）

评析

唐德宗贞元十九年，韩愈与张署同为监察御史，一起被贬。张署先有诗寄赠韩愈，此为韩愈酬答张署之作。诗的前四句写南方春景，由远及近，层次分明。既有明净空阔的山水，又有色彩艳丽的绿竹红花，浓淡相宜，生动突出。再加上远处哀猿的啼叫，真可谓声色情融于一体，交相辉映。后四句叙事抒情。“未报恩波知死所，莫令炎瘴送生涯”，蕴含着诗人内心矛盾纠缠的隐微之情。作者想报答国家，又担心自己最终客死南方炎瘴之地。“吟君

① 张十一功曹：张署，河间（今河北河间）人。贞元十九年（803）关中大旱，时任监察御史的韩愈和张署直言劝谏唐德宗减免徭赋，因而得罪幸臣，两人同时被贬。诗题中“功曹”二字与史实不符，张署两年后方任江陵功曹。据钱仲联先生考证，原题当为《答张十一》，“功曹”二字或为其后追加，或为李汉编集时所加。

② 筼筜（yún dāng）：一种长在水边的大竹子。

③ 炎瘴：南方湿热致病的瘴气。

诗罢看双鬓，斗觉霜毛一半加”二句写得更加委婉，诗人没有正面写自己如何忧愁，而是以读张署诗后发现斑白的鬓发陡然间增加了一半来表达内心的痛楚。诗意曲折婉转，韵味醇厚，形成了此诗含蓄深沉的特点。王夫之《唐诗评选》论此诗，“寄悲正在比兴处”。

刘禹锡

刘禹锡（772—842），字梦得，洛阳人。曾任监察御史，政治上主张革新，是王叔文集团政治革新运动的核心成员之一，永贞革新失败后被贬为朗州（今湖南常德）司马。后官太子宾客，世称刘宾客。寓居湖湘十年，创作诗文近两百篇。有《刘梦得文集》传世。

百舌吟

晓星寥落春云低，初闻百舌间关啼①。花树一作枝满空迷处所，摇动繁英坠红雨②。笙簧百啭音韵多③，黄鹂吞声燕无语。东方朝日迟迟升，迎风弄景如自矜④一作惊。数声不尽又飞去，何许一作处相逢绿杨路。绵蛮宛转似娱人，一心百舌何纷纷。酡颜⑤侠少停歌听，坠珥妖姬和睡闻⑥。可怜光景何时尽，谁能低回避鹰隼⑦。廷尉张罗自不关⑧，潘郎挟弹无情损⑨。天生羽族⑩尔何微，舌端万变乘春晖。南方朱鸟⑪一朝见，索漠⑫一作寞无言蒿下飞。

（彭定求等编：《全唐诗》，中华书局1960年版，第4000-4001页。）

① 百舌：鸟名，即“乌鸫（dōng）”，全身黑色，唯嘴黄，善鸣，其声多变化，能效百鸟之鸣，故称“百舌”。间关：象声词，形容婉转的鸟鸣声。

② 繁英：繁花。坠红雨：繁花坠落如雨。

③ 笙簧：“笙”是一种乐器，“簧”是乐器中用以发声的片状振动体。啭（zhuàn）：鸟婉转地鸣叫。

④ 自矜：自我夸耀。

⑤ 酡（tuó）颜：饮酒脸红的样子，亦泛指脸红。

⑥ 珥：古代用珠子或玉石做的耳环。妖姬：美女。

⑦ 鹰隼（sǔn）：鹰和雕，泛指猛兽。

⑧ 廷尉：指汉代张汤之类的酷吏。张罗：本意是张设罗网以捕鸟兽，引申为预设圈套，陷人于罪。

⑨ 潘郎：指潘岳。挟弹：据《世说新语·容止》篇，“潘岳妙有姿容，好神情。少时挟弹出洛阳道，妇人遇者，莫不连手共萦之”。

⑩ 羽族：指鸟类。

⑪ 朱鸟：指朱雀。

⑫ 索漠：形容消沉，没有生气。

评析

《百舌吟》是刘禹锡贬朗州期间所作咏物寓言组诗之一首。作者借“舌端万变”的百舌鸟形象，含蓄地讽刺了当时政治生活中那些巧言令色、口是心非的势利之徒。他们见风使舵，两面三刀，常常以巧言善变来取悦朝廷，欺骗社会，残害忠良，且自矜自炫，是一群地道的政治小丑。对于这种人，刘禹锡从内心深处感到厌恶与鄙薄。诗人坚持革新立场，绝不向恶势力屈服，具有一种不屈不挠的斗争精神。全诗语言精练含蓄，结构谨严，字里行间透露着一种对人生和历史的深刻感悟。

采菱行（并引）

武陵俗嗜芰菱①。岁秋矣，有女郎盛游于马湖，薄言采之，归以御客。古有《采菱曲》，罕传其词，故赋之以俟②采诗者。

白马湖平秋日光，紫菱如锦彩鸳翔。荡舟游女满中央，采菱不顾马上郎。争多逐胜纷相向，时转兰桡③破轻浪。长鬟弱袂动一作披参差，钗影钏文一作纹浮荡漾。笑语哇咬顾晚晖，蓼花缘岸扣舷一作船归。归来共到市桥步，野蔓系船萍满一作惹衣。家家竹楼临广陌，下有连樯多估客④。携觞荐芰夜经过，醉踏大堤相应歌。屈平祠下沅江水，月照寒波白烟起。一曲南音此地闻，长安北望三千里。

（彭定求等编：《全唐诗》，中华书局1960年版，第4007页。）

① 武陵：地名，今湖南常德。“武陵”一词最早出现于西汉初年。据《汉书·地理志》载：“武陵郡，高帝置，莽曰建平。属荆州。”芰（jì）菱：菱角。

② 俟：等待。

③ 桡：桨，楫。

④ 连樯（qiáng）：桅杆相连，形容船多。估客：商贾。

评析

据诗前小序，这是刘禹锡贬朗州期间根据当地流传的《采菱曲》而写的一首歌诗。诗写秋天武陵附近的白马湖上，众多采菱女子兴高采烈劳动的盛况，南国儿女的青春活力和勤劳精神，借助民歌质朴活泼的形式，展现无遗。全诗语言清新自然，含蓄婉转，朴素与优美兼而有之，恰到好处地烘托出一片氤氲和煦的气象。由于作者此时身处贬谪之中，诗的末尾不免唏嘘了几句，抒写自己被贬的不平和期望回京的淡淡哀愁。

刘禹锡在朗州时有意向民歌学习，经常深入到民众中去，为他们的祭祀、歌舞写作“新辞”，将民歌中浓郁的风俗民情与文人的诗情雅韵有机地结合起来，创作出不少富于民歌色彩的佳作。此诗堪称代表。

秋词二首

自古逢秋悲寂寥，我言秋日胜春朝。晴一作横空一鹤排云上，便引诗情到碧霄。(其一)

山明水净夜来霜，数树深红出浅黄。试上高楼清入骨，岂如春色嗾①人狂。(其二)

(彭定求等编:《全唐诗》，中华书局1960年版，第4111页。)

---

① 嗾（sǒu）：指使狗咬人的声音。

评析

这是两首以议论为主的即兴之诗。与传统文人咏秋之作以悲秋慨叹为主不同，这两首诗格调昂扬向上，激越开朗。二诗主题基本相同，但各写一面，既独立成章，又互为补充。其一赞秋气，其二咏秋色。赞秋气以励志，咏秋色以冶情。传统文人之所以常常悲秋，原因往往是志士不遇，对前途感到悲观，因而在秋天格外容易产生寂寥萧条的情绪。刘禹锡同情他们的遭遇，但不赞成一味悲观失望的沉沦。因而一反“自古逢秋悲寂寥”的常态，唱出了昂扬的励志高歌。诗人笔下的秋景以风骨见长，晴空碧霄，云鹤展翅翱翔，如此美景在诗人看来远“胜春朝”。在第二首诗中，诗人如实勾勒秋的本色，明山、净水、红叶，这一切都具有高雅闲淡的情韵。诗的末句用“春色嗾人狂”反比衬托，更是充满哲理。在诗人看来，迷人的春色总有些显得轻浮若狂，而秋天却使人深沉，自有一种风骨。

望洞庭

湖光秋月两相和，潭面无风镜未磨①。遥望洞庭山水翠一作山翠色，白银一作云盘里一青螺②。

（彭定求等编：《全唐诗》，中华书局 1960 年版，第 4129 页。）

① 镜未磨：比喻湖面无风，水平如镜。一说，远望湖中的景物，隐约不清，如同镜面没打磨时照物那样模糊。

② 白银盘：形容平静而又清澈的洞庭湖。青螺：青色田螺，这里形容洞庭湖中的君山像青螺。

评析

刘禹锡被贬湖湘期间，为江山风物所感，往往指事成歌。此篇即是他遥望洞庭湖而写就的一首山水小诗，意味隽永，富有浪漫色彩。诗人以轻快的笔触，勾勒出一幅优美的湖光秋月图，表达了诗人对洞庭美景的喜爱和赞美之情。全诗纯然写景，既有细致的描写，又有生动的比喻，读来饶有趣味。特别是诗的后两句，“遥望洞庭山水翠，白银盘里一青螺”，将烟波浩渺的洞庭湖比作“白银盘”，将湖中的君山比作一青螺，想象奇特逼真，历来为人传诵。

刘禹锡的山水诗，常常描写一种超出空间实距的、半虚半实的开阔景象，简洁明快，风情俊爽，有一种哲人的睿智和诗人的挚情渗透其中，极富艺术张力。

潇湘神

湘水流，湘水流。九疑①云物至今愁。君问二妃何处所，零陵②香草露中秋。

斑竹③枝，斑竹枝。泪痕点点寄相思。楚客欲听瑶瑟怨，潇湘深夜月明时。

（彭定求等编：《全唐诗》，中华书局 1960 年版，第 10056 页。）

① 九疑：地名，即九嶷山。

② 零陵：古地名，今湖南宁远县东南。

③ 斑竹：一种茎上有紫褐色斑点的竹子，也叫湘妃竹。据晋张华《博物志》记载，尧之二女，即舜之二妃娥皇、女英，听说舜崩于苍梧之野，日夜啼哭，“以涕挥竹，竹尽斑”。

评析

潇湘神，又名《潇湘曲》，原为唐代潇湘一带祭祀湘妃神曲，刘禹锡为填二词，遂成为词牌名。两首词的主题基本相同，都是借凭吊湘妃抒发离别相思之情。第一首以湘水喻愁，第二首借斑竹写相思，一咏二叹，营造出内在情感的回环往复，结构精巧自然。词单调二十七字，三平韵，叠一韵，音韵婉转柔美，语言自然旖旎，风格凄美而伤感，具有浓郁的民歌意味。

柳宗元

柳宗元（773—819），字子厚，河东解县（今山西运城）人。唐代古文家。官终柳州刺史。永贞元年（805），柳宗元因参与“永贞革新”运动失败，被贬为永州司马，谪居湖南达十年之久，留下了《永州八记》等作品。有《柳河东集》。

江雪

千山鸟飞绝，万径人踪灭。孤舟蓑笠翁，独钓寒江雪。

（彭定求等编：《全唐诗》，中华书局 1960 年版，第 3948 页。）

评析

本篇是柳宗元谪贬永州期间所作的一首写景绝句。短短二十个字，描绘了一幅清新自然的山水画：时值寒冬，冰天雪地，千山万径之中，没有行人，不见飞鸟，只有一位披蓑戴笠的渔翁独坐孤舟，默然垂钓。这位不惧风雪，不畏严寒，敢于与恶劣环境对抗的渔翁形象，其实正是诗人的自画像。一个“独”字，最大限度地突显了渔翁的特立独行、不同流俗。而“独钓寒江雪”的画面，其实就是一种遗世独立、峻洁孤高的人生境界的象征。王国维说：“一切景语皆情语。”此诗是最好的例证。

渔翁

渔翁夜傍西岩①宿，晓汲清湘燃楚竹②。烟销日出不见人，欸乃③一声山水绿。回看天际下中流，岩上无心云相逐。

（彭定求等编：《全唐诗》，中华书局 1960 年版，第 3957 页。）

评析

同《江雪》一样，此诗作于诗人贬永州期间，也是一首写渔翁的诗。全诗六句，一句一个场景，时空连续转换，笔调明快清丽，风格流畅活泼。从渔翁夜宿西山到第二天日出，诗人真实地描写了渔翁一个早晚的生活。在烟霞散尽，日出不见人的空灵境界里，随着渔翁的“欸乃一声”，山水重新变绿，渔翁“回看天际”，恰如岩上无心相逐的白云，怡然自得。渔人的这种生活，表达了诗人政治上失意时对遗世独立、回归自然、无拘无束而自得其乐的理想生活境界的向往。苏轼曾说“柳子厚晚年诗极似陶渊明”，其共同的特点是“外枯而中膏，似淡而实美”（《东坡题跋》）。从这两首诗来看，《江雪》之峻洁，《渔翁》之丰美，与陶诗之平和淡泊虽然不完全一样，但确实存在着神似的地方。

① 西岩：根据诗的写作时间，这里应该是指永州的西山。

② 汲：取水。清湘：澄清的湘水。《太平御览》卷六十五引《湘中记》云：“湘水至清，虽深五六丈，见底。”

③ 欸乃：象声词，摇橹声。也有人认为是渔歌。唐时渔歌有《欸乃曲》。

钴鉧潭①西小丘记

得西山②后八日，寻山口西北道二百步，又得钴鉧潭。西二十五步，当湍而浚者，为鱼梁。梁之上有丘焉，生竹树。其石之突怒偃蹇③，负土而出，争为奇状者，殆不可数。其嵚然相累而下者④，若牛马之饮于溪；其冲然角列而上者，若熊罴之登于山。

丘之小不能一亩，可以笼而有之。问其主，曰："唐氏之弃地，货而不售。"问其价，曰："止四百。"予怜而售之。李深源、元克己⑤时同游，皆大喜，出自意外。

即更取器用，铲刈秽草，伐去恶木，烈火而焚之。嘉木立，美竹露，奇石显。由其中以望，则山之高，云之浮，溪之流，鸟兽之遨游，举熙熙然回巧献技⑥，以效兹丘之下。枕席而卧，则清泠之状与目谋⑦，瀯瀯⑧之声与耳谋，悠然而虚者与神谋，渊然而静者与心谋。不匝旬而得异地者二⑨，虽古好事之士，或未能至焉。

噫！以兹丘之胜，致之丰、镐、鄠、杜⑩，则贵游之士争买者，日增千金而愈不可得。今弃是州也，农夫渔父过而陋之，价四百，连岁不能售。而

① 钴（gǔ）鉧（mǔ）潭：潭名，潭的形状像熨斗，故名。钴鉧，熨斗。

② 西山：山名，指永州的西山。

③ 突怒：形容石头突出隆起。偃蹇（yǎn jiǎn）：形容石头高耸起伏。

④ 嵚（qīn）然：山势耸立的样子。相累：层层相叠的样子。

⑤ 李深源、元克己：作者友人。深源名幼清，原任太府卿。克己原任侍御史。二人当时同贬居永州。

⑥ 举熙熙然回巧献技：都和乐地运其巧惠，献出长技。举，都。熙熙，和乐的样子。回，运行之意。

⑦ 清泠（líng）：天宇清澈明净。谋：合。

⑧ 瀯瀯（yíng）：象声词，泉水的回旋声。

⑨ 不匝（zā）旬而得异地者二：不满十天而得到两处胜地。匝旬，满十天。匝，周。旬，十天为一旬。异地，胜地，指钴鉧潭和小丘。

⑩ 丰、镐（hào）、鄠（hù）、杜：古地名。丰，今陕西省户县东，周文王所都。镐，今陕西省西安市西南，周武王所都。鄠，汉县名，今陕西省户县，汉上林苑所在地。杜，旧县名，今西安市东南，亦称杜陵。四地都是唐代帝都近郊豪贵们居住的地方。

我与深源、克己独喜得之，是其果有遭①乎！书于石，所以贺兹丘之遭也。

（董诰等编：《全唐文》卷五八一，中华书局 1983 年影印本，第 5870-5871 页。）

评析

柳宗元的山水游记，最显著的特点是善于托物言志，把自己的生活遭遇和悲愤感情融化在山水里面，使山水人格化、性灵化。本文是《永州八记》的第三篇，文中所描绘的明净空灵的自然风景并非纯客观的，而是深深打刻着主观的烙印。钴鉧潭西小丘虽然美不胜收，但是因为地处僻远，最终变成一块“弃地”，价“止四百”仍然“货而不售”。同样的一块地，如果处在长安附近，则“日增千金而愈不可得”。作者这样写的目的就是要借以倾吐自己政治上遭受打击远贬蛮荒之地，抱负无法实现和才能被埋没的不平之鸣。柳宗元在《愚溪诗序》中曾说：“予虽不合于俗，亦颇以文墨自慰，漱涤万物，牢笼百态，而无所避之。”对照本文关于钴鉧潭西小丘的描写，他笔下的山水景物，确实不同流俗，大都具有他所向往的高洁、幽静、清雅的情趣，同时夹带着一种孤寂、凄清、幽怨的格调。

捕蛇者说

永州之野产异蛇，黑质而白章②，触草木尽死，以啮人，无御之者。然

① 遭：运气。
② 黑质而白章：黑色底子上有白色斑纹。质，质地。章，斑纹。

得而腊之以为饵①，可以已大风、挛踠、瘘、疠②，去死肌，杀三虫③。其始，大医以王命聚之，岁赋其二，募有能捕之者，当其租入。永之人争奔走焉。

有蒋氏者，专其利三世矣。问之，则曰："吾祖死于是，吾父死于是。今吾嗣为之十二年，几死者数矣。"言之，貌若甚戚者。

予悲之，且曰："若毒之乎？予将告于莅事者④，更若役，复若赋，则如何？"

蒋氏大戚，汪然出涕曰："君将哀而生之乎？则吾斯役之不幸，未若复吾赋不幸之甚也，向吾不为斯役，则久已病矣。自吾氏三世居是乡，积于今六十岁矣，而乡邻之生日蹙，殚其地之出，竭其庐之入，号呼而转徙，饥渴而顿踣⑤，触风雨，犯寒暑，呼嘘毒疠，往往而死者，相藉也。曩⑥与吾祖居者，今其室十无一焉；与吾父居者，今其室十无二三焉；与吾居十二年者，今其室十无四五焉，非死即徙尔。而吾以捕蛇独存。悍吏之来吾乡，叫嚣乎东西，隳突⑦乎南北；哗然而骇者，虽鸡狗不得宁焉。吾恂恂⑧而起，视其缶，而吾蛇尚存，则弛然而卧。谨食之，时而献焉。退而甘食其土之有，以尽吾齿⑨。盖一岁之犯死者二焉；其余则熙熙而乐。岂若吾乡邻之旦旦有是哉！今虽死乎此，比吾乡邻之死，则已后矣，又安敢毒耶？"

① 腊（xī）之以为饵：把蛇制成肉干，用作药物。腊，干肉，这里作动词用，制成肉干。饵，药饵。

② 可以已大风、挛踠（wǎn）、瘘（lòu）、疠（lì）：可用来治愈大风等病。已，治愈。大风，严重风湿病。挛踠，手脚蜷曲不能伸。瘘，颈肿。疠，恶疮。

③ 三虫：泛指人体内的寄生虫。道家迷信说法，认为人的脑、胸、腹三部分有"三尸虫"，此虫作祟，有关部分即得病。

④ 莅事者：管事的官吏。

⑤ 顿踣（bó）：跌倒在地上。

⑥ 曩（nǎng）：以往，从前。

⑦ 隳（huī）突：横行，骚扰。

⑧ 恂恂（xún）：小心谨慎的样子。

⑨ 尽吾齿：终我天年。齿，年龄。

予闻而愈悲。孔子曰："苛政猛于虎也①。"吾尝疑乎是，今以蒋氏观之，犹信。呜呼！孰知赋敛之毒有甚于是蛇者乎！故为之说，以俟夫观人风者②得焉。

（董诰等编：《全唐文》卷五八四，中华书局 1983 年影印本，第 5897-5898 页。）

评析

永贞元年（805），柳子厚被贬谪到永州，见当地荒僻落后，却赋敛严重，内心愤慨不已而作此文。文章通过捕蛇者蒋氏对其祖孙三代畏惧残酷的赋役，为免交赋税而甘愿冒着死亡威胁捕捉毒蛇的叙述，深刻地揭露了"苛政猛于虎"的黑暗现实，表达了作者对底层劳动人民的同情和改革社会弊病的愿望。全文紧扣"毒"字，以蛇毒对比突出赋敛之更毒，夹叙夹议，在捕蛇者的自叙中穿插作者的问话和神情描写，使捕蛇者的形象更为突出，文章也更添起伏性和节奏感。

柳宗元散文佳作颇多，本篇论说性强，笔锋犀利，讽刺辛辣，堪称议论性散文的典范。

① 苛政猛于虎也："孔子过泰山侧，有妇人哭于墓者而哀。夫子式而听之，使子路问之，曰：'子之哭也，壹似重有忧者？'而曰：'然。昔者吾舅死于虎，吾夫又死焉，今吾子又死焉。'夫子曰：'何为不去也？'曰：'无苛政。'夫子曰：'小子识之，苛政猛于虎也。'"（《礼记·檀弓下》）

② 观人风者：原指采民间风谣之官。《礼记·王制》记周代的制度："命大（太）师陈诗以观民风。"这里指观察民间风俗之官。

李群玉

李群玉（？—约 862），字文山，澧州（今湖南澧县）人。善吹笙，工书法，举进士不第，后以布衣游长安，唐大中八年（854）诣阙进诗于宣宗，授弘文馆校书郎。以诗歌名，《湖南通志·李群玉传》称其“诗笔妍丽，才力遒健”。有《李群玉诗集》。

黄陵庙①

小姑洲北浦云边，二女容华自俨然②。野庙向江春寂寂③，古碑无字草芊芊④。风回日暮吹芳芷，月落山深哭杜鹃。犹似含颦望巡狩⑤，九疑愁断隔湘川。

（彭定求等编：《全唐诗》，中华书局 1960 年版，第 6603 页。）

评析

这是一首怀古诗。黄陵庙是后人有感于舜帝二妃娥皇、女英之不幸遭遇而修建的祠庙。据《史记·五帝本纪》记载，舜帝南巡时死于苍梧，葬于九嶷山。娥皇、女英二妃因追赶舜帝溺死湘水，整个故事充满悲剧意味。李群玉肯定是为二妃的悲剧命运所打动才写作了这首诗。全诗根据作者凭吊黄陵庙的足迹结篇布局。首联由外及里，交代黄陵庙的地理位置，重点突出庙中二妃塑像的真切俨然。颔联写诗人漫步庙前，只见“野庙向江春寂寂，古碑

---

① 黄陵庙：祭祀舜帝二妃娥皇、女英的祠庙，地址在今湖南湘阴县北洞庭湖畔。
② 二女：这里指娥皇、女英二妃像。俨然：真切严肃的样子。
③ 寂寂：冷落寂寞。
④ 古碑：指黄陵庙古二妃碑，传为东汉荆州牧刘表立。芊芊：草茂盛貌。
⑤ 颦：皱眉。巡狩：指舜帝南巡狩。据《史记》记载，舜南巡狩，崩于苍梧之野，葬于九嶷山。

无字草芊芊”，一个“野”字尽显环境的荒凉与寂寞。古碑因风雨的剥蚀字迹全无，与庙中二妃的啼装俨然形成鲜明对比。颈联继续写景，又融情入景，以日暮月落时分芳芷在风中摇曳、杜鹃啼哭山中为意象，营造出非常悲凉的氛围。尾联“犹似含颦望巡狩，九疑愁断隔湘川”，是想象之辞。作者凝视二妃像，感到她们似乎仍然在蹙眉远望，然而，九嶷山的云雾隔断了她们的视线。这一“望”一“隔”，既写出了二妃的一往情深，也表达了一种无可奈何的惆怅。

李群玉诗歌以抒写自身际遇和闻见感受为主，多凭临吊古、送别怀人、写景咏物、寻佛访道之作，很少反映晚唐时期的社会现实和民生疾苦，风格或沉郁哀怨，或清越妍丽。《黄陵庙》一诗是其表现沉郁哀怨风格的代表作。

自澧浦东游江表途出巴丘投员外从公虞①

短翮②后飞者，前攀鸾鹤翔。力微应万里一作点，矫首空苍苍。谁昔探花源，考槃西岳一作丘阳③。高风动商洛④，绮皓⑤无馨香。　朝下蒲轮⑥，清辉照岩廊⑦。孤醒立众醉，古道何由昌。经术震浮荡，国风扫齐梁。文襟即玄圃⑧，笔下成琳琅。霞水散吟啸，松筠奉琴觞。冰壶避皎洁，武库羞一作差锋

① 澧浦（lǐ pǔ）：地名，澧水边，也可能是澧水汇入洞庭湖之入口处。《楚辞・湘君》：“遗余佩兮澧浦。”江表：长江以南地区，从中原看，地处长江之外，故称江表。巴丘：今岳阳楼一带。从公：据陶敏先生《全唐诗人名考证》，当是“从翁”之误。虞：指李虞，李绅之侄，开成初年曾任岳州刺史。

② 翮（hé）：鸟的翅膀。

③ 考槃：亦作考磐，成德乐道之意。西岳阳：西岳华山之南。

④ 商洛：地名，位于今陕西省东南部，因境内有商山、洛水而得名。

⑤ 绮皓：绮里季，西汉时著名隐士，“商山四皓”之一。皓，老人貌。

⑥ 蒲轮：用蒲草包着轮子的车子。据《汉书・武帝纪》，汉武帝“遣使者安车蒲轮，束帛加璧，征鲁申公”，以此表达对申公（培）的尊敬之情。

⑦ 岩廊：高峻的廊庑，借指朝廷。

⑧ 玄圃：传说中昆仑山顶的神仙居处，中有奇花异石。

铓。小子书代耕，束发颇自强。艰哉水投石，壮志空摧藏①。十年侣龟鱼，垂头在沅湘。巴歌掩白雪②，鲍肆埋兰芳③。骚雅道未丧一作消，何忧名不彰。饥寒束困厄，默塞飞星霜。百志不成一，东波④掷年光。尘生脱粟甑⑤，万里违高堂。中夜恨火⑥来，焚烧九回肠。平明梁山泪，缘枕沾匡床。依泊洞庭波，木叶忽已黄。哀砧捣秋色，晓月啼寒螀⑦。复此棹孤舟，云涛浩茫茫。朱门待媒势一作贽，短褐⑧谁揄扬。仰羡野陂凫⑨，无心忧稻粱。不如天边雁，南北皆成行。男儿白日间，变化未可量。所希困辱地，剪拂成腾骧⑩。咋笔话肝肺，咏兹枯鱼章⑪。何由首西路，目断白云乡⑫。

（彭定求等编：《全唐诗》，中华书局1960年版，第6577-6578页。）

评析

这是一首煞费苦心写成的干谒诗。作者拜谒的对象是时任岳州刺史的李虞，目的是希望得到后者的引荐，实现入仕的愿望。

全诗六十句，表达了三层意思，诗的结构因此分为三段，每段二十句。第一段自开篇至“武库羞锋铓”，主要内容是颂扬李虞的道德文章。在诗人眼里，李虞精研经术，信守古道，而且才华横溢，性情高雅，其学问人品堪比汉武帝“安车蒲轮”征召的申培，在众人皆醉的世界里独具一种清醒，就

① 摧藏：摧伤，挫伤。
② 巴歌：巴人之曲，亦称巴唱、巴讴，借指鄙俗之作。白雪：指高雅的艺术。
③ 鲍肆：卖咸鱼的店，比喻坏人成堆的地方。兰芳：比喻贤人。
④ 东波：向东流逝的水，比喻匆匆消逝的时光。
⑤ 甑（zèng）：古代蒸饭的一种瓦器。
⑥ 恨火：犹怒火。
⑦ 寒螀（jiāng）：寒蝉，蝉的一种，秋天时鸣叫。
⑧ 短褐：原意是用粗麻或兽毛编织的粗布上衣，借指地位低下的人。
⑨ 陂（bēi）：池塘。凫（fú）：水鸟，俗称“野鸭”。
⑩ 剪拂：修整擦拭，比喻推崇、赞喻。腾骧（xiāng）：飞腾，引申为地位上升，宦途得意。
⑪ 枯鱼章：指南朝卞彬的《枯鱼赋》。据《南史·文学列传》，卞彬“摈废数年，不得仕进。乃拟赵壹《穷鸟》为《枯鱼赋》以喻意”。枯鱼，人生失意的象征。
⑫ 白云乡：比喻“仙乡”“神仙居所”。

连汉初著名隐士、商山四皓之一的绮里季在他面前也黯然失色。真是极尽阿谀奉承之能事！这样写的目的是想讨得李虞的欢心。

第二段自“小子书代耕，束发颇自强”至“平明梁山泪，缘枕沾匡床”，主要内容是向李虞陈述他十年来坎坷不遇的奋斗历程。诗人自束发就以书代耕，自强不息，然而由于出身卑微，“饥寒束困厄”，加上“巴歌掩白雪，鲍肆埋兰芳”的社会现实，他的理想最终没有实现，“百志不成一”，“壮志空摧藏”。每念及此，诗人常常“中夜恨火来，焚烧九回肠”，彻夜难眠，满怀怨恨，满腹辛酸。这样写的目的是想赢得李虞的同情。

第三段自“依泊洞庭波，木叶忽已黄”至结尾，委婉而明确地表达自己的请求，希望李虞能够帮助自己摆脱困境。首四句写景，用黄叶、哀砧、寒螿等深秋意象营造出一种凄凉意境，实际上是暗示其现实处境。接着慨叹“朱门待媒势，短褐谁揄扬”？于愤激之中表达请求之意，用的是激将法。或许是为了避免李虞对自己产生贪恋仕途的误会，或许也是他真实的想法，诗人求仕的同时又表达了一种矛盾的心态。“仰羡野陂凫，无心忧稻粱。不如天边雁，南北皆成行。”他时而想学池塘里的野鸭，自由自在地游玩，时而想做天边的大雁，在万里长空翱翔。诗的结尾，诗人借南朝卞彬拟赵壹《穷鸟》作《枯鱼赋》的故事，自喻仕途的失意，表明自己写此诗的目的，恳请李虞伸出援手，帮助他实现入仕的愿望，并以“男儿白日间，变化未可量”向李虞表明自己的决心和信心。

刘蜕

刘蜕，字复愚，自号文泉子，长沙人。生卒年不详。宣宗大中四年(850)进士，曾任左拾遗。因上疏得罪权贵，被贬为华阴令。为文取法扬雄，以复古自任。所作常自嗟不遇，多愤激之辞，原有集，已佚。明人辑有《文泉子集》。

山书（并序）

予于山上著书一十八篇，大不复物意，茫洋乎无穷，自号为《山书》。

天地之气复，则结者而为山也，融者而为川也。结于其所者，安静而不动；融于其时者，疏决以忘其及其及一作反。故山之性为近正，川之性为革为革为一作融①。是以处其结者有一作为君子，处其融者为利人。

天地之先，未尝有形，故字其形为人民，为禽虫万物，然后受其字，据其形之动曰“生”，形之静曰“死”。呜呼！我苟不生乎天地先，而未尝用其形窍以出纳，斯非混沌之似乎。故吾以混沌不尝在天地先，而在我之不为万物凿者而已矣。坏人者天地也，使其数出，故观数以象动，则有争杀乱患。夫数始乎手足，故离吾之指为五，视其指而心亦离，则数数入乎心矣，故知指生六而为有余，生四而为不足。不足与有余也，为体不备。呜呼！心既分身之有余与不足也，则争杀乱患，何尝不足？尽其数出。

圣人重其生，以榆出光济②其用，故甘羶之臭出于榆末，而后网罟③不足于野，以牢养于宫中，故天下忘身以自给。呜呼！上古食而弃其余一作榆，热而弃其皮，亦足矣。是知圣人欲化而更乱其死生，听凤鸣而吹管，果象也。

① 革为（融）：和谐，流通。
② 光济：广泛济用。
③ 网罟（gǔ）：捕鱼及捕鸟兽的工具。

故有象竹之声者，必有象葭①之器，然则造其为一作鸣而耻葭学者凤也，故不世而来；造其象而耻人学者圣人也，故末世而不出。呜呼！

江河凿而山木泣，以为川既出而必伐舟也，舟既入水而蛟鱼相市，以其居泉而远于杀者也。今则造泉之具成，是大道存而异其质，大道亡而运一作连其祸。

利以观天下，利尽而天下畔②；道以归天下，道薄而天下去。呜呼！为利物所间一作恶，为道亦不伪。故始受其应者，终亦将以应人。然则利尽所畔者必灭其后，道薄而所去者贵不杀其孤而已。

城郭沟池，以固民也。有窃城郭沟池以盗民者，则杀人甚于不固。夫有窃固之具，必有攻固之利。苟有利之物，寇必生其下，是以太古安民以巢。故于野则无争，巢固民则相杀。

车服妾媵③，所以奉贵也。然而奉天下来事贵者，贱夫。有车服必有杂佩，有妾媵必有娱乐。圣人既为之贵贱，是欲鞭农父子以奉不暇。虽有杵臼，吾安得粟而舂之？呜呼！教民以杵臼，不若均民以贵贱。

古之弓矢，所以防恶也。怀恶者在内，所以能避一作持弓矢也。故射恶未及死，而夺械可以杀人于天下，天下从而禁畜私械者。呜呼！古之弓矢，所以防恶也。今则不然，反防人之持弓矢也。

万物无常声，而主声者定其悲欢，则听在心而耳职废也。谓雷为可畏，则以畏声听之，不知有时雷可长养也。谓瑟为可狎，则以狎声听之，不知有时瑟可流哀也。则有幽思之深，砧声之悲也。去家日远，雨声之愁也。呜呼！悲愁果在心也，雷与瑟无常声也。

为学岂有岁？故劳于农夫，以其有遇世也，故佚于使人。然而虽佚不忘学，以其劳而未尝遇，是故死而不得止一作正其心。古有志者，犹悲日月之易

---

① 葭（jiā）：古同“笳”，一种乐器。
② 畔：同“叛”。
③ 媵（yìng）：古代指随嫁，这里指随嫁的人。

于人也。故谓飞鸟走兔在其中，付大藏之铃①，未必有信之友也。夫取人之铃，必荐信以入其中；受人之托，必有情以寄其内。故大信者不使人付一作信，有道者不使人求。

棺衣之厚，葬以王礼。百姓不食其死，以其爱名不甚于爱身，任时之重必多怨，借君之权必易死。是于名则君子爱身不甚于百姓焉。

圣人有意哉！故劝善以爵，使利爵者乐修。夫恶杀人与杀盗钧为仁人之心，则亦召盗以爵。呜呼！使圣人无意，则劝善不以爵矣。故君子为善不独乐，欲为一作与圣人而出，是以见仁人之术使爵以召盗乎！

食秦人之炙，则怀其妻子；闻秦妇之嫁，则垂涕悲其身。当是时，亦疑天下之妻矣。吾过富贵之门，则怀其爵矣，及闻秦人有以爵死者，则垂涕悲其身。当是时，不顾天下之贵矣。

有恶雀鹿之甚者，挥帚以驱雀，结罟以禁鹿。夫帚罟既可以骇物，则帚罟必足以取物。呜呼！执其具以逐雀鹿，安知不有学其具以取之？故善去恶者不必恶其名，善逐者不必示人以其具。

猿鸣不过薜萝②，以其有蔓，蔓者必组物。夫能过其组，必自硋③一作骇其心。呜呼！髻之组吾髻也，带之组吾腰也，线之组吾衣也，亦是矣。今蔓在天下，安得复硋一作骇其心哉？

（董诰等编：《全唐文》卷七八九，中华书局1983年影印本，第8261-8263页。）

评析

据刘蜕自序，《山书》凡十八篇。今《全唐文》收录的除文前小序外，只有十五篇，似有残缺。之所以名为《山书》，原因有二：一是作于山上；

① 铃（lún）：金。
② 薜萝（bì luó）：薜荔和女萝，皆野生植物，常攀缘于山野林木或屋壁之上。
③ 硋（ài）：同“碍”。

二是作者自认为文章之命意“大不复物意，茫洋乎无穷”。言下之意，他在文章中所表达的思想感情与社会上一般人的想法不一样。在这里，“山”，多少含有与世俗社会相对立的意思。

全书现存十五则短文，每则论述一个问题或者表达作者对某一现象的看法。如第一则论天地之气结而为山，融而为川，作者据此认为“山之性为近正，川之性为革为”，最后加以比德，“处其结者有君子，处其融者为利人”。又如第六则论“城郭沟池，以固民也”。作者认为，城郭沟池不管修得多么坚固都是徒劳的，“有窃固之具，必有攻固之利”，城郭沟池不可能达到“固民”的目的。诸如此类，不一而论。总的特点是作者自取“山中人”的视角，敢于揭露现实的弊病，言人之所不敢言，发人之所不能发，字里行间充满了对现实的焦灼。文章篇幅短小，语言精悍有力，充满哲理警句，如“利以观天下，利尽而天下畔；道以归天下，道薄而天下去”；“教民以杵臼，不若均民以贵贱”；“故善去恶者不必恶其名，善逐者不必示人以其具”；等等。不胜枚举。

刘蜕以散文名世，在晚唐推尊华丽骈文的氛围中独出一格，为文奇诡岸杰，极少夸饰矫作辞语，常嗟叹不遇，亦多愤激之辞。这种风格从《山书》可见其概。《四库提要》云：“蜕文原本扬雄，奇奥险于孙樵，而易于樊宗师，大旨与元结相出入，亦可谓特立者矣!”

悯祷辞（有序）

小子出都城，见邑大夫为民之祷者，属石燕[①]不飞，商羊[②]不舞。民有焦心[③]，请大夫祈龙波祠以厌[④]民望。役巫歌伶，吹竹鼓桄，呼空者讫唱屡夕[⑤]。俄然微漉轻霎[⑥]，若神之来，意似悯巫之役是也，作辞以吊民云。

公邑之南兮祷龙之潭，空波邻天兮云物中涵。鳞飔榖碧兮渊怪相参[⑦]，风翼轻翔兮带直烟岚。吏不政兮胥为民蚕[⑧]，政不绳兮官为胥酣。彼民之不能口舌兮为胥之缄[⑨]，进不得理兮若结若钳。阴戾阳返兮民之不堪，烁日流焰兮赫奕如惔[⑩]。奫泉沸涌兮如汤而炎[⑪]，役巫女兮鼍鼓[⑫]坎坎。风笛摇空兮舞袂衫衫，胥不虔祈兮官资笑谭[⑬]。胡[⑭]不戮狡胥兮徇此洁严，胡不罪己之不正兮去此贪婪。荷[⑮]天子之优禄兮胡为而不廉，又何役巫女而一作兮祷此空潭？

（董诰等编：《全唐文》卷七八九，中华书局1983年影印本，第8260页。）

评析

文章通过写官吏“役巫”祈龙波祠求雨，表达了作者对人民悲苦命运的同情和对朝廷官员贪婪腐败的批判。据文前小序，时值大旱，“石燕不飞，

① 石燕：似燕之石。据《水经注》记载，石燕遇雨能飞。
② 商羊：传说中的鸟名。商羊飞舞，定有大雨。比喻重大变故发生前的预兆。
③ 焦心：着急，忧虑。
④ 厌：满足。
⑤ 讫唱屡夕：一连唱了几个晚上。讫，截止。屡，多次。
⑥ 俄然：一会儿。漉（lù）：液体慢慢渗下，滤。霎：小雨。
⑦ 飔（sī）：凉。榖（gǔ）：木名，又称“构”“楮”，即构树。
⑧ 政：匡正。胥（xū）：古代的小官。
⑨ 这句话的意思是：胥吏对百姓进行压迫，人民有口难言。缄（jiān）：封闭。
⑩ 赫奕：光辉炫耀的样子。惔（tán）：火烧。
⑪ 奫（yūn）：水深广的样子。
⑫ 鼍（tuó）鼓：用鼍皮蒙的鼓。
⑬ 谭：同“谈”。
⑭ 胡：疑问词，为什么，何故。
⑮ 荷：承受，承蒙。

商羊不舞”，百姓内心焦灼不安，地方官员为“厌民望”，召巫师歌伶祈龙波祠求雨。作者认为如此举措劳民伤财，却无补于事，故作此文以“吊民”之苦。

全文分三层。开篇四句为第一层，交代祈雨的地点和环境。中间十句为第二层，用对比手法，写“民之不堪”与官员之腐败。“吏不政兮胥为民蚕，政不绳兮官为胥酣”，他们一心想的是自己的官运前程，对百姓疾苦置若罔闻，不择手段欺上瞒下，压制言论，使百姓有口难言。最后四句为第三层，连用四个反问句质问地方官员：“胡不戮狡胥兮徇此洁严，胡不罪己之不正兮去此贪婪。荷天子之优禄兮胡为而不廉，又何役巫女而祷此空潭？”口气异常严厉，文辞激愤悲怨，铿锵有力。

刘蜕为文，取法扬雄，文字奇奥，此文堪称典型。篇中不少文字用得奇特怪僻，但仔细思索玩味，又觉得他用得精当在理。文章从头至尾采用楚辞“兮”字句式，音节抑扬顿挫，有屈骚之风。刘熙载《艺概》评刘蜕之文“意欲自成一子……辞若僻而寄托未尝不远。学《楚辞》尤有深致”，“颇得《九歌》遗意”。

胡曾

胡曾（约840—?），又称秋田先生，邵阳（今湖南邵阳）人。咸通中举进士不第，客居长安。路岩为剑南西川节度使，召为掌书记。后又入高骈幕为掌书记。有《咏史诗》三卷，皆为七绝体。

咏史·长城

祖舜宗尧自太平，秦皇何事一作用苦苍生。不知祸起萧墙①内，虚筑防胡万里城。

（彭定求等编：《全唐诗》，中华书局1960年版，第7429页。）

咏史·息城②

息亡身入楚王家，回首春风一面花。感旧不言长掩泪，只应翻恨有容华。

（彭定求等编：《全唐诗》，中华书局1960年版，第7430页。）

评析

胡曾《咏史诗》凡150首，每首都以地名为题，评咏当地历史人物和事件，立论平实，语言质朴无华，其创作主旨和价值取向正如作者《自序》所

① 萧墙：古代宫室内作为屏障的矮墙，借指内部。典出《论语·季氏》："吾恐季孙之忧，不在颛臾，而在萧墙之内也。"

② 此诗咏息夫人故事。息城：今河南息县，春秋时息国都城。

说："夫诗者，盖美盛德之形容，刺衰政之荒怠，非徒尚绮丽瑰琦而已。故言之者无罪，读之者足以自戒。"这里所录《长城》《息城》二首，托古讽今，意存劝诫，具有一定的代表性。

《长城》写秦皇不惜劳民伤财修筑长城抵御胡敌，却不知真正的祸患在萧墙之内。诗人认为，要实现国家的长治久安必须取法尧舜，以民生为重，否则，即使修建了坚固的长城，那也是"虚筑"，是徒劳的。

《息城》咏息夫人故事。据《左传》记载，息国夫人息妫容华绝代，面若桃花（故又称桃花夫人），蔡侯一见垂涎不已，便唆使楚国攻打息国。息国灭亡后，息夫人被掳入楚宫，三年中生了两个儿子，但终日无言，以泪洗面。楚王问其故，她说："吾一妇人而事二夫，纵弗能死，其又奚言?"楚王认为这是蔡国的过错，于是又发兵灭了蔡国。诗的后两句写息夫人"感旧不言"，不去埋怨社会的荒唐无理，却"翻恨"自己的"容华"，立意没有超出"红颜祸水"的偏见。

齐己

齐己（约860—约937），字迩沩，俗名胡得生，益阳人。少时在大沩山同庆寺出家，后栖居衡山东林寺，晚年自号衡岳沙门。有《白莲集》传世。《全唐诗》收录其诗800余首。

湘江送客

湘江秋色湛如水，楚客离怀暮不胜。千里碧云闻塞雁，几程青草见巴陵①。寒涛响叠晨征橹，岸苇丛明夜泊灯。鹦鹉洲边若回首，为思前事一扪膺②。

（彭定求等编：《全唐诗》，中华书局1960年版，第9563页。）

评析

诗写送别，胜处却在写景。首二句点明题旨及送别的时间。那是一个秋天的傍晚，天还没有黑，湛湛秋色如同湘江之水，给人以冷峭之感。第三、四句以“千里碧云闻塞雁”与“几程青草见巴陵”对写，对仗工整，且很有气势。寒秋时节，塞外的大雁已经南飞，客人却在此时还要北出巴陵，诗人目睹此景不禁生出难舍难分的别离情绪。诗的后四句全为想象与叮嘱之辞。诗人假想朋友一路上早起晚宿，寒涛阵阵，芦苇丛丛，以此表达对朋友的关爱之情。而从第七句“鹦鹉洲边若回首”一语看，客人的目的地似在武昌，诗人叮嘱朋友到达后，可不要忘记与自己一起经历过的那些前尘旧事。

① 巴陵：岳阳古称巴陵，是荆楚文化的摇篮。
② 扪（mén）：摸，按。膺（yīng）：胸。

日日曲

日日日东上，日日日西没。任是神仙容①，也须成朽骨。浮云灭复生，芳草死还出。不知千古万古人，葬向青山为底物②。

（彭定求等编：《全唐诗》，中华书局1960年版，第9583-9584页。）

评析

该诗写人生感悟，哲理性强，诗味却依然浓郁。太阳每天从东边升起，又于西边沉落。世间万物就如同日出日落一样，有生有灭，就是神仙也摆脱不了这样的命运。这一切天真的诗人都看到了，可是他还是止不住追问，天上的云灭了又起，地上的草死了还会复生，那千千万万埋葬在青山底下的古人又变成了何物呢？全诗表达了作者对人类命运的终极关怀，但字里行间流露出来的是一种虽然旷达却又稍显颓唐的虚空之感。

送惠空上人归

尘中名利热，鸟外水云闲。吾子③多高趣，秋风独自还。空囊随客棹，几宿泊湖山。应有吟僧④在，邻居树影间。

（彭定求等编：《全唐诗》，中华书局1960年版，第9462页。）

---

① 神仙容：像神仙一样美丽的容貌。
② 底物：何物。
③ 吾子：惠空上人，具体是何人，待考。
④ 吟僧：诗僧。

评析

诗写送别，但留给人们的印象除了别情以外，更多的是人生的“高趣”。诗题《送惠空上人归》，惠空上人具体是谁待考，他归向何处，诗人也没有明言，但从诗中描写来看，那是一个“鸟外水云闲”的地方。好一个“闲”字！闲虽然难免冷清，却拥有宁静和率真。与此相反，尘世间乃名利场，虽然热闹，却免不了忙乱和浮躁。首联“尘中名利热，鸟外水云闲”，用对比手法描写“尘世”与“鸟外”两个世界，一冷一热，一静一动，一闲一忙，一重性灵一重名利，形象地表现了诗人的价值取向，而惠空上人之归处亦不言自明。颔联称赞惠空上人“多高趣”，点明其归去的时间在秋天。一个“独”字写出了惠空上人的不同流俗。颈联“空囊随客棹，几宿泊湖山”，具体描写惠空上人的生活趣味，身背空空的行囊，漫随客舟，漂泊于湖山之间。尾联系猜测之辞。诗人假想惠空上人的归宿应在树影婆娑之处，应有诗僧相伴于水云之间。

齐己长年皈依佛门，或许与这种人生经历有关，其诗古雅高远，格调清淡冷峭，不管是议论还是写景，常常透出一种清淡忘机、空灵洒脱的风格，给人一种带有宗教色彩的高远雅致的艺术感受。唐人尚颜《读齐己上人集》评其诗：“诗为儒者禅，此格的惟仙。古雅如周颂，清和甚舜弦。”明代胡震亨《唐音癸签》卷八则云：“齐己诗清润平淡，亦复高远冷峭，一经都官点化，《白莲》一集，驾出《云台》之上，可谓智过其师。”

李宏皋

李宏皋（？—951），长沙人。马希范时为天策府学士，授尚书左仆射兼御史大夫、上柱国。与父善夷、弟宏节俱有诗名，有诗集二卷，已佚。

复溪州铜柱记

粤以天福五年①，岁在庚子，夏五月，楚王②召天策府学士李宏皋谓曰："我列祖昭灵王③，汉建武十八年，平征侧于龙编④，树铜柱于象浦⑤。其铭曰：'金人汗出，铁马蹄坚。子孙相连，九九百年。'是知吾祖宗之庆绪⑥绵远，则九九百年之运昌于南夏⑦者乎？今五溪⑧初宁，群帅内附。古者天子铭德，诸侯计功，大夫称伐⑨，必有刊勒⑩，垂诸简编。将立标题，式昭⑪恩信。敢继前烈⑫，为吾纪焉。"宏皋承教濡毫⑬，载叙厥事。

① 粤：助词，用于句首或句中。天福五年：五代后晋年号，即公元940年。
② 楚王：指马楚王马希范。
③ 昭灵王：指马援。唐乾符二年（875），马援被敕封为昭灵王。
④ 征侧：两汉时期著名女英雄，汉朝交趾郡麊泠县人。交趾，今越南北部，麊泠县大致在现在的河内一带。龙编：越南古代地名，在今越南河内东，天德江北岸，为交趾郡治所。征侧与其妹征贰起兵叛汉，建武十八年（42），马援率军平定交趾。
⑤ 象浦：地名。马援平定交趾后于象浦立铜柱以记其事。
⑥ 庆绪：对皇家宗室的敬称。
⑦ 南夏：泛指我国的南方。
⑧ 五溪：地名，指雄溪、樠溪、无溪、酉溪、辰溪。一说指雄溪、蒲溪、酉溪、沅溪、辰溪。汉属武陵郡，为少数民族聚居地，在今湖南西部和贵州东部。
⑨ 称伐：犹言记功。称，称扬。伐，功勋。
⑩ 刊勒：雕刻（碑文）。
⑪ 式昭：用以光大。式，用。昭，明。
⑫ 前烈：前人的功业。
⑬ 濡毫：濡笔，指蘸笔书写或绘画。

盖闻牂牁①接境，盘瓠②遗风。因六子③以分居，入五溪而聚族。上古以之要服④，中古渐尔羁縻⑤。洎师（帅）号精天（夫）⑥，相名姎⑦氏。汉则宋均置吏，称静溪山。唐则杨思⑧兴师，遂开辰锦。迩来豪右⑨，时恣陆梁。去就在心，否臧⑩由己。

溪州彭士愁一作士然⑪，世传郡印，家总州兵。布惠立威，识恩知劝。故能历三四代，长千万夫。非德教之所加，岂简书⑫而可畏。亦无辜于大国，亦不虐于小民。多自生知⑬，因而善处。无何⑭忽承间隙，俄至动摇。我王每示含宏⑮，常加姑息。渐为边患，深入郊圻⑯。剽掠耕桑，侵暴辰澧⑰。疆吏告逼，郡人失宁。非萌作孽之心，偶昧戢兵之法⑱。焉知纵火，果至自焚。

时晋天子肇创丕基⑲，倚注雄德。以文皇帝之徽号，继武穆王之令谟⑳。册命我王，开天策府。天人降止，备物在庭。方振声明，又当昭泰㉑。眷言㉒

① 牂牁（zāng kē）：古水名和古地名。亦作“牂柯”。汉武帝元鼎六年（前111）置牂牁郡，辖今贵州大部及广西、云南部分地区。
② 盘瓠（hù）：古族名，因以神犬盘瓠为图腾而得名。秦汉时居武陵郡。
③ 六子：相传盘瓠生有六子，自相为夫妻。
④ 要服：古五服之一。古代王畿以外按距离分为五服，相传一千五百里至二千里为要服。泛指边缘地区。
⑤ 羁縻（jī mí）：亦作“羁靡”“羇縻”，系联、控制的意思。
⑥ 洎（jì）：及，到。师：当是“帅”之误。精天：当是“精夫”之误。精夫，古代南方少数民族对酋长的称谓。据《后汉书·南蛮传》：“名渠帅曰精夫。”
⑦ 姎（yāng）：古代女性自称，我。
⑧ 杨思：疑指杨思勖，唐玄宗时太监。开元初，越南酋长梅玄成起兵叛唐，杨思勖率军平定。
⑨ 迩（ěr）来：最近以来。豪右：豪门大族。汉以“右”为上，故称“豪右”。
⑩ 否臧（pǐ zāng）：善恶，优劣。这里作动词用。否，恶。臧，善。
⑪ 彭士愁（yìn）：一作彭士然，祖籍江西庐陵，时任溪州刺史。
⑫ 简书：用于告诫、策命、盟誓、征召等事的文书。
⑬ 生知：指不待学而知之。《论语·季氏》：“生而知之者上也。”
⑭ 无何：不多久。
⑮ 含宏：同“含弘”，即度量宽宏，能包容万物。
⑯ 郊圻（qí）：都邑的疆界，边境。
⑰ 辰澧：辰溪、澧州。
⑱ 偶昧：偶然不明白。戢（jí）兵：息兵，停止军事行动。
⑲ 肇创：初创。丕基：巨大的基业。
⑳ 令谟（mó）：嘉谋，善策。
㉑ 昭泰：清明安泰。
㉒ 眷言：亦作“睠言”，回顾的样子。言，词尾。

僻陋，可俟绥怀①。而边鄙上言，各请效命。王乃以静江军都指挥使刘勍率诸部将，付以偏师，钲鼓②之声，震动溪谷。彼乃弃州保崄③，结砦④凭高。唯有鸟飞，谓无人到。而刘勍虔遵庙算⑤，密运神机。跨壑披崖，临危下瞰。梯冲既合，水泉无汲引之门。樵采莫通，粮粮⑥乏转输之路。因甘衿甲⑦，岂暇投戈。彭师杲为父输诚⑧，束身纳款。我王愍⑨其通变，爰降招携⑩。崇侯感德而归周⑪，孟获⑫畏威而事蜀。

王曰："古者叛而伐之，服而柔之。不夺其财，不贪其土。前王典故，后代蓍龟⑬。吾伐叛怀柔，敢无师古。夺财贪地，实所不为。"乃依前奏授彭士愁溪州刺史，就加检校太保。诸子将吏，咸复职员。锡赉⑭有差，俾⑮安其土。仍颁廪粟，大赈贫民。乃迁州城，下于平岸。溪之将佐，衔恩向化⑯。请立柱以誓焉。

於戏！王者之师，贵谋贱战。兵不染锷⑰，士无告劳。肃清五溪，震詟百越⑱。底平疆理，保乂⑲邦家。尔宜无扰耕桑，无焚庐舍，无害樵牧，无阻

① 俟（sì）：等待。绥怀：安抚关切。
② 钲（zhēng）鼓：钲和鼓，古代行军时用以指挥进退、动静的两种乐器。
③ 崄：同"险"。
④ 砦（zhài）：同"寨"。
⑤ 庙算：指朝廷或帝王对战事进行的谋划。
⑥ 粮粮（qiǔ）：粮食。
⑦ 衿甲：系甲，不解甲。
⑧ 彭师杲（gǎo）：彭士愁之子。输诚：表明诚心，献出诚心。
⑨ 愍：同"悯"。
⑩ 爰（yuán）：于是。招携：安抚，招安。
⑪ 崇侯：指崇侯虎，商纣王的重要羽翼。纣王为政残暴，对百姓施以炮烙之刑，西伯昌（周文王）暗中叹息，被他获知，告于纣王，纣王于是囚西伯昌于羑里。后感文王之德归顺周朝。
⑫ 孟获：三国时南中一带少数民族首领，曾起兵叛蜀，被诸葛亮平定后归顺蜀国。
⑬ 蓍（shī）龟：引申为借鉴。
⑭ 锡赉（jī）：赏赐。
⑮ 俾（bǐ）：使。
⑯ 向化：归服。
⑰ 锷：刀剑的刃。
⑱ 震詟（zhé）：使震惊畏惧。百越：古代越族居住在江、浙、闽、粤各地，各部落各有名称而统称百越，也叫百粤。这里泛指西南各地的少数民族。
⑲ 保乂（yì）：亦作"保艾"，治理使之安定太平。

川涂①，勿矜②激濑飞湍，勿恃悬崖绝壁。荷③君亲之厚施，我不征求；感天地之至仁，尔怀宁抚。苟违诚誓，是昧神祇。卫于子孙，庇尔族类。铁碑可立，敢忘贤哲之踪？铜柱堪铭，愿奉祖宗之德。宏皋仰遵王命，谨作颂焉。其词曰：

昭灵铸柱垂英烈，手执干戈征百越。我王铸柱庇黔黎④，指画风雷开五溪。五溪之险不足恃，我旅争登若平地。五溪之众不足凭，我师轻蹑如春冰。溪人畏威仍感惠，纳质⑤归朝求立誓。誓山川兮告鬼神，保子孙兮千万春。

（董诰等编：《全唐文》卷八九三，中华书局 1983 年影印本，第 9322-9323 页。

评析

后晋天福四年（939），溪州刺史彭世愁引湘西少数民族“苗蛮”起义攻楚，马希范命刘勍、廖匡齐率兵前往平定。次年，彭世愁归降，双方协议立铜柱于溪州为界。李宏皋受命撰《复溪州铜柱记》以记其事，并作为盟约镌刻于柱上。

文章开篇交代作文缘起。马希范仿效其先祖马援平定交趾后立柱为铭的故事，决定于溪州立铜柱，上刻铭文以计功伐。李宏皋受命撰文。接着略叙历代政府对湘西盘瓠蛮之管理，以此作为背景，然后具体记述彭士愁一家与马楚政权之间的关系。这一部分是全文的主体，写作上最大的特点是叙述内容的选择与措辞严格遵循政治的需要，详略处理颇具分寸，俨然一篇外交辞令。作者主要表达了三层意思。第一层，彭氏一家“世传郡印”，统治湘西地区已历三四代，“布惠立威”，德高望重，理应“无辜于大国”，“不虐于小

① 川涂：亦作“川途”，道路，路途。
② 矜：自大，自夸。
③ 荷：承受，承蒙。
④ 黔黎：百姓。
⑤ 纳质：送纳人质。

民”，为朝廷效命。第二层，彭士愁“偶昧戢兵之法”，起兵反抗朝廷，“渐成边患”。楚王（马希范）运筹帷幄，发兵平叛，王师所向披靡。彭士愁“纵火”“自焚”，最后不得不归降朝廷，并送儿子彭师杲为人质以表达诚意。第三层，楚王宽宏大度，取法前王，“伐叛怀柔”，依旧授彭士愁为溪州刺史。双方缔结盟约，并立柱以誓。文章结尾用骈文形式抒发了一通对王师的礼赞，最后用一首七言诗作为颂词，表达“誓山川兮告鬼神，保子孙兮千万春”的缔约目的。

《复溪州铜柱记》真实地记录了五代时期湖南湘西少数民族的日常生活和反抗斗争，从中可以看到马楚王朝的民族政策和人民渴求和平安定的美好愿望。全文文辞明快，层次清晰，文献价值与文学价值兼而有之。

朱昂

朱昂（925—1007），字举之，衡山人。少时好学，博览群书，于学无所不窥。宋初为知州，累迁江南转运使，入翰林为学士，以工部侍郎致仕。闲居以讽诵为乐，自号退叟。有《资理论》《朱昂集》等书传世。

广闲情赋

维禀气①兮清浊，独得意兮虚徐②。耳何聪兮无瑱③，衣何散兮无裾。务冥怀于得丧，宁勤体乎菑畬④。将使同方姬、孔⑤，抗迹孙、蘧⑥。精骛广漠，心游太虚。傲朝曦兮南荣⑦，溯夕飙兮北疏⑧。非道之病，惟情之舒。

繇是⑨含颖怀粹，凝和习懿。器奫⑩沦兮幽忧，德芬馨兮周比⑪。井无渫⑫兮泉融，珠潜辉兮川媚。又何必陋雄之尚《玄》⑬，笑奕之心醉⑭，悲墨

① 禀气：天赋的气性。

② 得意：领会意旨。虚徐：从容不迫。

③ 瑱：以玉充耳，塞。

④ 菑畬（zī shē）：耕耘。《易·无妄》："不耕获，不菑畬，则利有攸往。"

⑤ 同方：同在一体或一地。姬：指周公姬旦。孔：指孔子。

⑥ 抗迹：高尚其志行、心迹。孙：指孙林父，史称孙文子，春秋中期卫国卿大夫。蘧：指蘧瑗，字伯玉。

⑦ 南荣：南方之地。语出王褒《九怀·思忠》："玄武步兮水母，与吾期兮南荣。"王逸注云："南方冬温，草木常茂，故曰南荣。"

⑧ 北疏：北方之地。北方气候寒冷，草木叶疏，故称"北疏"。

⑨ 繇是：从此。繇：古同"由"。

⑩ 奫（yūn）：水深广的样子。

⑪ 芬馨：芳香。周比：结党营私。语本《论语·为政》："君子周而不比，小人比而不周。"

⑫ 渫：污浊。

⑬ 陋：鄙视。雄之尚《玄》：指汉代扬雄以"玄"为宇宙之根源，模拟《易经》撰《太玄经》，也称《扬子太玄经》。

⑭ 奕之心醉：典出《晋书》阮咸传。山涛以阮咸"贞素寡欲，深识清浊"推荐他参加典选，晋武帝却以阮咸"耽酒浮虚，遂不用"，"太原郭奕高爽有识量，知名于时，少所推先，见咸心醉，不觉叹焉"。颜延年《五君咏》诗云："郭奕心已醉，山公非虚觏。"

之素丝①，叹展之下位②？苟因时之明扬，乃斯文之不坠。

睇③烟景兮飘飘，心悬旌兮摇摇。感朝荣而夕落，嗟响蛩而鸣蜩。姑藏器以有待，因寄物而长谣。愿在首而为弁④，束玄发而未衰。会名器之有得，与缨珥兮相宜。愿在足而为舄⑤，何坎险之罹忧。欲效勤于竖亥⑥，思追踵于浮丘⑦。愿在服而为袂，传缯素而饰躬。异化缁之色涅，宁拭面而道穷。愿在目而为鉴，分妍丑于崇朝。惊青阳⑧之难久，庶白首以见招。愿在地而为簟，当暑溽而冰寒。伊肤革之尚疚，胡寤寐以求安？愿在觞而为醴，不乱德而溺真。体虚受之为器，革谲性以归淳。愿在握而为剑，每辅衽而保裾。殊铅铦之効用，比硎刃而有余。愿在橐而为矢，美筈⑨羽之斯全。畴懋勋⑩而锡晋，射穷垒而衄燕⑪。愿在体而为裘，托针缕以成功。非珍华而取饰，将被服而有容。愿在轩而为篁，贯岁寒而不改。挺介节⑫以自持，廓虚心而有待。

人之愿兮寔⑬繁，我之心兮若此。蓄为志兮璞藏，发为文兮雾委。既持瑾兮掌瑜，复撷兰兮蓺芷。始无言兮植杖，终俛首⑭兮嗟髀。振襟兮自适，觌物兮解颐⑮。云无心兮遐举，萝倚干兮从滋。想陵谷⑯之变地，况玄黄⑰之

① 墨之素丝：墨指墨子。墨子认为人的本性生下来如“素丝”，“染于苍则苍，染于黄则黄”。
② 展之下位：展指展禽，即柳下惠。《列女传》云：“柳下惠处鲁，三黜而不去，仕于下位。”
③ 睇：视，望。
④ 弁（biàn）：古代的一种帽子。
⑤ 舄（xì）：鞋。
⑥ 竖亥：中国神话传说中一个步子极大、特别能走的人物。
⑦ 浮丘：浮丘公，古代传说中的仙人。
⑧ 青阳：青春年少的面容。
⑨ 筈（kuò）：箭尾，即射箭时搭在弓弦上的部分。
⑩ 懋（mào）勋：大功劳。《晋书·王导传》：“盖高位以酬明德，厚爵以答懋勋。”
⑪ 穷垒：处境艰危的据点。衄（nǜ）：本义为鼻出血，这里指损伤、挫败。
⑫ 介节：刚直不随流俗的节操。
⑬ 寔：通“实”，实在。
⑭ 俛首：低头。俛，同“俯”。
⑮ 觌（dí）：相见。解颐：开颜欢笑。
⑯ 陵谷：见《诗·小雅·十月之交》，“高岸为谷，深谷为陵。”毛传：“言易位也。”郑玄笺：“易位者，君子居下，小人处上之谓也。”后因以“陵谷”比喻君臣高下易位，或者比喻自然界或世事巨变。
⑰ 玄黄：指天地的颜色，玄为天色，黄为地色。

易丝。人可汰①而可锻，己不磷而不缁②。苟一鸣而惊人，何五鼎③而勿饴？

已而拥膝清啸，倾怀自宽。枢桑户荜兮差乐，鸠飞梭跃兮胡难。指夜蟾兮为伍，仰疏籁兮邀欢。何孙牧而伊耕④？何巢箕而吕磻⑤？涤我虑兮绿绮，清我眠兮琅玕。周旋兮有则，徙倚兮可观。终卷舒兮自得，契休哉于考槃⑥。

（曾枣庄、刘琳主编：《全宋文》第三册卷四九，上海辞书出版社、安徽教育出版社 2006 年版，第 190-191 页。）

评析

《广闲情赋》是朱昂任衡州录事参军时所作。据《宋史·文苑传》，作者“尝读陶潜《闲情赋》而慕之，因广其辞”，而作此赋。赋体结构，乃至遣词造句，均模仿陶渊明的《闲情赋》，但主旨明显不同。陶渊明的《闲情赋》，虽然标榜“闲情”，即约束感情，实则赋中非常热烈地渲染男女之情，特别是其中“愿在衣而为领”以下一大段，用各种各样的比喻表现欲亲近美人之情，穷形尽态，香艳绝伦，以至于引起萧统等人的批评，被指为“白璧微瑕”。

朱昂此赋则明显是写君臣关系。赋中“愿在首而为弁”以下一大段，从字面上看，似乎也是表达对“美人”的亲近之情，但实际上这里的“美人”就是“君主”。作者连续表达了十个愿望，愿“在首而为弁”“在足而为舄”“在服而为袂”“在目而为鉴”“在地而为簟”“在觞而为醴”“在握而为剑”“在橐而为矢”“在体而为裘”“在轩而为篁”。前九个愿望借助“弁”“舄”

① 汰：洗濯，清洗。

② 磷：瑕疵。缁：黑色。

③ 五鼎：古代行祭礼时，大夫用五个鼎，分别盛羊、豕、肤（切肉）、鱼、腊五种供品。列五鼎而食，形容高官贵族的豪奢生活，亦喻高官厚禄。

④ 孙牧：疑指孙武。伊耕：指商初大臣伊尹长于伊水，耕于有莘之野。

⑤ 巢箕：指许由在箕山筑巢而居。吕磻：周代吕尚未遇文王时常在磻溪垂钓。

⑥ 考槃：成德乐道。《诗·卫风·考槃》：“考槃在涧，硕人之宽。”毛传：“考，成；槃，乐也。”陈奂传疏：“成乐者，谓成德乐道也。”后用以喻隐居，指避世隐居。

等器物的功能阐明为臣的职责，表达自己忠于职守的心愿，感情浓烈真挚。最后一个愿望则是借“篁”明志，表明自己一定要保持刚直不随流俗的节操，“贯岁寒而不改”。全赋主要运用比喻手法，体物写志，继承了楚骚“香草美人以喻君子”的传统，语言充满张力，如水波层层相涌，高潮处汹涌奔腾，回落时仍有暗流回还，绵延起伏，终而不绝。作者“拥膝清啸，倾怀自宽”，留下的却是余波未平，读来荡气回肠，感慨万千。

廖匡图

廖匡图（952—1003），字赞禹，原籍江西宁都，随父亲廖爽投奔湖南楚王马殷，被聘为幕僚。马殷之子马希范开设天策府，置十八学士，匡图列居第八。与刘昭禹、徐仲雅、齐己等齐名。有诗集二卷（《文献通考》作一卷，此从《唐才子传》），已佚。《全唐诗》录其诗四首。

赠泉陵上人①

暂把枯藤倚碧根，禅堂初创楚江濆②。直疑松小难留鹤，未信山低住得云。草接寺桥牛笛近，日衔村树鸟行分。每来共忆曾游处，万壑泉声绝顶闻。

（彭定求等编：《全唐诗》，中华书局 1960 年版，第 8441 页。）

评析

泉陵上人是谁待考，从诗中“每来共忆曾游处，万壑泉声绝顶闻”之语看，诗人与泉陵上人有较密切的交往，两人常常一同游山听泉，具有相同的兴趣爱好。根据诗中的叙述，泉陵上人在楚江边创设了一个禅堂，虽然地处乡野，枯藤碧根，但“草接寺桥”“日衔村树”，景色优美宁静。或许是位置过于僻远，环境过于寂清，以至于作者当时还产生过“直疑松小难留鹤，未信山低住得云”的疑虑。全诗叙事融于写景之中，选择“枯藤”“碧根”“禅堂”“楚江濆”“寺桥”“牛笛”等众多冷色调的意象，构成一幅恬淡静远的画面，给人一种寂洁空灵的感觉。《唐才子传》论廖匡图之诗“警策极多”，因所存诗作太少已无法证实，但从这首诗中人们还是可以看出他诗风的高致。

① 上人：旧时对僧人的尊称。
② 濆（fén）：水边，岸边。

路振

路振（957—1014），字子发，祁阳人。淳化年间进士及第。历知州、太子中允，迁滨州郡守，后升至福建巡抚。大中祥符初年（1008）曾奉命出使契丹，拒绝契丹国提出的领土要求，撰《乘轺录》（今不传）。后改授太常博士，官左司谏。有诗文集二十卷。

伐棘篇

伐棘何所山之巅，秋风飕飕棘子丹。折根破柢①坚且顽，斸夫趑趄汗污颜②。攒锋束芒趋道还，攻之森森缭长藩。暮冬号风雪暗天，漏寒不鸣守犬眠。主人堂上多金钱，东邻暴客来窥垣。举手触锋身陨颠③，千矛万戟争后先。襟袖结裂不可揎④，跖⑤破指伤流血殷。神离气沮走蹁跹，数尺之墙弗复攀。索头丑奴骚河壖⑥，朔方屯师连七年⑦。木波马岭沙填填，气脉不绝如喉咽。官军虎怒思吼轩，强弩一发山河穿。将不叶谋空即安，玩养小丑成凶顽。推刍挽粟徒喧喧，边臣无心靖国艰。为余讽此伐棘篇。

（邓显鹤编撰，欧阳楠点校：《沅湘耆旧集》第一册，岳麓书社2007年版，第306页。

① 柢（dǐ）：树根，根底。
② 斸（zhú）：砍、斫。趑趄（zī jū）：行走困难，想前进又不敢前进。
③ 陨颠（yǔn diān）：从山顶上往下落。
④ 揎（xuān）：捋袖露臂。
⑤ 跖（zhí）：脚掌。
⑥ 索头：指“索虏”，也称“索头虏”。南北朝分治，各有国史，皆以正统自居，南朝称北朝为“索虏”，北朝称南朝为“岛夷”，皆含蔑视意。当时北方各民族常将头发编成绳索状，故以索头称。壖（ruán）：城郭旁、宫殿庙宇外或河边的空地。
⑦ 朔方：北方。屯：驻扎。

评析

这是一篇七言讽喻古诗。棘，泛指带刺的草木。诗的前半部分写主人雇佣斸夫伐棘护墙，主要表达了两层意思。其一是伐棘的艰难。棘生长在高山之巅，棘根“坚且顽”，伐之不易。寒冬时分，斸夫顶风冒雪去山中伐棘，襟袖被棘刺撕裂，脚手被棘刺划破，血流殷殷。结合后文的叙述，诗人之所以极力突出伐棘的艰难，实际上是隐喻巩固边防的不易。其二是揭明伐棘护墙的意义。“主人堂上多金钱，东邻暴客来窥垣。”这里的“主人”指的是宋王朝，“东邻暴客”泛指外来的入侵者。“东邻暴客”觊觎宋朝富饶的物产，前来“窥垣”行窃，由于主人早有防范，入侵者“举手触锋身陨颠”，碰得头破血流，最后“神离气沮走蹁跹，数尺之墙弗复攀”。这是诗人梦寐以求的理想。然而现实的情形又如何呢？诗的后半部分笔锋一转，写朝廷长年在北方驻军，边关将帅却无心卫国，无能御敌，“将不叶谋空即安，玩养小丑成凶顽。推刍挽粟徒喧喧，边臣无心靖国艰”。面对如此时局，诗人情不自禁地写了这首《伐棘篇》，企图以讽劝朝廷用心戍边，以保国安。

范仲淹

范仲淹（989—1052），字希文，苏州人，祖籍陕西。北宋时期著名政治家、文学家。宋真宗大中祥符八年（1015）进士。官至枢密副使、参知政事，谥号文正。有《范文正公集》。

岳阳楼记

庆历四年①春，滕子京②谪守巴陵郡。越明年，政通人和，百废具兴，乃重修岳阳楼，增其旧制，刻唐贤今人诗赋于其上，属予作文以记之。

予观夫巴陵胜状，在洞庭一湖。衔远山，吞长江，浩浩汤汤，横无际涯；朝晖夕阴，气象万千。此则岳阳楼之大观也，前人之述备矣。然则北通巫峡，南极潇湘，迁客骚人，都会于此，览物之情，得无异乎？

若夫淫雨霏霏，连月不开，阴风怒号，浊浪排空；日星隐耀，山岳潜形；商旅不行，樯倾楫摧；薄暮冥冥，虎啸猿啼。登斯楼也，则有去国怀乡，忧谗畏讥，满目萧然，感极而悲者矣。

至若春和景明，波澜不惊，上下天光，一碧万顷；沙鸥翔集，锦鳞游泳；岸芷汀兰，郁郁青青。而或长烟一空，皓月千里，浮光跃金，静影沉璧，渔歌互答，此乐何极！登斯楼也，则有心旷神怡，宠辱偕忘，把酒临风，其喜洋洋者矣。

嗟夫！予尝求古仁人之心，或异二者之为，何哉？不以物喜，不以己悲；居庙堂之高，则忧其民；处江湖之远，则忧其君。是进亦忧，退亦忧。然则何时而乐耶？其必曰“先天下之忧而忧，后天下之乐而乐”乎！噫！微斯

① 庆历四年：公元1044年。庆历，宋仁宗赵祯的年号。

② 滕子京：名宗谅，河南洛阳人，与范仲淹同举进士。

人，吾谁与归！

时六年九月十五日。

（曾枣庄、刘琳主编：《全宋文》第十八册卷三八六，上海辞书出版社、安徽教育出版社2006年版，第420-421页。标点符号有改动。）

评析

《岳阳楼记》成为千古名文，不在于对岳阳楼风景的描述，而在于文中抒发了一种“不以物喜，不以己悲”的旷达胸襟和“先天下之忧而忧，后天下之乐而乐”的人生情怀，引起了后人无限的景仰。

文章开篇交代写作缘起，接着叙述巴陵胜状。作者认为，岳阳楼之景观“前人之述”已经完备，因而将重心移至“迁客骚人”的“览物之情”。“览物之情”因人而异，因时不同，但作者认为其大体不出“悲喜”两端。“淫雨霏霏”之时登楼，容易“感极而悲”，产生“去国怀乡”之慨、“忧谗畏讥”之惧。“春和景明”之时登楼，则常常有“心旷神怡，宠辱偕忘”之感。与迁客骚人不同，“古仁人”能“不以物喜，不以己悲；居庙堂之高，则忧其民；处江湖之远，则忧其君”。这是一种何等旷达的胸襟！两相对比，作者毅然做出自己的选择，那就是要“先天下之忧而忧，后天下之乐而乐”。文章最后感叹“噫！微斯人，吾谁与归？”自勉之中包含着对滕子京无限的期许。

清代吴楚材、吴调侯编《古文观止》收录本文，在论及文章构思时加了这样一段评语：“岳阳楼大观，已被前人写尽。先生更不赘述，止将登楼者览物之情写出悲喜二意，只是翻出后文忧乐一段正论。”

周敦颐

周敦颐（1017—1073），字茂叔，号濂溪，湖南道县人。北宋著名哲学家，理学开山鼻祖。曾在莲花峰下开设濂溪书院，世称“濂溪先生”。著有《太极图说》《通书》等。

拙赋

或谓予曰：“人谓子拙。”予曰：“巧，窃所耻也。”且患世多巧也，喜而赋之。

巧者言，拙者默。巧者劳，拙者逸。巧者贼，拙者德。巧者凶，拙者吉。呜呼！天下拙，刑政彻。上安下顺，风清弊绝。

（曾枣庄、刘琳主编：《全宋文》第四十九册卷一〇七三，上海辞书出版社、安徽教育出版社2006年版，第272页。）

评析

这是一篇明志自励之赋。赋序二十五字，正文四十字，可谓惜墨如金。赋序交代作赋缘起。周敦颐为官清廉，为人尚拙，甚至自认为迂腐，是以贯注于文，主张以“拙”为荣，以“巧”为耻。

文章主要由三字句构成，采用对比手法结篇。作者认为，“巧者”能言善辩，工于心计，整天为名利操劳，其结果是聪明反被聪明误，难避凶险；“拙者”沉默无语，只干实事，心情安逸，以德服人，常常能够保一生平安。由个人而及天下，作者用十六个字描绘了“拙”社会的理想情景：“天下拙，刑政彻。上安下顺，风清弊绝。”意思是说，如果天下皆“拙”，那么社会就会风气正，弊端绝，实现真正的和谐通畅。这种理想曾经引起不少人的共鸣。后任永州知州的胡寅读了这篇短文，感慨系之，曾言为人为政皆要“拙”，并赋诗说：“政拙催科永陵守，实赖贤僚相可否。邦人复嗣海沂歌，仓廪虽空闾里有。”

爱莲说

水陆草木之花，可爱者甚蕃①。晋陶渊明独爱菊。自李唐来，世人盛爱牡丹。予独爱莲之出淤泥而不染，濯清涟而不妖②，中通外直，不蔓不枝③，香远益清，亭亭净植④，可远观而不可亵玩焉。予谓菊，花之隐逸者也；牡丹，花之富贵者也；莲，花之君子者也。噫！菊之爱⑤，陶后鲜有闻；莲之爱，同予者何人？牡丹之爱，宜乎众矣。

（曾枣庄、刘琳主编：《全宋文》第四十九册卷一〇七三，上海辞书出版社、安徽教育出版社 2006 年版，第 279 页。）

评析

这是一篇托物言志之作。作者以莲自况，抒写了一种理想的人格追求。文章通篇运用对比手法，用菊和牡丹衬托莲花。菊花象征隐逸，牡丹象征富贵，莲则是“花之君子”。陶渊明爱菊，世人盛爱牡丹，作者“独”爱莲。一个“独”字表明了他的不同流俗。而他之所以独爱莲，正是由于莲是“花

① 蕃：多。
② 濯：洗涤。清涟：水清而有微波，这里指清水。妖：美丽而不庄重。
③ 蔓、枝：名词用作动词，生枝蔓，长枝节。
④ 植：通“直”，立。
⑤ 之：语气助词，的。菊之爱：对于菊花的喜爱。

之君子”，具有不同流俗的品格。其一，莲能“出淤泥而不染，濯清涟而不妖”，恰如君子处红尘之中，不媚俗，不邀宠，不与假恶丑同流合污。其二，莲“中通外直，不蔓不枝”，恰如君子一样正直刚毅，不趋炎附势，不口是心非。其三，莲“可远观而不可亵玩”，恰如君子能保持应有的尊严，洁身自爱，坚强自重。一句话，莲之气节，隐喻的就是一种君子人格。文章结构谨严，短短一百余字，一气呵成，语言简练优美。

黄庭坚

黄庭坚（1045—1105），字鲁直，自号山谷道人，晚号涪翁。分宁（今江西修水）人。宋代江西诗派开山之祖，早年以诗文受知于苏轼，与张耒、晁补之、秦观并称“苏门四学士”。英宗治平四年（1067）进士。一生多次到过湖南。有《豫章黄先生文集》《山谷词》。

雨中登岳阳楼望君山二首

投荒万死鬓毛斑①，生入瞿塘滟滪关②。未到江南③先一笑，岳阳楼上对君山。（其一）

满川风雨独凭栏，绾结湘娥十二鬟④。可惜不当湖水面，银山⑤堆里看青山。（其二）

（吴之振、吕留良、吴自牧选：《宋诗钞》，中华书局1986年版，第916页。）

评析

崇宁元年（1102）正月二十三日，黄庭坚从荆州出发回江西，二十六日抵达岳阳，其时连日阴雨，遂在岳阳逗留了一些时日。二月朔旦，诗人独上岳阳楼，并写下了这两首诗。第一首写诗人贬谪四川近六年后遇赦归来的喜悦之情，言辞洒脱，映照出诗人不畏磨难、豪放豁达的情怀。第二首写诗人身处“满川风雨”的政治环境，仍能够凭栏远眺洞庭湖，将灵秀风光尽收胸

---

① 投荒：流放到荒僻之地。万死：言险难之多。

② 瞿塘：瞿塘峡，在重庆市奉节县东。以雄奇险峻著称。滟滪（yàn yù）：滟淤滩，在瞿塘峡口的江心，是横亘江中的一座大礁石，历来被视为长江行舟的天险。因妨碍行船，现已被炸掉。

③ 江南：这里指作者的故乡。

④ 绾结：将长形的物体盘绕起来打结。湘娥：湘夫人，传说为湘水女神。

⑤ 银山：比喻白浪。

次。作者之于人生的忧患得失，虽未能完全忘怀，但历经艰难困苦之后仍然意气风发，其胸襟之开阔令人钦佩。“银山堆里看青山”一语，描写洞庭湖万顷波涛中的君山景色，意境壮阔，生动传神，为千古传诵之名句。

书摩崖碑后

春风吹船著浯溪①，扶藜上读《中兴碑》②。平生半世看墨本，摩挲石刻鬓成丝。明皇不作包桑计③，颠倒四海由禄儿④。九庙不守乘舆西⑤，万官已作鸟择栖。抚军监国太子⑥事，何乃趣取大物为。事有至难天幸尔，上皇局蹐还京师⑦。内间张后⑧色可否，外间李父⑨颐指挥。南内⑩凄凉几苟活，高将军⑪去事尤危。臣结⑫春陵二三策，臣甫⑬杜鹃再拜诗。安知忠臣痛至骨，

① 著：停靠。浯（wú）溪：本是湘江的一条支流，这里是地名，位于祁阳县城南五里处，唐代诗人元结曾在这里生活过。

② 藜（lí）：藜杖，即藜茎所做的拐杖。《中兴碑》：指唐代元结撰文、颜真卿书写刻石的《大唐中兴颂》碑。

③ 明皇：指唐玄宗李隆基。包桑：指苞桑，根深蒂固的桑树。《易·否》：“其亡其亡，系于苞桑。”包桑计，比喻牢靠的治国方略。

④ 禄儿：指安禄山。

⑤ 九庙：指帝王的宗庙。乘舆西：指安史之乱爆发后唐玄宗西逃四川事。

⑥ 太子：这里指李亨。安史之乱爆发后，唐玄宗命太子李亨驻守北方，抚军监国，但李亨第二年即称帝，尊玄宗为太上皇。

⑦ 上皇：这里指唐玄宗。蹐（jí）：后脚紧跟着前脚，用极小的步子走路。京师：指长安。

⑧ 张后：指李亨宠信的皇后张良娣。

⑨ 李父：这里指太监李辅国。李与张皇后勾结，把持朝政。

⑩ 南内：本指兴庆宫。原系玄宗为藩王时故宅，后改建为宫，位于大明宫之南，故名南内。这里借指唐玄宗。

⑪ 高将军：指高力士。唐代著名太监。上元元年（760），高力士被诬流放巫州，离开了玄宗。

⑫ 臣结：指元结。元结任道州刺史时曾上表列述道州人民困苦，希望整肃吏治。

⑬ 臣甫：指杜甫，杜甫有《杜鹃行》《杜鹃诗》，伤唐玄宗失位。

世上但赏琼琚①词。同来野僧②六七辈，亦有文士③相追随。断崖苍藓对立久，冻雨④为洗前朝悲！

（吴之振、吕留良、吴自牧选：《宋诗钞》，中华书局 1986 年版，第 905-906 页。）

评析

崇宁三年（1104）三月六日，黄庭坚泛舟湘江，在陶豫、伯新等文士、僧众的簇拥下，扶藜攀援，专程去浯溪瞻仰他心仪已久，却已是“断崖苍藓”的《大唐中兴颂》摩崖石刻。一连三日，他们谈诗论道，讨论书法，事后他写下了这首诗。

诗的开篇四句交代事情缘起。中间十六句叙述唐代安史之乱后玄宗父子的生活及朝廷大臣们的选择，以咏史为主。结尾四句补记同游情况及当时的心情。

诗人本是怀着鉴赏书法艺术的目的去游览浯溪，但在仰读《大唐中兴颂》碑的过程中感情发生了巨大的变化。他批评唐玄宗不作国家长治久安的打算，宠信安禄山，酿成安史之乱。安史之乱爆发后，玄宗仓皇西逃四川，太子李亨则乘乱称帝。在他看来，安史之乱的平定不是李氏父子的功劳，纯粹是天意偶然。安史之乱后，唐肃宗宠信张皇后，而张皇后则勾结李辅国，把持朝政。玄宗表面上被尊为太上皇，实则是苟且偷生。朝中大臣纷纷择木而栖，只有元结、杜甫等忠臣忧虑时局，满怀焦灼，痛心疾首。作者遥想大唐王朝的兴衰旧事，心中充满感慨和悲伤。全诗从字面上看似乎并没有总结历史的教训，但是在对史事的寻绎与还原中实现了对历史的借鉴。宋胡仔《苕溪渔隐丛话》称赞此诗“杰句伟论，殆为绝唱”，正是看到了诗中所蕴藏的深刻的历史意识。

① 琼琚：精美的玉佩，比喻美好的诗文。
② 野僧：这里指陪同作者一起游览浯溪的僧人伯新、道遵、守能、志观、德清、崇广等人。
③ 文士：这里指陪同作者一起游览浯溪的进士陶豫、李格等人。
④ 冻雨：指暴雨。

秦观

秦观（1049—1100），字少游，一字太虚，号淮海居士，扬州高邮（今江苏高邮）人。北宋中后期著名词人，与黄庭坚、张耒、晁补之合称“苏门四学士”，颇得苏轼赏识。宋哲宗绍圣四年（1097），由于新旧党争，秦观因小人诬陷私撰佛书被贬至湖南郴州。有《淮海集》。

踏莎行·雾失楼台

雾失楼台，月迷津渡。桃源望断无寻处。① 可堪孤馆闭春寒，杜鹃声里斜阳暮。　　驿寄梅花②，鱼传尺素③。砌成此恨无重数。郴江幸自绕郴山，为谁流下潇湘去。

（唐圭璋编：《全宋词》卷一，中华书局1965年版，第460页。）

评析

宋哲宗绍圣四年（1097）三月，秦观贬徙郴州，这首词当作于此时。词的上片缘情写景，以虚带实，写谪居时寂寞凄冷的环境。“雾失楼台，月迷津渡”两句，对句工整，且互文见义，写景状物，情景交融，含蓄形象地写出了作者贬谪期间无限凄迷的意绪。下片以抒情为主，化实为虚。“驿寄梅

① 句意：化用刘晨、阮肇入天台山事，比喻向往的事物渺不可寻。据《幽明录》载，东汉时，剡县刘晨、阮肇共入天台山，遇二女子，资质妙绝，相邀还家，设膳款接。食毕饮酒，有群女来，各持三五桃子，笑而言：“贺汝婿来。”居半年求归，亲旧零落，邑屋改异，问讯，得七世孙。至晋太元八年（383），忽复去，不知何所。

② 驿寄梅花：化用南朝陆凯故事。陆凯与范晔交好，尝自江南寄梅花一枝，并附诗一首：“折梅逢驿使，寄与陇头人。江南无所有，聊寄一枝春。”后世遂以“寄梅”比喻向远方友人表达思念之情。

③ 鱼传尺素：喻指友人频频来信慰解。典出汉乐府《饮马长城窟行》：“客从远方来，遗我双鲤鱼。呼儿烹鲤鱼，中有尺素书。”

花，鱼传尺素”，连用两则典故写远方友人的殷勤致意和安慰，而“砌成此恨无重数”一句表明，亲朋好友的慰藉仍然不能抚平作者内心的伤痛。面对绕着郴山、流向潇湘的郴江，作者天真地发问，郴江是为谁流向潇湘呢？这实际上是作者对自我的发问，“我”到底是为谁贬到郴州，又何时才能返回呢？二句写实，读者不难看到愁苦的词人站在郴江边搔首行吟、苦闷彷徨的形象。而王国维《人间词话》则特别欣赏词中“可堪孤馆闭春寒，杜鹃声里斜阳暮”二句，认为少游词至此“变而为凄厉矣”。

米芾

米芾（1052—1108），字元章，号襄阳漫士、海岳外史、鹿门居士。祖籍山西太原，后定居江苏镇江。因其个性怪异，举止癫狂，遇石称兄，膜拜不已，人称“米颠”。徽宗诏为书画学博士，人称“米南宫”。能诗文，擅书画，精鉴别，宋四书家（苏、米、黄、蔡）之一，其书体萧散奔放，又严于法度。北宋元丰三年（1080），米芾因慕唐代李邕撰书的麓山寺碑，至岳麓山游览，并于碑之侧面题词留念。

潇湘八景图诗序①

潇水出道州②，湘水出全州③，至永州而合流焉。自湖而南，皆二水所经，至湘阴始与沅之水会，又至洞庭与巴江④之水合，故湖之南皆可以潇湘名水。若湖之北则汉沔汤汤⑤，不得谓之潇湘。潇湘之景可得闻乎？洞庭南来，浩淼沉碧，叠嶂层岩，绵衍千里。际以天宇之虚碧，杂以烟霞之吞吐。风帆沙鸟，出没往来，水竹云林，映带左右。朝昏之气不同，四时之候不一。此则潇湘之大观也。若夫八景之极致，则具列如左，各系以序。

① 潇湘八景图：北宋初期山水画大家李成所作，米芾曾购得其真迹，“逐景撰述，以当卧游对客”，作《潇湘八景图诗序》，并书传天下。潇湘八景，潇湘一带八处风景胜地，沈括《梦溪笔谈》中有描述。其中“潇湘夜雨”位于永州城东，“平沙落雁”位于衡阳市回雁峰，“烟寺晚钟”位于衡山县城北清凉寺，“山市晴岚”位于湘潭与长沙接壤处的昭山，“江天暮雪”位于长沙橘子洲，“远浦归帆”位于湘阴县城江边，“洞庭秋月”位于洞庭湖君山岛，“渔村夕照”位于桃花源对岸之白鳞洲。

② 潇水：古名深水，东晋以后改名潇水，因其水流清绿幽深得名。《水经注·湘水》云：“潇者，水清深也。”潇水是湘江上游最大的支流。道州：今湖南道县，位于潇水中游。

③ 全州：全州县，位于广西东北部，湘江上游，西接湖南永州，古属楚之长沙地。

④ 巴江：长江流域古水名。具体有不同说法。《三巴记》中之巴江即今嘉陵江，《太平寰宇记》中之巴江指今通江县的巴水，《元丰九域志》称《水经注》中之北水为巴江。

⑤ 汉：汉江，又称汉水，发源于陕西汉中宁强县，在湖北武汉注入长江。沔：沔水，汉水的上流。

潇湘夜雨

苦竹丛翳①，鹧鸪哀鸣，江云黯黯，江水冥冥，翻河倒海，若注若倾。舞泣珠之渊客②，悲鼓瑟之湘灵③。

大王长啸起雄风，又逐行云入梦中。想象瑶台环佩湿，令人肠断楚江东。

山市晴岚

依山为廓，列肆④为居。鱼虾之会，菱茨⑤之都。来者于于，往者徐徐。林端缥缈，峦表萦纡。翠含山色，红射朝晖。舒不无盈乎一掬，散则满乎太虚。

乱峰空翠晴还湿，山市岚昏近觉摇。正值微寒堪索醉，酒旗从此不须招。

远浦归帆

晴岚漾波，落霞照水，有叶其舟，捷如飞羽。幸济洪涛，将以宁处。家人候门，观笑容与。

江汉游女石榴裙，一道菱歌两岸闻。估客归帆休怅望，闺中红粉正思君。

烟寺晚钟

暝入松门，阴生莲宇⑥。杖锡⑦之僧，将归林莽⑧。蒲牢⑨一声，猿惊鹤

---

① 丛翳：谓草木茂密相互遮蔽。宋范致明《岳阳风土记》："草木丛翳。"

② 泣珠：鲛人所泣之珠。旧题汉郭宪《洞冥记》卷二："（吠勒国人）乘象入海底取宝，宿于鲛人之舍，得泪珠，则鲛所泣之珠也，亦曰泣珠。"渊客：指鲛人，即古代神话中的人鱼。《文选·左思〈吴都赋〉》："泉室潜织而卷绡，渊客慷慨而泣珠。"

③ 鼓瑟：弹奏古瑟。湘灵：谓湘水女神。典出《楚辞·远游》："使湘灵鼓瑟兮，令海若舞冯夷。"

④ 列肆：开设商铺。

⑤ 茨（cí）：蒺藜，一年生草本植物，茎横生在地面上，开小黄花，果实也叫蒺藜，有刺，可以入药。

⑥ 莲宇：佛寺。

⑦ 杖锡：拄着锡杖，谓僧人出行。锡，锡杖，云游僧所持法器。

⑧ 林莽：草木丛聚之处，亦泛指乡野。

⑨ 蒲牢：古代传说中的一种生活在海边的兽。据说它吼叫的声音非常洪亮，故古人常在钟上铸上蒲牢的形象。此处指寺钟。

举。幽谷云藏，东山月吐。

绝顶高僧未易逢，禅床长被白云封。残钟已罢寥天远，杖锡时过紫盖峰。

渔村夕照

翼翼其庐，濒崖以居。泛泛其艇，依荷与蒲。有鱼可鲙，有酒可需。收纶卷网，其乐何如。西山之晖，在我桑榆。

晒网柴门返照新，桃花流水认前津。买鱼沽酒湘江去，远吊怀沙作赋人。

洞庭秋月

君山南来，浩浩沧溟。飘风之不起，层浪之不生。夜气既清，清露斯零。素娥①浴水，光荡金精②。倒霓裳之清影，来广乐③之天声。纤云不起，上下虚明。

李白曾携月下仙，烟波秋醉洞庭船。我来更欲骑黄鹤，直上高楼一醉眠。

平沙落雁

霜清木落，芦苇苍苍。群雁肃肃，有列其行。或饮或啄，或鸣或翔。匪上林④之不美，惧矰缴⑤之是将。云飞水宿，聊以随阳⑥。

阵断衡阳暂此回，沙明水碧岸莓苔。相呼正喜无矰缴，又被孤城画角催。

江天暮雪

岁晏江空，风严水结。冯夷翦冰⑦，乱飘洒雪。浩歌者谁，一篷载月。

① 素娥：嫦娥的别称，亦用作月的代称。
② 金精：亦指月亮。《初学记》卷一引《河图帝览嬉》："月者，金之精也。"
③ 广乐：盛大之乐，多指仙乐。《穆天子传》卷一："天子乃奏广乐。"
④ 上林：古宫苑名，泛指帝王的园囿。
⑤ 矰缴（zēng jiǎo）：系有丝绳、弋射飞鸟的短箭，亦喻指暗害人的手段。
⑥ 随阳：跟着太阳运行，指候鸟等依季节而定行止。
⑦ 冯夷：传说中的黄河之神，即河伯，泛指水神。《庄子·大宗师》："冯夷得之，以游大川。"成玄英疏："姓冯名夷，弘农华阴潼乡堤首里人也。服八石，得山仙。大川，黄河也。天帝锡冯夷为河伯，故游处盟津大川之中也。"翦：同"剪"。

独钓寒潭，于焉旷绝。

蓑笠无踪失钓船，彤云黯淡混江天。湘妃独对君山老，镜里修眉已皓然。

（陈新、张如安、叶石健、吴宗海等补正：《全宋诗·订补》，大象出版社 2005 年版，第 285–287 页。）

评析

米芾诗名为书名所掩。《韵语阳秋》卷二："米元章赋诗绝妙，而人罕称之者，以书名掩之也。"其诗酣畅痛快，大开大合，与其风樯阵马、沉着飞翥的书法风格一脉相承。王安石爱其诗，常"摘书扇上"。苏东坡更是盛赞"元章奔逸绝尘之气，超妙入神之字，清新绝俗之文，相识二十年，恨知公不尽"（语见《宋诗钞·襄阳诗钞序》）。

米芾论书、论画、作文皆崇尚平淡自然的艺术风格。《潇湘八景图诗序》详叙潇湘之名的地理由来，摹写潇湘之景的八大极致，总序之下，具列小序，或借用典故，或状写实景，或纵情浩歌，从不同的角度描写湘江流域的旖旎风光，字里行间透显出作者渊博的学问，吞吐奔放的才情。赵构《翰墨志》云："芾之诗文，语无蹈袭，出风烟之上，觉其词翰间有凌云之气。"证之此篇，人们不难生出同样的感受。

王以宁

王以宁（一作以凝，约 1090—约 1146），字周士，湘潭人。两宋之际爱国词人。高宗建炎年间，累官京西制置使。寻落职，降监台州酒税，又贬永州别驾。绍兴十年（1140），复右朝奉郎，知全州。有《王周士词》一卷。

水调歌头·裴公亭①怀古

岁岁橘洲上，老叶舞愁红。西山光翠依旧，影落酒杯中。人在子亭高处，下望长沙城郭，猎猎酒帘风。远水湛寒碧，独钓绿蓑翁。　怀往事，追昨梦，转头空。孙郎②前日，豪健颐指③五都雄。起拥奇才剑客，十万银戈赤帻④，歌鼓壮军容。何似裴相国，谈道老圭峰⑤。

（邓显鹤编撰，欧阳楠点校：《沅湘耆旧集》第一册，岳麓书社 2007 年版，第 345 页。标点符号有改动。）

评析

这是一首怀古词。上片写景。作者登上裴公亭，凭楼远眺，长沙城郭风

① 裴公亭：范成大《楚秀亭》诗中有“且登裴公台”句。据《湖南省志》记载：“楚秀亭在长沙县西，唐裴休建。”《湘城访古录》云：“亭与台称名不一，细绎各诗语意，其在长沙断无遗议，至元以后故址无存。”从此词中“橘洲上”“西山光翠”“人在子亭高处，下望长沙城郭”等词句来看，亭似在橘子洲上。

② 孙郎：孙策，字伯符，汉长沙太守孙坚之子。《三国志·吴孙策传》注引《江表传》：“策年少时，虽有位号，而士民皆呼为孙郎。”

③ 颐指：以下巴的动向示意而指挥人，常以形容指挥别人时的傲慢态度。

④ 赤帻（zé）：红色的头巾，借指士卒。

⑤ 圭峰：本为山名，在今陕西鄠邑区东南。因唐代高僧定慧（即宗密）禅师葬在那里，后世遂称宗密为圭峰。裴休好佛，至晚年尤甚，曾撰书《定慧禅师碑》。

光尽收眼底。从词的首句“岁岁橘洲上”一语看，裴公亭当建在橘子洲上。词人站在亭上眺望四周，西边的岳麓山，红叶在风中漫舞，光翠依旧，其倒影竟然映入词人的酒杯之中。东边的长沙城中，酒旗猎猎。骋目远望，湘江北去，湛蓝寒碧的江水中一个身披绿蓑衣的老头在独自垂钓。山、水、洲、城，相互映衬，一片宁静的景象。

词的下片怀古以抒情。词人追怀往事，想起孙策、裴休等曾经在长沙城留下过踪迹的历史人物，心中顿时生出无限的感慨。孙策之父孙坚任长沙太守。孙坚死后，孙策依附袁术，收领其父残余部曲千余人，渡江东进，占据吴、会稽等五郡，在江东地区建立了孙氏政权，称霸一方。其雄风豪气恰如词中所写：“起拥奇才剑客，十万银戈赤帻，歌鼓壮军容。”与孙策不同，裴休终身信佛，中年后甚至断绝肉食，摒弃诸欲，焚香诵经，政治上依然干出了一番事业，成为唐朝一代名相。孙策与裴休，一个“豪健颐指”，豪气纵横；一个看似平淡闲适，却通过彰显佛法的人道精神实现了自己的政治怀抱。两人一动一静，都建立了自己的功业。然而这一切在作者看来又恰如一场梦，随着时间的推移，转头已成空！

王以宁词风格以豪放为主。《四库全书总目提要》谓其词“句法精壮”。此词抚今以追昔，怀古以抒情，全词情景交融，感情沉郁，语词精练，音调激越，体现了王以宁词的基本风格。

易祓

易祓（1156—1240），字彦章，号山斋，宁乡人。南宋淳熙十一年（1184）进士，累官翰林院直学士，晋礼部尚书。有《周易总义》《周官总义》《山斋集》等传世。

寄御史节判陶岑①

我醉欲眠君罢休，谁能倚杖听江流。蕉花当户不知午，梧叶满庭疑是秋。吾道②从来无物累，此心何处不天游。鸿边幸有音书至，春在江南云梦洲。

（邓显鹤编撰，欧阳楠点校：《沅湘耆旧集》第一册，岳麓书社2007年版，第355页。）

评析

这是一首回赠朋友的七言律诗。从诗中"蕉花当户不知午，梧叶满庭疑是秋"等句看，写诗的时间应该是一个春夏之交的中午。诗人饮了一些酒，近醉欲眠，门外肥大的芭蕉叶遮住了太阳，满庭的梧桐落叶使他产生了错觉，以为已是秋天。一个"秋"字似乎也暗示着他的处境并不顺利，甚至有可能处于失意或贬谪途中。然而诗人的心胸仍然显得豁达大度。"吾道从来无物累，此心何处不天游"二句，散发着浓浓的理学情味。不管处于何等艰难的境地，身为理学家的诗人总能排除"物累"，醉心江流，随缘顺适，畅然遨游于天地之间。寂寞之中，天边的鸿鸟捎来了朋友的问候，诗人内心更加欢

① 陶岑：生平事迹不详。
② 吾道：本意是自己的学术思想。宋代理学家常以"吾道"指儒家学说。

欣，于是以诗代书，感谢朋友的慰藉，同时用一句“春在江南云梦洲”，寄去自己对朋友的深深祝福。

识山楼

山外如何便识山，白云出岫鸟知还。

更看面目知端的，却在先生几格间。

附山斋《识山楼记》：

尝观坡翁《庐山诗》曰①：“横看成岭侧成峰，远近看山了不同，不识此山真面目，只缘身在此山中。”盖以山中之人，终日耕桑樵牧为生，于是所见益狭，所处益隘，岂识山之所以为山？余于山外求之，左江右湖，诸峰耸然。千岩万壑，层见叠出。虽未周历遍观，而庐山高致已了然于胸，此坡翁识山之意也。仆于嘉定己卯岁②，自湘城归沩浦③，复寻山三径之旧，正在沩山之外，作楼于所居之南。其下为读书堂，旁一舍环列于其间，设花槛与楼相对。仆老矣，日游息于是。沩山在望，紫翠交错。若拱若揖，相为酬酢。山间以四时代谢，烟云变化，朝暮万状，不越指顾之顷，洞察秋豪之微。兹果山所特识者欤！系以诗云云。若质老泉④，当为领颔一笑。遂摘坡翁诗句以为一匾。

（邓显鹤编撰，欧阳楠点校：《沅湘耆旧集》第一册，岳麓书社 2007 年版，第 355-356 页。）

① 坡翁：苏轼，号东坡居士，人称坡翁。《庐山诗》，即苏轼的《题西林壁》。

② 嘉定己卯岁：宋宁宗嘉定十二年，即公元 1219 年。

③ 沩浦：沩水河的岸边。沩水，湘江的一条支流，发源于湖南省宁乡市的沩山，自西向东流入湘江，全长 144 公里。

④ 质：请教。老泉：这里指苏轼。苏轼曾自号老泉。

评析

易祓是宋代湖南著名经学家，文学方面的造诣也相当精深。识山楼是嘉定十二年（1219）易祓被贬官返回故里宁乡巷子口时所筑的一座用于读书和养息的楼台，位于沩水之南、壶山山麓，作者与妻子萧氏在这里著书自娱达二十年之久。楼成之后，易祓作《识山楼》诗并记，记叙建楼的目的，阐述自己根据苏东坡“不识庐山真面目，只缘身在此山中”二句诗为楼命名的由来。

《识山楼》诗凡四句，艺术方面乏善可陈，主要阐述了“山外如何便识山”的道理，具有一种理趣美，典型的宋诗风格。《识山楼记》全文三百字，历来为人传诵。其中“自湘城归沩浦”至“洞察秋毫之微”一段，描写识山楼的建筑设置与周边景色，文字简略，笔调流畅生动，形象地体现了主人公亲近自然、豁达大度的隐居情怀。

蓦山溪[①]

海棠枝上，留得娇莺语。双燕几时来，并飞入东风院宇。梦回芳草，绿遍旧池塘，梨花雪，桃花雨，毕竟春谁主。　　东郊拾翠，襟袖沾飞絮。宝马趁雕轮[②]，乱红中香尘满路。十千斗酒，相与买春闲。吴姬唱，秦娥舞[③]，判醉青楼暮。

（邓显鹤编撰，欧阳楠点校：《沅湘耆旧集》第一册，岳麓书社 2007 年版，第 356 页。标点符号有改动。）

---

① 蓦山溪：词牌名，又名“上阳春”“蓦溪山”。双片八十二字，前片六仄韵，后片四仄韵。亦有前片四仄韵，后片三仄韵者，列为别格。

② 雕轮：雕花彩饰的车，即华美的车。

③ 吴姬、秦娥：吴地、秦地的美女。这里指歌妓。

评析

这是一首惜春、怜春之词。上片极力描写动人的自然春景。娇莺成对停驻海棠枝头，双燕乘东风并飞入院，旧池塘一夜吹绿，间杂“梨花雪，桃花雨”。面对如此绚烂的春景，诗人情不自禁地发问，究竟谁才是春天的主人？下片描绘青楼内歌舞升平之景象，那是另一种春景。香车宝马逐红尘，金樽斗酒醉歌舞，好不快活热闹。然而，词的结尾以一个“暮”字收束全篇，犹如琵琶声戛然而止，似乎喻示着“乱红”“春闲”的生活迟早将不复存在，不免透出几分惜春、怜春之意。全词语言幽婉，音律谐婉，铺陈细微，情景交融，典型的花间派风格。

刘翰

刘翰，字武子，长沙人，宋光宗绍熙中前后在世。与当时名士张孝祥、范成大等人交往甚密。久客临安（今杭州），以布衣终身。有《小山集》一卷。

种梅

凄凉池馆欲栖鸦，彩笔无心赋落霞。惆怅后庭风味薄，自锄明月种梅花。

（邓显鹤编撰，欧阳楠点校：《沅湘耆旧集》第一册，岳麓书社 2007 年版，第 362 页。）

评析

刘翰是一位江湖诗人，故其诗集《小山集》收入《江湖后集》。其诗歌创作追随永嘉四灵，崇尚晚唐体，以清苦为工。此诗作于宋亡之后，借梅花意象喻示自己的清高和不同流俗。诗的前两句“凄凉池馆欲栖鸦，彩笔无心赋落霞”，据景写实，借景抒情。宋代灭亡后，亭台楼阁废弃破旧，只有乌鸦在那里栖居，一片萧索的景象。面对国家的沉沦，作者没有心情写出王勃“落霞与孤鹜齐飞，秋水共长天一色”那样的佳句，心中无比凄凉。后两句“惆怅后庭风味薄，自锄明月种梅花”，议论抒情，表明自己的价值取向。后庭歌舞依旧，诗人无力改变这种现实，决计归隐山中，自锄明月，自种梅花。全诗造语清空，隐藏于字里行间的感情却极其沉重。

乐雷发

乐雷发，字声远，号雪矶，舂陵（今湖南宁远）人。生卒年不详。精通经史，长于诗赋，主张抗金复宋，因数议时政，不为所用，遂归隐雪矶。有《雪矶丛稿》五卷。

闲居自遣（二首）

雨积桑枢①长昔邪，谁能载酒访杨家？汉庭用少臣今老，鲁俗皆冠我独髽②。忧国苦无蠲忿③草，看书喜对决明花。衰颓懒作江湖梦，拟斸三丫养鬓华④。（其一）

许由溪上小屠苏⑤，红树苍山对一臞⑥。白发功名惟剑在，青灯活计并锥无。谁言荆楚多奇士，却笑乾坤一腐儒。桐帽貂冠俱有分，寄言儿辈莫揶揄⑦。（其二）

（邓显鹤编撰，欧阳楠点校：《沅湘耆旧集》第一册，岳麓书社 2007 年版，第 384 页。）

---

① 桑枢：以桑木为门的转轴，借指贫寒之家。
② 髽（zhuā）：梳在头顶两旁的发髻。
③ 蠲（juān）忿：消除愤怒。
④ 拟：打算。斸：挖。三丫：又称三桠，即人参，以其三桠五叶，故称。
⑤ 屠苏：房屋，草庵。
⑥ 臞（qú）：瘦。一臞，这里指一个清瘦的老人。
⑦ 揶揄（yé yú）：戏弄，侮辱。

评析

这两首诗是作者归隐雪矶后，感怀时代衰颓没落和自己怀才不遇而作。乐雷发一生郁郁不得志，先是受到宝庆元年江湖诗案的牵连，踏足仕宦场中又因数议时政不被采纳，只得归隐雪矶。面对“汉廷用少”“鲁俗皆冠”的现实，诗人自感已经不合时宜，有满腹的牢骚，但是并没有怨天尤人。“白发功名惟剑在，青灯活计并锥无”，年迈的诗人头发斑白，一贫如洗，抚摸着腰间长剑，感慨万分，转而以“谁言荆楚多奇士，却笑乾坤一腐儒”自嘲，一方面说自己“懒作江湖梦”，另一方面反复强调“忧国苦无蠲忿草”，这表明他心中依然怀抱着对时局的焦灼和忧虑。正是这种忧国之心的贯注，诗的风格变得雄深老健，沉郁之中有一股苍凉之气。《四库全书总目提要》云：“雷发人品颇高……其诗旧列《江湖集》中，而风骨颇遒，调亦浏亮，实无猥杂粗俚之弊，视江湖一派迥殊。”对照这两首诗，这种评价应该说是中肯之论。

乌乌歌

莫读书！莫读书！惠施五车①今何如？请君为我焚却《离骚赋》，我亦为君劈碎《太极图》。朅来相就饮斗酒，听我仰天歌乌乌②。深衣大带讲唐虞③，不如长缨系单于。吮豪搦管赋《子虚》，不如快鞭跃的卢④。君不见前年贼兵破巴渝，今年贼兵屠成都⑤。风尘澒洞兮豺虎塞途，杀人如麻兮流血成湖。眉山书院嘶哨马，浣花草堂巢妖狐⑥。何人筲中行？何人缚可汗？何

① 惠施五车：据庄子《天下》篇说惠施“其书五车”，后借来指博学。

② 乌乌：通“呜呜”。古歌曲名。

③ 讲：谈论。唐虞：唐尧虞舜，这里指道学。

④ 赋《子虚》：借司马相如作《子虚赋》代指文学创作。的卢：指的卢马。

⑤ 前年：指嘉熙三年（1239）。这年八月蒙古兵攻取重庆、眉州等地。今年：指淳祐元年（1241）。这年十一月蒙古兵破成都。

⑥ 眉山书院：指眉州孙家的藏书楼兼学堂，象征道学。浣花草堂：在成都，是杜甫的故居，这里象征文学。

人丸泥封函谷?① 何人三箭定天山?② 大冠若箕兮高剑拄颐，朝谈回轲兮夕讲濂伊③。绶若若兮印累累，九州博大兮君今何之？有金须碎作仆姑，有铁须铸作蒺藜。我当赠君以湛卢青萍之剑，君当报我以太乙白鹊之旗④。好杀贼奴取金印，何用区区章句为。死诸葛兮能走仲达⑤，非孔子兮孰却莱夷。噫！歌乌乌兮使我心不怡，莫读书，成书痴！

（邓显鹤编撰，欧阳楠点校：《沅湘耆旧集》第一册，岳麓书社 2007 年版，第 378 页。标点符号有改动。）

评析

这是一篇励志发愤之作，作于淳祐元年（1241），其时元兵已先后攻取重庆、成都等地，南宋王朝危在旦夕。面对日益加剧的民族危机，南宋王朝内部“深衣大带”的理学家们依旧在“讲唐虞”，空谈性理；文人墨客们依旧在“吮豪搦管赋《子虚》”。作者认为这一切都不切实际，无益国事。满怀着对时局的深沉忧虑，诗人高呼“请君为我焚却《离骚赋》，我亦为君劈碎《太极图》”“有金须碎作仆姑，有铁须铸作蒺藜”“好杀贼奴取金印，何用区区章句为”，号召人们系长缨，骑上的卢马，去抗敌保国，不要再读那些无用的书。全诗抒写了诗人渴望万里从戎、以身报国的豪壮理想，以及壮志难酬、无路请缨的悲愤心情，既热情奔放，又深沉悲怆。曹庭栋《宋百家诗存》称赞乐雷发之诗“雄深老健，突兀自放，南渡后诗家罕此标格”，指的就是这一类诗。

① 典故出自汉代王元对隗嚣夸口说，能以一丸泥东封函谷关。

② 典故出自唐代军队里赞扬薛仁贵的歌：“将军三箭定天山，壮士长歌入汉关。”

③ 回轲：指颜回、孟轲。濂伊：周敦颐号濂溪，程颐号伊川。

④ 湛卢、青萍：都是三国以前传说的名剑。白鹊之旗：典故出自李白《送外甥郑灌从军》第三首中的“斩胡血变黄河水，枭首当悬白鹊旗”。

⑤ 仲达：司马懿。典出《三国志·诸葛亮》注引：“死诸葛走生仲达。”

冯子振

冯子振（1257—约 1348），字海粟，号瀛洲客、怪怪道人，攸州（今湖南攸县）人。元代散曲家、诗人。自幼博洽经史，于书无所不窥。所著《居庸赋》《十八公赋》，世称杰作。著有《海粟集》，存散曲四十四首，其中四十二首为《鹦鹉曲》。今人王毅辑有《海粟集辑存》。

鹦鹉曲·山亭逸兴

嵯峨①峰顶移家住，是个不唧溜樵父②。烂柯③时树老无花，叶叶枝枝风雨。　　【幺】故人曾唤我归来，却道不如休去。指门前万叠云山④，是不费青蚨⑤买处。

（冯子振、李祁撰，王毅辑校：《海粟集辑存·云阳集》，岳麓书社 2009 年版，第 52-53 页。）

评析

冯子振是元代湘籍作家中具有全国性影响的人物，以散曲有名于时。《太平乐府》称赞其散曲“字按四声，字字不苟，辞壮而丽，不淫不伤”。杨维桢《沈氏今乐府序》将其列为“豪爽派”，称之为“一代词伯”。《鹦鹉

① 嵯峨：形容山势高峻。嵯，《词综》《历代诗余》《沅湘耆旧集》作“巍”。

② 是个不唧溜樵父：《词综》《历代诗余》《沅湘耆旧集》均作“旦暮见上下樵父”。不唧溜：不伶俐，不精明。

③ 烂柯：典出《述异记》。晋王质入山砍柴，见二童子下棋，他一旁观看。看完一局，他的斧柄已经腐烂，回家后他才知已过百年。

④ 云山：《词综》《历代诗余》《沅湘耆旧集》均作“青山”。

⑤ 青蚨：南方的一种虫，又叫蚁蜗、鱼伯。这里指钱。晋干宝《搜神记》：青蚨为虫名，形如蝉，生子于草叶上，若取其子，母即飞来。如用青蚨母虫的血分别涂在钱上，用其购物，所付母钱、子钱都能飞回。

曲》是冯子振最著名的散曲作品，凡四十二首，此曲是其中的一首，主要抒发了一种隐士情怀。细揣其意味，曲中的樵父在成为樵夫之前曾经有过一段入世的生涯，因为某种机缘勘破了人生，于是移家峰顶，息影林泉，遗世弃俗，超然物外，故人劝他归来，他却反过来“指门前万叠云山”，劝故人“不如休去”。在樵父看来，山林之逸乐远远胜过尘世的富贵荣华，不必用“青蚨”去买，也是金钱所买不到的，是人生的真趣所在。曲中极力描绘的隐居生活实际上是一种审美人生，表达了作者对恬静清逸生活的向往。全曲语言本色，旋律优美，从中可以管窥冯子振散曲的艺术特色。

欧阳玄

欧阳玄（1273—1358），字原功，号圭斋，浏阳人。延祐二年（1315）进士，官至翰林学士承旨，进阶官禄大夫。元代文坛领袖人物之一，与虞集齐名，文章为一代宗师。有《圭斋文集》十五卷。

临溪亭记

安成①李君鼎翁，好贤而笃义。里大夫士乐其善而亲其贤，而鼎翁又能同其物外之乐，固自乐之存储中者，沛乎其有余裕也。家居枕溪水上，作亭并溪，以醉翁滁亭记语名亭，书来既图，属予记。

余少年有山水癖，壮乃为禄仕。今老矣，未能去壮之累，而时有少之趣。闻客谈幽居之胜，恨不欣然舍己而从之，况见吾鼎翁之图乎？何时与临溪分坐，俯瞰清流，毛发可鉴，潜鳞②游泳，不避人影。清风舒徐，漪涟回旋，悟溪之有文也；霜濑激湍，石齿玉雪，喜溪之能声也。摇琴而歌曰："溪之水深且清兮，我濯我缨。溪之水清且深兮，我濯我心。缨有尘兮尚可，心有累兮溪将无以澣③我。外洁静兮中明娟，我与溪兮各全其天。"

（李修生主编：《全元文》卷一〇九八，江苏古籍出版社 1998 年版，第 557 页。标点符号有改动。）

① 安成：郡名，三国吴宝鼎二年（267）分豫章、庐陵、长沙等郡置，治所在平都（今安福东南），辖今江西新余、安福等县。

② 潜鳞：鱼。杜甫《上后园山脚》诗："潜鳞恨水壮，去翼依云深。"

③ 澣：取水。

评析

欧阳玄为文，不夸不躁，不肤不靡，近乎廉静。揭傒斯为其文集作序时，称许其文融汇了南北文学的风格与精神，“丰蔚而不繁，精密而不晦”，“有典有则，可讽可诵，无南方啁哳之音，无朔土暴悍之气”（语见揭傒斯《欧阳先生集序》），有廉静中和之美。本文体现了这种艺术特色。

文章开篇交代写作缘起。李鼎翁好贤笃义，能享“物外之乐”，建临溪亭并寄图求记。接着自言少有山水之癖，壮乃为禄仕所累，而今已是暮年，未能去壮岁之累而仍有少时之趣，常想与友人临溪分坐，看游鱼戏石，摇琴而歌，表现出一种渴望逍遥自适的情怀和通脱自放、逸出儒家轨辙的思想境界。文章最后以“摇琴而歌”作结，“外洁静兮中明娟，我与溪兮各全其天”，表达了一种渴望摆脱“物累”、顺适自然的人生理想。文章篇幅短小，行文深得欧阳修散文纡徐委婉而条理疏畅的奥秘。

胡天游

胡天游（？—1368），名乘龙，以字行，别号松竹主人，晚号傲轩。平江人。少负诗名，中年隐居，拟《述志赋》以明志。晚年值元末兵乱，生活困顿不堪，下田耕种，忍饥劳作。其诗多苍凉悲壮，略少修饰，论者以为可与虞集等人诗作相媲美。诗稿大多散佚。今存《傲轩吟稿》一卷。

遣闷

昏昏如醉复如痴，半榻残书两鬓丝。世故扰攘思乐日，暮年艰苦忆儿时。对人言语惟称好，徇俗①文章懒出奇。斗酒十千无觅处，闷来消遣只凭诗。

（邓显鹤编撰，欧阳楠点校：《沅湘耆旧集》第一册，岳麓书社2007年版，第574页。）

评析

这首诗叙写诗人晚年生活的孤独凄凉，悲切而又悲愤，具有乱世之音哀而怨的特征。胡天游少时满怀进取之志，无奈中年隐居，抱志莫展，晚年又遭逢元末兵乱，生活困顿，一生经历诸多曲折坎坷之事，因而其诗亦多苍凉悲壮之作，略少修饰。此诗以“遣闷”为题，闷从何来？根据诗中的描写，主要是由于“世事扰攘”“暮年艰苦”。处此时世，诗人“对人言语惟称好，徇俗文章懒出奇”，不敢讲真话，不敢与人交心，故意藏拙，以此明哲保身，但内心深处又因此产生无穷的苦闷。何以遣闷？凭酒凭诗凭书。而“斗酒十千无觅处”，诗人已无钱买醉，剩下的就只有以诗解闷了。细读全诗，诗人于落魄潦倒之中仍然自负高气，满怀着一种愤世嫉俗的情绪。

---

① 徇（xùn）俗：曲从世俗。元稹《酬乐天东南行诗一百韵》：“物情良徇俗，时论太诬吾。”

醉歌行

醉中豪气如长虹，走上高楼叫天公。问天开辟今几年？有此日月何因缘？月者阴之魄，日者阳之精。阴阳果何物？产此团团形。一如白玉盘，一似黄金钲。得非冶铸出，无乃磨琢成。茫茫太古初，二气才胚胎。金乌①从何出，玉兔从何来？扶桑②谁人种，桂树何年栽？东升何所自，西没从何游？胡为天地间，奔走不暂休？但见朝朝暮暮无定辀③，但见波波汲汲④如奔邮。催得黄童变白叟，催得华屋成荒丘。催得秦王汉楚急抔土，催得黄河碧海无纤流。我有如渑⑤酒，劝天饮一石。愿天安长绳，系此乌兔翼。一悬天之南，一挂天之北。安然不动照万国，无冬无夏无旦夕。百年三万六千作一刻，尽使世人老不得。

（邓显鹤编撰，欧阳楠点校：《沅湘耆旧集》第一册，岳麓书社 2007 年版，第 573 页。标点符号有改动。）

评析

胡天游之诗，以杂言古体歌行最为擅长。《醉歌行》典型地表现了他的艺术风格。全诗一气呵成，气势恢宏，慷慨激昂，文辞极力铺张，读来神气俱佳。诗人对苍天发问，追索日月光阴和人生的本源，渴望时光永驻，人生不老，表现出一种与天地精神相往还的狂者气魄。“但见朝朝暮暮无定辀，但见波波汲汲如奔邮”二句，形象地道出了诗人对日月如梭的感受。“催得

① 金乌：三足金乌，中国古代驾驭日车的神鸟名，也称阳乌，或称三足。

② 扶桑：神话中的树名。传说日出于扶桑之下，拂其树杪而升，因谓为日出处。亦代指太阳。《楚辞·九歌·东君》：“暾将出兮东方，照吾槛兮扶桑。”

③ 辀（zhōu）：车辕。

④ 波波汲汲：忙碌奔波的样子。

⑤ 渑：古水名，源出今山东省淄博市东北，西北流至博兴东南入时水。时水的下游，亦称“渑水”。《左传·昭公十二年》：“有酒如渑，有肉如陵。”

黄童变白叟，催得华屋成荒丘。催得秦王汉楚急抔土，催得黄河碧海无纤流”四句，是诗人无可奈何的叹息，给全诗平添了几分苍凉和凄恻。艾科为胡天游作传，称“天游有俊逸才，负高气。孤立峻视，曾不一起取斗禄自污。扼腕当时，俯仰太古，鸣之歌什，有沉湘蹈海之风”（《沅湘耆旧集前编》卷三七）。从此诗中人们不难读出诗人的这种个性风姿。《四库全书总目提要》论胡天游之诗，“大都悲壮激烈而颇病粗豪”，从此诗中人们也不难看出其诗“粗豪”的弊病。

陈泰

陈泰，字志同，号所安，茶陵人。生卒年不详。延祐元年（1314）举于乡，以《天马赋》得荐。第二年与欧阳玄同登进士第，授龙泉县主簿，后升任龙南县尹，政声颇著。有《所安遗集》传世，收入《四库全书》。

秋江钓月图歌（并序）

秋谷李平章所善客鄱阳叶天文①，隐居不仕。其行卷曰《秋江钓月图》。同年鲁伯昭、阔里吉思赠之以诗②，属余次韵。

青萝断岸苔如发，天清水落鱼龙窟。中有江南漫浪翁③，独棹秋江钓明月。秋江月白芙蕖深，叩舷夜和江神吟。不须槎上泛牛斗④，琼楼玉宇空人心。千年白石⑤今可煮，一掬泉香捣云母。富贵知君已厌看，翠黛红妆梦中舞。人间月色尽风波，闻道君家月最多。我亦扁舟下彭蠡⑥，到门相访定如何。

（邓显鹤编撰，欧阳楠点校：《沅湘耆旧集》第一册，岳麓书社 2007 年版，第 534 页。）

① 秋谷李平章：李平章即李孟，字道复，号秋谷，曾任平章政事，故以此称之。叶天文：鄱阳隐士，有《秋江钓月图》。

② 鲁伯昭：陈泰的朋友，此诗即为他嘱托陈泰所作。阔里吉思：元代蒙古贵族，元世祖忽必烈的外孙。其父高唐王爱不花，其母月烈公主是元世祖忽必烈的第二个女儿。

③ 漫浪翁：宋代张耒有《漫浪翁》诗，这里借指叶天文。漫浪，放纵而不受世俗拘束。

④ 牛斗：指牛宿和斗宿。传说吴灭晋兴之际，牛斗间常有紫气。雷焕告诉尚书张华，说是宝剑之气上冲于天，在豫东丰城。张华派雷为丰城令，得两剑，一名龙泉，一名太阿，两人各持其一。张华被诛后，失所持剑。后雷焕子持剑过延平津，剑入水，但见两龙各长数丈，光彩照人。事见《晋书·张华传》，后常用以为典。

⑤ 白石：传说中神仙的粮食。汉刘向《列仙传·白石生》：“白石生，中黄丈人弟子，彭祖时已二千余岁……尝煮白石为粮。”唐韦应物《寄全椒山中道士》诗：“涧底束荆薪，归来煮白石。”

⑥ 彭蠡：彭蠡湖，鄱阳湖古称。鄱阳湖在古代有过彭蠡湖、彭蠡泽、彭泽、彭湖、扬澜、宫亭湖等多种称谓。

评析

据诗前小序，此篇是诗人应好友鲁伯昭嘱托为鄱阳隐士叶天文的行卷《秋江钓月图》所作。诗的前十句极尽笔墨描写秋江钓月的景象，大量用典，借“牛斗”“白石”“云母”等来衬托隐士的厌看富贵、翩翩君子气度。结尾“我亦扁舟下彭蠡，到门相访定如何”两句，表达欲泛舟到门相访的约定，隐喻自己为画中景象打动，意欲避世隐居的想法。全诗想象丰富，形象鲜明，外在的物象与内在的情思融为一体，构境与造句能力可见一斑。王士祯《居易录》谓陈泰的歌行“驰骋笔力，有太白之风。在元人诸名家中，当居道园（虞集）之下、诸公之上，而名不甚著，岂名位卑耶？”作为清初主盟文坛二十余年的一代宗师，王士祯如此推崇陈泰不是没有根据的。

李祁

李祁（1299—约1370），字一初，号希蘧，又号危行翁、不二心老人。湖南茶陵人。元顺帝元统元年（1333）进士，官至江浙儒学副提举。一生吟咏不辍。后人辑其遗著为《云阳集》十卷。

次王子让[①]韵（二首）

老泪纵横忆旧京，梦中歧路见分明。天涯自信甘流落，海内谁堪托死生。短策[②]未容还故里，片帆只欲驾沧瀛[③]。他年便作芙蓉主，惭愧当时石曼卿[④]。（其一）

城郭人民事事非，空余尘土满征衣。君犹有道堪移俗，我已无家不念归。天地晦冥龙去远，江湖寥落雁来稀。极知此后还相忆，愁见青山映夕晖。（其二）

（邓显鹤编撰，欧阳楠点校：《沅湘耆旧集》第二册，岳麓书社2007年版，第8页。）

评析

这两首诗写战争对社会和人民生活的破坏，具有历史的真实性。诗人身处乱世，流落天涯，备尝人世的艰辛。“海内谁堪托死生?”一种末日情结笼罩心头，似乎国家和个人的命运就是那万顷波涛中的一叶扁舟，随时都有颠

① 王子让：王礼，字子尚，后更字子让，元末庐陵人。
② 短策：短的马鞭。
③ 沧瀛：沧海，大海。
④ 石曼卿：北宋文学家，名延年，字曼卿。相传是木芙蓉的花神，死后有人遇到他，他说自己已经成为芙蓉城的城主。后人就以石曼卿为十月芙蓉的花神。

覆淹没的可能。前诗最后两句用石曼卿的典故，极写自己行将客死他乡的悲哀，令人感喟。后一首写战乱之后，“城郭人民事事非”。随着“天地晦冥龙去远”，平日里有书信来往的朋友亦日趋寥落稀少，所谓“江湖寥落雁来稀”。家国已不在，无处托孤身。诗的最后两句，“极知此后还相忆，愁见青山映夕晖”，用满目夕照来渲染他日的相忆之情和内心的痛苦，立意尤为精警。二诗使事用典，贴切自然，风格沉郁悲怆。作者内心之凄楚悲凉，非亲历战乱者难以感同身受。

次贺琴南韵

茅屋秋风古道傍，衰容不似去年强。汉庭无梦陈三策①，楚水空怀赋九章②。落日乱鸦红树老，断云孤雁碧天长。相思无限关心事，不为催诗急雨忙。

（邓显鹤编撰，欧阳楠点校：《沅湘耆旧集》第二册，岳麓书社 2007 年版，第 8 页。）

评析

这是一首七言律诗。李祁之诗长于近体，所作七言律绝皆雅致可讽。《四库全书总目提要》论其诗“冲融和平，自合节奏”，其实这只是他艺术风格的一个方面。就此诗而言，诗中浸透着的更多的是一种沉郁悲凉的愁情。诗人身处乱世，居茅屋，傍古道，冒秋风，备尝人世的艰难，生活的苦痛直

① 三策：汉代董仲舒以贤良对天人三策，为武帝所赏识，任为江都相。后用为典实，借指经世良谋。

② 九章：屈原所作《涉江》《哀郢》《怀沙》等九篇赋作，总名为《九章》。文中表达了屈原对楚国现状的忧虑和宁死不屈的坚贞之心。

接影响到他后期诗歌创作的内容。诗中以汉庭喻元朝，指责元统治者没有治国保国的经世良谋，不能识人用人。面对泱泱楚水，诗人空怀爱国名士屈原，一抒满腔亡国之痛、不遇之悲。全诗用典精切，对仗工稳，音韵谐婉，写出了忧国伤时、英雄失路的心情，具有一定的思想深度。

讯蟹说

客有恶蟹者，得而束之。以蒲坐于庭而讯之曰："尔之生也微，其为形也不类。尔之臂虽长而攘不加奋①，足虽多而走不加疾，而徒欲恣睢睚眦②、蹩躄戾契以横行于世③，尔果何恃而为此？吾将加尔乎炽炭之上，投尔乎鼎烹之中，刳④尔形，剖尔腹，解尔支体，以偿尔横行之罪。尔有说则可，无说则死。"

蟹于是怒目突瞳，掣⑤足露胸，喘息既定，乃逡巡⑥而有言曰："噫！子何昏惑眩瞀⑦而昧于天地之性乎？子之于物也，何见其外而不察其内乎？子何深于责物而不为人之责乎？吾之生也微，吾之形也不类，吾又长臂而多足，凡吾之所以为此者，天也。吾任吾性，则吾虽横，亦何莫而非天哉！吾任性而居，吾循天而行，而子欲以为责我，是不知天也。然吾行虽横，而吾实无肠，无肠则无藏，无藏则于物无伤也。今子徒见吾外而不察乎吾之内，是不

① 攘不加奋：这句话的意思是螃蟹的臂虽长，举起时却不能增加高度。攘，捋。奋，有力地举起，这里用作名词，指高度。

② 恣睢：放纵，无拘束。睚眦：发怒时瞪眼睛。

③ 蹩躄（bié bì）：缓行的样子。戾契：头不正貌，比喻奇邪不正之行。

④ 刳（kū）：从中间破开再挖空。

⑤ 掣：拉，拽。

⑥ 逡巡：有所顾虑而徘徊不前。

⑦ 眩瞀（xuàn mào）：昏愦，迷乱。

知物也。世之人固有外狠而中恶者，若其内外交暴，又非若吾之悾悾①乎中也。子何不是之责，而惟我之求乎？又有厚貌而深情者，其容色，君子也；辞气，君子也；衣服趋进，折旋唯诺，皆君子也。而其中实嵚岩深幽，不可窥测，此又大可罪也。而吾子之不之责也，何居？且吾之生也微，故吾之欲也易足。吾嚼啮藁桔②，适可而止，饱则偃休乎蛇蟺③之穴而无营焉，吾又何求哉？吾之行虽横，不过延绿涉猎乎沙草之上，于物无损也，于类无竞也，而吾又何罪乎？吾任吾性，吾循吾天，而子欲加我乎炽炭之上，投我于鼎烹之中，是亦天而已矣，而吾又何辞焉？”

客于是俯首失辞，遽④解其束而纵之江。

余尝读《易》，至“离离为蟹，故蟹之刚在外。又离为火，火炎上，故蟹之性躁而急”。此其得于天，有不可变者。人为物之灵，则虽顽嚚⑤凶辟，无不可变。彼不可变而不变，徒欲以横行之故，犹足以取恶于人，况乎可变而不变，则于肆行而不悛⑥者，其取恶于人也，亦甚矣。呜呼！人固异于蟹也。异于蟹而不自异焉，又反有不蟹若者，此岂不深可愧也？余尝闻客讯蟹事，又因读《易》有感，欲书之未能。适友人持《三蟹图》来观，故为述其说如此。观是图者，苟因予说而推之，其亦少有警也大。

（冯子振、李祁撰，王毅辑校：《海粟集辑存·云阳集》，岳麓书社 2009 年版，第 116–117 页。原文有改动。）

评析

这是一篇寓言小品，堪称元代湖南散文的名篇。结篇立意与韩愈的《毛

① 悾悾（kōng kōng）：诚恳貌。
② 藁桔：稻、麦等的秆子。
③ 蛇蟺：蛇和黄鳝。
④ 遽（jù）：立即。
⑤ 顽嚚：愚妄奸诈。
⑥ 悛（quān）：悔改。

颖传》《送穷文》等相似。文章用拟人化的手法设想客人与蟹的一段对话，然后正面阐述自己的观点。第一段写客因恶蟹“横行于世”而“束之”“讯之”，并威胁蟹说：“尔有说则可，无说则死”。第二段写蟹为自己辩解，批评客对天地万物之性“见其外而不察其内”，实际上是“不知天”“不知物”。客听了蟹之辩解后，“俯首失辞”，放了蟹。第三段正面阐述自己的观点。作者认为，蟹之性得于天，不可变。人为万物之灵，“无不可变”。针对客讯蟹一事，作者深有感触地说：“人固异于蟹也，异于蟹而不自异焉，又反有不蟹若者，此岂不深可愧也?”诵读此文，人们可以结合自己的思想和生活经验，从不同的角度认识它丰厚的客观意蕴。即使在今天，人类生活中仍然普遍存在着以自我为中心观照万物的情况。以貌取人，以表观物，对与自己相异或不适合自己性情趣味的东西便一概加以责难、排斥甚至摧残，而不能反省自身，辩证地看待事物各自不同的自然天性，从而做到与外物宽容而和谐地相处。文章结构上并无创意，但其所蕴含的思想对今天的人们仍有一定的启示和警戒意义。

刘三吾

刘三吾（1319—1400），名如孙，以字行。又字坦甫。茶陵人。明初大臣。永乐中曾奉诏修《春秋大全》。后人辑其诗文为《坦坦斋集》十五卷。

过洞庭次蔡元礼韵

重湖①渺渺共天宽，过客登临足解颜。兵后已非前殿阁，望中仍是旧江山。白云隐映波光里，画栋参差树杪②间。欲向黄陵怀帝子③，鹧鸪啼处雨斑斑。

（邓显鹤编撰，欧阳楠点校：《沅湘耆旧集》第二册，岳麓书社 2007 年版，第 28 页。）

评析

此诗是作者经过洞庭湖时步友人蔡元礼诗韵而作的一首七言律诗。蔡元礼其人，生平事迹尚待考证。由于不清楚作者写诗的具体时间，诗中所云“兵后”，究竟是指元明之际的战乱还是明成祖朱棣与建文帝之间的战争，也很难坐实。这是理解本诗的难点。仅从文本的角度看，诗中主要抒发了一种物是人非的故国或故朝之思。诗人途经洞庭，面对“白云隐映波光里，画栋参差树杪间”的湖光景色，驻足解颜，但仍然摆脱不了故国（朝）之思、黍

① 重湖：洞庭湖的别称。洞庭湖与青草湖相通，故称。
② 树杪：树梢。
③ 黄陵：指黄陵庙。帝子：指舜之二妃娥皇、女英。

离之悲。“兵后已非前殿阁，望中仍是旧江山”，明确表达了诗人对故国（旧朝）的怀念与哀思。“欲向黄陵怀帝子，鹧鸪啼处雨斑斑”二句，借用娥皇、女英哭帝舜的典故，以“鹧鸪”自比，将内心深处的伤感表现得淋漓尽致。

登城

华表愁闻鹤语声①，女墙自照月华明②。在秦本有关中险，散楚其如垓下③兵。百战山河惟骨在，万年壁垒为谁城。兴来不敢闲登览，只恐新亭④感慨生。

（邓显鹤编撰，欧阳楠点校：《沅湘耆旧集》第二册，岳麓书社 2007 年版，第 26 页。）

评析

刘三吾由元入明，其父曾任元翰林学士，其兄刘耕孙、刘焘孙均在元朝为官，后遇寇乱被杀。刘三吾避乱广西，授靖江教授，直到明兵攻克广西后才回归故里。后入朝为官。经此沧桑巨变，诗人再登故城，自然牵惹出万缕千丝的思旧怀故之情。诗的首联用丁令威化鹤归辽的典故，抒发“城郭如故

① 华表：古代设在桥梁、宫殿、城垣或陵墓等前面作为标志或装饰用的大柱，一般为石造，柱身往往雕有纹饰。这一句用丁令威化鹤归辽的典故。据陶潜《搜神后记》卷一，辽东人丁令威学道于灵虚山，后化鹤归辽，落在城门的华表柱上。时有少年欲举弓射之，鹤立即飞向空中，徘徊吟诗曰：“有鸟有鸟丁令威，去家千年今始归。城郭如故人民非，何不学仙冢累累。”然后高飞而去。后常用以为典，感叹人世的变迁。

② 女墙：女儿墙，指房屋外墙高出屋面的矮墙。刘禹锡《石头城》诗云：“淮水东边旧时月，夜深还过女墙来。”

③ 垓下：古地名，位于今安徽省灵璧县东南，是刘邦围困项羽的地方。项羽在这里被刘邦打败。

④ 新亭：古地名，故址在今南京市的南面。据刘义庆《世说新语·言语》篇记载，东晋初年，王导等“过江诸人，每至美日，辄相邀新亭，藉卉饮宴。周侯中坐而叹曰：‘风景不殊，正自有山河之异！’皆相视流泪”。后世用以为典，表示对故国的怀念。

人民非”的感慨；又借刘禹锡《石头城》诗的意境，表达对“旧时月”的怀念，直写人世间的沧桑变化。颔联和颈联以楚汉相争作比拟，悲叹元朝的覆亡。尾联则用“新亭对泣”的故事，以东晋过江诸人自比，抒写自己家国沦亡的悲痛。邓显鹤《沅湘耆旧集》论刘三吾之诗，“迅笔直书，不暇矜练，虽时病粗豪，要有真气。至其凭吊故墟，感时书事诸作，悲凉沉郁，不减遗山”，确为中肯之论。

茹瑺

茹瑺（1358—1409），字良玉，号恕庵，衡山人。因首劝燕王即帝位有功，封忠诚伯。参与纂修《高祖实录》，任副总纂。著有《忠诚集》。

送陈琳司训[1]归衡山

君今去国三千里，我亦辞家二十年。白发又从江上别，丹心常在日边悬。文章气焰光韩愈，图画风流入董先[2]。南望衡云归老日，珍藏留与后人传。

（邓显鹤编撰，欧阳楠点校：《沅湘耆旧集》第二册，岳麓书社 2007 年版，第 38 页。）

评析

茹瑺为官三十三年，辅佐朝政，宵衣旰食，勤于职守，慎于言行，深得明太祖、成祖信任。朱元璋每称茹瑺为贤人君子。由于长年在外做官，诗人的思乡之情与日俱增，故而在送别即将归返衡山的同乡陈琳时，情不自禁地倾吐了自己对家乡的思念。首句写同乡离京回乡，路途遥远，暗含珍重之意。次句写自己“辞家二十年”，暗含着思乡之情。第三、四句“白发又从江上别，丹心常在日边悬”，点明送别地点。“白发”句暗示其离家的时间已经很长，头发已变得斑白。“丹心”句可以有两种理解。其一，诗人对家乡的思念常常萦绕脑海。其二，“日边”意指朝廷或君主，诗人的一片丹心始终心系着朝廷国家，顾不上回家。第五、六句“文章气焰光韩愈，图画风流入董

① 司训：明清时县学教谕的别称。

② 董先：一作董源，字叔达。五代南唐时期著名画家。工山水，尤擅溪桥、渔浦、洲渚等交相掩映的江南景色。

元”，以“文章气焰”和书画风流相期许，既是自励，也是励人。诗的最后两句是假想之辞，作者想象自己致仕后告老回乡，整理多年来的文章书画，希望它们能够留给后人，传之后世。全诗写离情别绪和思乡之情，真挚而不做作，感伤而不悲伤，表现出一个身居高位的士大夫的理性情怀。

彭友信

彭友信，字以实，攸县人。生卒年不详。洪武初以岁贡廷试，奏对称旨，命为北平布政使。有《方伯诗集》。《沅湘耆旧集》录存其诗三十首。

纸鸢

桐花时节①春风颠，巷陌街头多纸鸢。一丝斗上云霄际，摇尾昂头如得意。纷纷羽翮②岂真有，舒卷只在儿童手。儿童疾走莫漫狂，如此春风那可常。君不见朝来雨声骤，人间又是清明候。

（邓显鹤编撰，欧阳楠点校：《沅湘耆旧集》第二册，岳麓书社 2007 年版，第 40-41 页。）

评析

这是一首咏物诗，也是一篇讽世之作。诗中的“纸鸢”隐喻一类人，这类人的特点有二：一是甘于被人操控，所谓“舒卷只在儿童手”；二是凭一时之“春风”一旦“斗上云霄际”，就“摇尾昂头”，得意漫狂。这里的“春风”也是一种比喻，指权贵们的权势。作者痛恨那些攀附权贵而肆意漫狂的丑恶人物，警告他们“春风那可常”，权贵们的权势是靠不住的。全诗表面上句句写物，实际上句句写人，形象生动，传神至极。

① 桐花时节：清明时节。桐花，清明“节气”之花，在清明时节应时而开，是春、夏递嬗之际的重要物候。

② 羽翮（hé）：指鸟羽。翮，羽轴下段不生羽瓣而中空的部分。

和太白岳阳楼韵

危楼百尺势凌空，一点君山夕阳中。胜地重游非曩①日，征帆欲下阻狂风。因嗟万里朝天客，不及扁舟独钓翁。来往楼前朱紫②遍，居乌谁是识雌雄。

（邓显鹤编撰，欧阳楠点校：《沅湘耆旧集》第二册，岳麓书社 2007 年版，第 44 页。）

评析

彭友信的诗多讽世之作，风格各异，但主旨都是揭露和鞭笞社会丑恶现象，大都写得形象而深刻。此诗直抒所感，写景、叙事与议论有机结合。开篇二句写景，点明作诗的时间和地点。第一句是仰视，“危楼百尺势凌空”，突显岳阳楼高耸入云的气势。第二句是俯瞰，“一点君山夕阳中”，黄昏时分，诗人站在岳阳楼上遥望，君山在万顷波涛中只是一个小“点”。第三、四句叙事。诗人重游胜地，心情与往日不同，他本来的目的是要征帆远行，但是为“狂风”所阻。这里的“狂风”，既是自然的，写自然环境的恶劣，也是社会的，暗喻社会环境的险恶。诗人由此联想到不远万里而来的“朝天客”，还有那些身着紫衣在岳阳楼前来来往往的达官贵人，他们都是些毫无丈夫气概的雌雄莫辨的人物，面对“狂风”他们视为畏途，远不及那些在狂风中能够依然垂钓的“扁舟独钓翁”从容镇定。诗的后四句，运用对比手法，通过身着朱紫的达官显贵、朝天客与独钓翁的对比，讽喻社会人事。艺术上与前首《纸鸢》诗有异曲同工之妙。

① 曩（nǎng）：以往，从前，过去的。
② 朱紫：古代高官的服饰，谓朱衣紫绶，即红色官服，紫色绶带。

夏原吉

夏原吉（1366—1430），字维喆，湘阴人。以乡荐入太学，选授户部主事。建文初，擢户部右侍郎，官至户部尚书，加少保兼太子太傅，谥忠靖。有《谦谦斋集》（《夏忠靖集》）六卷。

冬日闻蛙

蓐收①已回辕，玄冥正司令②。草木尽黄落，蛰虫③俯而静。尔蛙从何来，恍焉失初性。凌寒发狂声，聒聒莫知竟。捕之良可矜，聆之固非正。愿尔深自默，毋为骇时听。

（邓显鹤编撰，欧阳楠点校：《沅湘耆旧集》第二册，岳麓书社 2007 年版，第 54 页。）

评析

夏原吉政事显于文学，为官期间清廉贤明，刚正不阿。清人郭嵩焘在拜谒其墓时曾作诗云："遗直如公真大度，老成当国有深谋。"其人品官德从这首诗中可见一斑。

全诗借蛙声喻人事，构思独特，别有寄托，是以韵味深长。诗的前四句以写景为主。冬寒时节，草木零落，百虫静默无声。这是冬天固有的特征。中间四句叙事，写诗人冬日闻蛙声阵阵，感到非常吃惊。"尔蛙从何来，恍

---

① 蓐收：秋神，左耳有蛇，乘两条龙，相传是白帝少昊之子或其辅佐神。
② 玄冥：冬神。这里意为冬季。司令：犹当令。
③ 蛰虫：藏在泥土中过冬的虫豸（zhì）。

焉失初性”，因为冬天蛙处于冬眠时期，此时鸣叫，在作者听来，是一种“狂声”，显得特别刺耳，而讨厌的是蛙竟然“聒聒莫知竟”，叫个不停。这是一种非常反常的现象。结尾四句写诗人冬日听见蛙鸣后的矛盾心态，尤为深刻。诗人因蛙鸣非时，想去捕蛙，感到于心不忍；可是听到它的叫声，又极不舒服，因为这不是“正声”。从表面上看，这是写冬天发出聒噪之声的蛙，实际上是隐喻讽刺那些不看时机做不适当事情的“佞人”“妖人”“乱人”。“愿尔深自默，毋为骇时听”，诗人郑重地劝告他们保持正常的生活习性，不要故作惊人之举，发骇时之语。

刘大夏

刘大夏（1437—1517），字时雍，号东山居士，华容人。天顺八年（1464）进士，迁庶吉士。官至兵部尚书，加太子太保。曾筑草堂于东山下，时称东山先生。有《东山诗集》。今传《刘忠宣公遗集》为其后裔光绪元年所刻的重辑本。

赠谢御史

手持铁简气如雷，独立当前不可回。三疏忠贞卑泰华①，九天雨露隔蓬莱。孤帆半落吴江树，匹马还瞻郭隗台②。莫道此行身便了，百年事业待重来。

（邓显鹤编撰，欧阳楠点校：《沅湘耆旧集》第二册，岳麓书社2007年版，第87页。）

评析

刘大夏之诗大都因事而发，具有比较强烈的纪实色彩。清人施闰章《蠖斋诗话》论刘大夏，“平生不刻意作诗，间有为而作，皆事核意真，情到兴俱”，早已注意到这一特点。

本篇是一首赠友励志诗。诗中的谢御史疑指谢迁。谢迁，字于乔，号木斋，浙江余姚人，与刘大夏同为明成化、弘治至正德间朝中大臣，历官修撰、左庶子，弘治八年（1495）入阁参与机务，累官太子太保、兵部尚书兼东阁

① 泰华：泰山与华山。

② 郭隗台：古台名。郭隗，战国时燕国人。燕昭王为招贤强国，问计于郭隗，郭隗说“请先自隗始”，于是燕昭王“筑台而师之”。此举震动天下，乐毅、邹衍、剧辛等奇人异士纷纷投奔燕国。后因以“郭隗台”指招良纳贤之处。

大学士，虽未担任过御史职务，但观其在刘瑾当权时期的所作所为，实尽过御史的职责。明武宗即位后宠信宦官刘瑾，谢迁数次劝谏不听，又上书请诛刘瑾，未获准。刘瑾怀恨在心，遂矫旨将谢迁、刘健等人定为奸党。刘大夏亦遭到刘瑾的打击，被贬甘肃。这首诗可能就是在这种背景下写的。

全诗分两层。第一层即前四句，描写谢御史“手持铁简气如雷，独立当前不可回”的直谏形象，给人以崇高的感觉。“三疏”极言其进谏次数之多。“九天雨露隔蓬莱”一句暗示最高统治者不仅没有采纳谢的建议，而且听凭奸臣对其实施报复。第二层即后四句。谢御史因劝谏无果，不得已辞官归里。想起当年燕昭王筑黄金台求贤的故事，诗人内心感慨万千。诗的最后两句是诗人的安慰之辞，他劝朋友“莫道此行身便了，百年事业待重来”，一定要对明天抱有希望。果然，正德五年（1510）八月，刘瑾被诛后，谢迁又官复原职。

李东阳

李东阳（1447—1516），字宾之，号西涯，谥文正，茶陵人。明代茶陵诗派的领军人物。天顺八年（1464）进士，弘治八年（1495）以礼部侍郎兼文渊阁大学士。文章典雅流丽，工篆隶书。有《怀麓堂集》。

与钱太守诸公游岳麓寺四首，席上作（之三）

危峰高瞰楚江①干，路在羊肠第几盘。万树松杉双径合，四山风雨一僧寒。平沙浅草连天远，落日孤城隔水看。蓟②北湘南俱入眼，鹧鸪声里独凭栏。

（李东阳撰，周寅宾、钱振民校点：《李东阳集》，岳麓书社 2008 年版，第 1355 页。）

评析

李东阳是茶陵人，却出生在北京，且长年在北京生活，一生中只回过一次湖南，在故乡茶陵住了十八天。即或如此，诗人心里始终亘存着浓浓的乡土情结。情系乡梓，友结乡党，诗咏乡土，在他的生活中占有相当的分量。他把自己在北京的寓所命名为“怀麓堂”（怀念岳麓山之意），文集定名为《怀麓堂集》，就明显地包含着对故乡的怀念之情。

这首诗是李东阳 1472 年春天回湖南老家在长沙停留时所作。前六句叙述自己与钱太守一行同游麓山寺，站在麓山上俯瞰湘江，寻觅来时的羊肠小道，

① 楚江：湘江。湖南在春秋战国时期属楚国，所以湘江常被称为楚江。
② 蓟：古地名，在今北京城西南角，周封尧后于此，后为燕国国都。

诗人记不清登山的小路到底有多少曲折，只看见千松万杉相互簇拥交错，四围的山峰笼罩在无边的烟雨之中，寺内孤僧感到一阵阵的寒意。春雨过后，放眼远望，浅草平沙一望无际，与天相接；遥隔湘水望落日西下，余晖洒遍孤城。诗的最后两句宕开一笔，寓情于景，尤有深意。听着那鹧鸪声声催人“不如归去”，诗人独自凭栏，黯然神伤。全诗以写景为主，暗寓乡思之情。

李东阳论诗以声律格调为主，声色并重，特别推崇杜甫的诗，认为“唐诗类有委曲可喜之处，惟杜子美顿挫起伏，变化不测，可骇可愕，盖其音响与格律正相称”（《怀麓堂诗话》）。此诗写景状物，与杜甫的《登高》《秋兴八首》等作，风格有些类似。

长江行

大江西来是何年，奔流直下岷山①巅。长风一万里，吹破鸿濛②天。天开地辟万物茁，五岳四渎③皆森然。帝遣长江作南渎，直与天地相周旋。是时共工④怒触天柱折，遂使后土东南偏。女娲补天⑤不补地，山崩谷罅漏百川。有崇之叟⑥狂而巅，坐看万国赤子沦深渊。帝赫怒，罚乃罪。神禹来，乘四载，驱大章⑦，走竖亥⑧。黄龙夹舟稳不惊，直送驰波到东海。朝离巴峡⑨暮

① 岷山：西部大山名，位于甘肃省西南、四川省北部。

② 鸿濛：古人认为天地开辟前是一团混沌的元气，这里指混沌不清。“濛”，也作“蒙”。

③ 五岳四渎：泛指名山大川。五岳，指东岳泰山、西岳华山、南岳衡山、北岳恒山、中岳嵩山。四渎，古代长江、黄河、淮河、济水的合称。渎，沟渠，泛指河川。

④ 共工：古代传说中的天神。据《淮南子·天文训》，“昔者共工与颛顼争为帝，怒而触不周之山，天柱折，地维绝。天倾西北，故日月星辰移焉；地不满东南，故水潦尘埃归焉”。

⑤ 女娲补天：古代神话故事。据《淮南子·览冥训》，共工怒触不周山，导致天塌陷，天河之水注入人间。女娲炼五色石以补苍天，人类始得以安居。

⑥ 有崇之叟：指大禹的父亲鲧。有崇，古国名，又称有崇氏，相传为鲧的封国，在今河南嵩县。

⑦ 大章：古人名，大禹的臣子。

⑧ 竖亥：古代神话中善走的大神。

⑨ 巴峡：重庆以东的石洞峡、铜锣峡、明月峡统称巴峡。

洞庭，九派却转浔阳①城。萦纡南徐②万余里，更万余里通蓬瀛③。君不见黄河之水天上下，其大如股空纵横。长淮清济出中境④，曷敢南向争权衡。千流万派琐琐不足数，虽有吐纳无亏盈。下亘厚地，上摩高空，日月出没，蛟龙所宫。奇形异态不可以物象，但见变化无终穷：或如重胎抱混沌，或如灏气开穹窿；或如织女抱素练，或如天马驰风鬉；空山怒哮饱后虎，巨鳌下饮渴死虹；或如轩辕铸九鼎⑤，大冶⑥鼓动洪炉风；或如夸父⑦逐三足，曳杖狂走无西东；或如甲兵宵驰聚啸满山谷，或如神鬼昼露万象出入虚无中。吁嗟乎，长江胡为若兹雄，人不识无乃造化之奇功。天开九州，十有二山。南北并峙，江流其间。尧舜都冀方⑧，三苗⑨尚为顽。魏帝⑩倚天叹，征吴但空还。吁嗟乎，长江其险不可攀。古来英雄必南骛，我祖⑪开基自江渡。古来建国惟中原，我宗坐制东南藩。始知天险不足恃，惟有圣德可以通乾坤。长江来，自西极，包人寰⑫，环帝宅，我来何为为观国。泛吴涛，航楚泽，笑张骞⑬，悲祖逖⑭，壮神功，歌圣德。圣德浩荡如江波，千秋万岁同山河。而我无才竟若何，聊为击节长江歌。

（李东阳撰，周寅宾、钱振民校点：《李东阳集》，岳麓书社 2008 年版，第 1351 页。

---

① 浔阳：九江古称浔阳，位于江西省北部。

② 南徐：古代州名。东晋侨置徐州于京口，南朝宋改称南徐，即今江苏省镇江市。

③ 蓬瀛：蓬莱和瀛洲。

④ 长淮：指淮河。清济：指济水。济水清澈，诗文中常与浊河并举，用以喻忠正。中境：犹中土，指中原地区。

⑤ 轩辕：黄帝，这里指国家。九鼎：相传夏禹铸九鼎，象征九州，夏商周三代奉为象征国家政权的传国之宝。

⑥ 大冶：比喻造化。

⑦ 夸父：古代神话人物。《山海经》中有夸父逐日的神话。

⑧ 冀方：泛指中原地区。

⑨ 三苗：传说中黄帝至尧舜禹时代的古族部落，居于南方。

⑩ 魏帝：指魏武帝曹操。

⑪ 我祖：指明朝开国之君明太祖朱元璋。

⑫ 人寰：世界，人世。

⑬ 张骞：字子文，西汉时著名探险家、外交家，曾出使西域，对丝绸之路的开辟做出了巨大贡献。

⑭ 祖逖：字士稚，东晋时著名将领，曾率军北伐，收复黄河以南大片土地。

评析

这是一首以七言为主的歌行体诗，记叙诗人沿长江由西到东畅游山水时的所见所闻所想。全诗分三层。第一层自开篇至“直送驰波到东海”，写神话中的长江。诗中追述长江的起源和历史，主要结合共工怒触不周山、女娲补天、大禹治水等神话故事，极力突显长江的古老和神奇。第二层自“朝离巴峡暮洞庭”至“长江其险不可攀”，写眼中的长江。着力描写长江“变化无终穷”的万千气象，感叹长江的雄奇惊险。第三层自“古来英雄必南骛”至结尾，将长江与大明王朝的基业相联系，为明王朝“壮神功，歌圣德”。全诗想象奇特，语言瑰丽，句式以七言为主，又杂用三言、四言排比句式，韵律多变，音韵铿锵，气势磅礴而回旋，具有一种雄奇奔放的阳刚之美。

杨一清

杨一清（1454—1530），字应宁，号邃庵。祖籍云南安宁，其父以化州同知致仕，携之居巴陵（今湖南岳阳），遂寄籍巴陵。成化八年（1472）进士，授中书舍人。历经成化、弘治、正德、嘉靖四朝，为官五十余年，官至内阁首辅。有《石淙集》。

岳阳楼三首（其二）

百尺高楼倚碧空，乾坤登眺几人同。眼前忧乐谁无意，天下江山此最雄。孤棹影冲烟浦①外，浩歌声在水云中。东流万里终归海，不尽狂澜砥柱功。

（邓显鹤编撰，欧阳楠点校：《沅湘耆旧集》第二册，岳麓书社 2007 年版，第 198 页。）

评析

这是一首借写景以抒情的七言律诗。诗人登上“百尺高楼”岳阳楼，凭楼远眺，碧空万里，浩渺烟波中，孤帆远影入眼帘，渔歌在云水中缭绕。面对如此美景，诗人不禁发出“天下江山此最雄”的感慨，与此同时又止不住生出“眼前忧乐谁无意”“乾坤登眺几人同”的疑虑。诗的最后两句“东流万里终归海，不尽狂澜砥柱功”，从中可以看出他心忧天下、以天下为己任的抱负和欲挽狂澜、成就“砥柱功”的豪气。全诗即景写情，情景交融，一切景语皆情语。朱彝尊《明诗综》卷二四引李梦阳之语论杨一清诗：“矜持

① 烟浦：云雾弥漫的水滨。

严整，俊拔典则，七言律为最工。虽唐宋杂调，瑜瑕靡掩，然所谓千虑一失也。”此诗境界阔大，兴象高远，造句行文确具有“矜持严整，俊拔典则”的特点。

何孟春

何孟春（1474—1536），字子元，号燕泉，郴州人。弘治六年（1493）进士。授兵部主事，历郎中，出补河南参政，擢太仆少卿，累官至吏部左侍郎，署尚书事。有《燕泉诗集》。

惆怅

俸囊无力办云山①，安得偷生未老闲。今雨少人怜病骨，好诗须客破愁颜。一官冷热真何物，千古飞沉只等闲。惆怅菊花秋约晚，柴门留在不成关②。

（邓显鹤编撰，欧阳楠点校：《沅湘耆旧集》第二册，岳麓书社 2007 年版，第 251 页。）

评析

何孟春是明代茶陵诗派的代表人物之一，著有《馀冬诗话》，他作诗强调继承儒家的诗教传统，主张在气象、风格、用事、句法和取境上学习盛唐和杜甫，其诗学主张对以李梦阳、何景明为代表的前七子产生了较大的影响。

此诗以“惆怅”为题，主要抒发作者的伤感、愁闷和失意之情。作者身处仕宦场中，却向往过自在隐居的生活，又苦于官俸微薄，无力创造隐居的条件，不得已“偷生”官场，未老先闲，因而内心感到迷茫。加以病骨缠绵，遂致愁颜难解。“一官冷热真何物，千古飞沉只等闲”，这是作者身处官

① 俸囊：官俸，做官的收入。云山：远离尘世的地方，隐者或出家人的居处。
② 柴门：用树枝编扎为门，言其简陋贫寒。

场的真实感受，也表达了一种面对仕途升沉的“等闲”豁达之情。诗的最后两句“惆怅菊花秋约晚，柴门留在不成关”，明确表达了作者欲效法陶渊明与菊花为伴、隐居山野而不得的惆怅之情。

郊斋夜坐二首（其二）

诗当有感句先成，坐里炉灰拨二更。南徼正勤招讨使①，西州重筑受降城②。终缨③颇自怜初志，阮屐④还谁念此生。撩我缸花⑤真浪喜，疮痍所在未全平。

（邓显鹤编撰，欧阳楠点校：《沅湘耆旧集》第二册，岳麓书社 2007 年版，第 252 页。）

评析

这是作者于郊斋夜坐有感国家边疆安危、满目疮痍而写的一首诗。首二句写自己坐至二更，灶中的炉灰已经拨了一遍又一遍，却仍然没有睡意，以此点明作诗的时间，引起读者的关注。颔联“南徼正勤招讨使，西州重筑受降城”，借官名和“受降城”故事暗示其时南方和西北边境正处于多事之秋。

① 南徼（jiǎo）：南方边陲，指代南方边境的少数民族或附属国。招讨使：古代官名，唐贞元年间始设。后遇战时临时设置，常以大臣、将军或节度使等地方军政长官兼任。

② 西州：唐在今新疆境内所置三州之一。唐贞观十四年（640）灭曲氏高昌，以其地置西州。受降城：城名，汉唐时期筑以接受敌人投降，故名。

③ 终缨：终指终军，缨即绳子。终军，西汉济南人。据《汉书·终军传》，汉武帝准终军出使南越（今广西及越南北部地区），要南越王称臣，“军自请，愿受长缨，必羁南越王而致之阙下”。后人遂把“请缨”作投军报国解。

④ 阮屐：阮指阮孚，屐即木头鞋。阮孚，字遥集，阮咸之子，西晋时人，性好屐，为人淡泊从容，尝自吹火蜡屐，并慨叹说：“未知一生当着几量屐！”事见《晋书·阮孚传》。后世遂以“阮家屐”泛指木屐。

⑤ 缸花：灯花。

颈联用终军和阮孚的典故表明自己心忧天下、淡泊为人的志向。最后两句感叹“疮痍”未平，流露出来的也是一种忧国忧民的焦灼之情。何孟春信守儒家诗教理论，其诗歌创作主题刻着儒家温柔敦厚的烙印，风格苍凉沉郁，深受杜甫诗的影响。

陈洪谟

陈洪谟（1476—1527），字宗禹，武陵（今湖南常德）人。弘治九年（1496）进士。曾任江西巡抚、兵部侍郎等职。致仕后归隐高吾山下，筑亭名静芳，自号高吾子。有《静芳亭摘稿》（又名《高吾摘稿》）八卷。

长沙道中

几年乡郡说潭州，旌节今来亦壮游①。青嶂近收衡岳雨，沧波遥接洞庭秋。谁家帘幕朱垂地，到处菑畬②绿满畴。闻道乡风最淳朴，夜深闾巷有歌讴。

（邓显鹤编撰，欧阳楠点校：《沅湘耆旧集》第二册，岳麓书社 2007 年版，第 232 页。）

评析

从首联“几年乡郡说潭州，旌节今来亦壮游”看，此诗当是作者赴任途中路过长沙时所作。此前，诗人常听人说起潭州，对长沙的向往已经很久。“旌节”二字表明他这时仕途上还算顺利，内心得意；一个“壮”字则表明他的心情是相当的快乐。颔联写自然之景。因为有衡岳雨水的浸润，青山如屏，绵延不绝；湘水北上与洞庭秋波相接，浩浩荡荡，极为壮观。颈联写百姓人事。因为人民的勤劳，眼中的田畴一片碧绿，百姓安居乐业，户户朱帘

① 旌节：古代指使者所持的节，以为凭信，后借以泛指信符。唐制中，节度使赐双旌双节，旌以专赏，节以专杀。行则建节，树六纛。亦借指节度使或军权。壮游，指胸怀壮志的游历。

② 菑畬（zī shē）：耕耘。菑，初耕的田地，开荒。畬，播种前焚烧田地里的草木，用草木灰做肥料下种；刀耕火种。

垂地，到处充满生机。颔联和颈联由近而远，由自然而人事，写出了作者内心的感受。诗的最后两句“闻道乡风最淳朴，夜深闾巷有歌讴”，从语气上推测乃想象之辞，真实地表达了作者对长沙“淳朴”民风的赞美。

徐一鸣

徐一鸣，字伯和，号渌江，醴陵人。生卒年不详。正德丁丑（1517）进士，官礼部主事、吏部验封司郎中。有《渌江集》。

春日感兴

满座云山列翠屏，华胥国①里梦初醒。桃花日暖添红涨，兰芷风清荐渚馨。霄汉曾瞻仙掌露，江湖今作老人星②。行吟泽畔谁相和？醉里渔歌烂漫听。

（邓显鹤编撰，欧阳楠点校：《沅湘耆旧集》第二册，岳麓书社 2007 年版，第 287 页。）

评析

徐一鸣的诗，今人所知者甚少，邓显鹤在《沅湘耆旧集》中对他评价颇高，认为其诗“风格遒上，差胜七子中吴明卿辈，亦可以不朽矣”，特别称赞他的七言近体诗“高爽质高，声情斐亹，在七子中最近王、李，吴明卿辈或不如也”。从这种评价看，徐一鸣的诗歌创作整体上可以归入后七子一派，

① 华胥国：这里指十分美的梦境。典出《列子·黄帝篇》：“（黄帝）昼寝，而梦游于华胥之国。华胥氏之国，在弇州之西，台州之北，不之斯（离）齐国几千万里。盖非舟车足力之所及，神游而已。其国无帅长，自然而已。其民无嗜欲，自然而已。不知乐生，不知恶死，故无夭殇。不知亲己，不知疏物，故无所爱惜。不知背逆，不知向顺，故无利害。都无所爱惜，都无所畏忌。入水不溺，入火不热，斫挞无伤痛，指擿无痛痒。乘空如履实，寝虚若处林。云雾不碍其视，雷霆不乱其听，美恶不滑其心，山谷不踬其步，神行而已。”

② 老人星：星名，中国神话中的长寿之神，为福、禄、寿三星之一，又称南极老人星。

七言近体诗风格与王世贞、李攀龙最为接近，艺术成就在吴国伦等人之上。

这首诗以“感兴”为题，借景抒情。首句“满座云山列翠屏”写梦境之美，第二句写梦醒。第三、四句“桃花日暖添红涨，兰芷风清荐渚馨”，是梦醒后所见春日丽景。面对如此美景，作者回想起自己在梦中曾经仰承天人的仙露，而今只能退隐江湖，做人间的“老人星”了。言语之间看似悠然淡泊，实则夹杂哀愁，暗含着用世不得的感慨。诗的最后两句“行吟泽畔谁相和？醉里渔歌烂漫听”，亦杂有讽世之意。屈原行吟泽畔，其忠君爱国之心有谁继承了呢？二句带有举世皆醉唯我独醒的意味。全诗寓情于景，言外见意，于恬静淡泊之中略带惆怅伤感。

许潮

许潮，字时泉，靖州人。生卒年不详。嘉靖甲午（1534）举人。以戏剧创作有名于时，杂剧合集《泰和记》流传至今，内收《武陵春》《写风情》等十三种杂剧。诗集未见。《沅湘耆旧集》收录其诗四首。

客秋有感（其二）

寒露①不凝菊，秋阴已去桐。乾坤双过鸟，南北一征鸿。涸辙②思时雨，虚舟③忆定风。夜深看剑气，犹夺旧时虹。

（邓显鹤编撰，欧阳楠点校：《沅湘耆旧集》第二册，岳麓书社 2007 年版，第 358 页。）

评析

许潮工乐府，诗歌创作亦有佳作，邓显鹤《沅湘耆旧集》称其诗“偶存一二，皆稳洽可诵”。本篇写深秋客居异乡的感受，是其现存作品中写得较好的一首五言律诗。作者独在异乡为异客，寒露时节，面对梧桐落叶和迎霜开放的菊花，内心充满“南北一征鸿”的漂泊之感。“涸辙”“虚舟”二句写其处境的艰难和人事的飘忽不定，这一切融合着落寞的秋景，更增加了诗人的伤感。但是作者并没有被漂泊的艰难击倒，“夜深看剑气，犹夺旧时虹”，诗的最后两句最能看出他此时的心态。

---

① 寒露：二十四节气之一。具体时间是秋分后十五日，特点是气温较低，空气已结露水，渐有寒意。

② 涸辙：比喻穷困的境地。

③ 虚舟：任其漂流的舟楫。比喻人事飘忽，播迁无定。

艾穆

艾穆，字和甫，一字熙亭，平江人。生卒年不详。嘉靖四十年（1561）举人。初仕国子监助教，迁刑部主事，历员外郎。抗疏论张居正居丧不奔、有失纲常，遭杖刑，戍凉州。居正死，复起户部员外郎，迁右佥都御史，巡抚四川。有《终太山人集》十卷。

出都

病向西风一促装，寥寥征雁塞云长。流沙万里无愁远，去国孤踪信若狂。楚客①江鱼身可葬，汉臣②马革骨犹香。青山到处皆吾土，岂必湘南是故乡。

（邓显鹤编撰，欧阳楠点校：《沅湘耆旧集》第二册，岳麓书社 2007 年版，第 368 页。）

评析

这首诗作于万历五年（1577）。这一年，首辅张居正遭父丧，艾穆上疏抗论张居正遭丧夺情，被遣戍凉州。此诗即是作者出都时所作。首联以“病”字引起，写自己带病促装上路，远赴关西。这里的“病”，有可能是身病，更多的恐怕是心病。作者因上疏被贬，心中充满一股抑郁不平之气。正因为相信自己是正义的，没有错，所以面对即将踏上的“万里流沙”，诗人丝毫没有怯意。“楚客江鱼身可葬，汉臣马革骨犹香”一联，更是铁骨铮铮。屈原为保持节操不惧葬身鱼腹，东汉的马援则以“马革裹尸”而还为荣，诗人以此自比自励，其气概节操令人钦佩。陈田《明诗纪事》谓艾穆之诗“搴

① 楚客：指屈原。屈原忠而被谤，身遭放逐，流落他乡，故称楚客。

② 汉臣：指马援。《后汉书·马援传》：“男儿要当死于边野，以马革裹尸还葬耳，何能卧床上在儿女子手中邪？”

杜”，“特挟奇气，盖有伟抱者自无凡响也”。朱彝尊《静志居诗话》谓艾穆“西窜之后，诗律颇效空同”，空同即李梦阳，前七子的代表人物，其诗喜用壮语。艾穆的诗也有这个特点。

车大任

车大任（1544—1627），字子仁，邵阳人。万历八年（1580）进士，除南丰、遵化知县，历礼部郎中，福州、嘉兴知府，迁浙江副使，晋浙江布政使司左参政。著有《萤囊阁》正续集四十卷，《归田集》十卷。《邵阳车氏一家集》中收录其诗七百三十九首，文七篇。

监司伍公容庵与税监忤，弃官遄归，余甚壮其行而窃有慨焉，成四律①（其三）

年来守令苦摧残，天听胡然重内官②。宦海总知风浪恶，云林③须信网罗宽。已知豺虎方当路，谁似鲇鱼复上竿④。纵有海山充贡赋，君王未可解颐⑤看。

（邓显鹤编撰，欧阳楠点校：《沅湘耆旧集》第二册，岳麓书社2007年版，第386页。）

评析

明朝末年，朝廷常常派宦官担任税监，到各大城市强征矿税，大肆搜刮民间金银，引起人民的强烈反对。湖广、苏州等地市民发起反税监斗争。正直的地方官员们站在百姓一边，也与税监进行抗争。诗中的监司伍容庵就是这样一位官员。他因与税监抵忤，不愿改变立场，不得不弃官归家。作者有

① 监司：有监察州县之权的地方长官的简称。伍容庵：明末大臣。忤：抵触，不顺从。遄（chuán）归：迅速归去。

② 天听：指帝王的听闻。内官：指国君左右的亲近臣僚或宦官太监。

③ 云林：隐居之所。

④ 鲇鱼复上竿：比喻羁身仕途，难以自脱。

⑤ 解颐：开颜欢笑。颐的本义为下巴。

感于此，连写四首律诗咏叹此事。这是其中的第三首。

开篇二句“年来守令苦摧残，天听胡然重内官”，交代背景。明万历以后，皇帝宠信太监，宦官专权，地方官员苦不堪言，人民更是陷于水深火热之中。中间四句抒写宦途感受，表达隐居之志。宦海风波难平，权奸当道，处如此世道，谁还会像鲇鱼上竿一样羁身仕途，使自己不能脱身呢？最后两句以退为进，对最高当局提出批评。全诗感叹宦海风波的险恶，有愤怒，有失望，有牢骚，有无奈，百感交集，但作者总的态度是豁达的，赞同伍容庵不合则去的为官态度。

《沅湘耆旧集》收录车大任诗十四首，同时还收录了屠隆、朱彝尊等人的评论。屠隆论车诗，“色华而不艳，音俊而不靡，妙得诗家所赏而不犯诗家所忌，足称擅场”。朱彝尊称赞车氏之诗“颇闲放，无局促态”。此诗之风致气韵，和平温厚，体现了这样的特点。

江盈科

江盈科（1553—1605），字进之，号渌萝山人，桃源人。万历二十年（1592）进士，授长洲县令，历大理寺正、户部员外郎，官至四川提学副使。公安派代表作家和创始人之一，有《雪涛阁集》。今人黄仁生辑校《江盈科集》。

闻报改官（二首）

看破名场是戏场，悲来喜去为谁忙？六年苦海长洲①令，五日浮沤吏部郎②。为蚓为龙谁小大？乍夷乍跖任苍黄③。无心更与时贤竞，散发聊便卧上皇④。（其一）

迂疏只合守茅蓬，误逐红尘兴已慵⑤。束缚半生三尺绶，消磨双鬓一拳铜。乍抛吏事从心懒，笑屏人言学耳聋。旧业湘江修竹里，不妨垂钓傲三公⑥。（其二）

（黄仁生辑校：《江盈科集》雪涛阁集卷之四，岳麓书社2008年版，第113页。）

① 长洲：苏州的古称。

② 浮沤（ōu）：水面上的泡沫。因其易生易灭，常比喻变化无常的世事和短暂的生命。吏部郎：江盈科为官期间政绩突出，朝廷要提他做吏部主事，但因小人进谗，只任了个闲职。

③ 夷：指伯夷，古代著名隐士、贤人。义不食周粟，隐于首阳山，采薇而食，后遂饿死。跖：柳下跖，春秋战国之际奴隶起义领袖，先秦古籍中被诬为盗跖。苍黄：苍指青色，黄指黄色。素丝染色，可以染成青的，也可以染成黄的。语出《墨子·所染》：“染于苍则苍，染于黄则黄；所入者变，其色亦变。”后因以“苍黄”喻事情变化反复。

④ 上皇：天帝，也指太古的皇帝。

⑤ 慵：懒散。

⑥ 垂钓傲三公：这句用东汉隐士严光垂钓富春江不愿接受汉光武帝之请出山为官的典故。严光，字子陵，东汉隐士，曾与刘秀同学。刘秀即位后，遂多次延聘他，但他隐姓埋名，仍归富春江耕钓终身。三公，古代官名，说法各异。西汉至东汉初，以大司马、大司徒、大司空为三公。

评析

万历二十六年（1598），也就是江盈科任长洲县令六年后，报迁吏部主事，恰在这个节点上，户科给事中李应策以“征赋不及格”对他提出弹劾。五天后，江盈科得到消息，被改官任大理寺正。这是他仕途中的一件大事。吏部主事与大理寺正虽然同属六品，但职权相差甚大。前者权重，后者实际上是个闲职。此事极大地影响了他的心绪，是以作《闻报改官》二首寄给好友袁宏道，向他倾诉自己的感受和态度。

两首诗作于同时，主题与风格完全相同。第一首以“看破”二字领起。诗人任长洲县令六年，对于宦海风波有真切的感受。改官一事，更使他看清了官场即名场、名场即戏场的本质。“为蚓为龙谁小大？乍夷乍跖任苍黄。”官员们唯利是图，逢场作戏。臧否人物，时而以伯夷相誉，时而以盗跖相毁，翻云覆雨，信口雌黄。身处是非莫辨的世道，诗人身心疲惫，无心与“时贤”计较短长，萌生了退隐的想法。第二首以“迂疏”二字领起，感叹自己生性慵懒，已经没有继续在官场混下去的兴趣和热情，决计“乍抛吏事”，“笑屏人言”，摆脱三尺官服的束缚，效仿东汉严光，退隐家乡，笑傲三公王侯。二诗以叙事议论为主，间用典故，讥时讽世，针砭现实。语言通俗，却机锋四射。在愤世嫉俗的同时，难掩其颓唐失意之情，又最终表现出一种旷达的胸襟。

蛛蚕

蛛语蚕曰：“尔饱食终日，以至于老。口吐经纬，黄白灿然，因之自裹。蚕妇操汝入于沸汤，抽为长丝，乃丧厥①躯。然则其巧也，适以自杀，不亦

① 厥：其。

愚乎?”蚕答蛛曰：“我固自杀，我所吐者遂为文章①，天子衮龙②，百官绂绣③，孰非我为？汝乃枵腹④而营，口吐经纬，织成网罗，坐伺其间。蚊虻蜂蝶之见过者，无不杀之而以自饱。巧则巧矣，何其忍也!”蛛曰：“为人谋，则为汝；自为谋，宁为我。”嘻，世之为蚕不为蛛者，寡矣夫!

（黄仁生辑校：《江盈科集》雪涛阁集卷之十四，岳麓书社 2008 年版，第 516 页。）

评析

这是一篇寓言小品。文章假借蚕和蜘蛛关于“利”的一段对话，展示了利世不利己和利己不利世两种截然不同的人生观。蚕一生“为人谋”，不惜献出自己的生命，至死丝方尽。蛛一生“自为谋”，为一己之私不择手段织成罗网，杀生以求自饱。两相对比，“为人谋”崇高可敬，“自为谋”渺小可鄙。但是在现实世界，“为人谋”者寡，“自为谋”者多。作者因此充满感慨。文章短小精悍，生动形象，寓意深远，时至今日，仍然具有鲜明的讽刺意义。

① 文章：指带花纹的织品。

② 衮（gǔn）龙：龙衣，古时帝王的礼服。

③ 绂（fú）绣：祭祀时穿的礼服。

④ 枵（xiāo）腹：空腹。

庄天合

庄天合，字德全，一字冲虚，长沙人。生卒年不详。万历十七年（1589）进士，改庶吉士，授编修，累官少詹事，卒赠礼部右侍郎。有《庄学士集》。

落花诗（其三）

见说逢春又惜春，芳姿能得几时新。即看鸾镜①空分影，纵画峨眉亦让人。云薄旋消脂粉色，月明如浣绮罗尘。可知聚散浑闲事，漫向人间作醉茵。

（邓显鹤编撰，欧阳楠点校：《沅湘耆旧集》第二册，岳麓书社2007年版，第411页。）

评析

这是一首咏物诗，以“落花”为吟咏对象，抒发作者的惜春之情。首联“见说逢春又惜春，芳姿能得几时新”，点明题旨，感叹春光难驻，容颜易逝。中间两联用拟人化手法，写落花照镜、画眉，无奈脂粉色退，容光不再。尾联“可知聚散浑闲事，漫向人间作醉茵”，故作旷达潇洒。表面上看，花开花落，聚散离合，好像真的是一件“浑闲事”，花落在地上还可以作人间醉汉的茵席，实际上饱含着失意和无奈。全诗借花喻人，写花即是写人，风格“清婉有致”（邓显鹤语）。

① 鸾镜：装饰有鸾鸟图案的铜镜，这里指妆镜。

车以遵

车以遵，字孝则，改字孝思，号劬园。生卒年不详，车大任之子。邵阳人。诸生。著有《声香阁草》《高霞堂》正续集。诗名与湘潭周圣楷、竟陵谭元春相埒。以布衣终，卒年八十有三。《沅湘耆旧集》录存其诗七十五首。

日复一日行

一日复一日，牵丝不盈匹。三万六千场①，眼见有时毕。沧海为桑田，此度已非一。老子念孙子，孙子复见忆。古之大圣贤，各自有苗裔。及乎千百年，莫知所自出。朝兮如是朝，夕兮如是夕。此日未足多，此日已可惜。劳劳百年心，宛转为谁役。

一日复一日，今人非昔人。芳草夏节枯，何由说冥灵②。蟪蛄③未及暮，吊者已在门。仙人本长年，见名不见人。寂寥以为乐，无生而得生。

（邓显鹤编撰，欧阳楠点校：《沅湘耆旧集》第二册，岳麓书社 2007 年版，第 671-672 页。）

评析

这是一首古体歌行诗，也是一首哲理诗，主要阐述作者对时间、历史的理解，表达自己的人生态度。在作者看来，人生百年，最多三万六千五百天，似乎一切都在重复，一切又都在重复中发生变化。在表面上“一日复一日”

① 三万六千场：指人的一生。
② 冥灵：神话中的树木名。庄子《逍遥游》：“楚之南有冥灵者，以五百岁为春，五百岁为秋。”
③ 蟪蛄：寒蝉，夏生秋死，所以不知春秋。比喻生命短促或见识短浅。庄子《逍遥游》：“朝菌不知晦朔，蟪蛄不知春秋，此小年也。”

的轮回中，沧海变成了桑田，今人已非昔人。而时间永是流逝，“此日不足多，此日已可惜”。人生是如此的短暂，当然应该珍惜光阴。但是，珍惜光阴是为了享受生活，不是为了操劳，不是为了名利。“仙人本长年，见名不见人”，成仙是靠不住的。“劳劳百年心，宛转为谁役”；“寂寥以为乐，无生而得生”。诗人反对心为物役，主张以寂寥为乐，以无生为生，思想最终滑入了佛禅的世界。全诗语言通俗，明白如话，但气韵流淌，给人以超然脱俗之感。

周圣楷

周圣楷，字伯孔，湘潭人。生卒年待考。与竟陵钟惺友善，诗亦不脱竟陵派习气，风格清峭沉鸷，而格律工整，自称“不涉唐以下一语”。著有《楚宝》四十五卷，今存。另有《湖岳堂集》，兵燹后散佚。《沅湘耆旧集》中收其诗六十首。

听雪

密霰[1]风如织，凄清入夜时。一灯寒不定，万木响频移。细雨将毋似，秋声亦可疑。听多茅屋下，真觉竹楼宜。

（邓显鹤编撰，欧阳楠点校：《沅湘耆旧集》第二册，岳麓书社2007年版，第852页。）

评析

周圣楷少负才名，曾游京师，与竟陵钟惺为友，其诗受竟陵体影响，风格清峭沉鸷，自称“不涉唐以下一语”。钱谦益称其诗作“才自清迴，时有佳句”（《列朝诗集小传》），且格律工整。

周圣楷作诗，雕字琢句，追求一种新奇脱俗的性灵，此诗即是如此。凄清的雪夜里，诗人灯下“听雪”，密霰犹如风所“织”，灯光随风摇摆不定，竹楼之外万木簌簌作响，似雨声非雨声，似秋声又非秋声，传来阵阵寒意。全诗短小精悍，却炼字凝神，着意突出了一个“寒”字，境界孤寂清冷，其中“一灯寒不定，万木响频移”一联堪称听雪佳句。

① 霰（xiàn）：在高空中的水蒸气遇到冷空气凝结成的小冰粒，多在下雪前或下雪时出现。

常五书至，始哭钟子伯敬于寝①。生而友，死而以师事之，礼也。成二首（其二）

共为天下惜文星，何独相知失典型②。力挽希声开异代，默留无尽答高冥③。门墙人避秋冬气，墟墓全收山水灵。不读楞严④心已悟，再来依旧一峰青。

（邓显鹤编撰，欧阳楠点校：《沅湘耆旧集》第二册，岳麓书社 2007 年版，第 856 页。

评析

据诗题可知，此诗是作者收读常五书信后有感于竟陵派领袖钟惺之死痛哭而作。作者之于钟惺，生前为朋友，死后却愿意“以师事之”，充满敬意，并认为这合乎“礼”的规范。诗人之所以产生这样的感情，诗的开篇二句给出了答案：“共为天下惜文星，何独相知失典型。”在他心里，钟惺不仅仅是一位相知的“典型”，还是天下的“文星”。钟氏“力挽希声开异代”，扭转了当时明诗创作的风气，开创了一代新风。如今斯人已逝，作者仰望苍穹，遥寄哀思，觉得钟氏的墓庐收尽了天下山水的性灵。全诗由实而虚，格调凝重苍劲，表达了一种真挚的哀婉之情。

① 常五：人名，事迹不详。钟子伯敬：钟惺，字伯敬，号退谷，明代文学家，竟陵（今湖北天门）人。钟伯敬与同里谭元春选《唐诗归》，又评选隋以前的诗，选《古诗归》，论诗主性灵，提倡幽深孤峭的美学风格，形成“竟陵派”，世称“钟谭”。寝：指卧室。

② 典型：这里是模范的意思。引申为具有代表性的人物。

③ 高冥：高空。

④ 楞严：指《楞严经》，大乘佛教经典。

龙膺

龙膺（1560—1622），字君御，号朱陵，武陵人。万历八年（1580）进士，除徽州府推官，官至太常寺正卿。著有《九芝集》十二卷，已佚。《龙太常全集》为其后裔重辑。

观大龙湫[①]醉中放歌

昔闻雁宕[②]胜，今为雁宕游。雁宕天池不可见，池流天际飞灵湫。始入花溪转千壑，祥云霭霭芙蓉削。手摘芙蓉梯白云，浮岚渐与青冥薄[③]。欻乎晴雷拥碧空，倒流直接银河通。玉女洗头晞白日，双鸾涵影凌长虹。快意当筵振箫鼓，狂呼动地蛟龙怒。闪烁骊珠驱电光，喷薄风雷任吞吐。有时天飞生羽翰，有时尺蠖为泥蟠[④]。纵横变化自真宰[⑤]，谁能冥悟穷其端？神物于吾故族类，为潜为见吾何意？自知龙性未可驯，但言嗜懒复嗜醉。安得有酒如兹泉，醉来一卧三千年，何须蜿蜒参驾飞九天？嘻吁乎！何须蜿蜒参驾飞九天？

（梁颂成、刘梦初校点：《龙膺集》，岳麓书社2011年版，第518页。）

评析

龙膺之诗以古体歌行为多，也最擅长。本篇是作者游雁荡山大龙湫瀑布时所作。诗以“醉中放歌”为题，其作诗时的心态隐然可见。据曾与作者有

① 大龙湫：雁荡山著名的瀑布。龙湫，上有悬瀑下有深潭谓之龙湫。
② 雁宕：雁荡山。
③ 浮岚：飘浮在山林间的雾气。青冥：形容青苍幽远，这里指青天。
④ 尺蠖：虫名，体长约二三寸，屈伸而行。《周易·系辞下》：“尺蠖之曲，以求信（伸）也。”比喻为达到某种目的而采取以退为进的策略。泥蟠：蟠屈在泥污中，比喻处于困厄之中。
⑤ 真宰：宇宙的主宰，也指自然之性。

过唱和的诗人俞安期说，龙膺此诗是“感遇为曹长”。说明此诗可能是龙膺任户部郎中时所作，因为古人常把郎中称为曹长。诗中写雁荡之景，“手摘芙蓉梯白云，浮岚渐与青冥薄。欻乎晴雷拥碧空，倒流直接银河通”，充满神奇的色彩。特别是诗中的蛟龙，“闪烁骊珠驱电光，喷薄风雷任吞吐”，“为潜为见”，变化莫测，作者视之为“神物”。其桀骜不驯的性格特点很可能夹杂着作者自我的影子。龙膺才华横溢，为人敢于放言高论，曾上疏极谏皇帝选宫女，并因此被贬青海。诗的最后几句，“自知龙性未可驯，但言嗜懒复嗜醉。安得有酒如兹泉，醉来一卧三千年，何须蜿蜒参驾飞九天?”突出表现了作者任性为人、不求闻达的率真个性。

明人顾起元在《纶隐文集原序》中论龙膺之诗时说：“词构于情，情深者辞婉；响激于气，气高者响远；才壮于学，学富者才广；趣溢于兴，兴博者趣长；斯乃得之于内，不可得而传。”认为龙膺之诗，“古人之未易争匹也”。李维桢为《纶隐文集》作序时也称赞龙膺之诗，“为汉为唐为宋，倾沥液，漱芳润，取而不穷，用而常新，按之古人，不即不离，不可以畛域分，不可以阶级辨，欲揭一家而名之不得，非大方家其孰能与于斯?”（文见《龙太常全集》卷首）此诗情深、气高，确能见出作者之才学趣味。

李腾芳

李腾芳（1573—1633），字子实，号湘洲，湘潭人。万历二十年（1592）进士，改庶吉士，官左谕德。好学，负才名。崇祯初以礼部尚书协理詹府事，后卒于官，赠太子太保。学宗王守仁，有《李湘洲集》十卷。

衡阳舟中

薄暮江烟里，相看一解颜①。浪鸥无定渚②，雾豹有深山。过客东西老，孤舟天地闲。江流原浩浩，吾道③自多艰。

（邓显鹤编撰，欧阳楠点校：《沅湘耆旧集》第二册，岳麓书社2007年版，第415页。）

评析

这首诗是作者乘船经过衡阳时所作。首句点明时间。薄暮时分，正是鸟儿归巢的时候，诗人还在江中漂泊。湘江两岸美丽的风光，使诗人为之“解颜”。然而当他看到还没有找栖息地的“浪鸥”时，心理发生了变化。面对浩浩江流，诗人一叶孤舟，联想到自己宦途的艰难曲折，沉浮不定，内心不由得生出“吾道自多艰”的感慨。

李腾芳论诗，强调“不拘格套”，所著《文字法》三十五则，极论模拟之非，认为“凡句必须独造，不可用古人现句”。此诗据景写实，造语平实，韵律工整，字里行间却又饱含着一种梗概不平之气。

① 解颜：开颜。

② 渚：水中小洲。

③ 吾道：这里不仅仅是指我的道路，还指我的学说或主张。

黄学谦

黄学谦，字又谦，一字天益，善化（今长沙）人。生卒年不详。天启辛酉（1621）副榜，官韶州教授，擢陕西兴平知县，致仕归里授业。明亡后，隐居深山，年九十余卒。有《紫岩集》《照杯亭遗草》。

醉起拟长庆体[1]（其二）

云壑日相待，世人殊不闲。却笑林下僧，不如林外山。重城曙光白，轮鞅复班班[2]。终日驱车者，岂尽为冥顽。一中利名靮[3]，终老枥与闲[4]。我幸解天刑[5]，逃之泉石间。朝随沙鸟去，暮逐沙鸟还。倦即命瓢杓[6]，隐几[7]聊闭关。

（邓显鹤编撰，欧阳楠点校：《沅湘耆旧集》第二册，岳麓书社 2007 年版，第 509 页。）

评析

黄学谦的《醉起拟长庆体》共有两首，这是第二首，作于醉后酒醒时分。或许是带着一点醉意的缘故，诗人遣词造句，纯任自然，诗意也显得洒脱不羁。两首诗的主题都是感慨社会人生，表达对人与人之间关系的思考以

① 长庆体：是对唐代白居易、元稹诗的泛称，始于宋人，开始时所指较为宽泛，清代以后，其内涵逐渐确定，特指以《长恨歌》《琵琶行》《连昌宫词》为代表的长篇歌行。

② 轮鞅：车轮和马脖套，泛指车马。班班：络绎不绝，盛多貌。

③ 靮（dí）：马络头和缰绳，泛指驭马之物。喻指束缚。

④ 枥：马槽。闲：马厩。

⑤ 天刑：上天的法则。

⑥ 瓢杓：剖开葫芦制成的酒器。

⑦ 隐几：靠着几案。

及自己的生活态度。第一首侧重写人与人之间的关系。诗云："人易为人知，此中亦何浅；人憾无人知，此中亦何褊。不如两忘之，置之了无辨。"第二首主题和风格与第一首基本相同。诗人醉眼看社会，发现在同样的世界里，"云壑日相待，世人殊不闲"，意思是说山还是那样的山，云还是那朵云，但世人的生活却"殊不闲"，每个人都在不同地忙碌着，或者说忙碌着不同的事情。人们嘲笑"林下僧"，不如到林外的"山"里过得快活。每一天太阳升起的时候，城里的街道上车马班班，络绎不绝，难道那些赶车的人就都是愚昧顽固之人吗？作者在发出疑问的同时，庆幸自己解悟了上天的法则，摆脱了名利的束缚，逃到了"泉石间"。那是一片理想的乐土，诗人在那里过上了"朝随沙鸟去，暮逐沙鸟还"的生活，兴来放歌，倦时饮酒，隐几闭关，自由自在。黄学谦身处乱世，渴望过一种安静、和平的生活，诗中所写在一定程度上表达了他的生活理想。

乱后入城

城空闻巷哭，国破岂家留。黯黯天无色，离离黍自忧①。郊原余战垒，故旧一荒丘。只影斜阳道，安能遣泪收。

（邓显鹤编撰，欧阳楠点校：《沅湘耆旧集》第二册，岳麓书社 2007 年版，第 517 页。）

① 离离黍自忧：这一句用《诗经·王风·黍离》为典，表达了对国家昔盛今衰的痛惜伤感之情。离离，繁茂貌。黍，糜子，子实去皮后叫黄米。《黍离》诗云："彼黍离离，彼稷之苗。行迈靡靡，中心摇摇。知我者谓我心忧，不知我者谓我何求。悠悠苍天，此何人哉？"后人借黍离之悲以指亡国之痛。

评析

诗人乱后入城，眼见昔日繁华的城市面目全非，满目疮痍。空荡荡的街道上传来令人揪心的哭声。“国破岂家留！”战乱给人民带来的灾难是如此的深重。“郊原余战垒，故旧一荒丘”，昔日的亲朋好友已魂归荒丘，诗人形单影只，独立在斜阳中，老泪纵横，心里充满一种亡国后的黍离之悲。读此诗，人们不难想起杜甫的《春望》，二者确有异代同悲之感。《沅湘耆旧集》论黄学谦：“晚遭世乱，出入山谷榛莽间，栖窜无定。所遗草凡八卷，其曰《癸甲馀言》《焚余草》，大抵多乱离中作，冲和平淡，绝少噍杀之音。”指的大概就是这一类诗。

冯一第

冯一第，字棂公，善化（今长沙）人。生卒年不详。天启七年（1627）举人。本姓熊，祖某赘于冯氏遂冒其姓。自幼以诗文称雄湖湘间。后为张献忠部所杀，时年四十。著有《史发》二十卷、《代古诗》一卷、《贲阁吟谱》二卷。

江上

高柳繁桃二月天，阴阴沙岸拥春烟。孤舟荡漾看鱼戏，游子歌吟选石眠。岳上泉峰归橘水，湖南泽气涨湘川。往还数泊昭潭①下，指点云岚②衣履边。

（邓显鹤编撰，欧阳楠点校：《沅湘耆旧集》第二册，岳麓书社2007年版，第551页。）

评析

这是一首写景纪游诗。从标题及诗的前两句可知作诗的地点与时间。早春二月，诗人孤舟荡漾于湘江之上，江岸杨柳依依，桃花满枝，春烟缭绕，给"阴阴沙岸"增添了一种朦胧的美。诗人低头看江中，游鱼嬉戏于卵石间。抬头远望，"岳上泉峰归橘水，湖南泽气涨湘川"。山上的泉水注入江中，湖湘大地充满生机。诗人江上往来，曾经多次泊舟于昭潭之下，山市晴岚的丽春景色多少次牵附着他的衣履，引起他无限的诗绪。全诗写景，清新独造，无一抒情之句，但是从"孤舟荡漾看鱼戏，游子歌吟选石眠""指点云岚衣履边"等句中，读者不难读出其陶醉山水、欣喜愉悦的心情。

① 昭潭：地名，位于湘潭昭山下。相传周昭王南征不复，没于此潭，故名。

② 云岚：山中云雾之气。

野望

江岸闲行处，晴云淡一天。微风生远树，吹送渡头船。

（邓显鹤编撰，欧阳楠点校：《沅湘耆旧集》第二册，岳麓书社 2007 年版，第 552 页。）

评析

《沅湘耆旧集》论冯一第“古今体诗严冷幽峭，不能尽脱钟谭习气。然其真挚独造处自多，犹不病其为竟陵流派也”。此诗写景，既有“严冷幽峭”之气，又不失“真挚独造”之情。诗人在江边信步闲行，目之所及，天高云淡，晴空万里，他似乎一无所思，一切是那样的从容宁静。然而，远方树丛中传来的微风还是吹动了他的心，诗人不由得向远处张望，蓦然发现岸边渡口处有一条小船在微风中起航。诗到此戛然而止，诗人的心绪却随着那一阵微风、那一条小船，向只可意会处绵延。

郭都贤

郭都贤（1599—1672），字天门，号些庵，桃江人。天启二年（1622）进士，授行人，历官吏部稽勋验封司主事、文选司员外郎，出为四川参议、江西督学，分守岭北道，巡抚江西。明亡后落发入浮邱山为僧，号顽石，又号些庵和尚。后客死江陵承天寺。著有《衡岳集》《止庵集》《湘恨》《秋声吟》等。

五十诞辰

视息①人间志已非，空吟嘉祐②暮烟微。神鱼③有运思溟化，瘦鹤何年厌稻肥。蓬老一丘忘服艾，铁看三折始编韦④。孤城太息因缘晚，得着袈裟是嫁衣。

（邓显鹤编撰，欧阳楠点校：《沅湘耆旧集》第二册，岳麓书社2007年版，第598页。）

评析

郭都贤五十岁的时候，明王朝灭亡已经五年。这时的诗人，早已经身着袈裟遁入空门。即便如此，他内心深处仍然保持着明代遗民的节操，坚决不与清王朝合作，只不过他的心态已经变得消沉。“视息人间志已非，空吟嘉祐暮烟微。”诗人似乎只想苟全性命于乱世，不求闻达于诸侯。傍晚时分，

① 视息：仅存视觉、呼吸等，谓苟全活命。

② 嘉祐：指苏洵的《嘉祐集》。宋仁宗嘉祐年间（1056—1063），苏洵得欧阳修推誉，将其二十二篇文章推荐给朝廷，名动京师，文人竞相模仿。因此，他将文集题名为《嘉祐集》。

③ 神鱼：相传屈原投江后，有神鱼驮其尸体穿越洞庭湖，送回他的家乡秭归。清人程含章有《神鱼》诗云：“客言秭归山下水，中有神鱼长不死。蜃蛤鼋鼍奴隶间，巨鳖长蛟共指使。当年屈子投汨罗，神鱼衔送归桑梓。”

④ 编韦：编联竹简的皮条或绳子。

他读着苏洵的文章，想起明王朝对自己的知遇之恩，他并非不想有所作为，但是凭着佛家的直感，他觉得自己与明王朝的缘分已经到了尽头。诗的最后两句“孤城太息因缘晚，得着袈裟是嫁衣”，表达的就是这个意思。这里的“孤城”，指的是肇庆。明代灭亡后，桂王朱由榔在肇庆建立南明永历政权，与清廷对抗，直到1661年才被清朝消灭。期间桂王曾以兵部尚书相召，郭都贤辞而不就。邓显鹤《沅湘耆旧集》中有这样一段话：“先生负经世才，思匡屯难，及遭时多故，知事不可为，销声晦迹，至于祝发空门。”这大概就是他拒绝出山的理由。

缺题二首

三十年来老妇身，相从真愧未亡人①。不辞剪发投缳苦②，何惜牵萝补屋③贫。青草有情犹宿冢，胡笳④一拍也伤神。千秋粉黛留金石，若个须眉泣凤麟⑤。（其一）

一天肝胆向谁倾，搔首乾坤老泪横。远慕司空⑥游茧室，预同元亮写铭旌⑦。山河不碍香林⑧眼，草木何知乞子⑨名。好向隔年从学《易》，早因读

① 未亡人：旧时寡妇的自称。
② 剪发：剪掉头发，指削发为僧。投缳（huán）：上吊、自缢。
③ 牵萝补屋：拿藤萝补房屋的漏洞。形容生活贫困，挪东补西。萝，女萝。
④ 胡笳：蒙古族的一种乐器。
⑤ 若个：哪个。须眉：男子汉。泣凤麟：谓哀伤国家的衰败。凤麟，凤凰、麒麟。古人认为麟是仁兽，天下太平时才出现；凤鸟至乃圣人受命而王之兆。据《公羊传》，孔子因乱世获麟而涕泣，又因凤鸟不至而伤叹。
⑥ 司空：古代官名。这里疑指孔子。孔子曾任鲁国的司空。
⑦ 元亮：陶渊明。铭旌：竖在灵柩前标志死者官职和姓名的旗幡。
⑧ 香林：这里指禅林。
⑨ 乞子：求乞的人。

损悟无生①。（其二）

（邓显鹤编撰，欧阳楠点校：《沅湘耆旧集》第二册，岳麓书社 2007 年版，第 617 页。标点符号有改动。）

评析

细细揣摩诗的编排及语气，这两首诗似是为妻子而写。第一首站在老妇人的立场，以“未亡人”的语气，表达自责之情。诗人削发为僧，致使心爱的女人成为活寡妇。面对三十年来相濡以沫的妻子，他的心里只有一个“愧”字。在妻子看来，他既然不惧怕削发为僧的艰苦，又何必在乎“牵萝补屋”的清贫呢？“千秋粉黛留金石，若个须眉泣凤麟。”作者对妻子充满敬意，同时感叹天下须眉又有谁在哀伤国家的衰败呢？第二首立足自我，向妻子倾诉自己的“一天肝胆”。诗人“搔首乾坤”，老泪纵横。他之所以遁入禅林，根本原因就是知事不可为，只有祝发空门，才能“销声晦迹”，苟全性命。如今他已经悟透人生，但内心深处的人生伤痛和亡国之思，还是剪不断、理还乱。两首诗抒写作者亡国后的“故国之戚”，如泣如诉，凄凉悲戚之中犹存泠然风骨，令人感喟。清初古文家魏禧是郭都贤校士时所得门生，曾盛赞其师“劲节清风，老且弥高。著作雄奇，有临碣石、观沧海之概”。老友陶汝鼐评其诗曰：“些公以故老流离，眷怀宗社，所作诗文，居然得《九歌》之遗。”郭诗之慷慨悲壮、苍凉激越的风骨，于此二诗可见一斑。

① 无生：佛教术语。谓没有生灭，不生不灭。《大宝积经》卷八七：“无生者，非先有生，后说无生，本自不生，故名无生。”

补山堂歌

小构沙湾，拜尔梅张公①画，悬之茅茨②。千岩竞秀，直补泽国所未有。因补山堂额作歌以咏之，并谢其以烟云供养老僧也。

山中人兮畏豺虎，横担椰栗③飞寒羽。茫茫水云鱼龙腥，归去闭门等逃雨。入山不得走入湖，鸿雁不来声气孤。莲房藕孔藏世界，葫芦中人知有无。沙湾隔湖望如咫，百里无山七泽④耳。诛茅⑤一片水到门，突兀奇峰挂壁起。层峦叠嶂争豪端，置我千山万山里。从今莫笑愚公腐，海湖汩没三山补⑥。九疑⑦云中坐立间，黄蓬培塿⑧何须数。盈盈一水题三堂，僧繇⑨身手开天荒。但愁山高树老苍，撑破太室⑩心彷徨。

（邓显鹤编撰，欧阳楠点校：《沅湘耆旧集》第二册，岳麓书社 2007 年版，第 580-581 页。）

评析

明亡后郭都贤落发为僧，开始时居无定所，后来在沙湾筑补山堂，前后居住十九年。沙湾地处湖滨，“百里无山”，是地道的水乡泽国。为了弥补这种不足，房子建成后，画家张尔梅特意为他画了一幅“千岩竞秀”图。郭都

① 尔梅张公：张尔梅，与郭都贤同时的一位画家，生平待考。
② 茅茨（cí）：亦作“茆茨”。茅草盖的屋顶。这里用以谦称自己的家，也就是题中所说的补山堂。
③ 椰栗：指椰栗木做的手杖。
④ 七泽：相传古时楚有七处沼泽，后以“七泽”泛称楚地诸湖泊。
⑤ 诛茅：亦作“诛茆”，芟除茅草。引申为结庐安居。
⑥ 汩没：淹没。三山：指江西的庐山、安徽的黄山、浙江的雁荡山，泛指各名山。
⑦ 九疑：九嶷山，又名苍梧山，位于湖南省南部宁远县境内。
⑧ 培塿（lǒu）：小土丘。塿，小坟、疏土。
⑨ 僧繇（yóu）：张僧繇。梁代著名画家，擅画佛像、龙、鹰，多作卷轴画和壁画。这里用以赞喻张尔梅。
⑩ 太室：太室山，位于河南省登封市北，为嵩山之东峰。据传大禹的第一个妻子涂山氏生启于此，山下建有启母庙，故称之为“太室”。室，妻也。

贤看到图后非常高兴，于是作《补山堂歌》。诗中作者自称“山中人”，因为畏惧豺虎，“入山不得走入湖”，于“莲房藕孔”之中苟全性命，鸿雁不来，与世隔绝。正当他感到有些单调时，朋友给他送来了“一座山”，“突兀奇峰挂壁起”，“置我千山万山里”。作者内心别提有多高兴了。从此，墙壁上的山，门前的水，酿造出一片阴凉，为诗人因江山沉沦而憔悴、破碎的心灵提供了慰藉。

陶汝鼐

陶汝鼐（1601—1683），字仲调，一字燮友，别号密庵，宁乡人。崇祯六年（1633）举人，官广东教谕，翰林待诏，改授兵部职方郎中。弘光时为何腾蛟监军，永历时授翰林院检讨。入清不仕，削发为僧，号忍头陀。著有《广西涯乐府》《嚏古集》《寄云桥集》《褐玉堂集》，合为《荣木堂集》三十六卷。

感愤

谁厌天心竟不寒，愁看珠斗①夜凭阑。铜人在昔能辞汉②，博浪当时未报韩③。填海自怜精卫小④，过河同泣鲋鱼干⑤。遥闻故老兼飞将⑥，已逐群凶到贺兰⑦。

（邓显鹤编撰，欧阳楠点校：《沅湘耆旧集》第二册，岳麓书社 2007 年版，第 653 页。）

① 珠斗：指北斗七星，因斗星相贯如珠，故名。

② 该句用的是铜人辞汉的典故。魏明帝青龙元年八月，诏宫官牵车西取汉孝武捧露盘仙人，欲立置前殿。宫官既拆盘，仙人临载，乃潸然泪下。唐代诗人李贺据此作《金铜仙人辞汉歌》。铜人，铜铸的人像。

③ 该句用的是张良博浪沙刺秦的典故。张良本韩人，秦灭韩国，张良为报韩仇，雇大力士于博浪沙椎刺秦王。

④ 该句用的是精卫填海的典故。精卫，鸟名，本是伏羲最宠爱的女儿，溺于海，化为鸟，于是日衔微木，发誓要将海填平。比喻仇恨极深，立志报复，也比喻徒劳，自不量力。

⑤ 该句以汉乐府《枯鱼过河泣》作为典故。诗云："枯鱼过河泣，何时悔复及？作书与鲂鱮，相戒慎出入。"鲋（fù）鱼，即鲫鱼。

⑥ 飞将：指汉代飞将军李广。

⑦ 贺兰：指贺兰山。

评析

明亡清兴之际，陶汝鼐一度参加过反清运动。南京弘光政权建立时，他受人举荐担任何腾蛟的监军。弘光王朝灭亡后，他又转道广西，参加朱由榔的永历政权，并担任了翰林院检讨的官职。眼看着南明王朝内部政治腐朽，权奸当道，已经逃脱不了灭亡的命运，陶汝鼐才最终选择退隐江湖。

这首诗是他参加反清斗争且还怀抱着复国的希望时所写。诗人满怀愁绪，夜不能寐，独起凭栏，仰望北斗，一连串的历史往事在脑海中回旋。汉代灭亡后，原本置于汉武帝宫前的金铜仙人被魏明帝派人强行拆迁，仙人潸然泪下，这种亡国之痛诗人感同身受。韩国灭亡后，张良为报韩仇，雇大力士于博浪沙椎杀秦王，惜乎不中。精卫日衔微木以填沧海，虽然有些自不量力，但其立志复仇的决心是何等的坚定。而过河而泣的枯鱼又是何等的无奈！诗人多么希望能出现李广那样的飞将，将入侵的“群凶”驱赶到贺兰山北。诗中连用五个典故，每一个典故都暗含着对现实的一种态度或感受，是诗人心态的真实写照。全诗基调悲壮凄楚，心情沉痛却十分倔强。近代邓之诚《清诗纪事初编》论陶汝鼐之诗，“纾怀壮物，声情并茂。患难以后诸作，激越凄楚，所谓‘皇天后土，可鉴野老之心；五岳九洲，共听空山之哭’者也”。说的就是这一类诗。

放还贻别诸同难者（其二）

收召离骚旧日魂，振衣谁遣出神门。余生自耻矜微命，不杀何词怨大元①。镜里霜花宁苦节②，药从忍草是中根③。从今悟得真身④在，难与君亲浪报恩。

（邓显鹤编撰，欧阳楠点校：《沅湘耆旧集》第二册，岳麓书社 2007 年版，第 659 页。）

评析

顺治十年（1653）二月，陶汝鼒因参加反清活动，涉及一宗复明大案，被清廷逮捕，下长沙府狱。其子陶之典、老友郭都贤为了营救他多方奔走。此案牵连的湖南各地人士多达百余人或说三百多人。顺治十二年（1655）五月，坐镇长沙、时任清王朝西南经略的洪承畴公开审理陶汝鼒叛案。考虑到案子牵连的湖南著名乡绅太多，为了收服人心，洪承畴全部释放因抗清活动而被捕的湖南士绅，反而将告密者潘正先斩首。此诗即作者被放还时赠诸同难者而作。

诗人大难不死，一方面"余生自耻矜微命"，另一方面却也"不杀何词怨大元"。这里的"大元"就是指大清。对清廷的不杀之恩，他虽然不存在感激，但反清的斗志显然因此也打了折扣。看到镜中的华发，诗人知道那是过去操劳过度、守志不渝的结果。如今他已经悟得"真身"的含意，只想做佛经上所说的那棵雪山上的"忍草"，隐退江湖，忍辱而活。诗的最后两句表明，诗人已初步下定削发为僧的决心。

---

① 大元：元朝。这里代指清朝。
② 苦节：意为坚守节操，矢志不渝。
③ 忍草：又名忍辱草。佛经中说雪山有草，名为忍辱，牛羊食之，则成醍醐。中根：佛教术语。指具有中等根器的人。
④ 真身：佛教术语。

严首昇

严首昇（1607—1682），字平子，华容人。诸生。有《濑园集》。《沅湘耆旧集》录存其诗二十二首。

下第访白仲清[1]

曾共山中卧，十年已在今。颇游天下士，信汝独知音。世事难方悟，贫交晚最深。人生惟失意，容易得同心。

（邓显鹤编撰，欧阳楠点校：《沅湘耆旧集》第二册，岳麓书社 2007 年版，第 799-800 页。）

评析

或许是因为考试失意，严首昇的这首诗写得直白感人，看不出杂存着竟陵派“幽深孤峭”的习气。作者与白仲清曾经一同在山中读书十年，双方应该说是知根知底的老朋友，但他过去似乎并没有这种感觉。广交天下士之后，诗人悟透了一些难解的“世事”，特别是落第后的遭遇更使他看清了人情冷暖，世态炎凉。“人生惟失意，容易得同心。”正是在失意之中，他发现白仲清才是自己真正的知音，真正的同心。这是他落第后的收获。

① 下第：科举时代考试不中曰下第，又称落第。白仲清：人名，生平难考。

山行

独步穷幽际，盘旋细可寻。枝垂花有力，巢近鸟无心。雨势临山急，春容卓午①深。情移身在海，何处肯知音。

（邓显鹤编撰，欧阳楠点校：《沅湘耆旧集》第二册，岳麓书社 2007 年版，第 800 页。）

评析

这首诗的最大特点是写景造句，精工生涩。首联点明题旨。诗人独步山间，沿着羊肠小道盘旋前行，寻路看花，欲穷尽山中的美景。中间两联写景，造语奇特，出人意表，细细一想却又在情理之中。花枝低垂的原因是花多，负荷重，诗人却认为是“花有力”，将花拟人化。巢的位置是固定的，鸟儿不愿意离巢太远，故云“巢近”。巢虽近，鸟似乎又没有归心。“雨势临山急，春容卓午深。”山雨欲来之势在山边更显其急；春天的容颜只有在正午才能焕发出她的风采。二句写眼前之景，又透露出作者的心中之思。最奇特的是最后两句，诗人身在山中，却情移于海，以至于最终不知道到底哪里才能找到自己的知音。邓显鹤《沅湘耆旧集》批评严首昇的诗“染竟陵习气太深”，陈田《明诗纪事》亦云其诗“与竟陵无殊”，指的就是这一类诗。

① 卓午：正午。

郭金台

郭金台（1610—1676），字幼隗，湘潭人。本姓陈氏，年十三遭家难，匿中表郭氏家得免，遂冒郭姓。崇祯己卯（1639）、壬午（1642）两中副榜。南明隆武年间（1645—1646）始中举人。湖广总督何腾蛟、湖广参政堵胤锡交荐，授职方郎中。南明亡，隐居衡山，授徒著书。著有《石村诗文集》《行吟草》《旅园旧诗》《五经骈语》等。

独酌

乾坤空赖腐儒筹，夜半孤灯问鲁丘。青眼①逢人犹避俗，新亭掩涕亦蒙羞②。难支夏屋栖劳燕，莫解春阴慰逐鸠。湘岸自怜花正发，故乡时系客边愁。

（邓显鹤编撰，欧阳楠点校：《沅湘耆旧集》第二册，岳麓书社 2007 年版，第 565 页。）

评析

郭金台是明清之际爱国诗人。邓显鹤《沅湘耆旧集》录存其诗五十五首，诗前小序中说他“状貌奇伟”，为人以忠义相期许，常与人“慷慨论天下事，议论风生”。张献忠与李自成余部相继占据湖南时，郭曾在家乡“练勇为守御”。晚年知事不可为，隐居衡山，著书授徒，“绝口不谈世事，惟论列当时殉难诸人辄欷歔流涕”。此诗以《独酌》为题写故国之思，可见其孤

---

① 青眼：指对人喜爱或器重。与“白眼”相对。典出《晋书·阮籍传》：“籍又能为青白眼。见礼俗之士，以白眼对之。”青，黑色。眼睛正视时，眼球居中，故青眼表示对人喜爱或尊重。

② 新亭掩涕亦蒙羞：用刘义庆《世说新语》中“过江诸人”新亭对泣的典故。新亭，古地名，故址在南京市的南面。

独之境。从诗中“新亭掩涕亦蒙羞”之语看，诗当作于明亡之后。首联写自己夜半孤灯，借酒浇愁，向孔子咨询治国安邦的大计，交代独酌的时间，也就是写诗的背景。同杜甫一样，诗人自谦为乾坤“腐儒”，面对世道的剧变感到力不从心。一个“空”字写出了他心中的颓唐失望和万般无奈，这也是他深更半夜借酒浇愁的原因。颔联“青眼逢人犹避俗，新亭掩涕亦蒙羞”，用阮籍和王导等人新亭对泣的典故，抒写自己亡国后悲愤无以自处的心情。颈联以“劳燕”“逐鸠”比喻亡国后流离失所的人们。诗人多么希望自己能够力挽狂澜，支起一座大厦，为“劳燕”“逐鸠”们提供一块栖居地，拱起一片阴凉。然而事与愿违，一切已不可挽回。无可奈何之中，诗人只能借酒浇愁。看到湘江两岸那些正在开放的花朵，对家乡的思念更增添了他客居的哀愁。

被乱家散，舟载妻儿入郡，经道昭山①

群氛日日忧明主，长路年年困此生。身系一舟如泛梗②，儿怜二岁已轻程。文章无力羞多士，草木何时见大兵。百里人烟无乐土，晚洲渔照自纵横。

（邓显鹤编撰，欧阳楠点校：《沅湘耆旧集》第二册，岳麓书社 2007 年版，第 565-566 页。）

---

① 昭山：地名，位于湘潭与长沙接壤处，潇湘八景之“山市晴岚”所在处。

② 泛梗：语出《战国策·齐策三》。有土偶人与桃梗相与语。桃梗谓土偶人曰：“子，西岸之土也，挺子以为人，至岁八月，降雨下，淄水至，则汝残矣。”土偶曰：“不然，吾西岸之土也，土则复西岸耳。今子，东国之桃梗也，刻削子以为人，降雨下，淄水至，流子而去，则子漂漂者将何如耳。”后因以“泛梗”喻漂泊。

评析

这首诗是作者战乱中携妻儿乘船途经昭山时所作。首联总写几年来的生活心态。“忧明主”与“困此生”互为因果。诗人遭逢乱世，长年漂泊，日夜盼望着明君能够降临，救民于水火。然而明君没有降临，战乱仍在蔓延，诗人只得长年漂泊。“日日忧明主”，“年年困此生”，足见其内心已非常急迫焦灼，不堪重负。两个叠词，形象地写出了作者的“忧”之深，“困”之重。颔联写眼前的境况。感叹自己孤舟漂泊一如泛梗，怜惜幼儿年仅两岁就饱尝颠沛流离之苦。颈联宕开一笔，用一个“羞”字叹息国家危亡之时文章之士的软弱无力。尾联由近而远，由实而虚，突显战乱给人民带来的深重灾难。诗人放眼远望，“百里人烟无乐土”，满目萧条，只有昭山湘水依旧是晚洲渔照。《沅湘耆旧集》论郭金台之诗“体擅骚雅，义兼正变，无摹拟之迹，多沉郁之思”。此诗议论、写景，融漂泊之苦与家国之痛于一体，情景交融，风格沉郁之至。

黄周星

黄周星（1611—1680），字景虞，一字九烟。本姓周，湘潭人。父逢泰官江南，生星于金陵，为上元黄氏抚养，遂冒其姓为黄周星。崇祯庚辰（1640）进士，除户科给事中，不就。明亡后变姓名曰黄人，字略似。侨寓湖州。年七十，自撰墓志，作《解脱吟》十二章，纵饮尽一斗，大醉，投南浔河而死。著有《夏为堂集》《刍狗斋集》，多散佚。今有《九烟先生遗集》六卷，乃后人所辑。

荒寺愁坐同允康赋

黄金红粉未销愁，野寺相逢只敝裘。举目河山千古泪，对床风雨两人秋。时危家破怜张俭①，地老天荒笑马周②。赤壁红崖齐拍手，谁人客帐③梦封侯。

（邓显鹤编撰，欧阳楠点校：《沅湘耆旧集》第二册，岳麓书社 2007 年版，第 571 页。）

评析

这首诗是作者在野寺里与朋友允康相逢同坐时作。从诗中“举目河山千古泪”“时危家破怜张俭”等语看，诗当作于明清鼎革之际。眼看着河山变色，国家危在旦夕，作者内心生出无限哀愁，即使用“黄金红粉”也无法销

① 张俭：字符节，山阳郡高平（今山东邹城）人。汉桓帝时任山阳郡东部督邮。宦官侯览的家属仗势在当地作恶，张俭上书弹劾侯览及其家属，触怒侯览。党锢之祸起，侯览诬张俭与同郡二十四人共为部党。朝廷下令通缉，张俭被迫流亡。张俭望门投止，许多人为收留他而家破人亡，直到党锢解禁才回到家乡。

② 马周：唐初大臣，字宾王，博州茌平（今山东茌平）人。少孤贫，勤读博学，后到长安，为中郎将常何家客。因常何的推荐得到唐太宗的赏识，授监察御史，累官至中书令。

③ 客帐：客舍之帐。借指客舍。

解。荒郊野寺，诗人与朋友相逢愁坐，破帽敝裘，对床风雨，吹来阵阵凄凉。诗的颈联用张俭、马周自比，意思是说自己和朋友即使有张俭、马周那样的气节才华，处如此时世，也不可能有所作为，因而早已断了“封侯”的梦想。据朱彝尊《静志居诗话》记载，黄周星为人性狷介，“人有一言不合，辄漫骂。尝赋诗云：‘高山流水诗千轴，明月清风酒一船。借问阿谁堪作伴，美人才子与神仙。’”其诗亦如其人。《沅湘耆旧集》论其诗：“诗才横逸，歌行尤独开生面，今所传《姑山堂歌》《楚州酒人歌》等作，纵横跌宕，一往奔放，风驰雨骤，不可端倪。”陈田《明诗纪事》亦谓：“九烟长歌，真气喷薄而出，微嫌拉杂。近体傲兀，自见风节。”

程本

程本，字子源，一字或委，号权斋，华容人。生卒年不详，事迹无可考。有《柿叶园集》。《沅湘耆旧集》录存其诗六十六首。

还山示内（二首）

来去兼风雨，田园芜已多。牛衣①吾自惜，雌伏②汝将那。偶尔忘沟壑，平生厌揣摩。存心终可问，争奈白云何。（其一）

只作看山计，相逢亦问津。无名逃易远，有骨屈能伸。抱玉悲无益，怀沙志自辛③。下机聊慰汝，舌在尽堪贫。（其二）

（邓显鹤编撰，欧阳楠点校：《沅湘耆旧集》第二册，岳麓书社 2007 年版，第 793-794 页。）

评析

这两首诗是作者外出回家时为妻子所作。“还山”二字表明他们隐居在山中。作者因何外出，诗中没有说明。但从“来去兼风雨，田园芜已多”二句看，诗人这次外出的时间比较长，而且历经“风雨”，饱受磨难。大片荒芜的田园是战乱留下的创伤。风雨归来，诗人特别珍惜与妻子牛衣对泣、相濡以沫的生活。深处山中，与白云为伴，用不着“揣摩”算计。这种生活，虽然“无名”，但是“有骨”。面对国家灭亡的深重灾难，作者深感“抱玉悲

① 牛衣：牛畜御寒遮雨之覆盖物。有成语“牛衣对泣”，原指睡在牛衣中，相对涕泣，后喻夫妻共度贫困之生活。

② 雌伏：雌伏以待，比喻隐藏起来，隐忍不发，屈居人下，无所作为，无为而治。

③ 抱玉：怀抱德才，深藏不露。怀沙：指屈原的作品《怀沙》。

无益，怀沙志自辛”。转而决计隐处深山，甘于平淡，与妻子过一种自在清贫的生活。二诗叙写与妻子的感情，语言平实朴素，真挚感人。

宿南河渡口

岸余舟次事仓黄①，记得同游说靖康②。携手可堪歌当泣，称戈不解醉如狂。百年沃沃嗟苌楚③，终古梦梦视彼苍④。王谢⑤堂虚惟燕在，故园行且是他乡。

（邓显鹤编撰，欧阳楠点校：《沅湘耆旧集》第二册，岳麓书社 2007 年版，第 794 页。）

评析

诗人夜宿南河渡口，听同游之人闲话靖康旧事，心中激起无限的感慨。“携手可堪歌当泣，称戈不解醉如狂。”无论他如何长歌当哭，借酒浇愁，都无法消除内心的伤痛。颈联援用《诗经》中的诗篇抒写亡国后的生活，感情尤为沉重。《诗经·隰有苌楚》诗云：“隰有苌楚，猗傩其枝。夭之沃沃，乐子之无知。”按照朱熹《诗集传》的解释，诗的主题是抒发“政烦赋重，人不堪其苦，叹其不如草木之无知而无忧也”。诗中的主人公羡慕羊桃生机盎然，无思虑、无室家之累，其对现实生活的不满正好反映了程本的真实心态。

① 仓黄：匆促慌张。

② 靖康：宋钦宗年号（1126—1127）。1127 年，金兵攻克汴京，俘虏宋徽宗、宋钦宗二帝，北宋灭亡。

③ 沃沃：光泽貌。苌楚：植物名，又名羊桃，花赤色，子细如小麦，形如家桃，柔弱蔓生。语出《诗经·桧风·隰有苌楚》：“隰有苌楚，猗傩其枝。夭之沃沃，乐子之无知。”

④ 彼苍：天的代称。《诗经·秦风·黄鸟》：“彼苍者天。”苍，天色。

⑤ 王谢：六朝时望族王氏和谢氏的并称。

诗的最后两句，化用刘禹锡《乌衣巷》中“旧时王谢堂前燕，飞入寻常百姓家”之句，感叹明朝灭亡后，多少世家大族破败凋零，多少代人生于斯长于斯的“故园”如今已非我土，成为“他乡”。

程本与严首昇交好。据《华容志》记载，“严诗以清快胜，程诗以苍郁绝”。《沅湘耆旧集》论程本之诗“豪迈自喜，一洗竟陵流派。五古托兴无端，风格遒上。近体整赡雅饬，尤多凄戾清怆、苍凉沉郁之音”。此诗堪称代表。

袁准

袁准，字平仲，郴州人。生卒年不详，仕履无考。《沅湘耆旧集》录存其诗十五首，论其诗“多清厉恻怆之音”。

山居咏梅（其三）

峰头日日倚重霄，一树横斜慰寂寥。啮雪尚荐苏武节①，挂风还厌许由瓢②。谁知铁骨偏丰韵，更问冰心可动摇。莫向江南栽处处，曾将冷眼笑前朝。

（邓显鹤编撰，欧阳楠点校：《沅湘耆旧集》第二册，岳麓书社 2007 年版，第 807 页。）

评析

诗人隐居山中，峰头那“一树横斜”的梅花给他寂寥的生活带来无穷的慰藉。他由梅花的冰雪节操联想到苏武的啮雪吞毡，许由挂瓢树上尚嫌其烦扰，这些仁人志士的铮铮铁骨激励着他砥砺品行，保持民族气节。诗的最后一句“曾将冷眼笑前朝”，表面上是写梅花，实际上是表达自己不与清朝合作的决心。邓显鹤《沅湘耆旧集》称赞袁准的《咏梅》《落花》诸作，“幽情古意，如怨如诉，若甚有不能已于言者。殆亦谢皋羽、黄东发之流也”。评价相当高。

① 啮（niè）：用嘴咬。此句借汉代苏武啮雪吞毡的典故比喻坚持气节。

② 许由瓢：典出汉蔡邕《琴操·箕山操》。“许由者，古之贞固之士也，尧时为布衣，夏则巢居，冬则穴处，饥则仍（依）山而食，渴则仍河而饮，无杯器，常以手捧水而饮之。人见其无器，以一瓢遗之。由操饮毕，以瓢挂树。风吹树动，历历有声，由以为烦扰，遂取损之。”指高人与世无争。后遂用“一瓢挂树”“挂瓢”等写隐逸傲世之人；用“挂瓢风树”“一瓢喧”等喻烦扰。

落花（其五）

春色自浓花自凋，如将旧事说前朝。甘同隐逸渔樵瘦，谢绝风流儿女娇。薄命也曾窥上苑①，深根尚可倚重霄②。自知泉石新成癖，偷眼蜻蛉③去未遥。

（邓显鹤编撰，欧阳楠点校：《沅湘耆旧集》第二册，岳麓书社 2007 年版，第 808 页。）

评析

如前所述，袁准的《落花》诗曾经赢得邓显鹤的高度评价。全诗以“落花”为吟咏对象，实际上是以落花自喻。从意象的选择来看，诗当是诗人晚年所作。晚春时节，春意最浓，但花的凋零也不可避免，这是自然的规律。亡国后的诗人身处新朝，想起前朝旧事，感到自己就如同一瓣落花。“甘同隐逸渔樵瘦，谢绝风流儿女娇。”这是落花的品格，也是诗人的晚节。落花虽薄命，也曾入皇家的园林，有过一段鲜艳。诗人自居为明朝臣民，入清以后，退隐林泉，谢绝风流，甘于淡泊，其人格气节，用邓显鹤的话来说，可与南宋遗民谢皋羽、黄东发相提并论。全诗咏物以写人，诗意含蓄蕴藉，幽情古意，温婉动人。

① 薄命：这里指落花。上苑：皇家的园林。
② 重霄：指极高的天空。古代传说天有九重，又叫九重霄。
③ 蜻蛉：类似于蜻蜓的小飞虫。

卢传来

卢传来，字复郎，一字念声，宁乡人。生卒年不详。崇祯间贡生。与陶汝鼐有交往。《沅湘耆旧集》录存其诗十一首。

九日山中候陶仲调[1]未至，独酌述怀

幽居寂寂废登临，节物萧萧感倍深。松径尽荒存野菊，荷衣渐冷祛寒砧[2]。四旬愁鬓逢秋老，万事伤心向月吟。细看茱萸[3]成独酌，怀人渺渺白云岑[4]。

（邓显鹤编撰，欧阳楠点校：《沅湘耆旧集》第二册，岳麓书社 2007 年版，第 840 页。）

评析

从诗中“九日”“四旬”“茱萸”等语汇看，这首诗当是明亡后的某个九月九日所写，其时作者四十来岁。重阳佳节，诗人与朋友陶汝鼐相约游山，但是不知道什么原因，陶没有按时赴会，无奈之中诗人只好独酌遣怀。诗的首联感叹自己国亡后特别容易多愁善感，所谓“节物萧萧感倍深”，因而幽居山中很少出门，登山临水之游更是完全废止。颔联描写自己的生活环境和感受，“松径尽荒”，但存野菊，防寒的衣服还没有做好，秋寒已经袭来，诗人感到阵阵寒意。如此描写，既符合秋天的时令特征，又暗寓着诗人亡国后

---

① 陶仲调：陶汝鼐，宁乡人，生平事迹见前诗。
② 寒砧：指寒秋的捣衣声。砧，捣衣石。诗词中常用以描写秋景的冷落萧条。
③ 茱萸：植物名。香气辛烈，可入药。古俗农历九月九日重阳节，佩茱萸能祛邪辟恶。
④ 白云岑：云雾缭绕的山峰。岑，小而高的山。

伤痛的心境。颈联直抒胸臆："四旬愁鬓逢秋老，万事伤心向月吟。"诗人虽然只有四十来岁，但是因为"万事伤心"，愁鬓先衰。尾联借景抒情。作者细看茱萸，借酒浇愁，时而望望白云缭绕的山顶，盼望朋友早点来临，言语之间充满着对朋友的思念之情。

秋尽，山居述怀

四十年来磊落身，半淹笔墨半风尘。自经天地沧桑后，长作烟霞太古人①。秋后餐蔬煨芋粉，冬来围火剥松鳞②。清溪细雨添幽事，鸥鹭翩翩与结邻。

（邓显鹤编撰，欧阳楠点校：《沅湘耆旧集》第二册，岳麓书社 2007 年版，第 840 页。）

评析

这首诗写于诗人四十岁那年秋天。开篇二句是概写。诗人幽居山中，回顾自己四十年来错杂磊落的生活，他用"半淹笔墨半风尘"七个字加以概括。"半淹笔墨"是说自己以读书作文为乐，体现了书生的本色。"半风尘"则是为生计漂泊，充满苍凉之感。第三、四句"自经天地沧桑后，长作烟霞太古人"，是一个流水对，叙述明亡以后，自己退隐江湖，其实是在表明不与清朝合作的心态。第五、六句具体写自己的生活条件，"煨芋粉"，"剥松鳞"，生活相当清苦，但他乐在其中。特别是下了一些小雨的时候，溪水淙淙，一群鸥鹭翩翩而来，与他结邻而居，在诗人看来，这是何等惬意的生活。全诗写景叙事，以苦为乐，表现出一种典型的遗民心态。

---

① 烟霞：泛指山水。太古人：本意为远古、上古人，这里指隐居者。

② 松鳞：这里指松树皮。

王夫之

王夫之（1619—1692），字而农，号姜斋，衡阳人。崇祯举人。曾在衡山举兵抗清，事败后投奔朱由榔的永历政权，任行人司行人。晚年隐居石船山著书立说，故世称“船山先生”。与黄宗羲、顾炎武并称为明末清初三大启蒙思想家。著有《周易外传》《张子正蒙》《尚书引义》《读四书大全说》《老子衍》《庄子通》《思问录》《读通鉴论》《宋论》《黄书》《噩梦》《楚辞通释》《诗广传》《夕堂永日绪论》等，清末汇刊成《船山遗书》，凡七十种，三百二十四卷。

初度口占[①]

横风斜雨掠荒丘，十五年来老楚囚[②]。垂死病中魂一缕，迷离唯记汉家秋[③]。

一万五千三百三[④]，愁丝日日缠春蚕。天涯地窟知音绝，新剪牛衣[⑤]对雨谈。

十一年前一死迟，臣忠妇节两参差。北枝落尽南枝老，辜负催归有子规。

新买茱萸半亩堂，苔侵床足月侵墙。天涯芳草迷归路，病叶还禁一夜霜。

十载每添新鬼哭，泪如江水亦干流。青髭无伴难除雪，白骨多情苦恋头。

陈抟驴背笑难禁，龚胜床头饿称心。雪搅九微香炬暗，未知除夕是晴阴。

（王夫之著：《船山全书》第十五册，岳麓书社2011年版，第315页。）

① 初度：指生日之时。出自《离骚》：“皇览揆余初度兮，肇锡余以嘉名。”后称生日为初度。口占：指即兴作诗，不打草稿，随口吟诵出来。

② 十五年：明亡后作者参加反清复明斗争，至写此诗时大致经历了十五年。楚囚：据《左传·成公九年》载，楚人钟仪被晋俘虏，晋人称他为“楚囚”。后用以指被囚禁或处境窘迫的人。

③ 迷离：模糊而看不清楚。汉家秋：这里喻指明王朝。

④ 一万五千三百三：指一万五千三百三十日，每年三百六十五天，这一天刚好是作者四十二岁生日。

⑤ 牛衣：牛畜御寒遮雨之覆盖物。原指睡在牛衣中相对哭泣，后用来比喻夫妻共度贫困之生活。典出《汉书·王章传》。

评析

这组诗是顺治十八年（1661）王船山四十二岁生日时所作。从诗中“十五年来老楚囚”“垂死病中魂一缕”“苔侵床足月侵墙”等句看，其时距诗人起兵抗清失败已经十五年，他早已隐居山中且正处于病中。面对掠过荒丘的“横风斜雨”，病中的诗人觉得自己就是一位年迈的楚囚，迷离朦胧中虽然还记得明朝的秋月，但反清复明的愿望已经落空。细数四十二年一万五千三百三十天的日子，诗人感到自己就像一只天天为愁丝缠绕的春蚕，“天涯地窟知音绝”，他只好裹着新剪的牛衣对雨谈空，将万千心事交与自然风雨。这是何等的孤独与悲哀！清王朝的统治已经巩固，但诗人任凭“苔侵床足”，仍然隐居山中，坚决不予合作。他新买半亩茱萸，以此寄托对亲朋故旧的思念。而天涯的“芳草”却已经迷失了归路，投入了新政权的怀抱。面对十年中为抗清而死的志士“新鬼”，作者“泪如江水”，虽然“青鬓无伴”依旧“白骨多情”，心中亘存着对故国的思念。整组诗感时伤己，字里行间流淌着一种浓浓的遗民情思。

菩萨蛮·又述怀

万心抛付孤心冷，镜花开落原无影。只有一丝牵，齐州①万点烟。
苍烟②飞不起，花落随流水。石烂海还枯，孤心一点孤。

（王夫之著：《船山全书》第十五册，岳麓书社 2011 年版，第 736 页。）

---

① 齐州：犹中州，古时指中国。《尔雅·释地》：“岠齐州以南，戴日为丹穴。”郭璞注：“岠，去也；齐，中也。”邢昺疏：“中州，犹言中国也。”唐李贺《梦天》诗：“遥望齐州九点烟，一泓海水杯中泻。”

② 苍烟：苍茫的云雾。

评析

这首词是王夫之作为亡国遗民抒写对明王朝耿耿孤忠的代表作，题目又作《述怀》。“孤心”二字为全词之词眼。上片写作者为反清复明，曾经抛付“万心”，绞尽脑汁，结果心中的那一缕希望却如镜中之花，开落无影，剩下的只有一颗寒冷的“孤心”。然而，就算是在如此的绝望中，作者心中那一丝对神州大地的牵挂仍然紧紧地缠绕着，拂之不去。下片开首“苍烟”“花落”二句分别呼应上片中的“齐州”“镜花”二句，感慨大势已去，事不可为。词人似乎已万念俱灰，然而结尾二句却笔锋一转，坚定地道出即使海枯石烂，自己的耿耿孤忠亦不移不变的决心，铿锵有力而慷慨激昂，展示了词人坚贞的民族气节，令人感喟。

蝶恋花·衰柳

为问西风因底①怨，百转千回，苦要情丝断。叶叶飘零都不管，回塘②早似天涯远。　　阵阵寒鸦飞影乱，总趁斜阳，谁肯还留恋。梦里鹅黄拖锦线③，春光难借寒蝉④唤。

（王夫之著：《船山全书》第十五册，岳麓书社 2011 年版，第 763 页。）

① 底：何，什么。
② 回塘：曲折的堤岸。
③ 鹅黄：淡黄色的东西，这里指新柳。锦线：喻指柳丝。
④ 寒蝉：深秋的知了。秋深天寒，蝉的叫声低微，甚至不能鸣叫。寒蝉是古诗词中的重要意象，通常表达悲戚之情。

评析

这是一首咏物词，借咏衰柳暗喻明王朝的衰亡，寄托自己的故国“情丝”。上片即景抒情，借物寓意。首三句“为问西风因底怨，百转千回，苦要情丝断”。句中的“西风”指清王朝，“情丝”比喻眷恋明王朝的士民。西风无情，千百次绕衰柳劲吹，苦苦地要把系情的柳丝折断。“叶叶飘零都不管，回塘早似天涯远”二句，形象地写出了明朝士民亡国以后的命运。“回塘”本是衰柳所在地，如今柳叶在西风中飘零，故乡已远在天涯。下片首三句紧承上片，用“寒鸦”比喻乱世中企图另谋出路的明朝遗民。寒鸦无枝可依，在天空中乱飞，都想趁着斜阳未落另寻栖身之处，没有谁还留恋衰柳。最后两句“梦里鹅黄拖锦线，春光难借寒蝉唤”，前假后真，前喜后悲，感情尤为沉痛。句中的“鹅黄”是嫩柳的颜色，“寒蝉”既是作者自喻，也指一切心系明朝的遗民，他们与另谋出路的“寒鸦”不同，依旧在做着反清复明的努力。然而在作者看来，明朝的复兴恰如梦中的“鹅黄”，任凭“寒蝉”们如何努力也难以唤回了。全词运用比喻、拟人与象征手法，借物咏怀，辞情悲切，音调凄楚。龙榆生《近三百年名家词选》谓船山词：“所谓伤心人别有怀抱，真屈子《离骚》之嗣响也。”此词写故国之思，确有《离骚》之遗韵。

祓禊[1]赋

谓今日兮令辰[2]，翔芳皋兮兰津。羌有事兮江干，畴凭兹兮不欢。思芳

① 祓（fú）禊（xì）：犹祓除，古祭名。古代于春秋两季，有至水滨举行祓除不祥的祭礼习俗。春季常在三月上旬的巳日，并有沐浴、采兰、嬉游、饮酒等活动。三国魏以后定为三月初三日，称为祓禊。

② 令辰：吉利的时辰。

春兮迢遥，谁与娱兮今朝。意不属兮情不生，予踌躇兮倚空山而萧清。阒①山中兮无人，蹇②谁将兮望春？

（王夫之著：《船山全书》第十五册，岳麓书社 2011 年版，第 182 页。）

评析

关于本赋的写作背景，潘宗洛《船山先生传》中有这样一段记载：“戊午（1678）春，吴逆僭号于衡，伪僚有以《劝进表》荐先生者。先生曰：‘某本亡国遗臣，鼎革以来，久逋于世，今汝亦安用此不祥之人为？’遂逃之深山，作《祓禊赋》。”所谓“祓禊”，意谓拂除不祥。中国古代每年三月初三为上巳节，这一天的活动大多与水有关，人们或作禊祭，或于水中沐浴，或在水边嬉戏。赋中主人公面对长满兰花的水边沙洲不仅没有感到节日的快乐，反而抑郁“不欢”。导致他“不欢”的原因有二：一是“江干有事”，这是否隐指当时吴三桂的军队正与清军在洞庭湖一线对峙，难以坐实；二是作者在江边没有找到可以与他一道嬉戏娱乐的人，感到春天离自己十分遥远，所谓“思芳春兮迢遥，谁与娱兮今朝”，这应该是主要的。这句话的真正意思是说他在江边没有找到政治上的同志或者同盟军。不得已，他转而逃入寂静的空山。赋的最后两句，作者情不自禁地再次发出感叹，在寂静的空山里，谁又能与我一道望春呢？结合潘氏所述写作背景，王船山与吴三桂在政治上显然是“意不属兮情不生”的异路人。船山向往春色，始终怀抱着反清复明的愿景，但对吴三桂这种背叛国家与民族的罪魁绝对不抱幻想，视之为“不祥之人”，故作此赋以明心志。

① 阒（qù）：寂静的样子。

② 蹇：文言语助词，如“蹇谁留兮中洲？”

船山记

船山，山之岑①有石如船，顽石也，而以之名。其冈童②，其溪渴。其靳有③之木不给于荣，其草瘽靡纷披而恒若凋。其田纵横相错而陇首不立，其沼凝浊以停而屡竭其濒。其前交蔽以绞④送远之目，其右迤于平芜而不足以幽，其良禽过而不栖，其内趾之狞者⑤与人肩摩而不忌，其农习视其塍埒⑥之坍谬而不修，其俗旷百世而不知琴书之号。然而予之历溪山者十百，其足以栖神怡虑者往往不乏，顾于此阅寒暑者十有七，而将毕命焉。因曰：此吾山也。

古之所就，而不能概之于今；人之所欲，而不能信之于独。居今之日，抱独之情，奚为而不可也？古之人，其游也有选，其居也有选。古之所就，夫亦人之所欲也。是故翔视乎方州，而尤佳者出；而跼天之倾，蹐地之坼，扶寸之土不能信为吾有，则虽欲选之而不得。蠲⑦其不欢，迎其不棘，江山之韶令，与愉恬之志相若则相得；而固为棘人，地不足以括其不欢之隐，则虽欲选之而不能。仰而无憾者则俯而无愁，是宜得林峦之美荫以旌之；而一抔之土，不足以荣吾所生；五石之炼，不足以崇吾所事。栫以丛棘，履以繁霜，犹溢吾分也，则虽欲选之而不忍。

赏心有侣，咏志有知，望道而有与谋，怀贞而有与辅。相遥感者，必其可以步影沿流，长歌互答者也。而茕茕者如斯矣，营营者如彼矣！春之晨，秋之夕，以户牖为丸泥而自封也，则虽欲选之而又奚以为。夫如是，船山者即吾山也，奚为而不可也？

---

① 岑：山峰，山顶。
② 冈童：山岭无草木。
③ 靳有：稀少。
④ 绞：妨碍。
⑤ 内趾之狞者：指野畜。
⑥ 塍埒：田埂。
⑦ 蠲：除去，免除。

无可名之于四远，无可名之于末世，偶然谓之，欻然忘之，老且死，而船山者仍还其顽石。严之濑①，司空之谷②，林之湖山③，天与之清美之风日，地与之丰洁之林泉，人与之流连之追慕，非吾可者，吾不得而似也。吾终于此而已矣。

辛未④深秋记。

（王夫之著：《船山全书》第十五册，岳麓书社2011年版，第128-129页。标点符号有改动。）

评析

《船山记》作于康熙三十年（1691）九月，亦即王夫之逝世的前一年。文中作者以船山顽石自喻，借眼前之景物，抒发内心之情怀，表达明亡之后不愿与清廷合作，亦不愿他往的坚决态度。字里行间所表现出来的傲然风骨与民族气节令人感喟，令人景仰。

文章首段介绍船山得名的由来及其周边的地理环境。在作者眼里，船山位置偏僻，貌不惊人。“其冈童，其溪渴”，木不荣，草若凋，田无垄，水凝滞；遮蔽不远眺，平芜不足幽，良禽过而不栖，野兽并人不忌；更有甚者，农人不修田塍，乡民不知礼乐。如此之邦，如此之地，他人不来，世人不耻，作者何以能在此栖居十七年，并亲切地称之为“此吾山也”？文章后半部分给出了答案。

第二段自述隐于此山的原因，运用正反对比的手法向世人表达其坚持节操、至死不渝的人生志趣。古之人“所就”即“所欲”，而今作者怀“抱独之情”隐居于此，所处时代与古人存在差异，其选择实在是迫不得已。所谓“清风有意难留我，明月无心自照人”，当此家国沦丧之时，船山感伤哀痛，

① 严之濑：东汉严光隐居垂钓处，在浙江省桐庐县南。
② 司空之谷：指晚唐司空图归隐之王官谷，位于山西永济市以东之中条山麓。
③ 林之湖山：指北宋诗人林逋隐居之西湖孤山。
④ 辛未：公元1691年。

既自觉无所报于国家，又深深感到“一抔之土，不足以荣吾所生；五石之炼，不足以崇吾所事”，唯有以这“桍以丛棘，履以繁霜”之地为安身之所，素心苦志，才能求得内心的安宁。正是因为怀抱着一颗“茕茕者如斯”的独心，文章结尾，作者又将船山与严光之钓滩、司空图之王官谷与林逋隐居之西湖孤山相提并论，再次表达了“吾终于此”的决心。

刘友光

刘友光，字杜三，攸县人。生卒年不详。晚署所居曰“辋庵”，故又称辋庵居士。明崇祯九年（1636）举人。入清后任沙河知县，居官廉慎。以诗文有名于时，著有《南园杂述》《香山草堂诗文集》。

山中（其一）

闲外频将物理寻，静观亦自废沉吟。菱收应悔徒争角，莲剥何因只苦心。褊性允宜辞击鼓①，王门②原不解弹琴。游踪必拟迟婚嫁，五岳盟寒尚至今。

（邓显鹤编撰，欧阳楠点校：《沅湘耆旧集》第三册，岳麓书社2007年版，第39页。）

评析

刘友光十三岁学为诗。《沅湘耆旧集》论其诗“凄切婉秀，善于言情，与竟陵交而不全坠彼法，早岁师吴梅村，亦不袭其风调”。其诗古体苍郁古奥，近体风格多样，五言近王维，七体清新警异。此诗抒写隐居山中闲寻物理的悠闲心情，间接表露了作者对世俗生活的批判与不屑。诗人隐居山中，闲时静观万物，独自探寻自然与生活的奥秘，并加以思考品评。通过“菱收应悔徒争角，莲剥何因只苦心”等自然物理的参悟，他真正认识到只有与世无争，才能求得内在的安宁。诗的最后一联，明确表达了诗人结盟五岳、对游踪隐居生活的向往。

---

① 褊（biǎn）性：褊狭的生性，即气量狭窄。击鼓：当是用祢衡击鼓骂曹的典故。这一句的意思是，性情褊狭的人应当谢绝击鼓骂曹之类的事情。

② 王门：细揣诗的意思，应是指以王阳明为代表的王学门派。

王岱

王岱，字山长，号了庵，湘潭人。生卒年不详。明崇祯己卯（1639）举人。入清，官随州学正，京学教授。康熙十八年（1679）举博学鸿词科，调任广东澄海知县。有《了庵全集》。

锄园作

愦愦①生理废，田园接荒冈。吁嗟萧艾②荣，蔬苗翻萎黄。芒茨在我眼，不但瓜豆荒。朝来荷锄出，芟③此根蔓长。棘蔓岂不深，一扫无遗芒。不使非类除，安能存秀良。灌溉既不时，土膏失雨旸④。丛生偏得地，焦土犹青苍。物类并生育，杂种终相防。徒伤天地心，煎迫回中肠。

（邓显鹤编撰，欧阳楠点校：《沅湘耆旧集》第三册，岳麓书社 2007 年版，第 48 页。）

评析

这首诗表面上写农事，其实是一首哲理诗。全诗凡二十句，可以分为三层。首六句为第一层，交代锄园的缘由。诗人的田园邻近荒冈，受其影响，园中萧艾茂盛，杂草丛生，农作物反而枯萎泛黄。睹此情景，诗人吁嗟不已，满怀愁绪，于是决定到园中去锄草。中间六句为第二层，叙述锄园的过程。作者清晨荷锄出门，至园中锄地除草。"棘蔓岂不深，一扫无遗芒。"他决心用手中的锄头扫除棘蔓，为农作物创造一个良好的生长环境。最后八句为第

① 愦愦：烦闷、忧愁的样子。
② 萧艾：艾蒿，臭草，常用来比喻品质不好的人。
③ 芟（shān）：割草，引申为除去。
④ 雨旸（yáng）：谓雨天和晴天。语本《书·洪范》："曰雨，曰旸。"

三层，正面阐述“物类并生育，杂种终相防”的道理，抒发因灌溉不及时致使“丛生偏得地”的悲伤。诗中关于锄园的描写实际上是一种隐喻。现实生活中，好人与坏人杂处，黑白难分，一个人如果要养成并保持良好的品德，就必须不断地进行心灵的清洗。“不使非类除，安能存秀良。”人们只有亲贤人、远小人，及时涤除心中的杂念、邪念，才能呵护自己善美心灵的成长。全诗语言质朴，风格平实，寄寓深广，真切地表达了作者对现实人生的感悟和思考。

满江红·白门[①]春日

历尽严寒，东风暖、为催春到。听深巷、卖花声过，新妆竞巧。金缕檀槽歌子夜[②]，松茵油壁迎苏小[③]。看花忙、如蝶苦销魂，知多少。　　年如旧，人空老。无情事，多烦恼。叹六朝如梦，又生芳草。天自伤心天不语，春惟有恨春难好。愿从今、一洗可怜肠，金尊倒。

（叶恭绰编：《全清词钞》，中华书局 2019 年版，第 14 页。标点符号有改动。）

评析

“满江红”词牌有异名作《伤春曲》，此词即是一首伤春词，词风凄婉悲凉，字里行间包裹着一种天下兴亡的忧患之感。词的上片写景。东风驱寒催春到，作者耳之所闻是深巷卖花声、檀槽子夜歌，目之所见是商女歌妓新妆

① 白门：旧时南京的别称。

② 檀槽：用檀木制成的琵琶、琴等弦乐器上架弦的槽格。代指琵琶等乐器。子夜：半夜。或指《子夜歌》，乐府曲名，现存四十二首，收于《乐府诗集》，以爱情为主要题材。

③ 苏小：苏小小，六朝南齐时著名歌妓，家住钱塘，貌绝青楼，常坐油壁香车，年十九咯血而死。

竞巧、出门偕酒忙如花蝶，一片歌舞升平之象。下片抒情。在词人看来，年年春日虽如旧好，但实际上岁岁年年人已不同。面对新生的芳草，作者想起六朝兴亡旧事，不由得感叹“无情事，多烦恼”。“天自伤心天不语，春惟有恨春难好。”词人伤心无语，苦闷难消，唯“愿从今、一洗可怜肠”，醉倒于酒杯之中，望一醉解千愁，而结果却是愁更愁。

陶之典

陶之典（1622—1701），一名大云，字五徽，号澹庵，宁乡人。陶汝鼐长子。顺治十八年（1661）拔贡，选授安亲王府教习，迁内阁中书，不就。工诗文，兼精医术。有《冠松崖集》。

庚申秋客都门赠王山长先生①

天涯如梦得披云②，北斗新传枕笥文③。功抗艺坛衡六国，芳收湘畹④殿孤军。谈诗细亦关家事，酌酒深忘对日曛⑤。此处乞钱谁最盛，菊花松酿可阑分。

右丞才思郑虔官⑥，笔格⑦含花尚拥欢。沧海未迁英礌砢⑧，青云不坠老波澜。人虽敌国心犹折，业擅千秋眼自宽。近日门多弹剑士，论兵且看据雕鞍。

（邓显鹤编撰，欧阳楠点校：《沅湘耆旧集》第三册，岳麓书社2007年版，第73页。）

---

① 庚申秋：指康熙十九年（1680）秋天。都门：指北京。王山长：王岱。
② 披云：敬辞。犹言大驾光临。
③ 北斗：天上星名，这里喻指王岱。枕笥（sì）：枕匣。常置于枕下，珍藏珍贵的物品。
④ 湘畹：泛指湖南地区。畹，古代地积单位，三十亩为一畹。
⑤ 日曛：日色昏黄，指天色已晚。
⑥ 右丞：指王维。郑虔：字若齐，河南荥阳人，唐代文学家，诗、书、画时称“三绝”，唐玄宗为他特设广文馆，任命他担任广文博士，故其官职在历史上显得很特别。
⑦ 笔格：本指笔架、笔搁等架笔之物，借指字画诗文的格调。
⑧ 礌砢（léi luǒ）：亦作“磊砢”，树木多节，喻人才卓越。

评析

由诗题可知，这两首诗是1680年秋天作者客居北京时为赠王岱所作。两首诗的基本主题是称颂王岱的人格德行与文学成就。“功抗艺坛衡六国，芳收湘畹殿孤军”“右丞才思郑虔官，笔格含花尚拥欢”“沧海未迁英磂砢，青云不坠老波澜”等句，虽然存在着过分恭维之嫌，但从中也可见出王岱在当时湖南文化界的地位与影响。

尹惟日

尹惟日，字冬如，茶陵人。生卒年不详。顺治九年（1652）进士，官至赣州知府、岭北兵备道。《沅湘耆旧集》说他“负奇才，值乱离，慷慨自负，好谈兵，崎岖戎马间，不废吟咏”。有《行吟集》三卷。

秋日感愤（其一）

秋气满天地，寒云中野度。疾风自西来，悲凉昨夜雨。人生值此难，忍向白帝①诉。江南木叶下，江北长安路。落落离人群，焉敢褰裳赴。叹我姱修②始，振襟独高步。今兹逢艰危，乃悔昔者误。我生已不辰，何须更回顾。

（邓显鹤编撰，欧阳楠点校：《沅湘耆旧集》第三册，岳麓书社 2007 年版，第 124 页。）

评析

这是一首五言古体诗。作者借秋日的凄凉寒景叙写自我人生之悲苦艰危，情由景生，心境与物景相互交融，具有一种感人的艺术力量。诗开篇写秋风西来，天空中寒云滚滚，大地一片萧瑟之气。诗人一夜听雨，触景伤情，忍不住向白帝之神诉说自己生活的艰难。当此寒凉秋日，江南已经落木萧萧，而江北的长安道上，诗人却如离群的孤马，依然在旅途上驱驰。“叹我姱修始，振襟独高步。”作者感叹自己年轻时就具有美好的品德，盼望振襟高步，

① 白帝：司时之神，这里指秋天。古人以百物配五行（金、木、水、火、土）。如春天属木，其味为酸，其色为青，司时之神就叫青帝；秋天属金，其味为辛，其色为白，司时之神就叫白帝。

② 姱修：美丽修长，喻指品德高尚美好。姱，美好。

有所作为，可是其思想行为不仅不为人理解，反而招来世人的打击，人生也因此处于艰危之中。面对眼前的秋气寒云，诗人感叹自己生不逢时，往事不堪回首。

寄程石臞[①]

海外文章在，依然风雅宗。人言今已定，此辈自难容。蜃市留星气，琼山[②]恋笔锋。怀君著作处，柱下仍犹龙[③]。

去国轻如叶，伤情不拟骚。由来文字谤，千古姓名高。君独存珠璞，人皆羡李桃。圣明尚不测，莫厌旧青袍[④]。

（邓显鹤编撰，欧阳楠点校：《沅湘耆旧集》第三册，岳麓书社 2007 年版，第 129 页。）

评析

这两首诗是以诗代书。从诗中“人言今已定，此辈自难容”“由来文字谤，千古姓名高”之语看，诗的主题当是对程可则遭遇“文字谤”以后的劝慰。程可则是清初一位相当有名的诗人，与宋琬、施闰章、王士禄、王士祯、陈廷敬、沈荃、曹尔堪等齐名，时称“海内八家”。就是这么一位有才气的诗人，在科举场上却遭遇过一次意想不到的打击。顺治九年（1652），程可则参加会试获第一名，却因“磨勘”未能参加殿试。所谓磨勘，就是会试以

① 程石臞（qú）：程可则，字彦揆，号石臞，“岭南七子”之一，南海人。顺治九年（1652）会试第一，官至广西桂林知府。以诗文名，有《海日堂诗集》《遥集楼诗草》等。

② 琼山：古名珠崖，又称琼州，位于海南岛北部。

③ 柱下：相传老子曾为周柱下史，后以“柱下”为老子或老子《道德经》的代称。犹龙：谓道之高深奇妙，如龙之变化不可测。

④ 青袍：青色的袍子。借指寒士或品位低级的官吏。

后的试卷复核。清制，会试发榜后，各考官依程限将朱、墨卷解送至礼部复核内容，检查朱、墨卷有无不符之处，次检瑕疵，即卷内语法、书法有无犯规之处，如发现问题，中试者除名。这两首诗或即为此事而作。诗中，作者称赞程可则的文章远传海外，堪称风雅之宗，虽然遭遇文字之谤，仍独怀珠璞之质。诗人同时劝程可则不要过于伤情，最后又以“圣明尚不测，莫厌旧青袍”二语给对方希望。果然，顺治十七年（1660），程可则等来了应阁试的机会，并被授内阁撰文中书，后累迁为郎中。

廖元度

廖元度，字大隐，长沙人。生卒年不详。诸生，工诗词。因遭逢乱世隐居僧寺，以著述自娱。晚筑息机园。辑《楚风补》四十八卷，有《雪蕉堂集》《息机园草》。《沅湘耆旧集》录其诗十二首。

偶成

不是诗颠①酒亦颠，生平羞上别人船。难忘拥被陈无己②，尽有除须郭恕先③。自憾直钩空学钓，那知各梦枉同眠。相思久矣无相识，拟向寥天试纸鸢④。

（邓显鹤编撰，欧阳楠点校：《沅湘耆旧集》第三册，岳麓书社 2007 年版，第 267 页。）

评析

此诗以“偶成”为题，诗中所抒发的感情实为作者经年所思、长期苦闷惆怅聚积所发。首二句“不是诗颠酒亦颠，生平羞上别人船”，直言自己作诗读诗达到如痴似醉的境界，具有一种特立独行的品格。第三、四句“难忘拥被陈无己，仅有除须郭恕先”，以古人自比，是对第一、二句的具体证明。宋代诗人陈师道作诗时常常拥被独卧，闭门觅句。郭恕先是五代末至宋初画

① 诗颠：亦作诗癫，谓读诗作诗到如醉如痴的程度。

② 陈无己：陈师道，字履常，一字无己，号后山居士。北宋诗人，江西诗派重要作家，作诗有“闭门觅句”的习惯，诗风以拗峭惊警见长，内容狭窄，词意艰涩。有《后山先生集》。

③ 郭恕先：郭忠恕，字恕先，洛阳人。五代末至宋初画家。

④ 纸鸢：指风筝。

家，宋太宗赵光义闻其名，召他至京，赐以衣物银钱，让他住在内侍太监窦神兴的房子里，拟重用。郭忠恕本来是一个留着长胡须的美髯公，此时突然把胡须全部剃光，窦神兴觉得奇怪，惊问其故，郭回答说："聊以效颦耳。"神兴大怒，马上向宋太宗汇报，认为郭故意侮辱自己。宋太宗觉得郭忠恕为人缺少"检点"，便让他搬出住到太学，只给了他一个国子监主簿的位置。诗人用陈师道的闭门觅句、郭忠恕除须作画讥讽太监的故事表明自己的特立独行、不同流俗。第五、六句借姜太公直钩垂钓的典故，感慨知己难求，同床者大多异梦。最后两句借向天空放飞纸鸢开释"相思久矣无相识"的无奈。全诗用典而诗意晓畅，风格沉郁劲直。

王敔

王敔（yǔ）（1656—1730），字虎止，衡阳人。王夫之之子。康熙朝贡生。与邵阳车无咎、王元复，攸县陈之驱，并称“楚南四家”。有《蕉畦存稿》《笈云草》。

夏夜

暑气亘昏旦，夕光乍清迥①。露坐风生襟，月沉星在影。寸阴逝不留，道远怀空永。曩哲②不可攀，徒闻烛当秉。

（邓显鹤编撰，欧阳楠点校：《沅湘耆旧集》第三册，岳麓书社2007年版，第344页。）

评析

诗人夏夜露坐，自觉暑气由昏至旦横亘其间，没有消退，点点夕光将一切映衬得清明旷远。夜渐深，风渐起，拂动诗人襟袖；月渐沉，星渐隐，空留光影斑驳。月落星影下，诗人感叹时光易逝，寸阴难留。古之哲人远不可攀，作者只好秉烛夜游，吟诗自遣。王敔系王夫之仲子，出身名门，秉承庭训，学问渊博。《沅湘耆旧集》论其诗“诗力朴老，都无浅率语”。读此诗，其诗风与人格气节可见一斑。

① 清迥（jiǒng）：清明旷远。
② 曩（nǎng）哲：先哲，古之哲人。

陈鹏年

陈鹏年（1662—1723），字北溟，号沧州，湘潭人。康熙三十年（1691）进士。历官浙江西安知县、海州知州、江宁知府、苏州知府、江苏布政使。两次入武英殿修书。官至河道总督。博学工诗，著有《道荣堂诗文集》《喝月词》《沧州近诗》等。

重九后二日（其二）

地僻秋逾爽，山空月苦明。星河同汩没，江海自澄清。玉砌尘无染，琪花①露暗生。高城眠未稳，霜鹘②夜啼声。

（邓显鹤编撰，欧阳楠点校：《沅湘耆旧集》第三册，岳麓书社 2007 年版，第 409 页。）

评析

这是一首以写景为主的抒情诗。具体作诗时间当在重阳节后的第二个晚上。诗人登高望远，感到偏僻之地秋意愈爽，空山之月愈加凄苦澄明，有如星河一同汩没，江海自是澄清，与月色融为一体。夜清如洗，霜露暗生，作者身处高城眠睡未稳，月夜中又传来霜鹘的啼声。全诗语词精练，“苦”字是景语亦是情语。作者用通感的手法将一己之情融注于秋夜之景中，篇末“霜鹘夜啼”既是写实，又以之借喻肆毒的谗人谗言，道出自己“苦”之所在。有此啼声，安能入睡？有此谗言，安能得用于朝廷？作者心之所忧，情之所苦，由此可窥一二。

① 琪花：仙境中玉树之花。后用以指莹洁如玉的花。

② 霜鹘：指鹘，鹘鸟性猛鸷凶残。这里比喻肆毒的谗人。

霜夕

霜净月逾洁，宵迟寒更深。孤灯此危坐，抱膝一长吟。陋室①存天地，青山自古今②。萧萧南过雁，空外有余音。

（邓显鹤编撰，欧阳楠点校：《沅湘耆旧集》第三册，岳麓书社2007年版，第416页。）

评析

诗题即点明了诗境构成的基本意象（霜）和作诗的时间（夕）。严净的霜天下，月亮显得格外皎洁。诗人孤灯危坐，抱膝长吟。他想起唐代作家刘禹锡的陋室和南宋诗人戴复古“摩挲老眼从头看，只有青山无古今”的诗句，其情其境，与他眼前的处境或许存在着惊人的相似。天地悠悠存此陋室，诗人独居其中；青山苍苍横亘古今，人却已两鬓添霜。形单影只孤清之感愈重，而恰在此时，窗外又传来“萧萧南过雁”的余音。全诗写景，景中含情。用典含而不露，诗境宁静幽远，充满了孤独感。作者以秋夜的霜重寒凉渲染心中的孤清沉重之感，霜月愈澄明，雁群愈匆飞，诗人心中的孤独愁绪就被映照得愈加清晰可感。王国维说“一切景语皆情语”，此诗是最好的证明。

① 陋室：简陋的居室，一般是对自己居室的谦称，也有可能特指唐代诗人刘禹锡担任和州（今安徽和县）刺史时建造的居室，该居室因刘禹锡所作的《陋室铭》而为人所熟知。

② 青山自古今：语出南宋戴复古《怀雪蓬姚希声使君》诗，“摩挲老眼从头看，只有青山无古今”。

浪淘沙·寒夜，同石千一对酒作

残月转新晴，夜静寒生，霜花如雨扑帘旌①。最是高堂②今夕梦，暗数归程。　无计破愁城，蓦地心惊，十年尘海竟何成。纵使围炉还对酒，到底凄清。

（叶恭绰编：《全清词钞》，中华书局2019年版，第288页。）

评析

这首词是陈鹏年寒夜与朋友石千一围炉对酒时所作。从词中“十年尘海竟何成”之语看，其时作者进入仕途已经十年。词的上片借景抒情。宁静的夜晚，屋外“霜花如雨”，词人望着天上的一弯残月，情不自禁地想起远在天涯的父母，他们也同自己一样在想着远方的亲人，正“暗数归程”，翘首期盼着游子的归来。明明是作者在思念亲人，词中却写父母盼儿子归来，此所谓“一种相思，两处闲愁”。情感于转折之中愈见深沉。

词的下片以抒情为主。词人满怀愁绪，无计可破。蓦然回首，发现自己出仕已经十年，结果却一事无成。因此作者在自责的同时生出满腹的牢骚。陈鹏年中进士后曾任浙江西安知县、海州知州、江宁知府等职，任职期间不畏权贵，敢于任事，曾“数平冤狱”，“清除逋赋”，使流民复业，所至皆有政声，但也因此得罪了不少权贵。在江宁知府任上就因得罪上官受到“落职听勘”的处分。仕途上的打击在作者心里留下了深深的伤痛，所以，即使有朋友相伴，火炉与美酒能暖和他的身子，也最终抚慰不了他凄清的心灵，排解不了他心中浓重的乡愁。

① 帘旌：帘端所缀之布帛，亦泛指帘幕。
② 高堂：指父母。古代父母居正屋，故用“高堂”指父母居处，或代称父母。

曹耀珩

曹耀珩（1674—1740），字鸣佩，号畅庵，益阳人。康熙朝拔贡，官宁远教谕。乾隆二年（1737）应聘任岳麓书院山长。古文经学家，博通经史，治教有方。著有《听涛园文集》四卷。《沅湘耆旧集》收录其诗三十二首。

放舟夜归

霞散澄江绮①，风微浪不生。前山衔落照，远水浸孤城。客意偏宜晚，渔舟信是轻。谁家茅屋近，隐隐读书声。

（邓显鹤编撰，欧阳楠校点：《沅湘耆旧集》第三册，岳麓书社 2007 年版，第 462 页。）

评析

这首诗是诗人泛舟江上入夜归家时所作。全诗据景写实，诗意恬淡盎然，颇具山水田园派诗歌的意韵。首二句化用谢朓名句“余霞散成绮，澄江静如练”，写江面风平浪静的景象，给人以静谧和谐的美感。第三、四句“前山衔落照，远水浸孤城”写眼中所见，前面的青山渐次吞噬落日的余晖，远处的江水浸润着一片孤城。“衔”“浸”二字，动中含静，给整个画面带来一片生气。诗的后四句写归家途中心之所感与耳之所闻。心之所感是客意宜晚，渔舟轻荡。耳之所闻是江边茅屋里传出的隐隐读书声。入晚

① 霞散澄江绮：此句源出谢朓《晚登三山还望京邑》诗中名句，“余霞散成绮，澄江静如练”，写晚霞散落时江中美景。绮，美丽。

时分的江边田野，一切是如此的清幽闲适，诗人放舟归家的愉悦之情可想而知。有学者以篇末“隐隐读书声”之句，认定诗的宗旨在劝学，并将此诗纳入中国古代读书劝学诗选中，这也从一个侧面证明此诗留给了人们舒畅与勤勉的美好印象。

彭维新

彭维新（1679—1769），字石原，号余山，茶陵人。康熙四十五年（1706）进士，授编修，累迁赞善、谕德，授山东学政。雍正时充日讲起居注官，授浙江学政，迁少詹事，出为直隶按察使，迁河南布政使，擢礼部右侍郎、刑部尚书，官至协办大学士。为官廉洁，有清操，期间几度罢官，终不改初衷。后优游林下多年。善为诗，有《墨香阁集》行世。

江岸晚霁

谷口雨初歇，渡头云乱飞。樵风吹箬艇①，帘影出荆扉。绿压桑枝重，青攒稻叶肥。江村斜照里，谁与画将归。

（邓显鹤编撰，欧阳楠校点：《沅湘耆旧集》第三册，岳麓书社 2007 年版，第 517 页。）

评析

这首诗是雨过天晴后，诗人站在江岸边赏景而作。全诗风格疏朗清越，画面唯美自然。傍晚时分，谷口渡头，骤雨初歇，渡头上空云朵肆意翻滚。一叶箬竹艇顺风荡出，帘影拂动，好像有人影飘出荆扉。门外，“绿压桑枝重，青攒稻叶肥”。诗人别出心裁地将“绿”“青”两个形容词主语化，以此突显桑叶的繁密、稻叶的肥硕，而“压”“攒”两个动词又使眼前的景物显

① 樵风：据《后汉书·郑弘传》，“郑弘尝采薪，得一遗箭，顷有人觅，弘还之。问何所欲。弘识其神人也，曰：‘常患若邪溪载薪为难，愿旦南风，暮北风。’后果然”。后因以“樵风”指顺风、好风。箬（ruò）艇：用竹子做的小船。箬，一种竹子，叶大而宽，可编竹笠。

得更加灵动跳脱，富有生命力。雨后初晴的江村斜照恰如一幅美丽的图画，作者骋目远眺，想看看到底谁人将与这幅画同归？全诗句句写景，却语语含情。末尾一句更于淡然中透出丝丝缕缕缥缈的惆怅与无奈，值得反复吟诵，细细体味。

陈之驱

陈之驱，字桃文，号岛孙，攸县人。生卒年不详。康熙间贡生，学问渊博，有盛名于时。喜欢高谈雄辩，性格诙谐，傲睨一切，一生偃蹇不遇，以明经终老。《沅湘耆旧集》言其“生平喜汉魏六朝，卑少陵而诋昌黎”。有《岛孙诗文钞》十卷。

馆谷①不至

那堪败絮入荆丛②，百计摧心岁暮中。白首生涯③何处是，青毡事业④也遭穷。檐头忽过烂霜雨，树顶时鸣落叶风。除却陆庄⑤荒不税，道旁疑有楚人弓⑥。

（邓显鹤编撰，欧阳楠校点：《沅湘耆旧集》第三册，岳麓书社 2007 年版，第 527 页。）

评析

这是一首带有强烈纪实意味的诗作。诗人以坐馆为业，靠馆谷谋生。岁暮时分，馆谷不至，他的生活立刻陷入困顿之中。床上盖的是破旧的棉絮，

① 馆谷：指塾师的束脩或酬金。古代教私塾者，居其馆，食其谷，故称其酬金为馆谷。
② 那堪：受不了。败絮：破旧的棉絮。
③ 白首生涯：这里指终身从事的职业。
④ 青毡事业：指祖传的旧业。据《晋书·王献之传》，有小偷入王家行窃，王献之躺在床上一声不吭，静静地看着。但是当小偷要拿走一件青色的毡子时，王献之大声地说，青毡是其祖传之物，请高抬贵手留下。后世遂用“青毡旧物”比喻家传的珍贵之物。这里借用其意，把教私塾称为“青毡”事业，也含有祖传旧业的意思。
⑤ 陆庄：疑指作者坐馆的地方或人家。
⑥ 楚人弓：见《孔子家语·好生》，“楚王失弓，楚人得之，又何求之?”后“楚人弓”常用为典，多比喻失而复得之物，表示对得失的达观态度。

檐头屋漏恰逢烂霜雨，衣单衫薄偏遇落叶风。处此穷困之中，诗人“百计摧心”，充满焦虑，但是又无计可施，不由得发出“白首生涯何处是，青毡事业也遭穷”的慨叹。令人敬服的是，他并没有因此就怨天尤人。诗的结尾，作者借用“楚人弓”的典故委婉地表达了一切皆可失而复得、否极泰来的希冀。达观如此，实属难得。全诗写景抒情与议论融为一体。“败絮”“荆丛”“烂霜雨”“落叶风”等语，从表面上看是对岁暮破败景象的描绘，实际上也是作者困顿凄凉生活的写照。

落解①

风流狼藉浑闲生，卧病文园②未有情。倦鸟还巢宁惜羽，落花投地本无声。平安随次③答邻里，文字常教忧弟兄。一自含颦都市过④，难将客难⑤发奇横。

（邓显鹤编撰，欧阳楠校点：《沅湘耆旧集》第三册，岳麓书社 2007 年版，第 526 页。）

评析

诗以“落解”为题，主要内容是叙写作者落第后的心情及其遭遇。诗人参加科举考试名落孙山，心中充满苦闷。平时他以为自己“风流狼藉”，对

① 落解：考试落第。
② 文园：指司马相如。据《史记·司马相如列传》，司马相如曾任文园令，“常有消渴疾”，因此称病闲居。后世遂以“文园病”指消渴病。
③ 随次：跟随于后。
④ 一自：自从。含颦：皱眉。形容哀愁。
⑤ 客难：宾客的问难。汉代东方朔因遭汉武帝冷遇，作《答客难》以自慰，抒发自己怀才不遇的牢骚情绪。

一切都看得开，等到落第归来，才发现不是那么一回事。面对邻里的问候，他只能简单地报以平安。写诗作文情绪低落，不免让弟兄担忧。一个人走在街上，眉头紧锁，愁容满面。面对客人的责问，他常常无言以对。生活在这时变成了一张网笼罩着他，给他带来了巨大的压力，使他喘不过气来。身处困境之中的诗人，时而以卧病文园的司马相如自比，时而又以“倦鸟”“落花”自喻。倦鸟还巢，哪里还能爱惜自己的羽翼？落花投地，本来就寂寞无声。这就是落第后的命运！全诗语言平实恳切，但其中所蕴含的感情真实沉痛，从中可以看到科举制度给读书人造成的精神压力。

陈长镇

陈长镇，字宗五，号延溪，武陵（今湖南常德）人。生卒年不详。乾隆十三年（1748）进士，改翰林院庶吉士，乞假省亲，道闻母丧，呕血数升，未几卒。有《白云山房集》。

金陵怀古（其二）

片云生幕府①，独鸟下天门②。虚设长江堑，难招六代③魂。晨霜新草色，夜月旧湖痕。莫上台城④望，鹃啼处处村。

（邓显鹤编撰，欧阳楠校点：《沅湘耆旧集》第四册，岳麓书社 2007 年版，第 93 页。）

评析

陈长镇古今体诗极多，《沅湘耆旧集》论其诗“才思溢发，不名一家”，又引茶陵彭维新之语，说他初学李贺，继而取法杜甫、韩愈，据此“以窥汉魏，纵横沉厚，不可端倪”。此诗以怀古为题，抒发作者内心的感慨。首联写景。南京乃六朝古都，城中昔日帝王的宫殿和军政大吏的府署当然是鳞次栉比，巍峨壮观，然而牵动作者心弦的并不是这些亭台楼阁，而是楼阁上的那片云，从皇宫之门中飞出的独鸟。在诗人眼里，所谓的长江天堑纯然是人们的虚设和想象，徒有其名，自东晋至梁陈，六代王朝定都金陵，都试图凭

① 幕府：本指将帅在外的营帐。后亦泛指军政大吏的府署。
② 天门：这里指皇宫之门。
③ 六代：指东吴、东晋、宋、齐、梁、陈六个朝代。
④ 台城：旧址在南京市玄武湖旁，六朝时是帝王荒淫享乐的场所。

借长江天堑偏安一隅，结果都未能摆脱灭亡的厄运。历史事实无情地证明，仅仅凭借地理上的天堑优势不可能实现国家的长治久安。诗的后四句，诗人进一步将笔触伸向历史的深处。“晨霜新草色，夜月旧湖痕”，表面上是在写景，其实是在探寻历史兴亡的痕迹。“莫上台城望，鹃啼处处村”，透过历史的云烟，诗人发现，正是帝王们自身的荒淫腐朽导致了他们的灭亡。全诗以写景为主，融情入景，议论不露痕迹，诗味浓郁，发人深省。

王文清

王文清（1688—1779），字廷鉴，号九溪，宁乡人。雍正二年（1724）进士，初官九溪卫学正，以资授宝庆府教授。举博学鸿词，充三礼馆纂修。后以父老乞归。两次出任岳麓书院山长，手定《岳麓书院学规》，多有建树。著有《考古源流》《锄经余草》《锄经续草》等。

读李北海①岳麓碑有怀

孔璋②奇男子，捐身请代公。所代匪意气，直为道义同。文章照四裔③，千古嘘④英风。此碑传三绝⑤，岣嵝⑥映玲珑。临摹人络绎，朗诵声摩空。吁嗟青蝇作⑦，北海道斯穷⑧。何人能尚论，只有杜陵翁⑨。

（邓显鹤编撰，欧阳楠校点：《沅湘耆旧集》第三册，岳麓书社 2007 年版，第 610 页。）

---

① 李北海：李邕，扬州人，唐玄宗时封为北海太守，著名书法家，擅长真、行、草、隶、篆各种书体，其中尤以行、草书造诣最深，别具一格，其传世书迹以《麓山寺碑》最为后人重视。

② 孔璋：许昌儒生。据《旧唐书·文苑中》，李邕任陈州刺史时因挪用公钱，下狱，罪当死。与李邕素不相识的许昌儒生孔璋以布衣身份上书唐玄宗，称赞李邕“刚毅忠烈”，“拯孤恤穷，救乏赈惠，积而便散，家无私聚”，愿代李邕一死。书上，李邕免死，孔璋流放岭南，后来死在那里。

③ 四裔：四方边远之地。

④ 嘘：吹。

⑤ 三绝：《麓山寺碑》由李邕亲自撰文、书写并且镌刻，因文采、书法、刻工三者俱佳，故有“三绝碑”之称。

⑥ 岣嵝：山巅。这里指衡山的岣嵝峰。

⑦ 吁嗟：叹词，表示忧伤，心有所感。青蝇：苍蝇，喻指谗佞。

⑧ 北海道斯穷：这一句感叹李邕之死。天宝六载（747），李邕遭奸相李林甫陷害，与曾经荐举过他的裴敦复一道被杀。

⑨ 杜陵翁：指杜甫。李邕死后十余年，杜甫作《八哀诗》，其中有一首专门哀悼李邕，对李邕的人品、学问做出了高度评价。

评析

王文清于乾隆十一年（1746）、二十九年（1764）两次出任岳麓书院山长，对岳麓山的一切都怀抱着很深的感情。此诗是他读唐代李邕撰文、书写并亲自镌刻的《麓山寺碑》后的感怀之作。全诗十四句，分三层。前四句为第一层，借孔璋愿代李邕赴死的故事突显李邕的道义。李邕为人，慷慨任气，刚毅忠烈，讲义气，喜欢结交天下豪杰。因为交游太多，经常请客，经济上难免拮据。为了解决这一问题，李邕有时便挪用公钱以资急用。正是这件事情对他的仕途造成了致命的影响。任陈州刺史时，李邕因挪用公钱遭到时任中书令张说的打击而下狱，罪当死。就在这时，与他素昧平生的许昌儒生孔璋挺身而出，以布衣身份直接上书唐玄宗，极力称赞李邕为社稷有功之臣，愿代李邕赴死。王文清认为孔璋这样做绝不是意气用事，而是基于道义的选择。中间六句为第二层，赞咏李邕的文章与书法艺术。结尾四句为第三层，咏李邕之死。天宝六载（747），左骁卫兵曹柳绩因与其岳父杜有邻不睦，污蔑杜有邻交构东宫，指责皇帝。李林甫在审讯过程中，弄清了真相，却故意利用此事排除异己，有意识地扩大打击面。李邕因与柳绩有交往，曾经送给柳一匹马，李林甫便以“厚相赂遗”的罪名陷害李邕，派人到山东将李邕就地决杀，同时被杀的还有曾经推荐李邕任北海太守的裴敦复，造成了一桩天大的冤案。李白、杜甫等人听闻此事，震惊不已。十多年后，杜甫还在《八哀诗》中专门写了一首《赠秘书监江夏李公邕》的诗，对李邕的道德文章做出高度评价。杜甫称赞李邕“情穷造化理，学贯天人际”，为人“洒脱”“风流”“慷慨”“忠贞”，对他的冤死感到无限的悲愤。王文清读着李邕的碑文，睹物思人，想起这一桩桩往事，一方面对李氏本人的道德文章和书法艺术充满敬意，一方面又对孔璋、杜甫等人的义举感到由衷的钦佩。

秋夜偶成

莫因迟暮怨飘蓬，回首光阴廿载中。八月雁来榆塞①北，长沙人在凤城②东。天家制作归周礼③，南国文章阙楚风④。闻说子云⑤思执戟，夔龙应集未央宫⑥。

（邓显鹤编撰，欧阳楠校点：《沅湘耆旧集》第三册，岳麓书社 2007 年版，第 613-614 页。）

评析

此诗当是作者流寓京师时所作。时间是八月秋天的一个夜晚。从首联“莫因迟暮怨飘蓬，回首光阴廿载中”之语看，作者写此诗时，自觉已蹉跎岁月二十年，至今仍处于“飘蓬”之中，怀才不遇，一事无成，内心深处已经萌生出一种“迟暮”之感。即或如此，诗人仍告诫自己不要埋怨，不能颓唐。这两句奠定了全诗的情感基调。第三、四句写景叙事。八月的秋天，北方边塞的大雁已经南飞，家住长沙的诗人却还在北京城里转悠。目睹南飞的大雁，诗人心里免不了生出游子的乡愁。诗的后四句以议论抒情为主，颇见风骨。“天家制作归周礼，南国文章阙楚风”，诗人信奉儒学，视周礼为天子制作的治国安邦的法典。以屈原、贾谊为代表的南国文章，象征忠贞的芳草美人，具有高洁之气，形成了楚风的传统。然而，如今的南国文章却已经缺

① 榆塞：榆关，山海关古称榆关。或泛指北方边塞。《汉书》：“后蒙恬为秦侵胡，辟数千里，以河为竟，累石为城，树榆为塞，匈奴不敢饮马于河。”后因以“榆塞”泛称边关、边塞。

② 凤城：京都的美称。

③ 天家：指帝王家。周礼，又称《周官》，儒家经典，是一部通过官制表达治国方略的著作。

④ 阙：缺。楚风：楚之风尚。

⑤ 子云：这里指终军。字子云，西汉济南人，能言善辩、文笔优美。汉武帝时，南越割据政权尚未归附，终军自请出使南越，表示“愿受长缨，必羁南越王而致之阙下”。

⑥ 夔龙：相传舜的二臣名。夔为乐官，龙为谏官。后用以喻指辅弼良臣。未央宫：汉宫殿名，在长安城西南。

少这种风骨。这两句实际上是暗示自己具有治国安邦的才能。诗的最后两句为假设之辞。作者以汉代终军自比，表达自己怀抱着济世安民的愿望，希望有所作为，但是又猜想朝廷中可能已经充满了辅弼的良臣，所以他的见弃就在情理之中了。二语怨而不怒，但讽世之意自在其中。

张九钺

张九钺（1721—1803），字度西，号紫岘，湘潭人。乾隆二十七年（1762）顺天乡试举人，屡试礼部不第。历任江西南丰、峡江、南昌和广东保昌、海阳知县。为官有政声，后因捕盗不力落职。晚归湘潭，主昭潭书院。诗文宏博浩瀚，才名震一时，诗坛尊为“陶园诗老”“紫岘先生”。著有《陶园文集》八卷，《诗集》二十二卷，《诗余》二卷。

晦日①夜坐

空山阔无际，银汉压孤城。星转地多影，露流天有声。一家为客散，百感入秋横。尽道栖乌②稳，何缘绕树鸣。自注：时客陵川八阅月矣。

（邓显鹤编撰，欧阳楠校点：《沅湘耆旧集》第四册，岳麓书社2007年版，第236页。）

评析

根据诗后自注，这首诗是诗人客居陵川八个月后所作。从诗中“一家为客散，百感入秋横”之语看，那是一个秋天的夜晚，诗人与朋友一起聚会，客散之后，他独坐星空下，俯仰天地，突然百感丛生。“空山阔无际，银汉压孤城。星转地多影，露流天有声。”诗的前四句就是诗人于客散后所见之景。陵川地处太行山南端，地势较高，故而在星空下，宛然一座孤城。诗人坐拥孤城，环视周遭，四围山色辽阔无垠。天上星汉灿烂，地上光影婆娑。夜露流寒，隐隐传来天籁。最让诗人吃惊的是栖乌的叫声。人们都说晚宿的

① 晦日：农历每月的最后一天。
② 栖乌：晚宿的归鸦。

归鸦是安静的，为什么它还在绕树而鸣呢？难道它的心中也有委屈和不平？诗人没有明言。但是，有一点是可以肯定的，那就是他的“百感”之中，肯定蕴藏着某种不平之气。对此，诗人也没有明言，但是人们从栖乌绕树的鸣叫声中自可体会。

张九钺之诗“宏博浩瀚，纵其力之所至，而一轨于正当。世诵其诗者，至推为乾隆朝一大宗”（邓显鹤语，见《沅湘耆旧集》卷九二）。其诗学唐人，风格接近李白。此诗融叙事于写景之中，议论不着痕迹，境界苍茫阔大，造语苍劲有力，对仗工整，韵律和谐自然，典型的唐诗风格。

昨闻二首（其一）

昨闻故里梦魂飞，六月狂涛怒打围。天坼洞庭鱼鳖大，洲横殇鬼荻芦稀①。湖湘元气谁根本，节帅②分明有是非。民命西成关不细③，偏灾时切九重依④。

（邓显鹤编撰，欧阳楠校点：《沅湘耆旧集》第四册，岳麓书社2007年版，第242页。）

评析

乾隆五十三年（1788），洞庭湖流域发生特大洪灾。此诗是诗人听闻洪灾消息后第二天所作。开篇两句叙事。诗人惊闻故乡发生特大洪灾，“六月

① 殇鬼：这里指淹死的人。荻芦：泛指生长在江河湖水边及湿地的高大的禾草类植物。

② 节帅：指节度使。泛指地方长官。

③ 民命：民众的生命，也指人民的生活。西成：语出苏辙的《西成》诗“野老端相庆，西成仅十分。寒来多酿酒，客过预留饙。近事姑求饱，远忧要浪闻。一壶真有理，终日得醺醺”。

④ 偏灾：犹言大灾。指危害很大的灾害。九重：指朝廷或帝王。

狂涛怒打围”，心里惊恐不安，因为这次洪水的来势不同寻常。第三、四句具体描写洪灾的凶猛及其造成的灾难。“天圻洞庭”句写洪水来势凶猛，冲垮了护堤。“洲横殇鬼荻芦稀”，极言淹死人数之多，对农作物损毁之重。第五、六句笔锋一转，追问洪灾发生的原因。诗人认为湖湘地区的地方长官对此应负责任。历史事实确实如此。在这之前，政府鼓励百姓到湖区围湖造田，致使湖区周边环境遭到极大破坏。到乾隆年间，洞庭湖区围垦已经发展到“无土不辟”的地步。最终的结果是“人不给湖留退路，湖不给人留活路”。诗的最后两句是对地方官员的警告。民命关天，如此巨大的灾害必然引起朝廷的高度重视，希望地方“节帅”好自为之。

耒阳谒杜文贞公祠二首[①]（其二）

遗墓何缘委夕阳，樵夫指点话荒唐[②]。长悬光焰为衡岳，可葬骚人是楚湘。异代罗含[③]俱有宅，生平李白亦他乡。惟余江海漂零者，每过空祠泪几行。

（邓显鹤编撰，欧阳楠校点：《沅湘耆旧集》第四册，岳麓书社2007年版，第242页。原文有改动。）

评析

据《新唐书》记载，杜甫在耒阳游岳庙，因突然遭遇大洪水，“涉旬不得食，县令具舟迎之，乃得还。令尝馈牛炙白酒，大醉，一昔卒”，于是就

① 耒阳：地名。秦始皇二十六年（前221）置耒县，因耒水而命名，隶长沙郡。杜文贞公，即杜甫。元至正二年（1342），元顺帝追赠杜甫为文贞公，后人遂尊称杜甫为杜文贞公。
② 荒唐：广大，漫无边际。
③ 罗含：字君长，号富和，东晋时耒阳人，著有《更生论》《湘中记》。

葬在耒阳。这首诗就是诗人过耒阳拜谒杜公祠时所作。因为还有一种说法，认为杜甫死于岳阳，今岳阳平江也有一座杜甫墓，所以诗人开篇就对杜墓“何缘委夕阳”提出疑问，并与樵夫攀谈，但是樵夫的话不着边际，此事只能不了了之。中间两联叹咏杜甫与湖南的缘分，赞誉其诗歌成就。在张九钺看来，杜甫流寓湖南，留下了近百首诗作，为衡岳争光。而湖南的山水，自古以来似乎就是骚人们的归宿地。屈原自沉汨罗，杜甫客死湖南，故云“可葬骚人是楚湘”。诗圣客死湖南，是湖南的幸运，却是杜甫的不幸。为了安慰诗圣，诗人又以罗含、李白为伴，慰藉杜甫的在天之灵。诗的最后两句，诗人以“江海漂零者”自指，暗示自己与杜甫一样，也处于漂泊之中，所以每过“空祠”，都要洒下几行同情的泪。

张九键

张九键，字天门，号石园，湘潭人。张九钺之弟，九镒之兄。生卒年不详。乾隆三年（1738）举人，官直隶隆平知县。有《漱石园诗集》。

秋日送友人之岳阳

秋水绵绵送客行，江干①携手泪纵横。孤帆挂日风前影，别雁啼霜梦里声。双树半遮云麓寺②，一湖③初涌岳阳城。愁多莫更登楼望，吴楚天连百感生。

（邓显鹤编撰，欧阳楠校点：《沅湘耆旧集》第三册，岳麓书社 2007 年版，第 760 页。）

评析

张九键以五、七言律诗见长。《沅湘耆旧集》论其“以生硬胜”，“于诸张中名位不显，而诗境能独造”。此诗写送别，主题无甚新意，但造句工稳，韵律和谐，艺术上具有感人的力量。特别是中间两联，对仗工整，写景富有气势。其中“孤帆挂日风前影”“双树半遮云麓寺”二句是眼前之景；“别雁啼霜梦里声”“一湖初涌岳阳城”二句是想象之辞，见牵系之情。诗的最后两句，嘱咐朋友到岳阳后，“愁多莫更登楼望”，从对方着笔，表达的却是自己对朋友的思念与关爱，造语犹见匠心。

① 江干：江岸，江边。
② 云麓寺：云麓宫，位于长沙市岳麓山峰顶。
③ 一湖：指洞庭湖。

张九镒

张九镒，字权万，号橘州。湘潭人。生卒年不详。曾任岳麓书院山长。乾隆二年（1737）进士，官至四川川东道。性伉直，尝发所属知府某侵蚀夔关奸状，寻引疾归，不复出。筑园曰退谷，隐居其中。著有《退谷诗钞》二十四卷。

村北

村北村南曲水环，白鬓①人住画图间。常营圃事饶贫健，偶觅诗流伴醉闲。三径②莺花春未老，一家鸡犬暮知还。近来添得楼头景，日日张眸看远山。

（邓显鹤编撰，欧阳楠校点：《沅湘耆旧集》第三册，岳麓书社 2007 年版，第 754 页。）

评析

这首诗描写了一幅美丽的乡村生活图画。诗人晚年称疾归隐，筑退园以自居。根据诗中的描写，他居住的地方，村北村南，曲水环绕，人就像是住在画图中。诗人带着家人，亲自打理园圃之事，虽然生活清贫，但人过得健康快乐。偶尔他也会找几个志趣相投的朋友小饮几杯，带着一点点醉意觅诗抒情。春天来临，草长莺飞，鸟语花香，家中的鸡犬早出晚归，根本用不着招呼。诗人斜依楼头，看着远方的山景。一切是那样的和谐，那样的宁静。全诗写景叙事，闲适从容，从中可以见出他对生活的审美理想。

---

① 鬓（zhěn）：（须发）又黑又密。

② 三径：赵岐《三辅决录》："蒋诩归乡里，荆棘塞门，舍中有三径不出，惟求仲、羊仲从之游。"后因以"三径"指归隐者的家园。

读杜集

诗史①昭垂万古新，飘零蜀楚剧悲辛②。三朝③痛洒忧时泪，一饭难忘恋阙身④。白首江湖淹客况⑤，黄尘战伐阻归辰。平生稷契⑥空期许，何限哀歌泣鬼神。

（邓显鹤编撰，欧阳楠校点：《沅湘耆旧集》第三册，岳麓书社 2007 年版，第 755 页。）

评析

这是一篇以诗的形式写就的读后感，是一首评论杜甫诗歌的律诗。首联总论杜诗的艺术成就和地位，特别肯定其晚年漂泊四川、湖南两地时的诗歌创作。唐代孟棨，宋代宋祁、胡宗愈、魏了翁，元代杨维桢等人，在评论杜甫诗歌时，都以“诗史”二字来定位。张九镒显然认同这样的说法，所以首句就以“诗史昭垂”万古常新称誉杜诗。颔联从“忧时”“恋阙”两个角度突显杜甫的忠君爱国之心。杜甫一生，历经唐玄宗、唐肃宗、唐代宗三朝，于朝政之得失、民生之疾苦，心中时时充满焦灼。颈联集中咏叹杜甫本人的遭遇。杜甫晚年漂泊四川、湖南，生活尤为艰辛，但他身在江湖，心存魏阙，在真实记录自己生活境况的同时，仍然写下了大量忧国伤时的名作。杜甫身逢战乱，“万里悲秋常作客”，内心企盼能够早日返回家乡，然而“黄尘战

① 诗史：杜甫之诗真实地反映了当时的社会矛盾和民生疾苦，记录了唐代由盛转衰的历史巨变，具有强烈的忧患意识，被后世称为“诗史”。

② 飘零蜀楚句：杜甫晚年主要在四川、湖南两地漂泊不定，生活极为艰辛。

③ 三朝：指杜甫一生历经唐玄宗、唐肃宗、唐代宗三朝。

④ 一饭句：用韩信与漂母的故事赞扬杜甫不忘君恩。韩信“一饭难忘”的故事见《史记》卷九十二《淮阴侯列传》。恋阙，留恋宫阙，比喻心里不忘君。

⑤ 客况：客居的境况，多借指旅居中的情思。

⑥ 稷契：稷和契的并称，唐虞时代的贤臣。杜甫在《自京赴奉先县咏怀五百字》中言：“许身一何愚，窃比稷与契。”

伐”，最终阻断了他的归期。以上四句主要从“史”的角度评论杜诗的内容。诗的尾联“平生稷契空期许，何限哀歌泣鬼神”，则重在论杜诗的精神。杜甫在《自京赴奉先县咏怀五百字》中曾明确自比“稷与契”，希图“致君尧舜上，再使风俗淳”（《奉赠韦左丞丈二十二韵》）。这种强烈的忧患意识灌注在诗中，就形成杜诗特有的沉郁顿挫的艺术风格，产生惊天地、泣鬼神的艺术力量，这才是杜诗称得上“诗史”的根本原因。张九镒显然也看到了这一点。诵读全诗，读者在领略杜诗艺术特点的同时，可以从一个侧面看到它的历史影响。

长夏午睡（其二）

过眼浮云托后先，平生消息①总茫然。镜中白发三千丈，枕上黄粱②六十年。但有园林堪送老，未离烟火不名仙。物情更觉慵于我，杨柳风多日几眠。

（邓显鹤编撰，欧阳楠校点：《沅湘耆旧集》第三册，岳麓书社2007年版，第756页。）

评析

这是一首感悟人生的诗。首联写梦境。诗人午睡醒来，回首梦中情境，感叹平生所经历的人和事，恍如过眼浮云，心里一片茫然。颔联“镜中白发三千丈，枕上黄粱六十年”，对仗工整，有沧桑，有豪情，也夹杂着颓唐。“白发”“六十年”之语表明，诗人写此诗时已年届六十，头发花白。这时的

① 消息：这里是生灭、变化、盛衰的意思。

② 黄粱：同“黄粱梦”，比喻虚幻不能实现的梦想，典出唐代沈既济的《枕中记》：“怪曰：‘岂其梦寐耶？’翁笑曰：‘人世之事亦犹是矣。’”

诗人虽然没有远离人间烟火，不能称作仙人，但是有园林送老，生活优游自得。或许正是这种闲适的生活增加了他的慵懒，能够在杨柳风中，一日“几眠”，这是何等的惬意。然而，联想到前四句中的“过眼浮云托后先，平生消息总茫然”“枕上黄粱六十年”之语，诗人的内心深处又潜藏着多少难以言传的痛楚呢？诗里没有明言，读者自可意会。《沅湘耆旧集》论张九镒“力避圆熟，而圭棱不露，宫徵转谐”，此诗具有这样的特点。

张九镡

张九镡，字竹南，号蓉湖，湘潭人。张九镒之弟。生卒年不详。乾隆四十三年（1778）进士。官翰林院编修。内行醇笃，四十丧偶不复娶，居京师二十年，旁无侍妾，萧然一身，应官外，但闭户著书，于群经多所辩正。有《笙雅堂集》十八卷。

晚登岳阳楼二首（其一）

不尽登楼兴，临流一浩歌。乾坤洞庭大①，忧乐岳阳多②。落照悬金镜，孤峰接翠螺③。持觞酹神禹④，今日定风波。

（邓显鹤编撰，欧阳楠校点：《沅湘耆旧集》第四册，岳麓书社2007年版，第600页。）

评析

洞庭天下水，岳阳天下楼。此诗兼而写之。诗人登上岳阳楼，游兴未尽，又乘船到湖中，临流发浩歌。从杜甫眼中“吴楚东南坼，乾坤日夜浮”的自然景观，联想到范仲淹“先天下之忧而忧，后天下之乐而乐”的人生志趣，作者心潮起伏。颈联点明游湖的时间是在傍晚时分，落日犹如一面金色的镜子悬于湖上，君山如一只翠螺耸立于湖中。诗人把酒洒于地，祭奠神禹，感谢他镇住了洞庭湖的风波。全诗纪游，写景与抒情融为一体，境界阔大，对仗工整，在历代咏岳阳楼的佳作中占有一席之地。

① 乾坤句：化用杜甫《登岳阳楼》诗句“吴楚东南坼，乾坤日夜浮”。
② 忧乐句：化用范仲淹《岳阳楼记》名句“先天下之忧而忧，后天下之乐而乐”。
③ 翠螺：本指妇女的发髻，这里用以喻山峦的形状。
④ 持觞：举杯。酹：把酒洒在地上表示祭奠。神禹：大禹的尊称。

题烛影摇红[①]旧词后

秋雨停杯掩泪痕，检书空惜旧词存。宝钗明镜无遗迹，落叶哀蝉有断魂。锦瑟句工迷晓梦[②]，画帘人解怨黄昏[③]。谁知红烛迎春客，卅载[④]寒灯独闭门。

（邓显鹤编撰，欧阳楠校点：《沅湘耆旧集》第四册，岳麓书社 2007 年版，第 604 页。）

评析

诗人翻检旧书时发现三十年前作的一首词，这首词显然引起了他情感的巨大波动，促使他情不自禁地又在词后题了这首诗。诗的首句叙写作诗的时间、环境和心情。时间是秋天，正下着雨，诗人借酒浇愁，满面泪痕。为什么会这样呢？答案就在第二句中。原来他发现了一首旧词，而最让他难受的是虽词在，但词中所涉及的人事已经全非，故云“空惜”。三十年前镜中的影像已经找不到“遗迹”，如今的自己，恰如“落叶哀蝉”，仅剩断魂哀吟。“锦瑟句工迷晓梦，画帘人解怨黄昏”二句化用李商隐、张曙的诗句，想象“画帘人”的怨恨，包含着无限的哀愁。最后两句“谁知红烛迎春客，卅载寒灯独闭门”，既是告白，也是自伤。想当年，诗人也是一位“红烛迎春客”，生活中不乏旖旎潇洒，三十年来，却只有寒灯相伴，“独闭门”而过，日子何等凄凉！回首往事，作者止不住悲从中来，加上秋雨烦人，他只能独自借酒以浇心愁。

① 烛影摇红：词牌名，始创于宋徽宗时，原为小令，经周邦彦改编为慢曲。全词九十六字，前后阕同，内容多描绘帝王将相之家的歌舞场景，具有优雅、辉煌的气派，表现奢华、靡丽的风尚。

② 锦瑟句：语出李商隐《锦瑟》诗句“锦瑟无端五十弦，一弦一柱思华年。庄生晓梦迷蝴蝶，望帝春心托杜鹃”。

③ 画帘句：语出唐代张曙《浣溪沙》词“黄昏微雨画帘垂”。

④ 卅（sà）载：三十年。

郭浚

郭浚，字昆甫，别号罗洋山人，善化（今长沙）人。生卒年不详。乾隆九年（1744）乡试第一，官国子监助教。擅长八股制艺。有《罗洋诗草》。《沅湘耆旧集》录存其诗五十首。

舟发潭城①

江色明如练，微云淡远空。悬崖晴带雨，行棹水生风。岸草和烟绿，山花缀雨红。夕阳波浩浩，飞鸟自西东。

（邓显鹤编撰，欧阳楠校点：《沅湘耆旧集》第四册，岳麓书社 2007 年版，第 100 页。）

评析

据邓显鹤《沅湘耆旧集》记载，郭浚好学深思，矜尚名节，“动以古人自期。所作《罗洋草时艺》尤盛行于时”，其古文曾交桐城刘海峰论定，但原稿未还。郭灿在《罗洋文集序》中称赞其兄“诗、古文必洞达汉魏唐宋人源流，而卓然自名一家之说”。其诗诸体皆备。

此诗纯然写景，笔调轻快，从中不难见出诗人内心的喜悦。诗人舟发潭城，俯看湘水澄明如练，仰观天空微云淡远。悬崖带雨，行棹生风。湘江两岸，水草与山花红绿相映。夕阳西下，落日在江波中荡漾，飞鸟东西分飞，在寻找着归巢的路。全诗四十字，挟晴写雨，据水写山，意象丰富，色彩明丽。

① 潭城：长沙，古称为潭州。

朱景英

朱景英，字幼芝，一字梅冶，晚号研北翁，武陵（今湖南常德）人。生卒年不详。乾隆十五年（1750）解元。曾任台湾府海防同知，驻鹿耳门。著有《畬经堂诗文集》二十三卷、《海东札记》四卷。

秋蝶四首（其一）

飘零物态验秋丛①，幻入南华②想象中。花底一生愁晚照，篱根明月怨西风。绵绵绮思③寒烟断，冉冉香魂晓梦空。若与游蜂相慰藉，不堪重度画楼④东。

（邓显鹤编撰，欧阳楠校点：《沅湘耆旧集》第四册，岳麓书社 2007 年版，第 143 页。原文有改动。）

评析

朱景英在清代湖南诗坛占有比较重要的地位。邓显鹤《沅湘耆旧集》说他“弱冠即有文誉”，“诗集极富”，认为在当时的湖南诗人中，朱景英与张九钺之外，“不数觏也”。

此诗咏蝴蝶，紧扣“飘零”二字写蝴蝶之愁、之怨、之魂，形神俱显。

① 秋丛：秋天的花丛，指菊丛。唐元稹《菊花》诗云：“秋丛绕舍似陶家，遍绕篱边日渐斜。不是花中偏爱菊，此花开尽更无花。”

② 南华：这里指庄子。《庄子》被封为《南华真经》后，人们常以“南华”代指庄子。此句用“庄周梦蝶”的典故，原文见《庄子·齐物论》：“昔者庄周梦为胡蝶，栩栩然胡蝶也，自喻适志与！不知周也。俄然觉，则蘧蘧然周也。不知周之梦为胡蝶与？胡蝶之梦为周与？周与胡蝶则必有分矣，此之谓物化。”

③ 绮思：美妙的想象。

④ 画楼：雕饰华丽的楼房。

蝴蝶离不开花，秋天来临，万物凋零，只有菊花开得烂漫，蝴蝶便成为菊丛的主人。两者之间的关系如同庄周梦蝶，“不知周之梦为胡蝶与？胡蝶之梦为周与？”物我交融，难分彼此。然而造化无情，随着时间的推移，菊丛也将凋谢。蝴蝶一生为花忙碌，没有了花，它将置身何处？是以“愁晚照”“怨西风”。菊花开尽更无花，闲不住的蝴蝶只能与同样采花不得的“游蜂”相互慰藉，面对那雕饰华丽的画楼，双方互诉衷肠，寻觅往日的梦境。全诗写蝴蝶之愁、之怨、之魂、之梦，托物寄情，从中不难体会到诗人某些难以言传的幽情悠思。

孙起栋

孙起栋，字天擎，号白沙，新化人。生卒年不详。乾隆十八年（1753）拔贡生，曾任正红旗官学教习，后因牵连科场案谪戍临榆，居辽西四十年。著有《辽西草》《湘南草》，尽皆散佚。《沅湘耆旧集》录存其诗三卷一百九十二首。

到长沙示季弟幼梅、犹子铤①

黧面霜髭逐客回②，湖山霁景一时开。风帆解缩沿江地，水枕频惊破浪雷。梦里兰芝③今在眼，幻中蔗镜笑于思④。牵留十日还归去，冷和松声万壑哀。

（邓显鹤编撰，欧阳楠校点：《沅湘耆旧集》第四册，岳麓书社2007年版，第316页。原文有改动。）

评析

此诗是诗人放还归家到达长沙时所作。从总体上看，诗人的心情是非常激动的。“黧面霜髭逐客回，湖山霁景一时开。”一个“回”字，一个“开”字，尽显其心情的轻快。他虽然面目黧黑，须发斑白，从头到脚仍然刻着“逐客”的痕迹，但一看到洞庭湖的景色，心中的哀愁得到极大的释放。“风帆解缩沿江地，水枕频惊破浪雷”，诗人坐船沿湘江南下，想到马上就要见到自己的亲人，觉得沿江的路程都缩短了。诗的前四句通过写景展开叙事，

① 季弟：最小的弟弟。犹子：指侄子。
② 黧（lí）面：污黑的脸。黧，黑里带黄的颜色。
③ 兰芝：兰花和灵芝。比喻优秀的子弟。
④ 蔗镜：比喻晚景美好。于思（sāi）：亦作“于腮”，鬓须茂盛的样子。

叙述自己到达长沙的过程。第五、六句直接抒写与亲人重逢的感受。诗人谪居塞外，多少次在梦中想起侄儿，如今这一切变成了现实，就在眼前，内心的激动难以言传。然而，笑语过后，诗人又不禁悲从中来。“牵留十日还归去，冷和松声万壑哀。”诗的最后两句，在“牵留十日”的亲情中，诗人对“归去”后的前途显得极端不自信。谪居在外多年，家中的景况肯定大不如前，一个“哀”字暗含着诗人心中无限的心酸。

孙起栋谪贬辽西的具体原因，他本人在《辽西草自序》中有一段回忆：“仆少无远操，亦颇无俗韵。乾隆癸酉，浪迹京尘，以教习冀博一官养亲，谓唾手可得。而少不持重，偶为人捉刀，对簿不屈，遽捍文网。编管右北平，沉沦苦海，绵历三纪，皮骨一空。”正是这偶然的一次“为人捉刀”，对他的一生造成了致命的伤害。这种伤害即使在他被放还回家后仍然无法抚平。

送别东坡先生墨迹一首（有序）

余箧中有所藏东坡先生行书一轴，虽墨气纸素在有无中，而精神骨采七百年如见其人。予什袭①珍之，日一展卷披玩，洵至宝也。顷为榷使阿云帆携去②，云欲将以上献。去我之日，实难为怀。因赋此诗话别。时乾隆三十二年之七月十有二日也。

耳食儿人拥墨庄③，追逐秃素蹑颠张④。秋蛇春蚓⑤自行行，涂抹青红倚

① 什袭：层层包裹。什，形容多。袭，量词，套，层。

② 榷使：掌管征税的官吏。榷，征收，征税。阿云帆：人名，事不详。

③ 耳食：比喻不假思索，轻信所闻。这里意为传闻。墨庄：指藏书，书丛。

④ 秃素：指怀素，唐代著名草书家，永州人，其草书被称为“狂草”。颠张：指张旭，唐代著名草书家，苏州人，常常喝得大醉，故有“张颠”的雅称。

⑤ 秋蛇春蚓：比喻字写得不好，弯弯曲曲，像蚯蚓和蛇爬行的痕迹。

市倡，宁知国色有姬姜①。当途钟繇典午王②，跳龙跌荡开天阊。七家楷法宛桂芳，颜筋入骨秋鹰扬③。大峨仙人④出蜀冈，墨妙婀娜健而刚。鹄立通明捧玉皇⑤，峨冠博带⑥云锦裳。魏公妩媚鸣金珰⑦，锦囊玉轴百宝装。前陶后韦争低昂，前大幅书陶渊明诗，后缀以韦应物《淮南秋雨夜》绝句。元丰二年居士章⑧。年深墨色半在亡，神采焕发犹飞扬。笼中坐看百鸟翔，铩翮自悲谁颉⑨颃⑩。重以冰炭置我肠，赖此丽天繁星芒。时一披玩恣清狂，洪钟未敢寸莛搪⑪。至宝终难什袭藏，入献我后为国璋。遂随云帆辞海疆，别意浓于秋水长。更谁砭我疾之肓，目断君门万里长。

（邓显鹤编撰，欧阳楠校点：《沅湘耆旧集》第四册，岳麓书社2007年版，第299-300页。原文有改动。）

① 姬姜：春秋战国时期，姬为周姓，姜为齐国之姓，故以“姬姜”为大国之女的代称，也用作妇女的美称。

② 钟繇：字元常，三国魏书法家。据传是楷书（小楷）的创始人。典午：司马的隐语。《三国志》：“周语次，因书版示立曰：‘典午忽兮，月酉没兮。’典午者谓司马也，月酉者谓八月也，至八月而文王（司马昭）果崩。”晋帝姓司马氏，后因以“典午”指晋朝。王：这里指晋朝的王羲之，著名书法家。钟繇与王羲之并称为“钟王”。

③ 颜筋入骨句：颜指颜真卿。颜体字的特点是运笔厚重，但细筋入骨，因而仍然显得苍劲有力。语出苏轼《孙莘老求墨妙亭诗》：“颜公变法出新意，细筋入骨如秋鹰。”

④ 大峨仙人：指苏轼。大峨，即大峨山，又称老峨山，就是今天的峨眉山。

⑤ 此句化用苏轼《上元侍饮楼上三首呈同列》诗之一：“侍臣鹄立通明殿，一朵红云捧玉皇。”通明：传说中玉帝的宫殿。

⑥ 峨冠博带：高帽子和阔衣带。泛指古代士大夫的装束。峨，高。博，阔。

⑦ 魏公：指魏徵，初唐大臣。妩媚：姿态美好可爱。《新唐书·魏徵传》：“帝大笑曰：人言徵举动疏慢，我但见其妩媚耳。”金珰：古代高级侍从官员帽子上的装饰物，用黄金制成，上饰蝉纹，故名金珰。

⑧ 这句话的意思是说，书轴上盖有苏轼的印章，题云：“元丰二年，东坡居士轼。”元丰二年：公元1079年。

⑨ 原注：据文义改。

⑩ 铩翮（shā hé）：铩羽，羽毛掉落，喻失意受挫折。铩，古兵器，即“铍”，大矛；引申为摧残，伤残。翮，羽毛中间的硬管，泛指鸟的翅膀。颉颃（xié háng）：亦作“颉亢”，鸟向上向下飞，泛指不相上下，能相互抗衡、较量。

⑪ 这句话的意思是说，钟的音量大，用草茎去敲，就不能使它发出应有的响声。比喻自己学识浅薄，不敢在书轴上胡乱涂抹。洪钟：大钟。莛（tíng）：草茎。《沅湘耆旧集》此处有注：“卷尾有有明诸公跋。余欲跋而不敢者数数矣。”

评析

据诗前小序，这首诗作于乾隆三十二年（1767）七月十二日，其时诗人谪居辽西。空空的行囊里珍藏着苏东坡的一幅行书字轴，这是他的“至宝”，“日一展卷披玩”，带给他无穷的精神慰藉。然而不久，税使阿云帆便以“上献”为由向他索取这幅墨宝。诗人恋恋不舍，但是没有办法，在将书轴交给阿云帆之时“赋此诗话别”。

全诗分三层。第一层自开篇至“颜筋入骨秋鹰扬”，历数怀素、张旭、钟繇、王羲之父子至颜真卿以来书法艺术的变迁，实际上是考索东坡书学的源流。第二层自“大峨仙人出蜀冈”至“神采焕发犹飞扬”，歌咏东坡书法的艺术风格及该行轴的内容和款式特点。在诗人眼里，东坡此轴，墨气纸素虽因年代久远，已在“有无中”，但是“墨妙婀娜健而刚”，其精神骨采“七百年如见其人”。第三层自“笼中坐看百鸟翔”至结尾，自述目前的生活处境及其对书轴的珍爱之情，希望自己的“至宝”能够“入献我后为国璋”，引起高层的重视。

古代送别之诗汗牛充栋，但多以送人别地为主，专门为一幅书轴赋诗话别，实不多见，因而也就不同寻常。诗用古体歌行形式，历数书轴的来源与特点，通过比较评析古代著名书法家的书法技艺，烘托东坡书法艺术的精湛高超，全诗一韵到底，且句句押韵，读起来流畅谐婉，堪称杰作。

贺国华

贺国华，字用宾，善化（今长沙）人。生卒年不详。贺长龄、贺熙龄之先祖，累赠资政大夫。有《嫁愁集》。《沅湘耆旧集》录其诗十八首。

岳麓寺

万木际天阴，中通一径深。灯明知佛境，钟定识禅心。翠滴檐前雨，泉飞户外琴。劳劳尘世里，可许涤烦襟①。

（邓显鹤编撰，欧阳楠校点：《沅湘耆旧集》第四册，岳麓书社 2007 年版，第 439 页。）

评析

全诗涉禅，意境空灵闲远，旷达幽深。开篇写诗人置身高耸入云的万木丛里，被一条深幽疑似无尽的小径引入岳麓寺中。岳麓寺明灯响钟，示人以佛境禅心。青翠的树叶上滴下的水珠犹如“檐前雨”，滴滴撩人；寺外泉声随风传来，宛如动听的琴声，声声入耳。如此静谧的佛地，为尘世的人们提供了一处涤凡尘、悟禅心的心灵栖息地。诗的最后一句“可许涤烦襟”，当是诗人真切的感受。全诗以禅入诗，语言恬淡闲适，从中可以见出诗人的人生旨趣。

① 烦襟：烦闷的心怀。

黄湘南

黄湘南（？—1785），字一吾，号石櫓，宁乡人。天津知府黄立隆之子。其子黄本骐、黄本骥皆有文名，时人比其父子为“眉山三苏”。著有《大沩山房诗集》《红云词集》。

夜坐

不觉春光老，萧条百感生。愁中天易晚，醉后月常明。古树散清影，疏钟来远声。一灯相静对，空复此时情。

（邓显鹤编撰，欧阳楠校点：《沅湘耆旧集》第四册，岳麓书社 2007 年版，第 448 页。）

评析

诗人灯下独坐，感叹春光已老，心中百感杂陈，难以消解，于是自斟自酌，借酒消愁。醉眼蒙眬里，他发现天上的月亮始终明亮皎洁。月光下，古树的倩影在微风中抖动，点点可见，远处传来稀稀疏疏的钟声。诗人独对孤灯，沉浸在这空灵的世界里，任孤寂之情在心中滋生蔓延。

周恭先

周恭先，字平山，一字素芳，新化人。生卒年不详。乾隆丙戌（1766）进士，官云南建水知县。《沅湘耆旧集》录其诗三十七首。

游仙

少华不尽太华连①，山椒云接昆仑颠。万里一息落青鸟②，金泥玉简③开琼筵。瑶池④一宴三千年，摇光斞⑤酒蟠桃鲜。东方小儿空懊恼，堕落人寰称地仙⑥。羲和已入蟾蜍续⑦，彩女如花欢未足。沉香甲煎⑧飞谈光，化作阳和调玉烛⑨。七襄云锦闲天孙⑩，此日北宫⑪邀上元。天桴⑫不槌鼓声寂，支机

① 少华：少华山，位于陕西省少华乡，与西岳华山峰势相连，遥遥相对，并称“二华”，但低于华山，因名其少华山，是中国道教名山。太华：西岳华山，在陕西省华阴市南。

② 万里一息：万里远的路程一口气就到了。形容极其迅速。典出《汉书》：“追奔电，逐遗风，周流八极，万里壹息。何其辽哉？”青鸟：传说中为西王母取食传信的神鸟。

③ 金泥玉简：这里指邀请函。金泥，用以饰物的金屑。将金箔碾成粉，配以蛋清，和成漆状，即为金泥。一般用于佛像塑身的皮肤部分。玉简，玉质的简札，指道家的符箓。

④ 瑶池：古代传说中昆仑山的池名，西王母所居。

⑤ 斞：音 jū。

⑥ 地仙：方士称住在人间的仙人。

⑦ 羲和：中国神话中太阳神的名字。传说她是帝俊的妻子，与帝俊生了十个太阳。《楚辞·离骚》说：“吾令羲和弭节兮，望崦嵫而勿迫。”蟾蜍：动物名，月亮中有蟾蜍，这里代指月亮。

⑧ 沉香：药材名，属药瑞香科植物。甲煎：香料名，以甲香和沉麝诸药花物制成，可作口脂及焚爇，也可入药。李商隐《隋宫守岁》诗：“沉香甲煎为庭燎，玉液琼苏作寿杯。”

⑨ 调玉烛：谓四时之气和畅。形容太平盛世。

⑩ 七襄：本指织女星白昼移位七次，这里指精美的织锦。天孙：星名，即织女星。

⑪ 北宫：我国古代天文学上四个星区之一。古人把二十八宿依东、北、西、南分为四个宫区，各包括七个星宿。北宫包括虚、危、室、壁、斗、牛、女七宿。

⑫ 桴：鼓槌。出自《韩非子·功名》：“至治之国，君若桴，臣若鼓。”

石①上留啼痕。瑶池水碧瑶觥歇，斑鳞辇上丝丝发。双成萼绿②悄无言，倭堕云鬟③弄烟月。三十六洞④连层城，帝阍启镉声噌吰⑤。凌风一展冲天翼，手把芙蓉朝太清⑥。

（邓显鹤编撰，欧阳楠校点：《沅湘耆旧集》第四册，岳麓书社 2007 年版，第 472 页。）

评析

这是一首典型的游仙诗，诗境玄远缥缈，色彩瑰丽神奇。诗开篇写景，着力突显西岳华山与昆仑山云天相接的雄伟气势。接着写西王母瑶池设宴，令青鸟传信，给各地的神仙送去她的“金泥玉简”，邀请他们到瑶池赴会。被邀请者除了居住在人间的地仙，还有为太阳神赶车的羲和、月宫中的蟾蜍和天孙星织女等。“瑶池一宴三千年，摇光斛酒蟠桃鲜”；“沉香甲煎飞谈光，化作阳和调玉烛。”这几句写宴会的规模和气势极尽夸张之能事，俨然一派太平盛世的景象！然而就是在这热闹的氛围里突然出现了不和谐的一幕：“天桴不槌鼓声寂，支机石上留啼痕。”天宫与人间一样也有烦恼与痛苦。织女在支机石上哭泣，董双成、萼绿华两位仙女悄然无语。即或如此，诗人对逍遥自在的神仙生活还是充满向往。三十六处名山洞府层城相连，帝宫的大门打开了，诗人幻想自己“凌风一展冲天翼”，飞身登上了道家的太清仙境。

① 支机石：传说为天上织女用以支撑织布机的石头。
② 双成：董双成，神话中西王母侍女名。萼绿：萼绿华，中国古代传说中道教女仙名，简称萼绿。
③ 倭堕：古代妇女发髻名。云鬟：高耸的环形发髻。
④ 三十六洞：道家称神仙居住人间的三十六处名山洞府。
⑤ 阍：宫门。镉：有舌的环。噌吰：象声词，形容钟鼓声。司马相如《长门赋》：“声噌吰而似钟音。”
⑥ 太清：三清之一。道教谓“元始天尊”所化法身“道德天尊”所居之地，其境在玉清、上清之上，唯成仙方能入此，故亦泛指仙境。

吴柷

吴柷（1738—1796），字季文，号兰柴，新化人。乾隆四十二年（1777）拔贡生，老于场屋，以明经终。与鄢正笏、孙起楠、胡启文、周锡溥、周锡渭、邓枝麟等称“湘中七子”。《沅湘耆旧集》录存其诗七十四首。

过常山①

金凤②天半弄新晴，画角③声喧客远行。河北高原连赵魏，山西秋气接幽并。日边断岸滹沱水④，烟外危楼正定城。小艇乱流回跳处，长堤疏柳暮云横。

（邓显鹤编撰，欧阳楠校点：《沅湘耆旧集》第四册，岳麓书社 2007 年版，第 546 页。原文有改动。）

评析

吴柷诗才极佳且颇为自负，是以专志于诗，艺术技巧纯熟，当时褚廷璋视学湖南时，赞其近体诗为“七字长城”（语见《沅湘耆旧集》卷一〇九）。这首诗是诗人途经常山时作。全诗琢句精工，具有一股刚健雄浑之气。羁旅途中，雨后新晴，画角声里，诗人乘小艇漂流滹沱河上，远眺连接古代赵、魏两国的河北高原，身沐从行山西边的秋气，落日余晖里，他看见正定城楼在烟波微茫处若隐若现。全诗写景境界苍茫辽阔。在苍茫的原野里，诗人所

① 常山：恒山，位于河北省曲阳县西北，汉、宋时避帝讳称常山（汉文帝、宋真宗均名恒）。
② 金凤：琵琶、琴、筝之属。因弦柱上端刻凤为饰，故称。
③ 画角：古代乐器名，相传创自黄帝，或曰传自羌族。形如竹筒，以竹木或皮革制成，外加彩绘，故称“画角”。
④ 滹（hū）沱水：水名，源出山西省，流入河北省。

乘之小艇是那样的渺小。两相对比，诗人与读者都难免产生一种孤舟漂泊天涯的凄凉之感。

岳阳楼三首

危阑千尺倚高城，胜景苍茫极目生。万古蛟龙浮水气，二妃①环佩冷秋声。溟溟残照帆樯出，历历寒空岛屿平。独念左徒②哀未绝，欲从何处荐香蘅③。

东枕巴丘④俯汉川，望中缥缈见湘烟。黄陵花落湖边月，青草波平镜里天。唐宋题名人几在，荆吴遗憾事空传。君山⑤一抹青如画，不待登临始慨然。

吴蜀中分势倒回，振衣凭眺几徘徊。空传灵跸⑥浮湘水，不见雄风上楚台。帆影斜侵归雁迥，笛声吹裂老龙哀。烟波万丈频回首，诗兴苍凉不易裁。

（邓显鹤编撰，欧阳楠校点：《沅湘耆旧集》第四册，岳麓书社 2007 年版，第 549-550 页。原文有改动。）

① 二妃：指传说中舜帝的两位妻子，即娥皇、女英。二妃为尧帝之女，舜出巡，死于苍梧，二妃赶至湘江，泪尽而亡。她们的泪水染竹成斑，故称“斑竹”，又名“潇湘竹”。

② 左徒：古代官名，战国时楚国设置，入内参与议论国政，发布号令，出则接待宾客。屈原曾任此职，故以借指。

③ 蘅：蘅芜，古书上说的一种香草。这里是借用《离骚》香草美人的典故，以指贤臣君子不遇之境。

④ 巴丘：今岳阳楼一带。鲁肃在洞庭湖操练水军，筑巴丘城，建阅军楼，相传此即为今岳阳楼的前身。

⑤ 君山：原名湘山，又名洞庭山、洞庭君山、湖山等，即神仙洞府之意。传说舜帝的二妃娥皇、女英曾来这里，死后即为湘水女神，屈原称之为“湘君”，是以称君山。

⑥ 跸：帝王出行时清道，禁止行人来往，泛指帝王出行的车驾。

评析

湖南古代诗人以“岳阳楼”为题的诗作不胜枚举。娥皇、女英二妃的传说，屈原的故事，巴丘、黄陵庙、青草湖、君山以及归雁、帆影、烟波、湘水等景点、景色在有关岳阳楼的诗中出现的频率也非常高。但是，由于诗人炼意不同，同样的题材意象经过不同的组合，诗歌会呈现出不同的风格境界。吴柸的这组诗特点有二。

其一，写景与怀古有机结合，融为一体。诗人独上高楼，凭栏远眺，残照帆樯、缥缈湘烟、湖边月与镜里天等景色尽收眼底，不仅如此，其思绪还透过湘水烟波，直达历史深处。娥皇、女英二妃环佩的响声，屈原在泽畔的哀吟，三国时吴、蜀二国的中分之势，还有唐宋名人的题词，这一幅幅历史的画卷随着眼前的洞庭湖水，在诗人心里渐次荡开，激起阵阵涟漪。

其二，议论与抒情有机结合，诗兴苍凉，诗风老到。“独念左徒哀未绝，欲从何处荐香蘅”“唐宋题名人几在，荆吴遗憾事空传”“吴蜀中分势倒回，振衣凭眺几徘徊”以及“不见雄风上楚台”等句，造语劲直，感伤而不消沉，沉郁而不压抑，有不可一世之概。

周锡溥

周锡溥（1745—1804），号麓樵，又号半帆，湘阴人。乾隆四十年（1775）进士。官甘肃宁朔知县，有善政。“湘中七子”之一。著有《安愚斋诗文集》。

发宁夏，咏怀四首示诸子

积雨河关阻尺鳞，乡心谁似宦游人。已看边马嘶行色，更有垂杨糁去尘。庄舄①病声兼越楚，田生②情绪半君亲。国恩未报家多难，翘首天涯泪满巾。

衙鼓声高羽檄催，六年官迹此邅回③。一官首鼠④成何事，四野哀鸿⑤损吏才。治赋阳城⑥余慷慨，哦诗元结愧招徕⑦。可怜两部清笳⑧曲，却向河桥送我回。

边城春尽晓犹凉，张触归心逐日忙。匹马去经秦塞远，峭帆从挂楚云长。胡威⑨有绢充官物，陆贾⑩无金作客装。赢得随行六男子时惟五男、一孙随任，硗

---

① 庄舄：亦称越舄，战国时楚国大臣。据《史记·张仪列传》中惠王和陈轸的一段对话，庄舄出身贫寒，仕楚，但心系越国，病中常常发出越国方言的呻吟声。后遂以“庄舄越吟”表达不忘故国家园的思想感情。

② 田生：字子春。西汉吕后时齐（今山东淄博）人，策士。

③ 邅（zhān）回：辗转盘旋，难行不进。比喻仕途不顺利。

④ 首鼠：双声联绵词，踌躇、迟疑不决。《三国志》：“山越恃阻，不宾历世，缓则首鼠，急则狼顾。”

⑤ 哀鸿：哀伤的鸿雁。比喻哀伤苦痛、流离失所的人。

⑥ 阳城：字亢宗，唐朝官吏，曾任谏议大夫、道州刺史。在道州刺史任上，“治民如治家，税赋不能如额”，上官打考绩时，阳城自署“抚字心劳，催科政拙，考下下”。

⑦ 元结：字次山，唐代诗人，曾任道州刺史。招徕：招抚。

⑧ 清笳：谓凄清的胡笳声。南朝齐谢朓《从戎曲》之七：“寥戾清笳转，萧条边马烦。”

⑨ 胡威：字伯武，一名貔。晋代淮南寿春人，以清廉著称。

⑩ 陆贾：西汉政治家。其先为楚人，刘邦起事时，以陆贾有口才，善辩论，常派他出使诸侯各国，著有《新语》。此句用陆贾使南越典故。陆贾本人没有钱，但在出使南越时赢得对方的尊重，得橐中装千金。

硗头玉①照琳琅。

吾衰无复宦情浓，版谒②朝参意久慵。便拟烟霞成痼疾，肯将腰膂试龙钟。好官枉忆羊元保③，薄禄聊同邴曼容④。寄语家居老同叔⑤谓弟湜甫，为余先买蜀山筇⑥。

（邓显鹤编撰，欧阳楠校点：《沅湘耆旧集》第四册，岳麓书社 2007 年版，第 574-575 页。）

评析

这组诗是诗人为官六年后从宁夏出发回家前夕所作，因为是写给儿子们的，所以在抒写自我心志的同时包含着教子的意图。整组诗的基本主题是抒发他对于国与家、为官与做人的思考。

第一首侧重写思家与报国的矛盾。诗人宦游在外，思家心切，常常处于“国恩未报家多难”的两难境地。诗中用庄舄仕楚，病中呻吟却发越语的典故告诫儿子，不管身处何地，都不能忘了自己的国家。接着又用汉代田子春的故事表达自己为官的心态，半为国家，半为亲人。田子春因刘泽的帮助发家致富，吕后专权时，他着意保全刘氏，为刘泽谋取王位，保全性命。但是，现实中的诗人觉得自己国恩未报，而家中多难，不知何以自处，遂“翘首天涯”，涕泪纵横。

第二首和第三首回顾做官的经历，侧重抒发做官与为人的思考。诗人居

① 硗硗（qiāo）头玉：头骨隆起貌。硗硗，隆起突出貌，高峻貌。头玉，指玉一般的头骨。李贺《唐儿歌》：“头玉硗硗眉刷翠，杜郎生得真男子。”

② 版谒：持名帖进见。

③ 羊元保：羊玄保，南朝宋泰山人。历官武帝镇军参军。善弈，文帝曾与其赌郡戏，胜，以补宣城太守，累迁丹阳尹、会稽太守。为政宽和，虽无殊绩，去后令人思念。孝武帝即位，为散骑常侍，迁紫金光禄大夫。

④ 邴曼容：邴丹，字曼容，西汉琅玡郡人，邴汉侄，时有名望。据班固《汉书》记载：“汉（邴汉）兄子曼容亦养志自修，为官不肯过六百石，辄自免去。”

⑤ 老同叔：谓其弟周锡渭，字湜甫。同，副，次。

⑥ 筇（qióng）：本义为竹名，可做手杖，引申为手杖。

官六年，忠于职守，但仕途不顺，官运淹蹇。“一官首鼠成何事，四野哀鸿损吏才”，面对流离失所的百姓，他感到自己的“吏才”已消磨殆尽。这并不是说他不努力，他也曾“匹马去经秦塞”，还是由于现实的无奈。即或如此，诗人认为不管在任何情况下做官都必须坚持两点。其一是爱民，其二是清廉。第二首颈联：“治赋阳城余慷慨，哦诗元结愧招徕”，用阳城、元结的典故，表达爱民的思想。第三首颈联：“胡威有绢充官物，陆贾无金作客装”，用胡威、陆贾的故事，强调为官必须清廉。

第四首抒发仕与隐的矛盾，表达退隐的心愿。诗人自感年迈体衰，对于仕途宦情已看得淡泊。回顾多年来的为官生涯，他以南朝的羊玄保、汉代的邴丹自况自评。羊玄保为政宽和，虽无殊绩，但是每离开一个地方，那里的百姓都会思念他。邴丹“养志自修”，为官不肯过六百石，过则自免。这是一种境界。诗人自认为做到了这一点。如今他宦情慵懒，准备退隐林泉，与烟霞为伴，故而在诗的最后两句特别嘱咐儿子转告弟弟，“为余先买蜀山筇”。

四首诗在艺术上的最大特点是用典精切。每首诗的颈联都选择两个历史人物，用他们的所作所为表达自己的价值观念。其余诸句则结合自己的亲身经历，与儿子谈心交心，诚挚亲切。《沅湘耆旧集》论周锡溥之诗：“诗思俊拔，欣戚促舒，中挑外引，而词旨弥见其清婉。”这组诗堪称代表。

周锡渭

周锡渭，字湜甫，一字默耕，号箬渔，湘阴人。生卒年不详。周锡溥之弟。乾隆三十九年（1774）举人。曾充桑植、益阳等县书院山长，后以知县试用陕西，历署武功、岐山、洵阳、长武知县，又补紫阳知县。有《志古斋诗钞》。

广陵①怀古（其一）

紫塞②苍梧一望并，千秋淮海盛麾旌。汉廷刺史徐州部，晋代将军北府兵③。皂角林④前孤树影，佛狸祠⑤外乱鸦声。可怜风月维扬地，未觉繁华抵战争。

（邓显鹤编撰，欧阳楠校点：《沅湘耆旧集》第四册，岳麓书社2007年版，第588页。原文有改动。）

评析

全诗紧扣题面吊古伤今，风格慷慨悲凉，苍劲雄壮。首二句是引子，诗人驻足广陵北望紫塞，南观苍梧，发现千百年来发生在边塞地区的战争竟然

① 广陵：今扬州，长江北岸重要都市和军事重镇。

② 紫塞：北方边塞。晋代崔豹《古今注·都邑》：“秦筑长城，土色皆紫，汉塞亦然，故称紫塞焉。”南梁周兴嗣编缀的《千字文》，把长城称为“紫塞”。

③ 晋代将军：指谢玄。北府兵：指谢玄组建训练的军队。太元二年（377），东晋孝武帝拜谢玄为建武将军、兖州刺史，领广陵相、监江北诸军事。刘牢之为参军，招募劲勇，抵抗前秦，战无不胜。太元四年（379），谢玄加领徐州刺史，镇京口。东晋称京口为“北府”，所以称这支军队为北府兵。

④ 皂角林：地名，今江苏江都县南30里处。这里指皂角林之战。南宋绍兴三十一年（1161）十月，宋军在皂角林击败金军。

⑤ 佛狸祠：古祠名，遗址在今江苏六合东南的瓜埠山上。北魏太武帝（字佛狸）于南朝宋元嘉二十七年（450）击败王玄谟的军队后，在山上建立行宫，即后来的“佛狸祠”。

远不如淮扬一带多。接下来四句具体描绘历史上淮扬地区经历过的战争。诗人感慨汉廷徐州部、晋代北府兵的飒爽雄风，皂角林之战、佛狸祠之役的尘土飞扬，而今只剩下孤树独影、乱鸦声声。诗的最后两句“可怜风月维扬地，未觉繁华抵战争”，笔锋一转，用扬州的风月繁华与其经历的战争相比，诗人认为，扬州的战争创伤是不能用其风月繁华来相抵的。“可怜”二字，语气至为沉痛。而更值得人们警醒的是，“风月维扬”恰恰可能成为战争的起因。对此，诗人没有明言，但他无疑作出了正确的预言。正是由于清政府的腐败，咸丰年间太平天国起义爆发，维扬一带又一次从风月之都变成战争的中心。

孙起楠

孙起楠，字幼梅，一字蘅皋，号石溪，新化人。生卒年不详。诸生。孙起栋弟。历任善化县训导、湖北潜江县教谕。有《经训堂诗集》。

维扬览古二首

清口①黄河水势增，入江故道久难凭。中流雨色来瓜步②，八月涛声泊广陵。邵伯甘棠思谢傅③，高家新堰忆陈登④。五官驻马⑤成诗处，战舰旌旗不可胜。

中原北伐此深沟，九塞边形一苇收⑥。南渡将军空甲第⑦，东阳太守⑧自风流。大江飞鸟明淮甸⑨，古埭垂杨入汴州⑩。萧瑟平生庾开府⑪，三千余里溯昭丘⑫。

（邓显鹤编撰，欧阳楠校点：《沅湘耆旧集》第四册，岳麓书社 2007 年

① 清口：原为泗水入淮之口，在今淮阴北，元代京杭大运河修成后成为黄河、淮河、运河的交汇处。又，黄河在南宋以后曾经夺淮入海，其入淮口也在清口。

② 瓜步：山名，在江苏六合东南，亦名桃叶山。步，一作埠。南北朝时曾为军事争夺要地。

③ 邵伯：地名，古称甘棠或邵伯埭，因东晋太元十年（385）谢安于此筑埭而得名，唐宋以后日益兴盛，成为京杭运河线上闻名遐迩的繁华商埠。谢傅：指谢安，字安石，东晋名士，陈郡阳夏人，官至宰相，因功名太盛被皇帝猜忌，曾经避祸广陵，后病死。

④ 陈登：字元龙，东汉末年曾任广陵太守。重视水利建设，今洪泽湖大堤淮阴区高堰村附近的一段堤防相传是他主持修建的。

⑤ 五官驻马：意思是耳目闻见的地方。五官，指眼、耳、鼻、唇、舌，分别对应视觉、听觉、嗅觉、触觉、味觉。

⑥ 九塞：古代的九个要塞。这里泛指边关要塞。一苇：一根芦苇。借指小船。

⑦ 南渡将军：泛指从广陵渡江到南方的北方将领。甲第：豪门贵族的宅第。

⑧ 东阳太守：指沈约，沈曾任东阳太守。东阳，地名，今浙江金华，历史上属广陵郡。

⑨ 淮甸：淮河流域。

⑩ 古埭：堵水的土坝。汴州：今开封市，古称汴梁。

⑪ 庾开府：指庾信，因其官至骠骑大将军、开府仪同三司，故称。

⑫ 昭丘：亦作“昭邱”，春秋楚昭王墓，在湖北省当阳市东南。

版，第 623-624 页。）

评析

对于许多诗人来说，扬州是一个极具魅力的地方，这不仅因为它有美丽的二十四桥明月，还在于它见证了不少王朝的盛衰兴亡。孙起楠的这两首诗以览古为题，吊古伤今，充满一种沉郁苍凉的历史感。

第一首通过描写眼前景物抒发思古之幽情。八月的扬州，流雨如注，涛声拍岸，清口地方黄河之水激增，而入江古道年久失修，早已不可凭借。洪水告急，诗人不由得想起谢安曾在邵伯筑埭，陈登任广陵太守时在高堰修建防洪大堤，而如今诗人耳目所及却只有不可胜数的战船排列在江口，兴修水利的事情似乎早已被人们遗忘了。

第二首诗以怀古为主，间杂写景和议论。扬州地处长江北岸，是北伐中原的起点，历代兵家必争之地，多少“南渡将军”“东阳太守”一类的人物曾流寓于此，一展风流。“大江飞鸟明淮甸，古埭垂杨入汴州”一联，对仗工整，既写眼前之景，大江、古埭，飞鸟、垂杨，又暗寓着沧海桑田的时代变迁。最后两句以庾信羁留北国、平生萧瑟作结，怀念古迹以寄托家国之思，感情深沉，思绪悲凉。

湘中览古二首

熊湘高阁①倚青蒙，裙屐登临兴未穷。秋水湖波生落木，夕阳林表没飞

① 熊湘高阁：位于长沙小西门内，旧址即宋代的露仙观。“熊”指楚国始祖熊绎。古长沙有“熊湘”的雅称。

鸿。汉廷郡领长沙远，唐镇兵连九道雄。更上西风讯归路，梅山①溪洞雨声中。

万古沧波几去凫，茫茫笠钓老江湖。番阳县令传吴芮②，天汉藩王嗣附朐③。暮雨千帆潇水合，寒云一片石山孤。何年置笏④潭州督，零落风流白鬓须。

（邓显鹤编撰，欧阳楠校点：《沅湘耆旧集》第四册，岳麓书社 2007 年版，第 627 页。）

评析

诗人游湘中，览古生情，写下了这两首诗。二诗的共同特点是怀古、抒情与写景有机结合。秋天的傍晚，诗人登上熊湘阁，极目四望，兴味无穷。映入眼帘的是秋水湖波，夕阳西下，落木萧萧，飞鸟投林。透过青蒙云烟，诗人追溯湖南的历史沿革。远在汉代，中央政府已设立长沙郡，唐代时湖南全境皆有驻军，就连偏远的梅山地区也已纳入治域。眼看万古沧波，诗人感到自己就像垂钓江湖的渔翁，在冷眼旁观着湖湘地区的盛衰兴亡。秦代曾任鄱阳县令的吴芮公元前 204 年攻取长沙，成为长沙王，而大汉王朝最终将湖南纳入了刘姓的怀抱，刘附朐接任，做了第三代长沙王。面对暮雨千帆、寒云片石，诗人止不住追问，潭州（长沙）设立督府始于何年呢？对此，诗中没有作出回答。回到眼前，诗人发现自己不过是一个“零落风流”的白发老翁而已。

① 梅山：泛指湘中地区的新化、安化等地，历史上是汉代长沙王吴芮的部将梅锠的封地。据《宋史》记载：“梅山峒蛮，旧不与中国通，其地东接潭，南接邵，其西则辰，其北则鼎、澧。”

② 吴芮：江西余干人。秦时为鄱阳县令，入汉后封长沙王。

③ 藩王：指拥有封地的亲王或郡王。嗣：接续，继承。附朐：指刘附朐，西汉第三代长沙王。

④ 笏（hù）：古代朝见时大臣所执的手板，用以记事。

邓枝麟

邓枝麟，字翰伯，号南坡，宁乡人。生卒年不详。乾隆四十二年（1777）拔贡。官乾州厅教谕。有《海粟园诗稿》。

登岳阳楼

一棹信春风，楼高四望通。登临吾辈晚，忧乐几人同？岸影长天外，湖光返照中。凭栏发新咏，渺渺思无穷。

（邓显鹤编撰，欧阳楠校点：《沅湘耆旧集》第四册，岳麓书社2007年版，第677页。）

评析

以“登岳阳楼”为题的诗作，自唐以来，不胜枚举。昔时李白游黄鹤楼，见楼头崔颢题诗，便再也不敢作诗，转而发出“眼前有景道不得，崔颢题诗在上头”的慨叹。邓枝麟诗才、诗名无法与李白抗衡，所以当他登上岳阳楼时，也不由得产生“登临吾辈晚”的自卑。然而，面对“岸影长天外，湖光返照中”的壮美景色，诗人凭栏远眺，最终还是发出了“新咏”。全诗的核心是对“忧乐几人同”的追问。对此，诗人并没有作出正面的回答，但是从“登临吾辈晚”的自我定位中不难看出，他显然是想追步前贤，所以才有“渺渺思无穷”的感慨。

周有声

周有声（1748—1814），字希甫，号云樵，又号东冈，长沙人。乾隆六十年（1795）进士。历官内阁中书兼文渊阁检校，松江、苏州知府。为人伉爽有智略，遇事超然，所至以敏干称。以积劳卒于官。尝从蒋心馀太史游，与秦瀛交最契。工诗，著有《东冈诗剩》十四卷。

屈贾祠①

江甸②新秋雨易沉，古祠云幕昼阴阴。逋臣迁客③原同感，野鹏江鱼共此心。合传不详宣室对④，遗经如听汨罗吟。湖南万古兴嗟地，斑竹苍梧怨更深。

（邓显鹤编撰，欧阳楠校点：《沅湘耆旧集》第四册，岳麓书社2007年版，第795页。）

评析

这是一首纪游怀古诗。首联写景，交代作诗的时间和地点。初秋时节，湘江岸边，诗人造访屈贾祠，虽然是白天，但是因为下着雨，天空阴沉，一片萧索落寞的氛围。颔联叙述屈、贾二人相同的命运。屈原因忠谏怀王，得罪小人，被流放沅湘，行吟泽畔，最后沉江而死，相传其尸被江鱼驮回故乡。贾谊因遭群臣忌恨，被贬长沙王太傅，其间作《吊屈原赋》《鹏鸟赋》。两人

---

① 屈贾祠：本为贾太傅祠，位于长沙市太平街太傅里，明神宗万历八年（1580）增祀屈原，改为屈贾祠。

② 江甸：江边。

③ 逋（bū）臣：逃亡之臣。这里指屈原。迁客：遭贬谪的官员。这里指贾谊。

④ 合传：指司马迁写《史记》时将屈原、贾谊两人合为一传，即《史记·屈原贾生列传》。宣室：古代宫殿名，指汉代未央宫中之宣室殿，泛指帝王所居的正室。这里借指汉文帝。

异代，但都因贬谪来到湖南，所以同悲。颈联写屈、贾二人在后世的影响。司马迁写《史记》时，有感于屈、贾两人相同的命运，将二人并为一传，于屈原之事叙述较详，关于贾谊与汉文帝的对谈语焉不详。屈原死后，《离骚》被称为经，千百年来引起无数人的共鸣。尾联由屈、贾上溯舜帝二妃，由屈贾祠推及整个湖南，以一个“怨”字作结，某种意义上可以视为诗人本人的心态。

长沙古迹九首（选三）

定王台①

台上风烟自渺茫，台边草树倍凄凉。若今别子②宜为祖，肇祀还应及定王。

（夏献云纂修，吴松庚校点：《贾太傅祠志》，岳麓书社 2008 年版，第 165 页。）

陶公祠③

戎衣慷慨誓兴师，梦醒天门折翼时。江左夷吾④犹作达，西风空障庾元规⑤。

（周有声撰：《东冈诗剩》卷五，清嘉庆二十年刻本，第 12-14 页。）

① 定王台：西汉景帝之子长沙定王刘发所筑。他每年挑选上好的大米，命专人专骑送往长安孝敬母亲，然后再运回长安的泥土，在长沙筑台。年复一年，从长安运回的泥土筑成了一座高台。每当夕阳西下之时，刘发便登台北望，遥寄对母亲的思念之情。因此，定王台也被称为“望母台”。

② 别子：庶子。古代宗法制度称诸侯嫡长子以外之子为“别子”。别子的后代以别子为祖先。

③ 陶公祠：祭祀陶侃的祠堂，位于长沙市灵官渡沙河街。陶侃，东晋名将，因军功封长沙郡公。

④ 江左：江东，指长江下游以东地区。夷吾：管仲，春秋时期政治家，助齐桓公成霸业。后来诗文中多以之称有辅国救民之才的人。《晋书·温峤》：“于时江左草创，纲维未举，峤殊以为忧。及见王导共谈，欢然曰：‘江左自有管夷吾，吾复何虑！’”

⑤ 庾元规：庾亮，字元规，东晋外戚大臣，颍川人。

道林寺[1]

一杖穿云叩碧寥，名蓝[2]依旧枕山椒。残碑剥尽江声转，只有寒松记六朝。

（欧阳厚均编，邓洪波、周郁点校：《岳麓诗文钞》，岳麓书社 2009 年版，第 305 页。）

评析

周有声论诗很严，存诗也很慎重，此组吊古诗，可谓其保存下来的韵味清醇的佳作。三首诗均以长沙古迹命名，以七言绝句写成。第一首描写了定王台冷清之景，继而表达对定王孝义的怀念与赞美之情。第二首慷慨豪阔，引用名人典故，抒发诗人内心想要建功立业的壮志情愁。第三首写道林寺昔日盛景和今日凄凉，通过今非昔比之对照，诗人吊古伤今，感慨万千。周有声的怀古之作，语言素雅自然，常常营造出一种含蓄蕴藉的意境，令人回味无穷。唐仲冕曾挥笔悼念他："独留诗卷如琼芝，心花振采标清奇。"

① 道林寺：律宗寺院，位于岳麓山东麓，始建于西晋或南朝。清顺治十五年（1658）僧人果如重建，民初尚存，后因年久失修而倒塌。

② 名蓝：有名的伽蓝，即名寺。

唐仲冕

唐仲冕（1753—1827），字六枳，号陶山，善化（今长沙）人。乾隆五十八年（1793）进士。历官江苏荆溪、吴江知县，擢海州知州，累官陕西布政使，陕西代理巡抚。晚年以老病乞休，侨居金陵。著有《陶山诗录》《陶山文录》。

六十生朝淮南舟中自述（其四）

作吏安吾拙，浮沉二十年。宦囊①余药裹，官烛照华颠②。落叶西风路，归帆暮雨天。蒲涛③烟水阔，自在钓鱼船。

（邓显鹤编撰，欧阳楠校点：《沅湘耆旧集》第四册，岳麓书社 2007 年版，第 758 页。）

评析

唐仲冕注重经世事功，勤于政事，兼有诗名。其早期诗注重形式，对仗、辞采方面用力颇深；从政后的诗转向内致的性情抒写，个人风格渐成，钱大昕誉其“诗笔力横绝，字字心花结撰”。此诗是诗人宦游途中逢六十生辰时所作。诗人回想自己二十余载的宦海生涯，所得囊资都在晚年用来买药看病了。途中满眼都是西风落叶，夜幕时分恰逢如烟细雨。景致凄凉触人思量，渺渺思绪飘至那烟雾缭绕、水域宽阔的蒲涛之地，生发起“自在钓鱼船”的兴致与憧憬，难掩诗人对安逸恬适生活的渴望。全诗寓情于景，“落叶”“西

① 宦囊：因做官而得到的财物。

② 官烛：公家供给、供官吏办公用的蜡烛。华颠：白头，指年老。

③ 蒲涛：旧县名。东晋隆安元年（397）置，治址在今江苏如皋白蒲镇，当时属海陵郡。北朝周宣政元年（578）废止。

风”“归帆”“暮雨”等黯淡意象，充分表达了诗人彼时彼地对自己官宦沉浮一生的无限感慨。

触目

春来无日不川途①，触目惊心愧绾②符。寒食清明人上冢，石田茅屋吏催租。一身岂仅衰年病，万姓都如刺史癯③。等是④东风偏阁雨，坐令南亩⑤麦苗枯。

（邓显鹤编撰，欧阳楠校点：《沅湘耆旧集》第四册，岳麓书社2007年版，第765页。）

评析

陶山诗题材广泛，因其从政身份，比其他文人墨客更加关注民生疾苦，诗作也更贴近现实生活，不少诗篇可以视作当时政事的纪实。此诗作于行船途中，诗人举目所见皆是过着“石田茅屋”生活的百姓被小吏催租之事，潦倒的百姓甚至如自己这衰老之人一样瘦骨嶙峋。触目所及，惊诧之外，诗人无限感慨，于是希望春风及早带来甘霖，使南边麦苗早日成熟，以解救这些身处苦楚之境的大众百姓，爱民之情真挚深厚。全诗语言真切，感情真挚，诗中所绘情境仿佛历历在目，实属一首具现实主义风格的叙事诗，诗人爱民的形象也得见一二。

① 川途：水路。这里指涨水。
② 绾（wǎn）：把长条形的东西盘绕起来打成结。
③ 刺史：古代官名。癯（qú）：瘦。
④ 等是：同样是，都是。
⑤ 坐令：致使，空使。南亩：指农田。

谢振定

谢振定（1753—1809），字一斋，号芗泉。湘乡人。乾隆庚子（1780）进士，改庶吉士，授编修。历官江南道监察御史，兵科给事中，礼部员外郎。负经世才，尚气节，能古文辞。曾怒烧和珅之车，史称"烧车御史"。有《知耻斋集》。

峒峿山①下题壁

由来傲骨太嶙峋②，七尺堂堂愧此身。与我周旋宁作我，随人俯仰不如人。廿年蓬岛③游仙客，两度江南旧使臣。自笑闲云闲不得，又从山水订来因④。

（谢振定撰：《知耻斋诗集》卷二，清道光刻本，第3-4页。）

评析

仁者乐山。谢振定在峒峿山下题诗，不记山水，抒发的是人格怀抱。首联表白自己向来具有"嶙峋"的"傲骨"，"七尺堂堂"之躯透显出一种刚正之气。颔联写自己的为人原则，与人周旋敢于坚持自我，特立独行，绝不"随人俯仰"。在他看来，一旦随人俯仰，人格上就必然低人一等。颈联以蓬莱岛游仙客自况，回忆自己沉浮宦海二十年，曾经两度到江南做官，仕途虽然坎坷蹭蹬，但身上的傲骨依然保留，没有失去。尾联通过"自笑

① 峒峿山：在今江苏徐州。
② 嶙峋：突兀，边角不平整。比喻为人刚直。
③ 蓬岛：指蓬莱山。
④ 订：预先约定。来因：前来的原因。

闲云闲不得”自我解嘲，再次表达宁愿沉醉山水之中亦不愿“随人俯仰”的傲岸个性与人生志趣。全诗文字简明畅达，格调清超脱俗。法式善题谢振定的诗集《云将小草》，称赞他“贫来诗不损，官去道仍尊”。其人格个性从此诗中可见一斑。

送罗两峰①归扬州

谁教翰墨擅词场，赢得丝丝两鬓霜。鬼趣亦添知己泪，梅花不作美人妆。

樽开北地愁风雨，雁入南天问稻粱。寄语邗江②旧明月，谢庄③诗思尚清狂。

（谢振定著：《知耻斋诗集》卷三，清道光刻本，第7页。）

评析

这是一首送别诗。罗聘拟归扬州，作者赠诗送别，心里依依不舍，字里行间表达的却是对朋友才情的赞美。全诗以反问句开篇，第一句是“因”，第二句是“果”。“谁教”二字，掷地有声。表面上看，作者是在责备朋友，谁教你擅长翰墨而驰骋词场呢？结果怎么样？无非赢得两鬓丝丝白霜吧。实际上这是在为朋友的身世遭遇鸣不平。接下来颔联便以罗聘的两幅名画为例，批评其《鬼趣图卷》虽然画得好，却不过徒添知己之泪而已；而《梅花记岁

① 罗两峰：罗聘，字遯夫，号两峰，别号花之寺僧、金牛山人、师莲老人、蓼州渔父，清代画家。祖籍安徽歙县，其先辈迁居江苏甘泉（今扬州）。“扬州八怪”之一，擅长画梅花，代表作有《鬼趣图卷》《梅花记岁图》。

② 邗（hán）江：古水名，也称邗沟，即扬州市西北至淮安市北入淮的运河。

③ 谢庄：字希逸，南朝宋文学家，陈郡阳夏人（今河南太康县），官至金紫光禄大夫。能诗、赋，所作《月赋》为南朝咏物写景小赋的代表作，明人辑有《谢光禄集》。

图》又因为“不作美人妆”难入俗人眼。二句正话反说，赞扬罗聘的画作不同流俗。颈联以“樽开北地”忧愁风雨、“雁入南天”谋求衣食对比造境，着力突显罗聘谋道不谋食的人格个性。最后二句为想象之词，作者遥望扬州，寄语明月，以“谢庄诗思尚清狂”一语表达对朋友的慰问。

鄢正笏

鄢正笏，字方廷，因所居村庄名有画村，故自号画村，醴陵人。生卒年不详。乾隆间贡生。“湘中七子”之首。著有《澹云亭集》《岸花腾笑草》。《沅湘耆旧集》录存其诗二十八首。

画村①二首

镇日孤村路，南山更北山。春田泥活活，涧道水潺潺。亦有林泉癖，从知稼穑②艰。远风交陇上，披对③豁尘颜。

独立苍茫里，悠悠感自多。躬耕吾所愿，经世事如何。岁月惊心逝，风云触眼过。古人忧乐意，未分付蹉跎。

（邓显鹤编撰，欧阳楠校点：《沅湘耆旧集》第五册，岳麓书社 2007 年版，第 32–33 页。）

评析

鄢正笏在“湘中七子”中年龄最长，吴杬、孙起楠等人皆以兄事之，称之为鄢五丈。其《岸花腾笑草》刻行于乾隆四十五年（1780）。据集前自叙，集中所收诗系旧作追忆辑录而成，十不存一。在这之前，诗人有《澹云亭集》二卷，自言为时任醴陵知县的杨鸾所携去，从此杳无信讯。故其诗作已难窥全豹，这是一件令诗人非常痛心的事情。

---

① 画村：作者居住的村庄名，又名“有画村”，今醴陵城南马背岭起元塔下玉屏山村。

② 稼穑（sè）：农事的总称。春耕为稼，秋收为穑，即播种与收获，泛指农业劳动。

③ 披对：开诚相对。

鄢正笏现存诗作以描写乡居日常生活的作品较有情致，往往流露出岁月蹉跎、功名不就的感慨。这两首诗以常年居住的村庄为题，描写乡村生活，具有一定的代表性。前诗以写景为主，景中含情。诗人居住的村庄孤处山中，南山北山之下是“泥活活”的春田，山中涧道流水潺潺。生活在这里的诗人，既有林泉之癖，也深知稼穑的艰难。后诗以议论抒情为主。诗人幽处山中，“躬耕吾所愿”，但是又常常感慨岁月蹉跎，功名未就。“岁月惊心逝，风云触眼过。古人忧乐意，未分付蹉跎。”从中我们可以感受到他的经世之志，以及因时间流逝而产生的内心焦灼。

欧阳辂

欧阳辂，初名绍洛，字念祖，一字礀东，新化人。生卒年不详。乾隆五十九年（1794）举人，屡赴会试，未能及第。为人放浪不羁，性情傲岸。晚年躬耕奉母，淡泊名利。有《礀东诗钞》。

山居

冥心就林卧，久与人世屏。爱兹风日清，起步庭树影。众芳倏焉①绿，蜂蝶亦已静。流莺尚多情，伴我吟昼永。半生逐风尘，节物废寻省②。兹旬③得从容，抚事④良自幸。百年知几何，石火才一炳⑤。胡为日卒卒⑥，万虑恣驰骋。南山当户牖，百态弄清景。想见山中人，穷年在灵境。方将理松竹，稍复剪荒梗。即此足优游，何必在箕颍⑦。

（邓显鹤编撰，欧阳楠校点：《沅湘耆旧集》第五册，岳麓书社 2007 年版，第 156 页。）

评析

欧阳辂性野逸，钟情于山林隐逸生活。此诗表达的就是诗人对隐居山林

① 倏焉：忽然，转眼之间。
② 节物：各个季节的风物景色；也指作为、行事。寻省：推求省察。
③ 兹旬：这十天。
④ 抚事：追思往事，感念时事。抚，历数、寻思之意。
⑤ 石火：以石敲击，迸发出的火花。炳：点燃，闪耀。
⑥ 卒：同“猝”，仓促，急速。
⑦ 箕颍：箕山和颍水。相传尧时，贤者许由曾隐居箕山之下，颍水之阳。后因以“箕颍”指隐居者或隐居之地。

而自得其乐的生活的喜爱与赞美。诗人泯灭俗念，久居山林之中不闻外界乱事，使心境得到宁静。山林中风和日丽，树影廊庭，蜂蝶寂静，只有黄莺还在婉转歌唱，伴他度过漫漫白昼。诗人感慨自己半生风尘，竟然从未省察自我，直到近日心中才感到真正的从容，暗自庆幸没有随意漂泊。百年有多久，短暂的生命犹如石火一般易逝，何必日日烦忧？不如寄居南山，欣赏清丽美景，闲观世事百态。念及那山中隐逸之人，毕生都在灵性之地，诗人也整修松竹，剪除荒凉杂物。有了这样清新圣洁的地方，何必再去寻求那贤者聚居之地。整篇诗歌言辞清丽，句句叙述隐居生活的美好，风格质直朴拙，逼近汉魏。

邵陵①别友人

积水白沙浦，远山黄叶林。樽酒此间别，风波何处寻。老鹤九秋气，征夫千里心。落日一回首，暮云深复深。

（邓显鹤编撰，欧阳楠校点：《沅湘耆旧集》第五册，岳麓书社 2007 年版，第 188 页。）

评析

这是一首送别诗。前四句描写送别的情景。时值秋天，诗人与朋友在邵陵话别。近处白沙浦积水满满，远处遍山黄叶零落。诗人举杯饯行，想到前路依然遥远，依然充满风波，双方都不知道何时才能重逢。后四句叙述别后

① 邵陵：昭陵（今湖南邵阳）。晋避司马昭讳，故改昭陵为邵陵，隋废。

的思念，系想象之词。诗人目睹朋友远行，心里依依不舍。仰望天空，老鹤横空飞来，带来秋日的悲凉。遥望前方，拖船的征夫似乎捎带着他对朋友千里之外的关心。一轮落日中，诗人蓦然回首，然而朋友已经远去，映入眼帘的只有天际的暮云在秋风中卷舒。全诗以写景为主，借景抒情，没有用一个典故，但词气苍郁，风格凝重。

李象鹄

李象鹄，字仑圃，长沙人。生卒年不详。嘉庆己未（1799）进士，改庶吉士，授编修。有《味闲斋遗草》。

到家

牛旄麈尾①拂轻尘，岁岁言归归始真。喜极翻流灯下泪，定时还我梦中身。呼来儿女如生客，问到封胡②可笑人。屋角梅花开烂漫，倚栏先折一枝春③。

（邓显鹤编撰，欧阳楠校点：《沅湘耆旧集》第五册，岳麓书社2007年版，第247页。）

评析

这首诗是诗人离家很久以后回家时所作。首二句写自己出门在外，年年盼归，年年不能归，如今真的回来了，极言思家之心切，回家之不易。中间四句叙与家人见面的情景。从“喜极翻流灯下泪”之语看，诗人到家时已是晚上。灯下与亲人相聚，他止不住喜极而泣，似乎一切都还在梦中。因为离

① 牛旄：牦牛尾。麈（zhǔ）尾：用麈的尾毛做的拂尘。麈，古书上指鹿一类的动物。

② 封胡：据《晋书·列女传》，谢道韫初适王凝之，心里郁郁不乐。谢安问其原因，答曰：“一门叔父则有阿大（谢尚）、中郎（谢据），群从兄弟复有封、胡、羯、末，不意天壤之中乃有王郎！”封谓谢韶，胡谓谢朗，羯谓谢玄，末谓谢川，皆其小字也。后世因用“封胡羯末”为称美兄弟子侄之词。这里指兄弟。据诗中自注，诗人“初见六弟，以为客也。后方知其误，不觉大笑”。

③ 一枝春：典出《荆州记》。南朝宋陆凯与范晔交好，陆居江南，范居长安。陆凯寄梅花一枝与范晔，附诗云：“折花逢驿使，寄与陇头人。江南无所有，聊赠一枝春。”后人遂用“一枝春”表示别后相思之情。

家时间太久，儿女们已经不认识父亲了，见面时非常胆怯，就像是见了生客，只有召唤时才敢上前。最可笑的是，诗人竟然连自己的亲兄弟也没有认出来。四句极言亲情之珍贵。结尾两句宕开一笔，由实而虚，借用南朝陆凯折梅寄相思的典故，表达自己对亲人无尽的思念之情，其中的“春”字也荡漾着诗人归家后无比的喜悦。

自遣①

黄金虚掷愧雕虫②，生计萧疏北阮③穷。词赋功名淹日月，齑盐事业④老英雄。沉疴⑤有信来秋后，短发⑥无端入镜中。近欲扫除参道力⑦，注书新号小空同⑧。

（邓显鹤编撰，欧阳楠校点：《沅湘耆旧集》第五册，岳麓书社 2007 年版，第 252-253 页。）

① 原诗题下“自注：时病卧方起”。

② 黄金：指时间；或比喻功名事业。雕虫：比喻微不足道的技能。这里指诗文辞赋。

③ 北阮：出自刘义庆《世说新语 · 任诞》。“阮仲容、步兵居道南，诸阮居道北；北阮皆富，南阮贫。七月七日，北阮盛晒衣，皆纱罗锦绮。仲容以竿挂大布犊鼻裈于中庭。人或怪之，答曰：‘未能免俗，聊复尔耳！’”后遂以“北阮”代称亲族之富者。

④ 齑（jī）盐事业：指齑盐自守。比喻坚持过清贫淡泊的生活。齑，腌菜。

⑤ 沉疴：拖延长久的重病，难治的病。

⑥ 短发：稀少的头发。指老年。

⑦ 道力：因修道而得的功力。

⑧ 空同：明代诗人李梦阳号空同子，亦简称“空同”。原诗此句后有“自注：用紫阳注《参同契》事”。紫阳，即张伯端。张伯端略仿《参同契》，以《阴符经》和《道德经》为理论依据撰《悟真篇》，宣传道教内丹理论。该书与魏伯阳的《周易参同契》被道教并推为正宗，张伯端因此成为道教南宗的祖师，后世称为紫阳真人。

评析

诗人病后遣怀，既是自我排解，自遣哀愁，也是自明心志。开篇两句感叹光阴虚度，生计萧疏。“愧雕虫”是说自己一生以文章为业，在别人看来这不过是雕虫小技，自己也因此陷入穷困之中。颔联自明心志。“词赋功名淹日月，齑盐事业老英雄。”不管别人怎么看，他本人已经认定自己的功名就是“词赋”，为此他甘愿一辈子贫穷，一辈子吃腌菜度日。言语之间颇显悲壮。前四句回忆过去，表明志向。后四句则主要写近况。颈联点明染病作诗的时间是在秋后，诗人对镜自观，发现自己头发稀少。尾联抒写自己最新的思想动向，那就是打算放弃“道学”，专心致力于辞赋文章的写作，做今天的李空同。全诗写志抒情，沉雄悲壮，具有一种苍凉之感。

晏贻琮

晏贻琮，字幼瑰，号湘门，新化人。生卒年不详。嘉庆丁卯（1807）举人。为诗刻苦，存诗谨慎。年二十九卒。有《过且过斋诗集》。

登岳阳楼

挂席洞庭秋，飘然向岳州。昔人留一醉，千古仰高楼。我欲从君去，江空水独流。终期随汗漫①，明日五湖②游。

（邓显鹤编撰，欧阳楠校点：《沅湘耆旧集》第五册，岳麓书社 2007 年版，第 538 页。）

评析

如前所述，唐代以来以“登岳阳楼”为题的诗作汗牛充栋，要超越前人委实不易。此诗纪游写景，境界阔大。开篇二句写登楼途中。诗人“挂席洞庭秋”，“秋”字点明时间。“飘然向岳州”则写明了心情。中间四句是登楼感怀。“昔人留一醉，千古仰高楼。”这里的“昔人”是指唐代大诗人李白。李白游洞庭湖，曾作《陪侍郎叔游洞庭醉后》组诗。其中一首这样写道：“刬却君山好，平铺湘水流。巴陵无限酒，醉杀洞庭秋。”故云“留一醉”。诗人满怀着敬仰之情登上千古名楼，放眼远望，欲追寻李白的足迹，却只见

① 汗漫：广大，漫无边际。

② 五湖：近代一般以鄱阳湖、洞庭湖、太湖、巢湖、洪泽湖为五湖。古代的说法不同，如《史记》中的五湖就专指太湖，或太湖及其附近的湖泊。

"江空水独流"。一个"独"字包含着"微斯人，吾谁与归"的伤感。诗的最后两句抒写心中的期望，"终期随汗漫，明日五湖游"。诗人希望能像范蠡那样泛舟五湖，作汗漫之游。

据邓显鹤《沅湘耆旧集》所云，方伯序称赞晏贻琮"初学昌谷，进而峭削为韩、柳，造于平淡为姚、马，为储、孟"，可谓转益多师。其诗歌成就曾经赢得欧阳辂的高度评价。

郭步韫

郭步韫，字独吟，湘潭人。生当乾隆、嘉庆年间，自幼好学，博览群书，号为女博士。年十八嫁同邑邵氏，家贫甚，夫卒，携子寄居母家。有《独吟楼诗钞》一卷，存诗七十八首，收入《湘潭郭氏闺秀集》。

蝉

何处新蝉发，枝高韵转幽。洁身全不露，逸响①在无求。日落孤村晚，风来两岸秋。深人②多别憾，听尔倍生愁。

（邓显鹤编撰，欧阳楠校点：《沅湘耆旧集》第六册，岳麓书社 2007 年版，第 410 页。）

评析

郭步韫早年失恃，中年丧夫，一生备尝人生的艰难苦痛，诗亦因而多凄婉之音。同县马悔初曾序其诗，比作“城笳戍角，寒泉幽咽，哀蝉秋鸣，孤鹤夜警”（语见《沅湘耆旧集》卷一八四）。此诗咏蝉，其实是借蝉抒发自我高洁而无所欲求的人生态度。开篇二句入题，写新蝉在高高的树枝上鸣叫，悦耳动听的叫声中包含着无穷的幽思。第三、四句是全诗的灵魂。“洁身全不露，逸响在无求。”不露洁身，却有“逸响”，这是蝉的品格，也是诗人的追求。诗的后四句主要写诗人听蝉后的感受。“日落孤村晚，风来两岸秋”二句写景，点明作诗的时间和地点。那是秋天的傍晚，穷居孤村的诗人在秋

① 逸响：奔放的乐音，这里指蝉声。
② 深人：多指有见识、有才学的人，这里指深沉内向的人。

风落日中听到蝉的哀鸣，内心深处陡然生出难以排解的“别憾”和哀愁。诗人从哀婉的蝉声中感悟到了人生的况味。

自遣

咄咄①何须更问天，细推物理悟机缘。浮生安命方知乐，处世无愁即是仙。静谱丝桐②消永日，聊吟诗句了余年。从来最识清闲好，得到清闲岂偶然。

（邓显鹤编撰，欧阳楠校点：《沅湘耆旧集》第六册，岳麓书社 2007 年版，第 414 页。）

评析

诗以“自遣”为题，本身就表明了诗人心里存在着难以排解的烦恼和哀愁。只不过与一般人不同，她并没有因此就自怨自艾，怨天尤人，还是努力地去“细推物理”，参悟人生的机缘。“细推物理”之后，诗人发现“浮生安命方知乐，处世无愁即是仙”，从而形成了一种超然的情怀。正是这种超然使她实现了诗意的栖居，“静谱丝桐”，吟诗联句，以此度日，自在而清闲。这是一种境界。在诗人看来，所有的人都知道清闲最好，但是又有几人能够真正得到清闲呢？清闲绝不是偶然能够得到的，必须要悟透人生才能得到。诗人自以为参透了物理，言谈举止，从容淡然，理性洒脱，但是，“浮生安命”“处世无愁”的满足中仍然难掩其失意的哀愁，只是表现得比较达观罢了。

① 咄咄：感叹声。表示感慨。
② 丝桐：本指琴，古人削桐为琴，练丝为弦，故称。这里指乐曲。

萍

谁道根苗寄未深，春来点点泛波心。凭他无限风涛恶，只可高低不可沉。

（邓显鹤编撰，欧阳楠校点：《沅湘耆旧集》第六册，岳麓书社 2007 年版，第 415 页。）

评析

萍是一年生草本植物。在一般人眼里，其特点是浮于水面，摇摆不定，漂泊无根。郭步韫不这么看。诗开篇就发出质问，谁说浮萍的根苗“寄未深”？你看每当春天来临，浮萍就会随波荡漾，泛出点点新绿，还“凭他无限风涛恶，只可高低不可沉”，其精神是何等的坚韧顽强。诗以萍为吟咏对象，其实是在托物言志。诗中那一叶浮萍就是诗人的象征，在人生的风涛中她虽然不得不随时俯仰，无法主宰自己的命运，但她顽强地同风涛抗争，不甘沉沦。全诗以浮萍自喻，比喻新颖而贴切。

邓显鹤

邓显鹤（1777—1851），字子立，号湘皋，新化人。嘉庆九年（1804）举人。晚官宁乡训导。博究群书，著书讲学，先后主讲朗江、濂溪书院，工诗古文辞，著有《南村草堂诗钞》二十四卷，《文钞》二十卷，又纂《资江耆旧集》六十四卷，《沅湘耆旧集》二百卷等。

登岳阳楼

高浪载天浮，湖光满郡楼。巴陵今夕月，终古洞庭秋。寥落孤征雁，苍茫万里舟。湘君何处是，渺渺不禁愁。

（邓显鹤撰，弘征点校：《南村草堂诗钞》卷二，岳麓书社 2008 年版，第 22 页。）

评析

此诗是作者嘉庆九年（1804）北游路过巴陵时所作。这一年他参加秋闱中举，正准备参加第二年的会试，心里颇有些踌躇满志，同时夹带着一种“孤征”的悲壮之感。开篇二句写登楼所见。“高浪载天浮”，极言波浪之大。天投影于湖中，由于波浪翻涌，给人的感觉似乎是湖水把天托起来了。岳阳楼地处湖边，满地被湖光包裹。第三、四句化用李白的诗句“巴陵无限酒，醉杀洞庭秋”，只不过改“酒”为“月”。诗人对月抒怀。时值秋天，大雁南飞，年轻的诗人却孤舟万里，要去北方远游，站在岳阳楼上，他想起当年湘君追寻舜帝的情景，心里不禁生出“壮士一去兮不复还”的悲壮之感。全诗以“愁”作结，表面上是写湘君，其实是写他自己。此时的他面对遥遥征途，心里确实有些发愁，对自己未来的命运更是充满担忧。全诗写景，苍茫雄浑，境界阔大，但景中的“孤征雁”“万里舟”却显得寥落孤清，与“高浪载天浮，湖光满郡楼”的背景形成鲜明的对比，非常形象地衬托出了诗人孤舟远征的心情。

长沙秋感十首（其三）

湘南狂客说归田，归去无田恋一毡。老傍宫墙原正术①，贫贪羔雉亦廉泉。坦怀自信孤标②迥，烁骨翻教众口怜。毕竟斯民③何毁誉，分明周道直如弦④。

（邓显鹤撰，弘征点校：《南村草堂诗钞》卷一九，岳麓书社 2008 年版，第 293 页。）

评析

邓显鹤嘉庆九年（1804）中举后，屡试礼部不第，一度对仕途感到灰心甚至绝望，转而在浪游北方诸名山大川后漫赋归田，以“湖南狂客”自嘲。令诗人感到为难的是“归去无田”可耕。在这种情况下，诗人对仕与隐提出了自己的看法。“老傍宫墙原正术，贫贪羔雉亦廉泉。坦怀自信孤标迥，烁骨翻教众口怜。”中间这四句是全诗的主旨所在。表面上看，它描写的是日常生活中很常见的情形。一个人“老傍宫墙”，希望进入仕途，这是正道，无可厚非。因为清贫，偶然贪敛别人的“羔雉”也不影响他的清廉。相反，

① 正术：正确的道理、法则。
② 孤标：本指山、树等特出的顶端，后形容人品行高洁。迥：远，差异很大。
③ 斯民：指老百姓。
④ 周道：大路，引申为普遍的道理。《诗经·小雅·四牡》：“四牡騑騑，周道倭迟。”朱熹《诗集传》：“周道，大路也。”直如弦：像弓弦一样直，比喻为人正直。

过分的孤标清高，反而会招来众口铄金的毁谤。然而，这只是普通人的看法，用在诗人身上并不合适。从诗的最后两句可知，他这是在正话反说，其真实的意思是说不要在乎别人的“毁誉”，“周道直如弦”，自己应该特立独行，勇敢地走下去。全诗从头至尾，以议论为主，围绕“归田”二字，系统阐述了诗人的为官态度与做人原则，充满一种愤世嫉俗的情绪。陶澍曾说：“湘皋之诗，导源于魏晋而驰骋于唐宋诸老之场，雄厚峻洁，磅礴沉郁，情深而意远，气盛而才大。”此诗体现了这样的特点。

陶澍

陶澍（1779—1839），字子霖，又字云汀，自称桃花渔者，印心石屋主人，晚岁自号髯樵，安化人。嘉庆七年（1802）进士。历任翰林院编修，监察御史，川东兵备道，福建、山西按察使，安徽、江苏巡抚，后升任两江总督兼两淮盐政，成为晚清经世派的代表人物。著有《印心石屋诗文集》《蜀輶日记》等。

送贺柘农熙龄①南归

往来酒盏与诗筒，人海才名二妙同②。富贵他时应不免，文章落第尚能雄。山横马上千家月，秋老亭边一笛风。君过洞庭湖水阔，为予先访钓鱼翁。

（陶澍撰：《陶文毅公全集》卷五九，道光二十年两淮淮北士民刻本。）

评析

陶澍与贺长龄、贺熙龄兄弟诗酒唱和，交谊颇深。此诗是诗人送贺熙龄落第南归时所作。因为是落第南归，贺熙龄心里肯定感到压抑，不痛快，所以诗开篇即云“人海才名二妙同”，将贺熙龄与其兄长龄并列。这实际上是对他的安慰。第三、四句更是明确地说他将来一定能够“富贵”，鼓励他对前途充满信心。“山横马上千家月，秋老亭边一笛风”二句，既可以理解为诗人对贺熙龄前途的憧憬，也可能是写景过渡，起到淡化功名主题的作用。诗的尾联宕开一笔，嘱托贺熙龄路过洞庭湖时，替自己先物色一个钓鱼的老翁，其实是以己之淡泊劝朋友将功名二字暂时收起，不妨去体验一下钓鱼翁的生活。

① 贺柘农熙龄：贺熙龄，字光甫，号蔗农，善化（今长沙）人。能诗善文，著有《寒香馆诗文钞》。

② 二妙同：称同时以才艺著名的两个人。这里当指贺熙龄与他的兄长贺长龄。后者曾佐陶澍幕，官至云贵总督。

天心湖望杨阁部①坟山二首

运筹帷幄原乖术，毕命疆场匪爱身。世乱始知才不易，督师②死后更无人。

师门忍用鞭尸③报，谤口④谁从死后明。梼杌⑤若教成信史，莫将首恶枉周生⑥。

（邓显鹤编撰，欧阳楠校点：《沅湘耆旧集》第五册，岳麓书社 2007 年版，第 361 页。）

评析

邓显鹤《沅湘耆旧集》卷一三七至一三八录存陶澍古、近体诗 191 首，诗前还摘引了秦瀛、法式善、周有声等人的评论。秦瀛称赞陶澍的诗“风骨高骞，思力团结，音节近何、李一派，而议论轩昂，直欲过之”。法式善则云：“子霖诗各体皆工，而登临怀古之作，尤觉俯仰上下，苍茫交集，才、学、识兼擅其长，直可称为诗史矣。”周有声认为，陶澍的诗“雄奇磊落，蕴藉清深，李杜韩苏，无所不有。中有宇宙之大文、奇文，求之古人集中，不可多得”。评价都很高。这两首诗是诗人在天心湖远望晚明督师杨嗣昌坟山时作，属于登临怀古之作的范畴。

第一首诗从正面肯定了杨嗣昌人才难得，诗意比较好理解。杨嗣昌生逢

① 天心湖：湖名，在今湖南省长沙市天心区。杨阁部：杨嗣昌，明代官员，武陵人。曾任礼部尚书兼东阁大学士，入参机务，并掌兵部事，是明末权倾一时的人物，故有此称。

② 督师：明代官名，统帅指挥军队的大将。这里指杨嗣昌。

③ 鞭尸：用鞭子抽打人的尸体。这在古代是对死人最大的侮辱。比喻仇恨极深。典出《史记·伍子胥列传》。

④ 谤口：毁谤人的嘴。

⑤ 梼杌（táo wù）：一说为楚史书名，因为梼杌有年轮的意思，故以之为史书名。《孟子·离娄下》：“晋之《乘》，楚之《梼杌》，鲁之《春秋》，一也。”信史：记载详细、可以相信的史书。

⑥ 周生：人名，事迹待考。这里代指杨嗣昌。

乱世，其时大明王朝内有李自成、张献忠的农民起义，外有清兵的入侵，江山已处于风雨飘摇之中。面对国家的危难，杨嗣昌忠于职守，敢于任事，尽管犯了很多错误，但还是有所作为。在作者看来，杨死后，明王朝就“更无人”能够挽救危局了。

第二首诗具体讨论了杨嗣昌的人生结局与功过是非，诗意比较难理解。据《明史·杨嗣昌传》，崇祯十年（1637），杨嗣昌任兵部尚书，用“四正六隅”“十面之网”的策略镇压农民起义军，荐熊文灿总理五省军务，剿抚兼施，一度取得重大胜利。迫使张献忠、罗汝才部投降，李自成部仅剩十七人逃往商洛山。然而也正是因为他主张以抚为主，最终给张献忠等人创造了恢复元气的机会。崇祯十二年（1639）五月，张献忠卷土重来，各地农民起义烈火复燃，杨嗣昌受命督师镇压。杨对外宣称赦免罗汝才等人之罪，唯张献忠罪不可赦，下令“擒斩张献忠者，赉万金爵侯”。崇祯十四年（1641），李自成攻陷洛阳，杀福王朱常洵；张献忠奇袭襄阳，杀襄王朱翊铭，朝野震动。杨嗣昌追剿农民起义失败，忧惧交加，遂仰药自杀（也有人说是自缢或病死）。杨嗣昌死后，朝中大臣对他毁誉参半，幸而崇祯帝念其剿贼有功，赐祭，归其丧于武陵。不久，张献忠攻陷武陵，为解其心头之恨，“发其七世祖墓，焚嗣昌夫妇柩，断其尸见血”。这就是诗中所云“师门忍用鞭尸报”的历史真相。至于诗的最后两句，“梼杌若教成信史，莫将首恶枉周生”，是正面表达诗人的观点。诗人认为，如果真实地记载历史，杨嗣昌固然对明朝的灭亡要负一定的责任，但绝不是“首恶”。

魏源

魏源（1794—1857），字默深，又字墨生，邵阳人。道光二年（1822）顺天乡试中举。代江苏布政使贺长龄编《皇朝经世文编》。道光九年（1829）纳资为内阁中书。鸦片战争失败后受林则徐之嘱编《海国图志》，提出“师夷长技以制夷”的主张。道光二十四年（1844）成进士。次年授东台县令，后改任兴化县令。咸丰元年（1851）补高邮知州。咸丰三年（1853）因“驿报迟误”被免官。晚年侨居兴化。著有《诗古微》《书古微》《古微堂文集》《古微堂诗集》等。

游山吟（选二）

人知游山乐，不知游山学。人生天地间，息息宜通天地籥①。特立山之介②，空洞山之聪，渟蓄③山之奥，流驶山之通。泉能使山静，石能使山雄，云能使山活，树能使山葱。谁超泉石云树外，悟入介奥通明中。游山浅，见山肤泽；游山深，见山魂魄。与山为一始知山，寤寐④形神合为一。蜗争膻⑤慕世间人，请来一共云山夕。（其二）

五岳山大圣，岩立天中央，余山尽狂狷⑥，天骨仙开张。武夷雁荡⑦天之狷，黄海桂林天之狂，王屋台庐颇得岳气势，正如具体之中行。其余平远雷

① 籥：同“龠”，古代一种乐器，形似箫。
② 特立：独立、孤立之意。表示有坚定的志向和操守。介：耿直。
③ 渟（tíng）蓄：犹含蓄。
④ 寤寐：醒与睡。指日夜。
⑤ 膻（shān）：羊肉的气味。这里指羊。
⑥ 狂狷：狂指不拘一格，蔑视俗规。狷指洁身自好，不肯同流合污。语出《论语·子路》篇：“不得中行而与之，必也狂狷乎！狂者进取，狷者有所不为也。”
⑦ 武夷雁荡：均山名。武夷，在今福建省。雁荡，在今浙江省。

同半乡愿①，胡广中庸之孔光②；何况蚕丛攒沓黔夜郎③。始知山贵特立而耿介，正犹豪杰师文王④。倚天拔地自雄放，岂必面目同圆方。亦有娟娟绝俗仙娥态，亦有萧然逸士尘外装。平原数仞能有千仞势，亦敌磅礴而莽苍。半生游山山未了，飞泳乾坤一鱼鸟。有人大笑鸿蒙⑤表，厥初⑥造物胸中谁起稿？（其六）

（魏源著，中华书局编辑部编：《魏源集》，中华书局2009年版，第684-686页。原文略有改动。）

评析

魏源一生遍游神州名山大川，所到之处皆有题咏，曾自言“十诗九山水”。与一般山水诗不同，这两首诗虽以“游山吟”为题，却并非纯粹纪游之作，而是两篇关于山和游山的评论，是典型的议论诗。

前一首诗是关于“游山学”的总体论述。魏源认为，人们知道游山的乐趣，却不知道游山的学问，亦即不知道如何游山，如何欣赏山。在他看来，谁能够超越泉、石、云、树之外，领悟山的特立独行的操守与个性，谁才真正懂得山的奥秘。“游山浅，见山肤泽；游山深，见山魂魄。”只有与山合而为一，融为一体，才能真正读懂山，才真正懂得游山。

后一首诗通过对中国主要名山的评论，阐述“山贵特立而耿介”的审美思想。魏源认为，泰山、华山、恒山、嵩山、衡山，也就是人们常说的五岳，

① 乡愿：伪君子。指那些看似忠厚，实际上没有一点道德原则，只知道媚俗趋时的人。语出《论语·阳货》篇：“子曰：乡愿，德之贼也。”

② 胡广：东汉大臣，历事汉安帝、顺帝、冲帝、质帝、桓帝、灵帝六朝，一生以奉行中庸之道著称。范晔《后汉书·胡广传》引当时京师谚语评价胡广：“万事不理问伯始，天下中庸有胡公。”孔光：西汉大臣，孔子第十四代孙，为官严守秘密，坚持原则。

③ 蚕丛：相传为蜀王的先祖，教人蚕桑。借指蜀地。攒沓：密集重叠。夜郎：战国秦汉时国名，疆域包括今湖南西部、贵州大部及云南部分地区。

④ 文王：指姬昌。周王朝的缔造者。

⑤ 鸿蒙：古人认为天地开辟前是一团混沌的元气，这种自然的元气叫鸿蒙。泛指远古时代。

⑥ 厥初：那个原始的。厥，那。

堪称山中的“大圣”。其余的山有狂有狷，各有个性。武夷山、雁荡山是山之狷者；黄山、桂林的山是山之狂者。王屋山、台山、庐山等得五岳之气势，属于“中行”，其余的山则如同“乡愿”。诗人“半生游山山未了”，最欣赏的是“倚天拔地自雄放”的山，这种山具有“特立而耿介”的气质，“亦有娟娟绝俗仙娥态，亦有萧然逸士尘外装”，甚至平原上的“数仞”山冈因其“有千仞势”，他也喜欢。

舟中感事（选二）

岸阔同云①密，波深落日长。帆飞半江月，梦压一船霜。独鹤过山去，四星②明帝旁。中宵问萍实③，江海意难忘。（其一）

一棹斜阳发，帆云尽北流。高天无立地，独夜有行舟。船火作新市，夜渔忘故洲。谁言天下士，垂老五湖休。（其二）

（魏源著，中华书局编辑部编：《魏源集》，中华书局 2009 年版，第 783 页。）

评析

魏源是经世文派，其山水诗追求畅达平易，注重写实，语句平直，多用白描手法，对山水峰谷做细腻的描写和生动的展现，呈现出一种平易近人、雅俗共赏的气质和自然恬静的意境。这两首诗写傍晚乘舟时所见的山水之景，语言淡雅平实，格调宁静简易。前一首以凄凉的笔调，借景抒情，且以“独

① 同云：《古微堂诗钞》作“回云”。
② 四星：青龙、白虎、朱雀、玄武四星宿。
③ 中宵：半夜。萍实，指甘美的水果。亦指吉祥之物。

鹤”自拟，衬托诗人在黄昏乘舟江中所产生的淡淡惆怅。后一首借渔家“作新市”便“忘故洲”，与自己“垂老”亦不愿“五湖休”作比，强烈地表达了老骥伏枥般的雄心壮志。两首诗作都借行舟所感，抒发了诗人即使乘舟离去，仍不忘启蒙新民、富国强兵的爱国主义理想，具有特殊的现实意义。

寰海（其九）

城上旌旗城下盟，怒潮已作落潮声。阴疑阳战玄黄血①，电挟雷攻水火并。鼓角岂真天上降，琛珠合向海王倾②。全凭宝气销兵气，此夕蛟宫③万丈明。

（魏源著，中华书局编辑部编：《魏源集》，中华书局2009年版，第806页。）

评析

《寰海》组诗凡十章，作于鸦片战争刚刚结束之时，对战争过程进行了真实的记录和描绘，其中既有对三元里人民抗英斗争的歌颂，也有对清王朝妥协政策的批判。这里所选是组诗的第九首。1840年，英军包围广州，奕山战败，派人向英军求和，与英国侵略者签订了丧权辱国的《广州和约》。此诗反映的就是这一事件。

首联“城上旌旗城下盟，怒潮已作落潮声”，意思是说奕山与英军签订的所谓和议，实际上就是投降书，是城下之盟。“怒潮”指人民抗英的决心

① 阴疑阳战：语出《易·坤》：“阴疑于阳必战。”比喻侵略者气焰嚣张，逼使被侵略者奋起自卫。玄黄：天地的颜色。玄为天色，黄为地色。

② 琛珠：未经雕琢的美玉。海王：海上的霸王。这里指英国侵略者。

③ 蛟宫：龙宫。

和行动，由于统治者的怯懦，人民的抗英斗争受到影响，如同“落潮”，陷入低谷。作者为此深感惋惜。颔联用《易·坤》中的“阴疑于阳必战”一语，比喻英军气焰嚣张，人民不得不奋起反抗。“电挟雷攻水火并”是对战争场面的回忆。颈联和尾联四句主要是对议和政策的批判。“琛珠合向海王倾”“全凭宝气销兵气”。以奕山为代表的投降派软弱无能，只知道纳款求和，用向敌人进贡珠宝的方式实现停战。诗的最后一句，“此夕蛟宫万丈明”，用英国侵略者在和议上签字那天晚上弹冠相庆的场面，表达作者内心的悲愤和对投降派的谴责。

海国图志叙

《海国图志》六十卷，何所据？一据前两广总督林尚书所译西夷之《四洲志》，再据历代史志及明以来岛志及近日夷图、夷语①。钩稽贯串②，创榛辟莽，前驱先路③。大都东南洋、西南洋增于原书者十之八，大小西洋、北洋、外大西洋增于原书者十之六④。又图以经之，表以纬之，博参群议以发挥之。何以异于昔人海图之书？曰：彼皆以中土人谭西洋⑤，此则以西洋人谭西洋也。是书何以作？曰：为以夷攻夷而作，校者案：五十卷、六十卷及一百卷本《海国图志叙》此处均有“为以夷款夷而作”。为师夷长技⑥以制夷而作。

① 夷语：外文资料。
② 钩稽：查考审核。贯串：融会贯通。
③ “创榛辟莽”二句：铲除杂树野草，开辟道路。
④ 东南洋：指《海国图志》卷三至卷十二，其中根据《四洲志》的只有二卷。西南洋：指《海国图志》卷十三至卷十九，根据《四洲志》的只有三卷，所以说“增于原书者十之八”。大西洋：指《海国图志》卷二十四至卷三十五，有九卷根据《四洲志》；小西洋：指《海国图志》卷二十至卷二十三。北洋：指《海国图志》卷三十六至卷三十八。外大西洋：指《海国图志》卷三十九至卷四十三。
⑤ 中土：中国。谭：通“谈”。
⑥ 师：学习。长技：先进的科学技术。

《易》曰："爱恶相攻而吉凶生，远近相取而悔吝①生，情伪相感而利害生。"故同一御敌，而知其形与不知其形，利害相百②焉；同一款③敌，而知其情与不知其情，利害相百焉。古之驭外夷者，诹④以敌形，形同几席⑤；诹以敌情，情同寝馈⑥。

然则执此书即可驭外夷乎？曰：唯唯，否否⑦！此兵机也，非兵本也；有形之兵也，非无形之兵也。明臣有言："欲平海上之倭⑧患，先平人心之积患。"人心之积患如之何？非水，非火，非刃，非金，非沿海之奸民，非吸烟贩烟之莠民⑨。故君子读《云汉》、《车攻》，先于《常武》、《江汉》⑩，而知《二雅》诗人之所发愤；玩卦爻内外消息⑪，而知大《易》作者之所忧患。愤与忧，天道所以倾否而之泰⑫也，人心所以违寐⑬而之觉也，人才所以革虚而之实也。

昔准噶尔跳踉⑭于康熙、雍正之两朝，而电扫于乾隆之中叶。夷烟流毒，罪万准夷⑮，吾皇仁勤，上符列祖，天时人事，倚伏相乘⑯，何患攘剔⑰之无

① 悔吝：灾祸。
② 相百：相差百倍。
③ 款：交好，求和。
④ 诹：询问，在一起商量事情。
⑤ 几席：桌子，床铺。
⑥ 寝馈：吃住。
⑦ 唯唯，否否：应答词，不置可否。
⑧ 倭：我国古代对日本的称呼。
⑨ 莠民：恶民。
⑩ 《云汉》：《诗经·大雅》中篇名。《车攻》：《诗经·小雅》中篇名。《常武》：《诗经·大雅》中篇名。《江汉》：《诗经·大雅》中篇名。前两诗赞美周宣王治理内政，后两诗赞美周宣王讨伐外寇。作者借此说明要先修内政，再御外敌。
⑪ 卦爻内外：《周易·系辞》说"爻象动乎内，吉凶见乎外"。爻是构成卦的基本符号，爻象变化，可测吉凶。消息：变化。
⑫ 倾否而之泰：世运由不顺转入亨通。
⑬ 违：脱离。寐：睡觉。这里比喻愚昧。
⑭ 准噶尔：清代卫拉特的蒙古四部之一，以伊犁为中心，游牧于天山南北。跳踉（liáng）：跳梁，引申为叛乱。
⑮ 夷烟：鸦片。准夷：指准噶尔。
⑯ 倚伏：《老子》："祸兮福之所倚，福兮祸之所伏。"相乘：互相依托转化。
⑰ 攘剔：铲绝（鸦片）。

期？何患奋武之无会①？此凡有血气者所宜愤悱，凡有耳目心知者所宜讲画②也。去伪，去饰，去畏难，去养痈③，去营窟④，则人心之寐患祛⑤，其一。以实事程⑥实功，以实功程实事，艾⑦三年而蓄之，网临渊而结之，毋冯河⑧，毋画饼⑨，则人材之虚患祛，其二。寐患去而天日昌，虚患去而风雷行。《传》曰："孰荒于门？孰治于田？四海既均，越裳是臣。"⑩ 叙《海国图志》。

（魏源著，中华书局编辑部编：《魏源集》，中华书局2009年版，第206-208页。个别标点符号有改动。）

评析

《海国图志》是魏源受林则徐嘱托，在林则徐主持编译的《四洲志》的基础上，"再据历代史志及明以来岛志及近日夷图、夷语"编撰而成的一部世界历史地理著作。原刻仅五十卷，后增补为六十卷，道光二十七年（1847）又扩充至一百卷。书成之后，魏源写了这篇序，详细叙述了该书的编撰缘起和目的。概而言之，作者编撰此书，基本是"为以夷攻夷而作，为师夷长技以制夷而作"。为达此目的，魏源又提出了"先平人心之积患"的主张，号召先进的知识者们"去伪，去饰，去畏难，去养痈，去营窟"，"以实事程实功，以实功程实事"，从唤醒民智、改革内政入手，奋起改革，以图振兴。文章开门见山，观点明确，比较全面地阐述了作者的改良思想。

① 奋武：发挥武力。会：机会。
② 讲画：议论、筹划。
③ 养痈：比喻姑息坏人坏事。
④ 营窟：土室、穴居。比喻经营藏身避患之处。
⑤ 寐患：愚昧的弊病。祛：除去。
⑥ 程：计量，考核。
⑦ 艾：草药名，越陈越好。
⑧ 冯河：语出《诗经·小雅》："不敢冯河。"不要徒步涉水过河。
⑨ 画饼：比喻图虚名不务实。
⑩ 《传》曰四句：指韩愈《琴操十首·越裳操》。越裳：古南海国名。

何绍基

何绍基（1799—1873），字子贞，号东洲，别号东洲居士，晚自号蝯叟，道州（今道县）人。道光十六年（1836）进士，选庶吉士，授编修。历任国史馆和武英殿协修、总纂，福建、贵州、广东乡试副考官，官至四川学政。晚年主讲山东泺源书院、长沙城南书院，还曾主持扬州书局，校刊《十三经注疏》。晚清宋诗运动的重要成员，通经史，精书画，有《惜道味斋经说》《东洲草堂诗钞》《东洲草堂文钞》等。

柬魏默深

蕙抱兰怀①只自怜，美人②遥在碧云边。东风不救红颜老，恐误青春又一年。

（何绍基撰，龙震球、何书置校点：《何绍基诗文集》卷三，岳麓书社2008年版，第54页。）

评析

从诗中“恐误青春又一年”之语看，这首诗当作于道光二年（1822）壬午科秋闱放榜之前。这一年何绍基第二次参加乡试落第。他的好友魏源也参加了顺天乡试的考试，从后来的结果看，魏源这一次获得了成功，成为举人，但是第二年礼部会试又落第，直到五十岁才成进士。而何绍基直到道光十五年（1835）才中举，其时他已经三十岁。作者写此诗时，考试结果还没有公布，但他已经感到自己可能名落孙山，所以诗中充满惆怅失望之情。全诗借香草美人自喻，写得含蓄蕴藉。诗人认为自己和魏源两人“蕙抱兰怀”，品

① 蕙抱兰怀：具有蕙草兰花的怀抱。比喻品质美好，富有才华。
② 美人：这里借指科举功名。或者指魏默深，即魏源。

学兼优，然而无人赏识，举人的桂冠就像一位远在“碧云边”的美人，可望而不可即。短短四句话，自伤命运，非常逼真地道出了发榜前后科举仕子的焦灼心情，充分显露了诗人风流蕴藉的才子性情。陈衍《石遗室诗话》称赞何绍基“于父母、兄弟、朋友之间，性情笃至，溢于诗者，非夫人所能伪为”。阅读此诗，其性情可见一斑。

山雨

短笠①团团避树枝，初凉天气野行宜。溪云到处自相聚，山雨忽来人不知。马上衣巾任沾湿，村边瓜豆也离披②。新晴尽放峰峦出，万瀑齐飞又一奇。

（何绍基撰，龙震球、何书置校点：《何绍基诗文集》卷九，岳麓书社 2008 年版，第 178-179 页。）

评析

这是一首野行纪雨诗。从“初凉天气”四字看，有可能是初秋时作。诗人头戴小笠帽，骑马野行，路边的树枝擦身而过。天气凉爽，山间溪云相聚，不知怎的就碰上了一场山雨。雨来得很突然，诗人或许是沉醉在欣赏景色的喜悦之中，竟然一点也没有发觉。山雨淅沥而下，沾湿了诗人的衣裳，村边的瓜豆也因为雨水的浸润，纷纷下垂甚至落到地上。过了一会儿，雨停了，太阳重新升上山顶，山上的众多瀑布一齐下泻，景色奇丽壮观。全诗写景，紧紧扣住“雨”字，用白描手法，据景写实。以一个山行者的视野，遵循雨

① 短笠：用竹篾或棕皮编制的遮阳挡雨的小帽子。
② 离披：散乱，间杂，分散下垂貌。

前、雨中、雨后的时间顺序描写山间景色的变化，意象转换自然。雨前，“溪云到处自相聚”。雨中，衣巾沾湿，瓜豆离披。雨后，“新晴尽放”，峰峦从云雾中洗出，“万瀑齐飞”。诗的最后用一个“奇”字作结，既是写雨后山景之奇妙，也是抒自我心中之“奇”感。情景交融，物我一体，写景清新自然，抒情不露痕迹。

清狂柬研生①

两京严重有经师②，六季清狂③我窃疑。真可绝交何必论④，既能招隐不烦诗⑤。温柔敦厚先王泽，慷慨苍凉烈士词。秋色更随人境远，古情赢得是相思。研生将移居“荷池精舍”。

（何绍基撰，龙震球、何书置校点：《何绍基诗文集》卷二四，岳麓书社2008年版，第504页。）

评析

同治元年（1862）春夏，罗汝怀在长沙营建“荷池精舍”，其时何绍基主讲长沙城南书院，两人过从甚密。精舍建成后，罗汝怀决定从湘潭移居长

① 研生：罗汝怀。罗字念生，又字研生、研荪，号梅根居士，湘潭人。道光拔贡，候选内阁中书。他轻利禄，通经史，尤精训诂考据之学。纂辑《湖南文征》，著有《绿漪草堂诗文集》等。

② 两京：汉唐以来称长安、洛阳为两京。这里指西汉与东汉。西汉定都长安，称西京。东汉定都洛阳，称东京。严重：严肃稳重。经师：讲授经书的学官或师长。

③ 六季：指六朝。清狂：放逸不羁。

④ 这句话的意思是说如果真的能够绝交，就没有必要作《绝交论》。《绝交论》，汉代朱穆所作。朱穆有感于社会黑暗，人们之间多利益之交，主张杜门绝交。后南朝刘峻（孝标）在此文的基础上作《广绝交论》，以主客问答的形式展开议论，揭露人情冷暖、世态炎凉的现实，深刻地论述了绝交的必要性。

⑤ 招隐：招人归隐。这一句的意思是说既然能够招而归隐，就没有必要作《招隐诗》。晋左思、陆机皆有《招隐诗》。

沙。据诗后自注，此诗就是罗将移居荷池精舍时所作。从诗中“秋色更随人境远，古情赢得是相思”两句看，诗当作于这一年的秋天。值得特别注意的是诗的标题。诗人于“柬研生”前特意加上“清狂”二字，表面上看是谦虚，意谓诗中所写或许是清狂之言，不值得深究，其实是有意的强调，意谓率性之言，虽然不一定代表真理，但肯定是真话。诗的主要内容是对汉魏以来的士风和文风发抒议论。诗人首先提出问题，人们常说六朝文人文风“清狂”，对此他持怀疑的态度。接着以朱穆作《绝交论》、刘孝标作《广绝交论》，晋左思、陆机等人大量写作《招隐诗》为例展开驳议。诗人认为，刘孝标、左思等人的言行貌似清狂，其实是很严肃的。如果刘孝标真的认为人与人之间都是“利交”，那就与社会绝交好了，没有必要作文讨论绝交。同样的道理，左思、陆机等人如果真的想归隐，就没有必要作《招隐诗》。“温柔敦厚先王泽，慷慨苍凉烈士词”二句是从正面立论。信守温柔敦厚的诗教传统是何绍基诗学的核心。他在《题冯鲁川小像册》中说：“‘温柔敦厚，诗教也。’此语将三百篇根底说明，将千古做诗人用心之法道尽。”诗的最后两句回到眼前，称赞罗汝怀心怀“古情”，表达相识相知之意。全诗论史以言志，以议论为诗，典型的宋诗派风格，从中可以见出诗人的史心和史识。

汤鹏

汤鹏（1801—1844），字海秋，自号浮邱子，益阳人。道光三年（1823）进士。历迁户部员外郎。晋升御史。意气踔厉，勇于言事，以劾工部尚书宗室载铨，罢回户部。寻迁郎中。豪于文，下笔震烁奇特，当世目为异才。诗多悲愤沉痛之作。著有《海秋诗集》《浮邱子》《明林》《七经补疏》等。

飞鸟

飞鸟向何处？夕阳山外山。只因虎豹少，飞去复飞还。

（汤鹏撰：《汤鹏集》卷二五，岳麓书社2011年版，第1022页。）

评析

此诗短小精悍，但内蕴丰富，特别是诗中的“飞鸟”“虎豹”两个意象，寓意尤为深刻，值得细细体味。诗人以飞鸟自比，开篇云“飞鸟向何处”，是叹息自己孤身一人无所依托，散发着浓重的飘零之感。“夕阳山外山”一句具有双重含意，既是写黄昏之景，也暗示着飞鸟在黄昏时分仍然没有找到自己的归宿，时不我待，内心非常焦灼。第三、四句“只因虎豹少，飞去复飞还”，从表面上看，诗人似乎庆幸飞鸟没有碰到虎豹，可以自由自在地飞去又飞还。其实不然，这里的“虎豹”显然是某种外在势力的隐喻。如果这种力量是邪恶的，譬如是指窃居高位的朝中奸臣，正是由于它们盘踞中枢，“飞鸟”虽然心恋魏阙，希图有所作为，却不得不退隐江湖。但是仅就文本本身来说，也可以做这样的理解：这种力量是正义的。如此则诗人感叹的就可能是因为找不到“虎豹”这样的同志，“飞鸟”又不愿与小人为伍，于是主动地飞还。全诗咏物，句句写景，又句句在喻人。诗意含蓄，耐人寻味。

严先生歌（并序）

溆浦严先生①，治南山②有声，诗人美之而作歌。

严先生在南山之南，鞭尔犊，浴尔蚕，民是以媅③。

严先生在南山之北，剖尔讼，歼尔贼，民是以式④。

南山之云不傍崔嵬⑤，但亭亭兮为我严先生来。南山之风不振枯槁⑥，但飘飘兮为我严先生好。

春娟娟，花满郭，先生在，南山乐。旦上南山头，暮上南山脚。扶杖之老，纷其腾跃。

秋黯淡，霜满丘，先生死，南山愁。暮莫上南山脚，旦莫上南山头，垂髫⑦之稚，哀啼啾啾。

生为南山父母死为神，酒白焦黄，来享来欣。愿尔民，亿万年，弗枯弗涸⑧，弗饥以呻。

（汤鹏撰：《汤鹏集》卷四，岳麓书社 2011 年版，第 659 页。标点有改动。）

评析

严如熤是清代著名地理学家，性豪侠，好谈兵，关心民瘼，曾纂修《洋

① 严先生：严如熤，字炳文，号乐园。溆浦人。著名地理学家。曾就读岳麓书院。乾隆五十四年（1789）举优贡。历官洵阳知县，汉中知府，陕安兵备道。在任期间筑堡设屯，团练兵勇，同时兴劝农事，推行区田法，教民纺织，政绩突出。官至陕西按察使。纂《洋防》《苗防》《三省边防备览》，著有《苏亭集》《乐园文集》。

② 南山：由陕西南部至湖北西部，高山深谷，千枝万派，统谓之南山老林。诗中所言为陕西省所辖之南山，东自商雒，西尽陇蜀，西安、凤翔二府在山之北；汉中、兴安二府居山之南。

③ 媅：安乐。

④ 民是以式：百姓以此为法式。式，法式，规范。

⑤ 崔嵬：有石的土山。或形容高大、高耸的样子。

⑥ 振：发出，生长。枯槁：草木枯萎。

⑦ 垂髫：指三四岁至八九岁的儿童。古时儿童不束发，头发下垂，故称“垂髫”。

⑧ 弗枯弗涸：不枯竭不干涸。意谓不陷入困境。

防》《苗防》《三省边防备览》等著作，具有经世理乱的才干。严氏任汉中知府、陕安兵备道、陕西按察使期间，整顿法纪，劝人农桑，兴修学校，勘查边界，取得了令人瞩目的政绩，政声卓著。汤鹏是近代湖南放眼看世界的先驱者之一，为人意气刚厉，勇于言事，对于严如熤这样一位乡先贤打心眼里佩服，故作诗以称之。

全诗分五层。第一层自开篇至“民是以式”。从“鞭犊”“浴蚕”“剖讼”“歼贼”四个方面概括严先生在南山的政绩，为后文的歌颂奠定事实基础。第二层自“南山之云不傍崔嵬”到“为我严先生好”，由实而虚，用南山之云与风比拟严先生的官风与人品。第三层自“春娟娟”至“纷其腾跃”，写严先生在世时，把南山建设成了人间的乐土，人民“旦上南山头，暮上南山脚”，载歌载舞，和睦康乐。第四层自“秋黯淡”至“哀啼啾啾”，写严先生死后，南山百姓不分老少，“暮莫上南山脚，旦莫上南山头”，寄托哀思，涕泪纵横。第五层自“生为南山父母死为神”至结尾，写人民对严先生的祭祀和未来的祈祷。

汤鹏于诗无体不工，特别是他的古歌谣类作品，林则徐在《海秋诗集·评跋》中称道备至，认为“尤备古人之所不及备，为今人之所不能为。诗至此，可谓极天下之大观也已”。这首诗在写法上采用古歌谣形式，全诗语言质朴无华，风格浑厚坚朴，具有独特的艺术感染力。

吴敏树

吴敏树（1805—1873），字本深，号南屏，巴陵（今岳阳）人。道光十二年（1832）举人。官浏阳县教谕，因感志不得伸，离职归里。自幼好学，长于古文。著有《柈湖文集》《柈湖诗钞》。

书谢御史

谢御史①者，吾楚湘乡谢芗泉先生也。当乾隆末，宰相和珅②用事，权焰张。有宠奴常乘和车以出，人避之，莫敢诘。先生为御史，巡城遇之，怒，命卒曳下奴，笞之。奴曰："汝敢笞我！我乘我主车，汝敢笞我！"先生益大怒，痛笞奴，遂焚烧其车。曰："此车岂复堪宰相坐耶！"九衢③中，人聚观，欢呼曰："此真好御史矣！"和珅恨之。假他事削其籍④以归。

先生文章名一时。喜山水，乃遍游江浙。所至，人士争奉筇屐⑤迎。饮酒赋诗，名益高，天下之人，皆传称"烧车谢御史"。和珅诛，复官部郎⑥以卒。

及道光癸巳⑦之岁，河南裕州知州谢兴峣⑧，以卓异荐入都。裕州，御史

① 谢御史：谢振定，生平简介见前。御史，清代行使纠察的官吏。
② 和珅：字致斋，钮祜禄氏。满洲正红旗人。累官至文华殿大学士兼军机大臣，任职期间结党营私招权纳贿。嘉庆继位后抄没其家产，责令自杀。清代大学士实际行使宰相之权，故文中称他为"宰相"。
③ 九衢：通衢大道。
④ 削其籍：除去官籍名姓，即革职。
⑤ 筇（qióng）：竹杖。屐：登山用鞋的一种。筇和屐都是游历山水的用具。
⑥ 部郎：郎中，旧时政府各部尚书、侍郎、丞以下的高级部员。
⑦ 道光癸巳：道光十三年（1833）。
⑧ 裕州：州名。治所在今河南省方城县。谢兴峣：谢振定之子，嘉庆二十四年（1819）进士，曾官叙州知府。

之子，由翰林改官者也。引见时，唱陈名贯①毕，皇上问曰："汝湖南人，作京语何也？"兴峣对言："臣父谢振定，历官翰林御史，臣生长京师。"上忽悟曰："尔乃烧和珅车谢御史之子耶？"因褒奖兴峣家世，勉以职事。明日，上语阁臣："朕少时闻谢御史烧车事，心壮之。昨见其子来，甚喜。"未几，命擢兴峣叙州府②知府。方裕州入见时，吾乡人士在京师者，盛传天语，以为谢氏父子之至荣也，又幸芗泉先生之生于其乡而以相夸耀也。敏树得知其本末如此云。

敏树又记在都时，有郎官当推御史者，语次③，因举芗泉先生之事。郎官谓曰："芗泉负学问文章，又彼时清议尚重，故去官而名益高，身且便。今我等人材既弗如，而时所重者，独官禄耳，御史言事，轻则友朋笑，重则恐触罪，一朝跌足，谁肯相顾盼耶？且家口数十，安所赖耶？"余无以进之。嗟呼！昔之士风人情，犹之今也。以裕州今日家世之荣，孰不欣羡而愿其有是？孰知当芗泉先生罢官时，同朝行辈④中，必有相侮笑者，讥毁者，畏罪累而不敢附和者。其家人居室，必不如在官之乐者。且使先生官不罢，其进取抑未可量，一遭斥逐，终以不振，独气节重江湖间耳。然则先生之烧车之时，亦可谓计虑之不详尽者耶？

（吴敏树撰：《吴敏树集》，岳麓书社 2012 年版，第 267 页。标点有改动。）

评析

谢振定为官刚直不阿，敢于触犯权贵，担任御史时曾焚烧和珅坐车。这件事在乾隆朝及以后影响巨大，谢本人因此获得"烧车御史"的绰号。文章写谢振定即以烧车事件为中心组织题材，运用对比手法，反复突显"烧车御

① 唱陈名贯：高声报告姓名、籍贯。
② 叙州府：治所在今四川省宜宾市。
③ 语次：说话中间。次，中间。
④ 行辈：辈分，这里指地位相同的人。

史”的官品与人品。

全文可分三部分。第一部分自开篇至“复官部郎以卒”，正面记叙谢振定焚烧和珅坐车的经过及其生平经历。对于烧车事件，作者所记详细具体。先交代背景以作铺垫：乾隆末年，和珅用事，权焰嚣张，就连其宠奴外出，人们避之亦唯恐不及。接着写谢氏巡城时碰到和坤坐车，命士卒鞭笞乘车的宠奴。宠奴不服，高呼“我乘我主车，汝敢笞我！”谢听后更加愤怒，遂焚烧其车。对于谢氏的其他生平经历，作者则用削籍以归、饮酒赋诗、喜山水等数语一笔带过。如此处理，详略得当。文章真正记叙谢振定生平事迹者就只有这些。

第二部分自“及道光癸巳之岁”至“敏树得知其本末如此云”。时间跳到1833年，时任裕州知州谢兴峣入都觐见道光皇帝。当道光帝得知他就是“烧车御史”谢振定之子时，“甚喜”，褒奖其家世，不久又提拔他担任叙州知府。从表面上看，这件事已经超出记叙谢御史的范围，实际上这是运用侧面描写的手法，进一步渲染烘托烧车事件的影响，其目的仍然是突显谢振定，正是他焚烧和珅车的壮举为他的家族赢得了荣誉。

第三部分即最后一自然段，作者又记述了自己在京时亲身经历的一件事。一位被推荐担任御史的郎官与他交谈时谈及谢御史。郎官认为谢振定的时代，“清议尚重，故去官而名益高，身且便”，而自己所处的时代，“所重者，独官禄耳，御史言事，轻则友朋笑，重则恐触罪，一朝跌足，谁肯相顾盼耶？且家口数十，安所赖耶？”言下之意，他不可能效法谢振定，而谢振定处在他的环境也不可能保持其气节。对此，作者感慨万千。文章这样写，是从反面突显谢振定不畏权贵、独重气节的难能可贵。

君山月夜泛舟记

秋月泛湖，游之上者，未有若周①君山游者之上也。不知古人曾有是事否，而余平生以为胜期，尝以著之诗歌。今丁卯七月望夜②，始得一为之。

初发棹，自龙口向香炉③。月升树端，舟入金碧，偕者二僧一客，及费甥坡孙也④。南崖下渔火数十星，相接续而西，次第过之，小船捞虾者也。开上人⑤指危崖一树曰："此古樟无虑十数围，根抱一巨石，方丈余。自郡城⑥望山，见树影独出者，此是也。"然月下舟中，仰视之，殊不甚高大，余初识之。客黎君曰："苏子瞻赤壁之游，七月既望，今差一夕耳。"⑦ 余顾语坡孙："汝观月不在斗牛⑧间乎？"因举诵苏赋十数句。

又西出香炉峡中，少北。初发时，风东南来，至是斜背之。水益平不波，见湾埼⑨，思可小泊，然且行。过观音泉口，响山前也。相与论地道通吴中⑩。或说有神人金堂⑪数百间，当在此下耶？夜来月下，山水寂然。湘灵、洞庭君，恍惚如可问者。

又北入后湖，旋而东。水面对出灯火光，岳州城也。云起船侧，水上滃滃然⑫。平视之，已作横长状，稍上乃不见。坡孙言："一日晚，自沙嘴⑬见

---

① 周：环绕。
② 丁卯七月望夜：同治六年（1867）农历七月十五日夜。
③ 龙口、香炉：均为君山地名。
④ 费甥、坡孙也：吴敏树的外甥名芾，孙子名坡。
⑤ 上人：对僧人的尊称。"开"是僧人之名。下文"超上人"同。
⑥ 郡城：指岳阳城，亦即下文之"岳州城"。岳阳古时候为巴陵郡治所。
⑦ "苏子瞻"二句：苏轼于宋神宗元丰五年（1082）游赤壁，作《前赤壁赋》，开篇云："壬戌之秋，七月既望，苏子与客泛舟游于赤壁之下。"既望：望日的后一天，即十六日。
⑧ 斗牛：二十八宿中的斗宿和牛宿。苏轼《前赤壁赋》中云："月出于东山之上，徘徊于斗牛之间。"
⑨ 湾埼（qí）：弯曲的岸边。
⑩ 地道：传说君山下有地道，经巴陵，通吴之包山。吴中：今苏州。
⑪ 金堂：指神仙居处。《拾遗记》："洞庭之山，浮于水上，其下有金堂数百间，帝女居之。"
⑫ 滃滃然：云气涌起的样子。
⑬ 沙嘴：君山地名。

后湖云出水，白团团若车轮巨瓮状者十余积①，即此处也。”然则此下近山根，当有云孔穴②耶？山后无居人，有棚于坳者数家，洲人避水来者也。数客舟泊之，皆无人声。转南出沙觜，穿水柳中，则老庙门矣。《志》称山周七里有奇③，以余舟行缓，似不翅④也。

既泊，乃命酒肴，以子鸡苦瓜拌之。月高中天，风起浪作，剧饮当之，各逾本量。超上人守荤戒，裁⑤少饮，啖梨数片。复入庙，具茶来。夜分登岸，别超及黎，余四人循山以归。明日记。

（吴敏树撰：《吴敏树集》，岳麓书社 2012 年版，第 365 页。标点有改动。）

评析

同治六年（1867）七月十五日夜，吴敏树与二僧（开上人、超上人）、一客（黎君）、外甥、孙子一行六人，月夜泛舟同游君山，第二天写了这篇游记，追记月夜舟游君山的所见所感。

文章以小舟夜游所经路线为线索，主要运用白描手法描绘月夜洞庭的湖光山色。作者初发时“自龙口向香炉”，途中远眺南崖下的渔火，仰视君山危崖上的古樟，联想起苏东坡七月既望之夜泛舟游赤壁的旧事，禁不住“举诵苏赋十数句”。既而“西出香炉峡中”，过观音泉口，至响山前，一路上与亲朋闲谈湖水下有地道通吴中的传说。在这之后，作者北入后湖，转南出沙觜，行至老庙门，泊舟与亲朋剧饮，至深夜方归。文章记事状物，移步换景，描摹粗放而渲染生动，文字质朴而笔端含情。字里行间不难见出作者心境之

① 积：此指所堆积之块。
② 云孔穴：出云的山洞。古人认为，云出自岩穴。
③ 《志》：指《君山志》。有奇：有零。
④ 不翅：不啻，不止。
⑤ 裁：通“才”，只。

恬淡宁静，恰如月夜君山一样恬静幽远而暗蕴禅味。曾国藩称赞吴敏树之文“博览物态，逸趣横生，栩栩焉神愉而体轻，令人欲弃百事，而从之游”。（《复吴南屏》）阅读此文，读者当自有体会。

罗泽南

罗泽南（1808—1856），字仲岳，号罗山。湘乡人。咸丰元年（1851）由附生举孝廉方正。笃志正学，好性理书。太平军进攻湖南，率乡勇与战，积功由训导至布政使。工诗古文，见于各家选本者颇多，专集未见。后人集有《罗罗山遗集》。

粪叟传

粪叟者，不记其姓氏。其先世仕于周，为草人①，掌上化之法以物地。周公采其术，著于《周礼》，其后有为上农夫者。战国时诸侯去其籍，遂不显。子孙皆能世其业。

叟素黠慧，能含忍，少时即自食其力，讲求治粪之术日益精。其具有篑，有帚，有杓，有瓮②。其地有厕，有池，有沟，有窖，有砖房、土室、茅厂。粪有人溲、禽溲、兽溲。出自人者曰大。兽之类不一，若牛，若羊，若豕犬，若麋鹿貆③狐，有所别。若者宜于禾，若者宜于麦，若者宜于麻，若者宜于园瓜果。又煮其骨汁浸种，以投合地气，瘠者可使之肥，恶者可使之美。杂腐草败叶，用泥蕴坏之，经数月以成。有火粪，掘土合薪以燎之，贮其灰。凡收拾积聚，罔不有法。

叟性不事修饰，屋数椽④，仅以蔽风雨，堂屋厨阶皆粪器，饮食与之俱。往来交际其家者习为常，鲜洁已进者。习勤苦，朝夕拮据，不惮劳瘁，有所利，虽数百里求之不辞。弗获，则百计经营，卑躬屈节，必欲其得而后已。

① 草人：古官名。《周礼正义》："草人掌土化之法以物地，相其宜而为之种。"

② 篑：古代盛土的筐子。杓（sháo）：木做成舀东西的器具。

③ 貆（huán）：幼貉，也指豪猪。

④ 椽（chuán）：古代房屋间数的代称。

当长夏盛暑时，热气蒸郁，臊臭不可耐，其虫曰蚍、曰蛣蜣①，终日飞缘牖户间，且多蚊，啮人辄红肿，至有为所伤而死者。叟坐立其间，观望周章②，色嘻嘻以为乐。家人呼之食，不遽③往。或讽之，曰："吾固所利于此也。舍是，终身贫且贱矣。"人得其粪以施于田园，无不利，争售之。巨室④日闻其名，家以是致富，得复草人职。丞相某议兴水利于西北，将试用，因其议中阻，不果行。子孙在官者，禄皆有差。人有求其术者，秘勿宣，惟侈谈其事以夸人。人称为粪叟云。

德馨子⑤曰："百亩之粪，固农夫所利赖者。叟以此致富贵，而不自计其秽，苦矣哉！"

（罗泽南著：《罗泽南集》，岳麓书社 2010 年版，第 124-125 页。原文有改动。）

评析

这是一篇传记体散文。传主是一位粪叟。单就所传对象的选择就不同寻常，足以见出作者的开明。全文可分四部分。第一部分自开篇至"子孙皆能世其业"，交代粪叟的家世，说明其"子孙皆能世其业"的缘由。第二部分自"叟素黠慧"至"凡收拾积聚，罔不有法"，写粪叟的"治粪之术"。第三部分自"叟性不事修饰"至"人称为粪叟云"，写粪叟"不惮劳瘁"，侧重突出其敬业的精神。最后一句为第四部分，是作者的评论。其中第二、三部分是重点，也是文章的主旨所在。作者写粪叟的治粪之术，先总提一笔，称赞他"黠慧，能含忍"，接着从工具、住处、粪便的类别及其效用等方面一一细述，最后用"凡收拾积聚，罔不有法"一语作结，写得详细具体。第

① 蚍：蚍蠊（féi），蟑螂。蛣蜣（qī qiāng）：蜣螂，亦作"蜣蜋"，俗称屎壳郎，坌屎虫。
② 周章：回旋舒缓。
③ 遽（jù）：立刻，马上。
④ 巨室：指名望高、势力大的世家大族。
⑤ 德馨子：作者自称。

三部分写粪叟的敬业精神，主要从“不事修饰”“不惮劳瘁”“色嘻嘻以为乐”三个方面落笔。文章脉络清晰，层次分明，详略得当，在写作上主要运用白描手法，语言简洁平实，粪叟的形象却很突出传神。

曾国藩

曾国藩（1811—1872），字伯涵，号涤生，湘乡白杨坪（今属双峰）人。道光十八年（1838）进士。后以镇压太平天国运动有功，官至两江总督、直隶总督，赠太傅，谥文正。著有《求阙斋文集》《诗集》《读书录》《日记》《奏议》《家书》《家训》及《经史百家杂钞》《十八家诗钞》等，总集为《曾文正公全集》一百八十五卷。

寄怀刘孟容①

清晨采黄鞠②，薄莫不盈襭③。宁知弟昆好④，忍此四年别⑤。四年亦云已，万事安可说？昔者初结交，与世固殊辙。垂头对灯火，一心相媚悦。炯然⑥急难情，荧荧光不灭。涟滨⑦一挥手，南北音尘绝。君卧湘水湄⑧，辟人苦扃鐍⑨。怀璧⑩误一投，已遭官长刖⑪。我作燕山囚，衾裯冷如铁。尘土塞中肠，经旬间呕泄。梦魂互往还，邂逅在嵽嵲⑫。君魂畏豺虎，我魂阻蛇蝎。明年会长沙，对床殊呐呐。可怜郭生⑬贤，日夜依我闼⑭。三子展殷勤，五旬

① 刘孟容：字孟容，号霞仙，桐城派古文家，做过曾国藩的幕客，与郭嵩焘、罗泽南有往来。后得胡林翼之荐，官至陕西巡抚。著有《思辨录疑义》《养晦堂文集》等。
② 鞠：同“菊”。
③ 薄莫：傍晚。襭：把衣襟掖在腰带上来兜东西。
④ 弟昆好：意为像兄弟一样要好。昆，哥哥。
⑤ 忍此句：作者道光十九年（1839）进京，与刘孟容作别，至作诗时刚好四年。
⑥ 炯然：形容明亮或明白的样子。
⑦ 涟滨：涟水之滨。
⑧ 湄：河岸。
⑨ 辟人：避开坏人。扃（jiōng）鐍（jué）：门窗或箱箧上的关锁。
⑩ 怀璧：比喻怀才遭忌。
⑪ 官长：旧时行政单位的主管官吏。刖：古代一种把脚砍掉的酷刑。
⑫ 嵽（dié）嵲（niè）：高山或山的高峻处。
⑬ 郭生：指郭嵩焘，晚清官员，湘军创始人之一，中国首位驻外使节。
⑭ 闼：门，小门。

恣猖獗①。自从有两仪②，无此好日月。决渠东西流，人事有蹉跌。当时别江干，悬知成久阔。郭生从我行，再踏长安雪。束蒿贡廊庙，涂丹强作阒③。盘松困涧底，千岁老不屈。行藏④一以歧，会合焉可必！知君障污尘，憎我逐烦热。摧兰捣作臡⑤，本馨⑥固难夺。皇天造群伦⑦，位置各成列。煌煌帝者都，峨峨集勋阅。前庭充组圭⑧，后阁暖清瑟⑨。大马疾如飞，高车如电掣。陋巷时骑过，墙震窗纸裂。而我支肘眠，朦胧兀顽劣。视荫⑩呼晚饭，终年曾不缺。痴儿亦肯堂⑪，四龄已饕餮。所愧偷太仓⑫，无异哀穷乞。羡君老岩阿⑬，闲味甘于蜜。嗟哉趣岂殊，所处良不一。坦荡观皇途，转侧思家室。永怀素心人⑭，悠悠难具述。

（曾国藩撰：《曾国藩全集·诗集》，中华书局 2018 年版，第 4607－4608 页。）

评析

这是一首寄怀朋友的叙事抒情诗。据王澧华《曾国藩诗文系年》，此诗

① 五旬：五十天。据王澧华《曾国藩诗文系年》考证，道光十六年（1836），曾、刘两人第二次在长沙相会。以孟容之介，郭嵩焘得以与曾国藩结交，周旋近两月，依依别去。猖獗：这里是尽情放肆的意思。

② 两仪：指天地或阴阳。

③ 束蒿二句：意思是说自己在朝廷做官，就像强涂丹漆以作黑漆。廊庙：太庙，指朝廷。阒：指门。

④ 行藏：指出处或行止。语本《论语·述而》："用之则行，舍之则藏。"

⑤ 臡：同"脔"，带骨的肉酱。

⑥ 本馨：固有的香气。这里比喻人的美好品德。

⑦ 群伦：同类或同等的人们。

⑧ 组圭：同"组珪"，组带及玉制符信，古代达官的服饰物。借指官爵。

⑨ 清瑟：指瑟，瑟音清逸，故称。

⑩ 视荫：观察日影，意谓光阴易逝。《左传·昭公元年》："赵孟视荫，曰：'朝夕不相及，谁能待五？'"孔颖达疏："荫，日景也。赵孟意衰，以日景自喻。"

⑪ 肯堂："肯构肯堂"，原意是儿子连房屋的地基都不肯做，哪里还谈得上肯盖房子。后反其意而用之，比喻儿子能继承父亲的事业。

⑫ 太仓：古代京师储谷的大仓。

⑬ 岩阿：山的曲折处。

⑭ 素心人：指没有欲望杂念的人。

作于道光二十二年（1842）农历十月十七至十八日，其时作者与刘孟容分别已整整四年。

全诗分三部分。第一部分自开篇至“万事安可说”，以清晨采菊至薄暮尚不“盈𢀖”起兴，是全诗的引子，交代作诗的缘起。一个“忍”字暗含着作者四年中的离别之痛。第二部分自“昔者初结交”至“会合焉可必”，回顾与孟容的交往过程，对两次相会的情景叙述尤为详细。刘孟容《寄怀曾涤生侍郎》诗云：“忆昔识面初，维时岁癸巳。”由此可知，他们第一次相见是在道光十三年（1833）。从诗中“昔者初结交，与世固殊辙。垂头对灯火，一心相媚悦”四句看，两人一见如故，交情深厚。道光十六年（1836），两人又在长沙相会，同时参游的还有郭嵩焘，故诗中云“三子展殷勤，五旬恣猖獗”，亦即三人痛快地玩了近两个月才依依惜别。道光十九年（1839），曾国藩以新科进士身份进京做官，两人从此天各一方，直到太平军兴，才又走到一起，患难与共。第三部分自“知君障污尘”至结尾，具体抒写作诗时对朋友的怀念，担心孟容因“憎我逐烦热”而瞧不起自己。曾国藩进京后，仕途亨通，刘孟容在此期间却困顿不遇。为了安慰朋友，曾氏在诗中故意倾吐自己在京中生活的艰难和不如意，所谓“我作燕山囚，衾裯冷如铁。尘土塞中肠，经旬间呕泄”；又说自己的出仕是“涂丹强作阑”，为自己偷食“太仓”之粟而汗颜。与此相对应，诗中极力称赞孟容为“素心人”，认为他的生活“闲味甘于蜜”，表现出无比的艳羡之情。这样写的目的是以此求得双方价值观念的认同，巩固多年的交谊。

送莫友芝

豪英不地囿①，十九兴偏邦②。斩崖拨丛棘③，往往逢兰茳④。黔南莫夫子⑤，志事无匹双。万书薄其服，廿载幽穷乡。今年偶作剧，射策来都堂⑥。青鞋侧破帽，日绎书贾坊。邂逅⑦一相见，揖我谓我臧。刘郎吾庸敬⑧，好事迷短长。炙酒赪⑨吾颊，亦用沾我肠。微澜时激引，稍稍观涛江。可怜好手眼，不达时温凉。果然被捐斥，锄刈⑩不成芳。谁能尼归驾，飘若惊鸿翔。我时走其庐，深语非浅商。次及蓼莪⑪痛，老泪何浪浪。嗟余亦心性，内刺能不降？宾然⑫拜床下，十分肃老庞。关山有乖隔⑬，人事不可详。万里共日月，肝胆各光芒。作诗勖⑭岁莫，亦以勩刘郎。刘郎，谓茮云。

（曾国藩撰：《曾国藩全集·诗集》，中华书局 2018 年版，第 4651－4652 页。）

① 豪英：豪杰英雄。囿：局限，被限制。

② 十九：十分之九。偏邦：边远小国。这里指偏远地区。

③ 丛棘：荆棘。这里比喻一般的人才。

④ 兰茳（jiāng）：兰花和茳蓠。比喻优秀人才。茳，一种藻类植物。

⑤ 莫夫子：莫友芝，字子偲，自号郘亭，又号紫泉、眲叟，贵州独山人。晚清金石学家、目录版本学家、书法家，宋诗派重要成员。曾入曾国藩幕府。与遵义郑珍并称“西南巨儒”。

⑥ 射策：汉代一种以经术为内容的考试方法。主试者提出问题，书之于策，覆置案头，受试人拈取其一，叫作“射”；按所射的策上的题目作答。射是投射之意。都堂，尚书省办公处的称呼，“都”是总揽的意思。

⑦ 邂逅：不期而遇。

⑧ 刘郎：指刘传莹，字椒云，汉阳人，国子监学正。庸敬：恒常之敬。

⑨ 赪（chēng）：红色，这里指脸色变红。

⑩ 锄刈：锄割，引申为铲除，消灭。

⑪ 蓼莪（liǎo é）：《诗经·小雅》篇名。全诗六章，悼念父母恩德，抒发失去父母的孤苦和未能终养父母的遗憾，沉痛悲怆，凄恻动人。方玉润称之为“千古孝思绝作”。

⑫ 宾然：尊敬的样子。

⑬ 乖隔：阻隔。

⑭ 勖（xù）：勉励。

评析

王澧华据黎庶昌所撰《莫征君别传》考证此诗作于道光二十七年（1847）四五月间。这一年，莫友芝到北京参加会试，候榜期间与曾国藩相识于琉璃厂书肆，旋因国子监学正刘传莹的介绍，两人造榻订交。遗憾的是莫友芝名落孙山，不得不离京南归。五月初二日（6月14日），魏承柷出都衡阳，就职贵州，曾国藩以此诗见托，嘱其转致友芝（事见魏氏《也居山房文集》）。

曾国藩作此诗的目的，除了记述两人交谊的过程，表达问候之意，主要是要向莫友芝表达自己对他才华的赏识，以此激励他不要被一时的挫折压倒，而要为实现理想努力前行。诗开篇指出英雄豪杰的产生绝不会受地域的限制，而且往往十有八九出现在偏远之地。然后直接点出“莫夫子”，以他作为具体的例证，称赞莫“志事无匹双”。曾国藩其时已升任内阁学士，兼礼部侍郎衔。能得到他如此褒奖，从莫友芝方面来说应该是其心可慰。而从曾的角度来看，也表明他慧眼识才。诗的中间部分主要叙述两人从相识到相知的过程，娓娓道来，历历在目，表明莫友芝在他心中确实留下了深刻的印象。诗的最后六句阐明作诗的目的。两人远隔千山，“人事不可详”，但是作者还是相信“万里共日月，肝胆各光芒”，企望以此诗相互勉励，同时表达对刘传莹的感激。

傲奴

君不见萧郎老仆如家鸡①，十年笞楚心不携②。君不见卓氏③雄资冠西蜀，颐使④千人百人伏。今我何为独不然？胸中无学手无钱。平生意气自许颇，谁知傲奴乃过我。昨者一语天地睽⑤，公然对面相勃豀⑥。傲奴诽我未贤圣，我坐⑦傲奴小不敬。拂衣一去何翩翩，可怜傲骨撑青天。噫嘻乎，傲奴！安得好风吹汝朱门权要地，看汝仓皇换骨生百媚！

（曾国藩撰：《曾国藩全集·诗集》，中华书局2018年版，第4609页。）

评析

关于此诗的写作缘起，曾国藩在《致诸弟》一书中曾经谈及：“门上陈升一言不合而去，故予作《傲奴诗》。现换一周升作门上，颇好。予读《易·旅卦》‘丧其童仆’。《象》曰：‘以旅与下，其义丧也。’解之者曰：‘以旅与下者，谓视童仆如旅人，刻薄寡恩，漠视无情，则童仆亦将视主上如逆旅矣。’予待下虽不刻薄，而颇有视如逆旅之意，故人不尽忠。以后予当视之如家人手足也。分虽严明，而情贵周通。”

诗作于道光二十二年（1842）十月。开篇四句用典。萧郎家的老仆如同家鸡，没有地位，可以随意鞭笞，但老仆对主人忠心耿耿，绝不背离。卓王孙家资巨富，有仆童千人，他常常颐指气使，仆人敢怒不敢言。相比之下，

① 这句话的意思是萧郎家的仆人如同家鸡一样，没有地位，可以随意鞭笞。萧郎：原指梁武帝萧衍，南朝梁的建立者，风流多才，在历史上很有名气。后多以“萧郎”指代女子所爱恋的男子。

② 笞楚：用竹片、荆条鞭打。笞，竹片。楚，荆条。携：通“协”，背离。

③ 卓氏：指卓王孙（卓文君之父），生卒年不详，西汉蜀郡临邛人，出身于冶铁世家，对冶炼技术有专长，终致巨富，拥有家僮千人（《汉书》作八百人）。

④ 颐使：动下巴示意、指挥别人。比喻态度傲慢。

⑤ 睽：违背，不合。

⑥ 勃豀：吵架，争斗。

⑦ 坐：定罪，这里是责备、怪罪的意思。

诗人自谦“胸中无学”，手里无钱，所以家里的仆人也不听使唤，一语不合，傲奴即拂手离去。作者事后思之，一方面希望傲奴走入“朱门权要地”，“仓皇换骨生百媚”，企图以此求得心里的平衡；一方面反思自己的为人，也存在着较多“意气自许”的成分，今后容当改之。

全诗采用古体歌行形式，以七言为主，间杂二言、三言、九言、十言、十一言等句式，错落有致。钱仲联对此诗尤为激赏。《梦苕庵诗话》云：“自姚惜抱喜为山谷诗，而曾涤生祖其说，以诗学变一代之运，硬语盘空，由昌黎、山谷以规杜，惜为功业所分心，未能极诣。余颇喜其《傲奴》一诗云云。可见其早期生活之片段，诙诡中存兀傲之态，此得昌黎阳刚之美者。石遗《近代诗钞》未选，失之也。”

求阙斋记

国藩读《易》，至《临》① 而喟然叹曰：刚侵而长矣。至于八月有凶，消亦不久也，可畏也哉！天地之气，阳至矣，则退而生阴；阴至矣，则进而生阳。一损一益者，自然之理也。

物生而有耆欲，好盈而忘阙。是故体安车驾，则金舆鏓衡②不足于乘；

① 《临》：《周易》六十四卦之一。下面两爻是阳爻，上面四爻为阴爻，即兑（泽）下坤（地）上，为地在泽上之表象。《彖传》云：“临，刚浸而长。……至于八月有凶，消不久也。”孔颖达疏解：“临，大也。以阳之浸长，其德壮大，可以监临于下，故曰‘临’也。……至于八月有凶者，以物盛必衰，阴长阳退，临为建丑之月。从建丑至于七月建申之时，三阴既盛，三阳方退，小人道长，君子道消，故八月有凶也。以盛不可终保，圣人作易以戒之也。”曾国藩在此处借“临”卦来说阴阳二气的交感。

② 鏓（cōng）衡：嵌金饰的车辕端横木。

目辨五色①，则黼黻文章②不足于服。由是八音③繁会不足于耳，庶羞④珍膳不足于味。穷巷瓮牖⑤之夫，骤膺金紫⑥，物以移其体，习以荡其志，向所扼捥⑦而不得者，渐乃厌鄙而不屑御。旁观者以为固然，不足訾议⑧。故曰："位不期骄，禄不期侈⑨。彼为象箸，必为玉杯⑩。"积渐之势然也。而好奇之士，巧取曲营⑪，不逐众之所争，独汲汲⑫于所谓名者。道不同不相为谋，或贵富以饱其欲，或声誉以厌其情，其于志盈一也。夫名者，先王所以驱一世于轨物⑬也。中人以下，蹈道不实，于是爵禄以显驭之，名以阴驱之，使之践其迹，不必明其意。若君子人者，深知乎道德之意，方惧名之既加，则得于内者日浮，将耻之矣。而浅者哗然骛之，不亦悲乎！

国藩不肖，备员东宫⑭之末，世之所谓清秩⑮。家承余⑯荫，自王父母⑰

① 五色：青、黄、赤、白、黑。后泛指一切漂亮的色彩。

② 黼（fǔ）黻（fú）文章：古代礼服上所绣的色彩绚丽的花纹。泛指华美鲜艳的色彩。据《周礼·考工记》："青与赤谓之文，赤与白谓之章，白与黑谓之黼，黑与青谓之黻。"上古时，把青、赤、白、黑四种色彩，两两组合成的花纹，分别称为文、章、黼、黻。

③ 八音：八类乐器发出的声音，这里泛指乐声。八类乐器名见《周礼·大师》："播之以八音：金、石、土、革、丝、木、匏、竹。"

④ 庶羞：滋味齐备的肉类美食。《仪礼·公食大夫礼》："上大夫庶羞二十，加于下大夫以雉兔鹑鴽。"胡培翚《正义》引郝敬说："肴美曰羞，品多曰庶。"而郑玄注解："羞出于牲及禽兽，以备其滋味，谓之庶羞。"肉类食品称为羞，各种滋味齐备的羞称为庶羞。

⑤ 瓮牖：以破瓮之口塞窗户，指贫穷人家。

⑥ 膺：受。金紫：金印和紫绶，即黄金印章和系印的紫色绶带。指高官显爵。

⑦ 扼捥（wàn）：握住手腕。表示激动、悲愤、惋惜等的动作。"扼"字中华书局本为"搤"。

⑧ 訾（zǐ）议：诋毁、非议。

⑨ "位不期骄"二句：见《尚书·周官》，意即居官位不当骄傲，有俸禄不当奢侈。期，当。

⑩ "彼为象箸"二句：是箕子批评商纣王的话，指责他生活奢侈。语出《史记》。象箸：象牙所制的筷子。

⑪ 曲营：多方设法谋取。

⑫ 汲汲：形容急切的样子，急于得到。

⑬ 轨物：法度与准则。

⑭ 备员：凑数，自谦之词。东宫：太子所居之地。

⑮ 清秩：清贵之官。

⑯ 中华书局本为"馀"。

⑰ 王父母：祖父母。

以下，并康强安顺。孟子称“父母俱存，兄弟无故”①，抑又过之。《洪范》②曰：“凡厥庶民，有猷有为有守③，不协于极，不罹于咎④，女则锡之福。”若国藩者，无为无猷，而多罹于咎，而或锡之福，所谓不称其服⑤者欤？于是名其所居曰“求阙斋”。凡外至之荣，耳目百体之耆，皆使留其缺陷。礼主减而乐主盈。乐不可极，以礼节之，庶以制吾性焉，防吾淫焉。若夫令问⑥广誉，尤造物所靳予⑦者，实至而归之。所取已贪矣，况以无实者攘之乎？行非圣人而有完名者，殆不能无所矜饰⑧于其间也。吾亦将守吾阙者焉。

（曾国藩撰：《曾国藩全集·文集》，中华书局2018年版，第4701－4702页。）

评析

文章以读《周易·临卦》后的感受开篇，提出“一损一益者，自然之理也”的观点。在作者看来，追名逐利之人“好盈而忘阙”，结果常常乐极生悲。要避免这一点，就必须防盈戒满，“凡外至之荣，耳目百体之耆，皆使留其缺陷”。只有这样，才能时刻保持清醒冷静的头脑，不至于因位高权重而自我膨胀，骄纵放肆，从而招致怨恨和谗害。正是基于这种思考，作者以“求阙”二字名其书斋，目的就是以此告诫自己治学、为官、从政切勿骄奢自满，而应具有求阙心态和自律精神。全篇围绕“求阙”二字，引经据典，从正反两方面对比论证，形象而深刻地阐明了“守吾阙者”的必要性，提出了“乐不可极，以礼节之”的修养原则。文章逻辑严密，说理周详而辞气谦和。

① “父母俱存，兄弟无故”：语见《孟子·尽心下》，意思是说父母都健康，兄弟没灾患，是君子一乐。
② 《洪范》：《尚书》篇名。
③ 有猷（yóu）：有谋略者。有守：有操守者。
④ 不罹于咎：不陷于恶。罹，遭遇。
⑤ 不称其服：不适合他的地位。
⑥ 令问：好名声。
⑦ 靳（jìn）予：吝惜给予。
⑧ 矜饰：夸耀装饰。

湖南文征[①]序

吾友湘潭罗君研生[②]，以所编撰《湖南文征》百九十卷示余，而属为序其端。国藩陋甚，齿[③]又益衰，奚足以语文事？窃闻古之文，初无所谓法也。《易》《书》《诗》《仪礼》《春秋》诸经，其体势声色，曾无一字相袭；即周秦诸子，亦各自成体。持此衡彼，画然若金玉与卉木之不同类，是乌有所谓法者。后人本不能文，强取古人所造而摹拟之，于是有合有离，而法不法名焉。

若其不俟摹拟，人心各具自然之文，约有二端：曰理，曰情。二者人人之所固有。就吾所知之理而笔诸书而传诸世，称吾爱、恶、悲、愉之情而缀辞以达之，若剖肺、肝而陈诸简策。斯皆自然之文，性情敦厚者，类能为之。而浅深工拙，则相去十百千万而未始有极。自群经而外，百家著述，率有偏胜。以理胜者，多阐幽造极之语，而其弊或激宕失中；以情胜者，多悱恻感人之言，而其弊常丰缛而寡实。自东汉至隋，文人秀士大抵义不孤行，辞多俪语。即议大政，考大礼，亦每缀以排比之句，间以婀娜之声，历唐代而不改。虽韩、李[④]锐志复古，而不能革举世骈体之风，此皆习于情韵者类也。宋兴既久，欧阳、曾、王之徒[⑤]，崇奉韩公，以为不迁之宗。适会其时，大儒迭起，相与上探邹鲁[⑥]，研讨微言。群士慕效，类皆法韩氏之气体，以阐明性道。自元、明至圣朝康、雍之间，风会略同，非是不足与于斯文之末，此皆习于义理者类也。

① 湖南文征：清代罗汝怀纂修的一部汇编湖南古代文章的总集。

② 罗君研生：罗汝怀，事迹见前注。

③ 齿：这里指年龄。

④ 韩：韩愈。李：李翱，字习之。唐代文学家，曾跟从韩愈学古文，协助韩愈推进古文运动。

⑤ 欧阳、曾、王之徒：分别指欧阳修、苏洵、苏轼、苏辙、曾巩、王安石，宋代古文运动的代表性人物。

⑥ 邹鲁：指孔孟。孔子生于鲁国，孟子生于邹县，故称。有时亦代指儒学的发源地。

乾隆以来，鸿生硕彦①稍厌旧闻，别启途轨，远搜汉儒之学，因有所谓考据之文。一字之音训，一物之制度，辨论动至数千言。曩②所称义理之文，淡远简朴者，或屏弃之，以为空疏不足道。此又习俗趋向之一变已。

湖南之为邦，北枕大江，南薄③五岭，西接黔、蜀，群苗④所萃，盖亦山国荒僻之亚。然周之末，屈原出于其间，《离骚》诸篇为后世言情韵者所祖。逮乎宋世，周子⑤复生于斯，作《太极图说》《通书》⑥，为后世言义理者所祖。两贤者，皆前无师承，创立高文。上与《诗经》《周易》同风，下而百代逸才举莫能越其范围。而况湖、湘后进，沾被流风者乎？兹编所录，精于理者盖十之六；善言情者，约十之四；而骈体亦颇有甄采，不言法而法未始或紊。惟考据之文搜集极少。前哲之倡导不宏，后世之欣慕亦寡。研生之学，稽《说文》以究达诂，笺《禹贡》⑦以晰地志，固亦深明考据家之说。而论文但崇体要，不尚繁称博引，取其长而不溺其偏，其犹君子慎于择术之道欤！

（曾国藩撰：《曾国藩全集·文集》，中华书局 2018 年版，第 4862－4864 页。）

评析

罗汝怀编《湖南文征》书成，请曾国藩作序。曾国藩借此机会，系统阐述了自己的文章观念及其对中国古代散文演进的看法。在他看来，文章的写作最初无所谓法度，每个人心里都“各具自然之文”。儒家六经“其体势声

① 鸿生：鸿儒，博学之士。硕彦：指才智杰出的学者。

② 曩（nǎng）：以往，从前，过去的。

③ 薄：接近。

④ 群苗：苗族各部落。

⑤ 周子：周敦颐，生平见前所录。

⑥ 《太极图说》：周敦颐为其《太极图》写的一篇说明。全文 249 字，认为“太极”是宇宙的本原，人和万物是由于阴阳二气和水火木金土五行相互作用构成的。五行统一于阴阳，阴阳统一于太极。《通书》：周敦颐著，结合《中庸》论“诚”的思想，把《周易》推崇为“性命之源”，为理学建立道德本体论、重新解释《四书》奠定了以易学为依据的理论基础。

⑦ 《禹贡》：《尚书》中的一篇，中国最早的地理著作。战国时魏国人托名大禹而作，因而以“禹贡”名篇。

色，曾无一字相袭”，周秦诸子亦“各自成体”。这种自然之文，其法度形式不出乎“情”“理”两端，而常有偏胜。“以理胜者，多阐幽造极之语，而其弊或激宕失中；以情胜者，多悱恻感人之言，而其弊常丰缛而寡实。”秉此以观古代文章的演进，曾国藩认为，东汉至隋唐之文，“辞多俪语”，虽有韩愈、李翱等人锐志复古，而不能尽革骈体之风，大体可归于“习于情韵者”一类。宋、元、明至清康、雍年间之文，“类皆法韩氏之气体，以阐明性道”，大体上可归于“习于义理者”一类。乾隆以后别有所谓考据之文，文章风气又发生了新的变化。

具体到湖南散文的发展，曾国藩认为，屈原的“《离骚》诸篇为后世言情韵者所祖”，周敦颐的《太极图说》《通书》为“后世言义理者所祖”。两人“前无师承，创立高文。上与《诗经》《周易》同风，下而百代逸才举莫能越其范围”。而罗汝怀所编《湖南文征》，所录义理之文约占十分之六，善言情者约占十分之四，骈体之文间有采录，“惟考据之文搜集极少”。这固然是一个缺陷，但是“论文但崇体要，不尚繁称博引”，从这个意义上说，他认为罗氏的做法又有其谨慎的一面。

曾国藩此文，纵论古今文章，举重若轻，视野开阔，立论中肯有高度，颇具大家气魄。

左宗棠

左宗棠（1812—1885），字季高，湖南湘阴人。道光十二年（1832）举人。后屡试不中。转而留意农事，遍读群书，钻研舆地、兵法。太平天国兴起时，先后入湖南巡抚张亮基、骆秉章幕，参与镇压太平天国运动。历任浙江巡抚、闽浙总督、陕甘总督，授大学士，封恪靖伯。其间兴办洋务，创设福州船政局，成为洋务派首领。光绪年间又率军收复新疆，为巩固国家统一作出巨大贡献。有《左文襄公文集》一百三十四卷，诗集一卷。

感事（四首）

爱水昏波尘大化①，积时污俗企还淳。兴周有诰拘朋饮②，策汉元谋徙厝薪③。一怒永维天下祜④，三年终靖鬼方⑤人。和戎自昔非长算⑥，为尔豺狼不可驯。（其一）

司马⑦忧边白发生，岭南千里此长城。英雄驾驭归神武，时事艰辛仗老成。龙户⑧舟横宵步水，虎关潮落晓归营。书生岂有封侯想，为播天威佐太平。（其二）

王土孰容营狡窟，岩疆何意失雄台。痴儿盍亦看蛙怒⑨，愚鬼翻甘导虎

① 爱水句：喻指尘世间情欲横流，发生了大的变化。爱水，佛教语，比喻情欲。大化：最大变化。
② 兴周句：西周建立后，周公命康叔颁布《酒诰》，宣布戒酒令，不许酗酒。诰：告诫、劝勉。这里指《酒诰》。拘：约束。朋饮：聚饮。
③ 厝薪：放置柴火。厝，同“措”，放置。薪，柴堆。
④ 祜：福，大福。《诗经·周颂·载见》：“永言保之，思皇多祜。”
⑤ 靖：安定，平定。鬼方：本指居于中国西北方的少数民族。这里泛指外来侵略者。《周易·既济》：“高宗伐鬼方，三年克之。”
⑥ 和戎：指与别国媾和修好。戎，这里指英国。长算：长久的打算。
⑦ 司马：古官名。这里借指林则徐。后面的“长城”“老成”亦指林则徐。
⑧ 龙户：旧时南方的水上居民。这里作方位名词用，指英国军舰晚上停泊在广州城外的海面上。
⑨ 盍：表示疑问，为何，何故。蛙怒：蛙鼓腹瞪眼，人以为发怒，故称。

来。借剑愿先卿子①贵，请缨长盼侍中才②。群公自有安攘略③，漫说忧时到草莱④。（其三）

海邦形势略能言，巨浸⑤浮天界汉蕃。西舶远逾师子国⑥，南溟雄倚虎头门⑦。纵无墨守终凭险，况幸羊来自触藩。欲效边筹裨庙略⑧，一尊山馆共谁论？⑨（其四）

（左宗堂著，刘泱泱等校点：《左宗棠全集·诗集》，岳麓书社 2009 年版，第 408 页。）

评析

《感事（四首）》作于道光二十一年（1841），时鸦片战争结束，英国占据香港，进逼广州，总督琦善在数战不利之后准备议和。左宗棠闻讯，作《感事》诗四章以寄愤。

四首诗各有侧重，但合起来是一个整体，共同表达了作者的思想感情和对时局的看法。第一首着重表达对现实的焦灼和其政治主张。作者认为国家正处于急剧变化时期，内忧外患，危急深重，但是只要励精图治，事尚可为，所以他还是怀抱着“积时污俗企还淳”“三年终靖鬼方人”的希望。针对琦善等人的议和主张，作者大声疾呼，“和戎”自古以来就不是长久之计，告诫人们豺狼是不可能被驯化的。第二首热情歌颂林则徐、邓廷桢等民族英雄的抗英事迹，视之为国家的长城，以此抒发书生报国、不求封侯的远大理想，为林则徐的遭贬抱不平。第三首重在批判。“痴儿盍亦看蛙怒，愚鬼翻甘导

① 卿子：犹言公子，古代皇帝对大臣的称呼。
② 请缨：请求给一支长缨。比喻主动请求担当重任。侍中：指终军。
③ 群公：指朝中大臣。安攘略：排除祸患、使天下安定的方略。
④ 草莱：犹言草莽。杂生的草。这里是作者自指，草民的意思。
⑤ 巨浸：大水。比喻英军来势汹汹。
⑥ 师子国：斯里兰卡的古称。
⑦ 虎头门：虎门。
⑧ 裨：增添，补助。庙略：朝廷的谋略。
⑨ 一尊一句：这句话的意思是说自己身处草野，能够与谁讨论这些问题呢？山馆：山中的宅舍。

虎来。”在作者眼里，以琦善为代表的朝廷官员昧于世事，一味地寻求和议，无异于“痴儿”“愚鬼”。最后一首紧承第三首，抒发自己的远大抱负和内心苦闷。面对艰难时事，作者很想请缨报国，“欲效边筹裨庙略”，但是由于身处草野，没有人理解。其时作者正值而立之年，正设馆授徒，尚未入仕，但诗中已经明确地表现出一种以天下为己任的胸怀。整组诗气势恢宏，从头至尾激荡着一股英雄豪杰之气。

周寿昌

周寿昌（1814—1884），字应甫，号荇农，晚号自庵，长沙人。道光二十五年（1845）进士，授编修，历官内阁学士，兼礼部侍郎衔。光绪初罢官居京师，以著述为事，诗文、书、画，俱负重名。有《思益堂集》。

高阳台·即席分咏烛泪

颗颗圆圆，丝丝密密，替人诉尽离忧。一寸红冰，凝寒不待凉秋。丹心热透何曾冷，越心煎、越是长流。夜深不，照着花啼，不管花愁。　铜盘堆出珊瑚艳，讶灵芸①唾结，飞燕②华留。双炷偷弹，摇风频闪星眸。欢场独抱无言恨，便成灰、泫③也难休。箸痕收，翦向西窗，滴碎更筹。

（周寿昌撰，王建、田吉校点：《周寿昌集》，岳麓书社2011年版，第169页。）

评析

这是一首咏物词，借烛泪抒写离愁别恨。上片将烛泪比作"丹心热透"的美人，"越心煎、越是长流"。继而将美人比作花，夜深人静，红烛照着如花的美人流泪哭泣，"颗颗圆圆，丝丝密密"，替美人诉说着离愁。下片用典，将烛泪比作薛灵芸之玉唾，赵飞燕"摇风频闪"的星眸。欢场抱恨，烛泪成灰，心中的万千愁绪却依旧"泫也难休"。全词用拟人手法，造语精工

① 灵芸：指三国魏文帝所爱美人薛灵芸。据王嘉《拾遗记》，灵芸容貌绝世，被选入宫。升车就路之时，以玉唾壶承泪。及至京师，壶中泪凝如血。后用以为典。

② 飞燕：指赵飞燕，汉成帝皇后。

③ 泫（xuàn）：指泪珠下滴的样子。

传神。如用“颗颗圆圆，丝丝密密”四个叠词写烛泪之形，“铜盘堆出珊瑚艳”写烛泪之艳，用“越心煎、越是长流”写烛泪之神情心态，皆语秀意隽，富有情致。周寿昌曾自言“吾词不主故常，用自娱而已，然清妙处自谓不减宋人”（语见王先谦《诗余偶钞序》），此词确实具有宋代婉约词派的艺术风格。

周寿昌曾从梅曾亮受古文法，为文“清绝可喜”，于骈文义法尤精。其诗“奄有众妙，要以义山、剑南为归。晚遭困蹇，转造平淡”，艺术上所得更深。平生与胡林翼、曾国藩等有较密切的交往，其人其文在近代湖南均产生过较大的影响。

彭玉麟

彭玉麟（1816—1890），字雪琴，号退省斋主人，衡阳人。湘军水师统帅，随曾国藩镇压太平天国起义，战功显赫。官至两江总督兼南洋通商大臣，兵部尚书。军事之暇绘画作诗，以画梅名世。其诗由俞樾结集付梓，题名《彭刚直公诗集》，存诗五百余首。

军中感兴十首

作别江东父老行，不辞虫臂奋秋螳①。十年旧梦三湘雨，百战新添两鬓霜。疲马嘶风寒病骨，哀鸿唳月断愁肠。一腔热血冰消尽，故态而今未敢狂。

逢逢鼍鼓②咽江声，半壁东南未洗兵③。衰柳长堤嘶战马，夕阳荒冢卧饥鼪④。楼台灰烬肥禾黍，关塞烽烟莽市城。入夜青磷遍郊野，乱随萤火逐宵征⑤。

鹰扬大漠气萧森，塞上仍传笳鼓音⑥。满地烟尘伤日暮，极天风雨酿秋深。征鸿难寄乡关梦，鸱鸟偏空海国心。苦酒自斟还自醉，一坪衰草助孤吟。

蜂虿⑦居然未可当，义旗空自举仓皇。楚吴烽燧⑧连云赤，皖鄂征尘匝地⑨黄。万里长江横铁锁，九州何地固金汤粤贼初渡洞庭东下，如武昌田镇，江西之湖

① 虫臂：比喻微末轻贱的人或物。典出《庄子·大宗师》："以汝为鼠肝乎？以汝为虫臂乎？"秋螳：螳臂当车，指自不量力，也指勇气可嘉。

② 逢逢：同"蓬蓬"，气势宏大。鼍鼓：用鼍皮蒙的鼓。《诗经·大雅·灵台》："鼍鼓逢逢。"

③ 半壁东南：指长江中下游及其以东、以南的半边江山。半壁，半边。洗兵：洗刷兵器。据说周武王伐商纣王时，感动天地，降大雨为武王刷洗兵器，而得此名。

④ 鼪（shēng）：鼬鼠，即黄鼠狼。

⑤ 宵征：夜行。《诗经·召南·小星》："肃肃宵征，夙夜在公。"

⑥ 笳鼓音：笳声和鼓声。借指军乐。

⑦ 蜂虿（chài）：蜂和虿，都是有毒刺的螫虫，比喻恶人或敌人。

⑧ 烽燧：也称烽火台。如遇有敌情，白天燃烟，夜晚放火，是古代传递军事信息最快最有效的方法。

⑨ 匝地：遍地，满地。

口、江南之东西梁山，皆用铁索横江，架炮台、木栅，以阻我师。沿江省垣郡县，文武多弃城不守而逃，使贼入无人之境。图书典籍归秦火，文献无征实可伤。

忆昔楼船破敌功，横江铁索尽成空。鄱湖苦战涛头白，赤壁雄烧日脚①红。彩鹢帆樯②飞夜月，素霓旌旆③舞秋风。兴亡事业征今古，都在升沉感慨中。

一见欃枪④十数秋，干戈扰攘几时休。从来壮士能披胆，未有将军怕断头。点石⑤只今无妙术，量沙⑥自古费深谋。寒衣若个催刀尺⑦，风递砧声起暮愁。

征战场中度岁华，年年忍听是悲笳。寄衣人至西风紧，牧马奴归落照斜。虎穴亲探虽有愿，鹊巢频毁已无家。酒瓢药盏生涯在，赢得悲秋独自嗟。

枕戈十载卧征艘，冷露宵深湿战袍。名士美人余白骨，通都大邑尽黄蒿。乾坤到处悲焦土，江海横流痛血涛。浩劫不知何日满，石头城咽浪滔滔。

内患方深未转危，那堪外侮又相随。竟无冥阸分夷夏⑧，遂使甘泉震鼓鼙。汉室勤王空有愿，秦关拒客恐无时⑨。龙髯莫遂攀号痛⑩，北望栾阳只泪垂。

越水燕山似奕棋，乱离世事不胜悲。病中有梦犹筹饷，愁里无聊转作诗。

---

① 日脚：太阳穿过云隙射下来的光线。

② 彩鹢：古代常在船头上画鹢，着以彩色，因亦借指船。鹢，一种水鸟。帆樯：船帆与桅樯，常指舟楫。

③ 素霓：白虹。旌旆（pèi）：古代旗末端形如燕尾的垂旒飘带，泛指旌旗。

④ 欃（chán）枪：彗星。《尔雅·释天》："彗星为欃枪。"喻指叛乱，动乱。

⑤ 点石：指点石成金。

⑥ 量沙：据《南史》："道济时与魏军三十余战多捷，军至历城，以资运竭乃还。时人降魏者具说粮食已罄，于是士卒忧惧，莫有固志。道济夜唱筹量沙，以所余少米散其上。及旦，魏军谓资粮有余，故不复追，以降者妄，斩以徇。"后以"量沙"为安定军心、迷惑敌人之典。

⑦ 寒衣句：化自杜甫《秋兴八首》（其一）："寒衣处处催刀尺，白帝城高急暮砧。"

⑧ 冥阸（è）：冥阨，古隘道名。这里泛指隘道关口。夷夏：夷狄与华夏的并称。这里的夷指外国，夏指中国。

⑨ 汉室二句：表达对时局的忧虑。国内各地虽然有勤王的意愿，但这是徒劳的，诗人担心中国已很难拒敌于国门之外。秦关：秦地关塞。这里借指中国。客：这里指入侵的敌人。

⑩ 龙髯：龙之须，帝王之须。攀号：攀龙髯而哭。谓哀悼帝丧。

万里长征怜将士，一生知遇感君师。昨宵旅雁衡阳至，定有书来慰远思。

（彭玉麟撰，梁绍辉、刘志盛、任光亮、梁小进校点：《彭玉麟集》，岳麓书社2008年版，第23–25页。）

评析

彭玉麟1853年应曾国藩之邀创办湘军水师，参与镇压太平天国起义。这组诗是他“作别江东父老”“枕戈十载”后所作。诗凡十首，主要包括四个方面的内容。其一，回顾自己十年来的征战历程。诗人投笔从戎，“不辞虫臂奋秋螳”，怀抱着“一腔热血”，跃马横刀，从湖南到湖北再到江西、安徽，“征战场中度岁华”，取得了一个又一个胜利。然而回首往事，他似乎没有成功的喜悦，反而是“苦酒自斟还自醉”“赢得悲秋独自嗟”。其二，痛陈战争给国家和人民带来的深重灾难。十余年战乱，“满地烟尘”“图书典籍归秦火，文献无征实可伤”。更令人痛心的是，“名士美人余白骨，通都大邑尽黄蒿。乾坤到处悲焦土，江海横流痛血涛”，一切惨不忍睹。其三，表达对时局的忧虑。根据诗中“龙髯莫遂攀号痛”之语，诗人写此诗时，咸丰帝已死，太平天国运动还没有最终平定，而西方列强又纷至沓来，环伺四周。诗人对此深感忧虑，所谓“内患方深未转危，那堪外侮又相随”，“汉室勤王空有愿，秦关拒客恐无时”。其四，抒写对故乡亲人的怀念。诗人一路征战，“疲马嘶风寒病骨，哀鸿唳月断愁肠”，对故乡充满怀念。但组诗的最后两句却这样写道：“昨宵旅雁衡阳至，定有书来慰远思。”此所谓一种相思，两处闲愁。整组诗写“乱离世事”，叙个人病愁，抒家国之感，凄楚悲慨之中充满着英雄豪情。

题邓尉山中潘伟如中丞韡园①梅花画壁

韡园粉壁净于雪，令我狂醉来污墨。乱写梅花纵复横，千枝万枝虬如铁。纵有五丁六甲②来，费尽神力不能折。任他美人月下看，任他高士山中歇。罗浮仙子③竞欢颜，姑射神人④开笑靥。繁华不羡软红尘⑤，清芬压倒众香国。记得当年顾虎头⑥，满壁沧州画奇绝。今我泼墨写梅花，付与邓尉安仁⑦宅。道子⑧传神笔已枯，疏影暗香⑨写不得。主人有鹤守天寒，缟衣元裳真皎洁。不知鹤寿几千年，来与梅花相契结。鹤子梅妻⑩共一家，茫茫幻海谁主各〔客〕。世事原如壁上观，何必定须分黑白。但留清气满乾坤，十二万年不许灭。掷笔狂呼酒百杯，吸取太湖三万六千顷外一天月。

（彭玉麟撰，梁绍辉、刘志盛、任光亮、梁小进校点：《彭玉麟集》，岳麓书社2008年版，第92页。）

评析

彭玉麟一生痴迷梅花，酷爱画梅，自称“梅花外子”。张之洞赞其“画

① 邓尉山：又名光福山，香雪海，梅海，位于苏州城西南三十公里，因东汉开国功臣邓禹而得名。潘伟如：潘蔚，号韡园居士，伟如是其字，清代医家，江苏吴县人，官至贵州巡抚，著有《韡园医书六种》。韡（wěi）园：潘蔚别墅名。

② 五丁：神话传说中的五个力士。六甲：道教神名，供天帝驱使的阳神；道士可用符箓召请以祈禳驱鬼。

③ 罗浮仙子：罗浮山的仙人。罗浮山为道教十大洞天之第七洞天，七十二福地之第三十四福地。

④ 姑射（yè）神人：原指姑射山的得道真人。后泛指美貌女子。姑射，山名。典出《庄子·逍遥游》：“藐姑射之山，有神人居焉，肌肤若冰雪，淖（绰）约若处子。”

⑤ 软红尘：飞扬的尘土。形容繁华热闹。亦指繁华热闹的地方。

⑥ 顾虎头：东晋画家顾恺之小字虎头，故称。

⑦ 安仁：指潘岳，字安仁。这里借指潘蔚。

⑧ 道子：唐代杰出画家吴道玄，字道子，长于壁画创作。

⑨ 疏影暗香：形容梅花的香味和姿态。后常用为梅花的代称。疏影，稀疏的枝影；暗香，清幽的香气。语出宋代林逋《山园小梅》诗：“疏影横斜水清浅，暗香浮动月黄昏。”

⑩ 鹤子梅妻：比喻清高或隐居。宋代林逋隐居杭州孤山时，植梅养鹤，终身不娶，人谓其“梅妻鹤子”。

梅遍人间，自吐冰霜蕾”。作为一代中兴名臣，其画梅写梅，实际上是以梅自况，寄托自己的人生志趣和人格理想。此诗是一首题画壁的诗，作于诗人卜居杭州期间。其时太平天国起义已经平定，彭玉麟功成身退，筑室西湖，以写梅为乐，饮酒自恣。本篇即是酒后所作，故开篇自谦是“狂醉”“污墨”，“乱写梅花纵复横，千枝万枝虬如铁”。或许是带着些许醉意的缘故，诗写得豪情万丈，诗中的梅花与诗人一样张扬着狂傲的个性。“任他美人月下看，任他高士山中歇”；“繁华不羡软红尘，清芬压倒众香国”。这既是写梅花，也是写自己。在诗人看来，梅花清气绝俗，其疏影暗香，即使是吴道子也写不出来。在诗的结尾，诗人再次借梅花自喻，发出不同流俗的议论：“世事原如壁上观，何必定须分黑白。但留清气满乾坤，十二万年不许灭。掷笔狂呼酒百杯，吸取太湖三万六千顷外一天月。”这是何等的气魄。诗情之豪迈，气概之狂放，堪比李白。

许瑶光

许瑶光，字雪门，号复斋，晚号复叟，善化（今长沙）人。生卒年不详。道光二十九年（1849）拔贡。历官诸暨、仁和等县知县。同治间任嘉兴知府前后十八年，政声卓著。有《雪门诗草》十六卷、《谈浙纪略》四卷。

阿芙蓉①咏

绿雾缯云海外山，青瞳绀发②古时颜。频年满载芙蓉土，巨舰齐停浪泊湾。

快蟹扒龙濠镜前③，赤藤手握錾花钱。金枪抛落神州去，从此人间有禁烟。

白纯红燥品分明，试火宵然短玉檠④。更有团圞人不识，银刀剖出紫花饧。

精铜磨炼出圆瓢，青竹箄⑤儿沸水浇。寄语海鸥敲榾柮⑥，夜来炉火要频烧。

不袋鹌鹑割绛纱，不笼蟋蟀饲黄花。齐飞六鹤无人问，海上新来紫玉鸦。

镔铁方盘錾白银，法蓝小盒蹙麒麟。蔗枪金托沉泥斗，巧样西洋馆里新。

① 阿芙蓉：鸦片，俗称大烟。阿芙蓉是波斯人的叫法。
② 青瞳：乌黑色的瞳仁。绀（gàn）发：原指佛教如来绀琉璃色头发。这里泛指一般绀青色的头发。
③ 快蟹：又名扒龙，清末一种手划的走私快艇。濠镜：指澳门。澳门古称濠镜澳。
④ 玉檠：玉制的灯架。
⑤ 箄（bēi）：有空隙而能起间隔作用的器具，如蒸食物的竹箄子。
⑥ 榾柮：木柴块，树根疙瘩。

已没银蟾①夜气凝，鰕须帘箔窣②层层。休嫌斗帐无光彩，红毯长添凤脑灯③。

无管争吹引凤箫，鸡鸣枕畔堕珠翘。牙床玉体横陈日，别有氤氲④气不消。

匆匆不及卸云鬟，鸾镜台前解玉环。自卷一双蝴蝶袖，香痕缭乱唾花斑。

为滚珠泡的皪圆，搓酥宛转醮螺旋。十分火候成功否？供奉惟应让鼻先。

银缕垂垂缀素馨，香魂沉醉几时醒？阿侬新病长卿渴⑤，为买林檎⑥蔗杆青。

凤肩高耸不因寒，每到黄昏出玉阑。生怕抬头望新月，乌云西海正漫漫。

绕屋烟霞此卧游，水纹碧簟睡痕秋。高高斜倚龙须枕，梦见蚩尤雾不收。

惨淡乾坤贮一壶，模糊岁月伴灯孤。晓来试取菱花⑦照，可似当年玉貌无？

（钱仲联主编：《清诗纪事》，凤凰出版社2004年版，第2632页。）

评析

随着鸦片战争的爆发，有关鸦片危害与鸦片战争的诗歌作品层见叠出，难以枚举。许瑶光的《阿芙蓉咏》是其中最具特色的一组诗。全组诗共十四首，内容涉及鸦片的输入，烟杆、灯架、牙床等烟具的造型设计，烟馆的布置，吸烟者“玉体横陈”“香魂沉醉”的情状以及禁烟运动等各个方面，比较全面地反映了鸦片对当时中国社会的毒害。与一般作者所写鸦片诗歌近似

① 银蟾：传说月亮中有广寒宫，宫中有玉兔和银蟾。故以此比喻天上的明月。
② 鰕须帘箔：用海中大虾的触须制作的帘子，为古玩珍宝。窣：下垂。
③ 凤脑灯：常用作灯油的美称。凤脑，传说中周穆王所用的灯油。
④ 氤氲：烟气弥漫的样子。
⑤ 阿侬句：古代吴人的自称，我，我们。长卿：司马相如。司马相如患有消渴症（今称糖尿病），故经常口渴。
⑥ 林檎：又名花红，沙果，有治消渴的功能。这里代指鸦片。
⑦ 菱花：菱花镜，古代铜镜名，镜多为六角形或背面刻有菱花。

谐谑或谩骂不同，许瑶光的这组诗造语从容，富于理性。林钧《樵隐诗话》云："阿芙蓉之流毒中华久矣，有心世道者作为诗歌词赋以劝世，其新颖者多矣。然或讥刺过当，失风人之旨。"而对于许瑶光的这组诗，林钧却赞不绝口，认为它"清词丽句，讽刺蕴藉，不似刘四骂人"。作者身处忧患，留心时事，以诗笔著史，诗中有关鸦片危害以及当时人们吸食鸦片情状的描绘，具有重要的史料价值。

乌鹊怨

粤事失算，长沙被围①。别简大臣②，而所谓大臣者拥兵湘潭。经湘绅促请，终不肯来。逮贼下陷岳州③，乃进屯益阳。迁延之咎，惧无所归，特参益阳令不备船，几不免。为作此篇。

牵牛④不渡河，罪乃归乌鹊⑤。银汉水茫茫，桥梁何处托？天船实可乘，河鼓声交作。仙人胆气虚，坐误星期约。迁怒到旁人，世情何险恶。可怜小鸟无诉伸，雨血风毛几沟壑。君不见，今日大臣误国罪小臣，攫人障箭善保身。千古宦情多类此，南飞乌鹊倍伤神。

（太平天国历史博物馆编：《太平天国史料汇编·诗歌·第二部分·个人诗集选》，凤凰出版社2018年版，第16370-16371页。）

① 粤事二句：指1852年8月，洪秀全领导的太平军包围长沙。

② 别简大臣：另外选派大臣。这里的大臣指徐广缙。徐广缙，字仲升，安徽太和人。咸丰二年（1852）八月，清廷任命徐氏为钦差大臣、湖广总督，驰赴湖南阻止太平军北上。徐受命后，率福兴所部驰援。自粤赴楚，节节留滞，抵湘潭，遂逗留不进。直到岳州陷落，始进屯益阳，而有移营长沙之奏。朝廷诏责其迁延贻误，徐乃归咎于益阳县令不为备船，后者差点因此被治罪。

③ 逮：等到。岳州：今湖南岳阳。

④ 牵牛：牵牛星。这里指徐广缙。

⑤ 乌鹊：指喜鹊。这里指当时的益阳县令。

评析

太平天国起义爆发后，清政府命赛尚阿为钦差大臣，与湖广总督程矞采一道围堵太平军北上。1852年初，太平军突破清军防线，进入湖南。同年八月，萧朝贵率军进攻长沙，中炮身亡。洪秀全随后率大军围攻长沙。长沙告急，清政府急命徐广缙率军从广东驰援。徐广缙抵湘潭后畏惧不前，直到太平军攻陷岳阳后始进屯益阳。朝廷下诏追究，徐却把全部责任推给益阳县令，后者差点因此被治罪。作者有感于此，作此诗以讽。诗的基本主题是通过批判“大臣误国罪小臣”的黑暗现实，进一步揭露世情的险恶与“千古宦情”的伤神。全诗采用古乐府歌行形式，运用比喻手法，将误国的大臣比作“牵牛”，可怜的小臣比作“乌鹊”，形象地写出了大臣的无耻与小臣的无奈和无辜。诗歌语言质朴生动，明白如话。

暮春志慨

咸丰三年，金陵告陷，浙西戒严，抚军黄议守宁国①。至己未②春，提督邓忠武③战死，郑魁士④继之，讲求营制，壁垒一新。绳怯去贪，驭下过严，诽语四播，为浙抚胡⑤所劾，奉命以周天受⑥代之。周赏罚乖方，已失士心。

---

① 咸丰三年：1853年。抚军黄：指时任浙江巡抚黄宗汉。抚军，清巡抚的别称。宁国：今安徽省宁国县，位于安徽省东南部，天目山北麓，是杭州的屏障。

② 己未：1859年。

③ 邓忠武：邓绍良，湖南乾州（今吉首市）人，时任浙江提督。咸丰八年（1858）底被太平军击毙，谥忠武。

④ 郑魁士：直隶宣化（今张家口宣化）人，清军将领。

⑤ 浙抚胡：指时任浙江巡抚胡兴仁。胡兴仁，字恕堂，湖南保靖人。咸丰八年（1858）任浙江巡抚，次年奉召入京供职。

⑥ 周天受：重庆巴县人，清军将领，因追随向荣追剿太平军有功，授湖南提督。咸丰八年（1858）奉命率军增援浙江。咸丰十年（1860）八月战死。

去年，金陵官军开长壕以困贼，喧传指日可复。贼以长壕之围甚窘，蓄意图杭，以分兵势而解围。乘江南借浙闱，杂奸细于应试者中，探杭形势甚悉。十二月，忠逆李秀成率贼由六合渡江①，度岁于芜湖，疾趋宁国县以犯广德、泗安②。周天受拥兵二万余困守宁国府城，不能御贼。李定太战于梅溪③，败焉，退走湖郡④。贼分股犯湖，以牵我势，率大股由武康山路逼杭省。二月十七日，抵武林门。省中无劲旅，鹾使缪⑤主坚守待援计。都堂张檄米兴朝⑥由徽来援，次富阳不敢进，纵兵掳掠，团民歼之数百。江督何檄张玉良援杭⑦，舟过苏州，苏藩王壮愍⑧留之饮，且嘱其先救湖州。时署粮道何绍祺⑨方出运，闻警折回，亟请张玉良援杭。张乃率五百人由湖赴杭，至三月初二日抵北关，而贼已于二十七日卯刻轰陷清波门⑩矣。

忆自癸丑⑪暮春，浙省旋警旋平，士民习惯不惊，避地外出者实少。至是骤围城破，城中户口二百余万人，人知不免，愤与贼斗，伤悍贼无算。激贼怒，下令屠戮。尸骸填道路，人马不能行，投水死者，上中下三河均塞。满营将军瑞，谨愿人也⑫。外城陷，将军欲自裁。都统来存、佐领杰纯⑬苦战

① 忠逆：李秀成封忠王，故称。六合：古称棠邑，后因境内有六合山而易名六合，位于今南京市，北接天长市，西临来安县，东邻仪征市，南临长江。

② 广德：广德市，位于今宣城市东境，苏浙皖三省交界处。泗安：泗安镇，地处今浙江省西北部。

③ 李定太：清总兵，生平不详。梅溪：位于今浙江省湖州市安吉县东北部，因西苕溪沿岸盛开紫梅而得名。

④ 湖郡：今浙江省湖州市。

⑤ 鹾使缪：指时任盐运使缪梓。鹾（cuó）使，清代盐运使的别称。缪梓，江苏溧阳人，清末官吏。咸丰八年（1858）太平军围攻杭州时，缪任盐运使兼按察使，杭州城破时战死。

⑥ 都堂张：疑指时任清江南军务总办张国梁。都堂，古代派到外省的总督、巡抚都带有都察院御史衔，故亦称都堂。米兴朝：清军将领，事迹待考。

⑦ 江督何：指时任两江总督何桂清，字丛山，云南昆明人，1857 年擢升两江总督，后被清廷革职查办。张玉良：字璧田，重庆巴县人，清军将领，其时受命援浙，官至广西提督。

⑧ 王壮愍：王有龄，字英九，号雪轩，侯官（今福州市区）人，晚清大臣。杭州城破后自杀身亡，谥壮愍。

⑨ 何绍祺：字子敬，湖南道县人。何绍基三弟。道光十四年（1834）举人，官至浙江道员。

⑩ 清波门：南宋杭州城十三座城门之一。该门坐落于西湖的东南方向，门前清波徐徐，故名清波门。

⑪ 癸丑：1853 年。

⑫ 瑞：指瑞昌，钮祜禄氏，字云阁，满洲镶黄旗人。时任杭州将军。1861 年太平军攻陷杭州后，瑞昌举火自焚。谨愿：诚实。

⑬ 来存：清将领，时任副都统。杰纯：蒙古正白旗人，清军将领，时驻防杭州，为瑞昌所倚重。

却敌，满营得全。时张玉良之兵逼城下，贼见张字旗，疑为张帅殿臣①，颇错愕，且意在解金陵之围，张既出则劲兵必分，可以回扑。又以浙省去金陵远，四面阻水，储粮无多，湖郡兵转战甚悍，满营未破，恐官军断归路，乃决意弃城走。初三日，张玉良入城报收复。江督何奏谓调度之力出于王有龄，请其抚浙。内廷从之，亦殊典也。

杭省既复，人多归美于张玉良，而不知以藉名成功也。满城不失，咸归美于瑞将军，而不知来都统、杰佐领之力也。至杭城之失，浙人群咎抚军罗②主守不主战，守近不守远。御史奏撤其恤典③，而不知纵贼入浙，咎实在周天受也。留张玉良饮酒于苏州，促其援湖而迟其援杭之期，则又王壮愍之偏见也。城陷后，抚军罗及妻女均殉难，阖门忠节，不愧完人矣。其由鄂藩擢浙抚时，知浙兵不可恃，乃奏调训字营④入浙，意欲改弦易辙，不可谓无心军务矣。逮训营抵湖，而杭州已先告陷，此则抚军所不及料也。鹾使缪狃⑤于八年衢州之胜，恃才自用，瑜不掩瑕矣。然守城被戕，殁于王事，而王壮愍寻前恨，亦请撤其恤典，此岂厚以劝忠者乎？夫古今成败之分必追其由，败必知其所以败，胜必知其所以胜，庶得失之林，昭昭然耳。今则悠悠哆口⑥，淆乱当时。而当轴士⑦夫，又或以生平积愤，施排扎于已死之黄馘⑧，一唱百和，竟以私好恶淆定是非，更逾数十百年，仅据文饰之奏报，以相品题，而征信已无自矣。

瑶偶谈时势，入耳多逆，不觉握笔欲争。为作志慨诗六首，传信秉公，

① 张帅殿臣：指张国梁，字殿臣，广东高要人。清江南大营主要战将。后在与太平军交战中身亡。

② 抚军罗：指时任浙江巡抚罗遵殿，字有光，号澹村，安徽宿松人，清末大臣。太平军攻陷杭州后，罗仰药自杀，妻女同殉。

③ 恤典：朝廷对去世官吏分别给予辍朝示哀、赐祭、配飨、追封、赠谥、树碑、立坊、建祠、恤赏、恤荫等典例。

④ 训字营：湘军将领唐训方所训练的军队。曾国藩认为唐带兵有方，命他回县募勇五百，成立“训字营”，归他统帅。

⑤ 狃：因袭，拘泥。

⑥ 哆（duō）口：张口。这里是胡乱评说的意思。

⑦ 当轴士：比喻身居要职的人。轴，车轴。这里是中枢的意思。

⑧ 黄馘（guó）：黄瘦的脸。借指贫弱、年老者。

以砭浮议，岂有所偏袒乎哉？

杭州保障倚宣城，八载供储重镇兵。本拟外藩联浣水①，那堪覆辙蹈留京②。云霞东海迷旗色，歌舞西湖沸炮声。恨煞宛陵③余间道，忍教豺虎得纵横。

清波门陷遍城红，义勇家家巷战雄。敢死殊无罗绮习，报恩争效阖门忠。凄凉愤雨钱王观④，惨淡愁烟宋代宫。五百余年金碧地，一朝灰烬付东风。

屡奏金陵指顾收，可怜沧海更横流。养痈⑤忍逼邻封溃，受敌能无腹背愁？劲旅空教驰鄂渚，援师何事醉苏州？苍生亿万疆千里，纵使重完岂旧瓯。

来公英伟杰公勤⑥，双马冲围气不群。久戍八旗原禁旅，坚持半壁保孤军。狂潮退舍弓弯月，秋水翻空剑拂云。转怅江南祥与霍，只留苦节答明君。

风飘毒雾去来狂，佳节重三日又光。深赖吴兴奠磐石⑦，更欣越国隔钱塘。六桥烟雨回骢马⑧，三竺⑨云山舞凤凰。料得余氛难久踞，临安⑩自古少储粮。

成败英雄论总非，莫将忠愤达黄扉⑪。封臣⑫效命人谁谅，骄将⑬登坛节

① 浣水：指浣纱溪。
② 留京：指南京。
③ 宛陵：宣城的古名，在三国时也叫丹阳。东临苏浙，地近沪杭，为安徽之东南门户，杭州之北部屏障。
④ 钱王观：钱王祠，始建于北宋熙宁十年（1077），位于杭州西子湖畔，是后人为纪念吴越国王钱镠而建造的。
⑤ 养痈（yōng）：比喻姑息坏人坏事。
⑥ 来公：指来存。杰公：指杰纯。
⑦ 吴兴：浙江省湖州市的古称。三国吴宝鼎元年（266），吴主孙皓取“吴国兴盛”之意改乌程为吴兴，并设吴兴郡，辖地相当于现在的湖州市全境。
⑧ 六桥：苏堤上的六座拱桥，自南向北依次名为映波、锁澜、望山、压堤、东浦和跨虹。骢马：青白色相杂的马。
⑨ 三竺：杭州东南的天竺山，有上天竺、中天竺、下天竺三座寺院，合称三天竺，简称“三竺”。
⑩ 临安：杭州城的古称。
⑪ 黄扉：古代丞相、三公、给事中等高官办事的地方，以黄色涂门上，故称。又指宫门。
⑫ 封臣：这里指罗遵殿。
⑬ 骄将：这里指周天受、张玉良等人。

尚挥。榛棘胥山鼯鼠窜①，棠梨岳墓杜鹃飞②。东南时事如棋扰，大局艰难泪满衣。

（太平天国历史博物馆编：《太平天国史料汇编·参考资料》，凤凰出版社2018年版，第16384–16386页。原文有改动。）

评析

关于这组诗的写作动机与目的，作者在诗前洋洋洒洒千余字的序中有明确交代。1853年，太平军攻陷南京后，分兵进攻安徽、浙江。1860年2月17日，李秀成部进抵杭州。清将张玉良率军驰援，却被大臣王有龄留饮于苏州。王嘱咐张先救湖州。张因此耽搁时日，等到他率五百人三月初二日抵达杭州北关时，太平军早在二十七日已攻入清波门。城中守将缪梓战死。巡抚罗遵殿仰药自杀，妻女同殉。满营将军瑞昌本“欲自裁”，因都统来存、佐领杰纯力战，满营得以保全。此时太平军因见张字旗兵临城下，误以为是江南大营的张国梁分兵来救，于是主动弃城而走，张玉良趁机收复杭州城。战后，两江总督何桂清上奏朝廷，谓“调度之力出于王有龄，请其抚浙”。朝廷采纳何的建议，任命王为浙江巡抚。时人大多也认为杭州城的收复与满营的保全，功在张玉良和瑞昌。对于杭州的失守，则皆归咎于罗遵殿和缪梓，甚至“奏撤其恤典”。许瑶光认为这太不公平了。在他看来，张玉良收复杭州纯粹是“藉名成功”；“满城不失”应归功于来存、杰纯之力战；“纵贼入浙”之过实在周天受；王有龄留张玉良饮酒于苏州，“促其援湖而迟其援杭之期”存在偏见；而罗遵殿“阖门忠节，不愧完人”；缪梓“恃才自用”“然守城被戕，殁于王事”，可以说“瑜不掩瑕”。有感于此，于是作志慨诗六首，其目的是要借此“传信秉公，以砭浮议”。

① 榛棘：犹荆棘，引申为阻塞。胥山：位于嘉兴城郊胥山村，因吴国大将伍子胥在此练兵，死后葬于此而得名。鼯鼠：也称飞鼠，能在树林间滑翔。

② 棠梨：俗称野梨。岳墓：指岳飞墓。以上两句写杭州陷落后的凄凉景象。

组诗凡六首，每首分咏一事，合起来组成一个共同的主题。第一首论战争形势，指出宣城乃杭州城的屏障，纵贼入浙之过实在宣城守将周天受。第二首写清波门破后杭州城的惨状，官兵殊死抗敌，"报恩争效阖门忠"，其结果是"五百余年金碧地，一朝灰烬付东风"。第三首批评王有龄不顾大局，心存偏见，留张玉良醉饮苏州。第四首歌颂来存、杰纯二将坚持半壁保全孤军，勇气不群。第五首写太平军弃城撤军，暗示张玉良在收复杭州城的过程中并没有出力。第六首总论成败是非，肯定罗遵殿之忠愤，指斥张玉良为骄将，对变幻莫测的"东南时事"深表忧虑。由于作者曾任嘉兴知府，对浙中时事有较多的了解，故全组诗纪事详细，持论平允，堪称诗史。

郭嵩焘

郭嵩焘（1818—1891），字伯琛，号筠仙，晚号玉池老人，湘阴人。道光二十七年（1847）进士。入曾国藩幕。后历任翰林院编修、苏松粮道、两淮盐运使，署广东巡抚。1876 年被派赴英国出任首任驻英公使，1878 年兼驻法公使，次年因病辞归。晚年主讲长沙城南书院、思贤讲舍，潜心著述。著有《使西纪程》《养知书屋遗集》等。

夏至（有序）

春病阳陷①，历百二十日。药日换而病日添，殆将应少微之占矣。夏至无睡，枕上有作。

三年三病转沉冥，一榻萧然拥药瓶。画栋迟留过乳燕，候虫次第见流萤。宵添一线愁长夜，卧比枯禅守《内经》。不道中台②无分入，凭人指点少微星③。

（郭嵩焘撰，梁小进主编：《郭嵩焘全集·诗集》，岳麓书社 2012 年版，第 217 页。）

评析

据诗前小序，此诗是诗人久病床头，夏至日长夜无眠而作。首联自述病情。三年中诗人三次生病，身体不但不见康复，反而日益“沉冥”。更难受的是心灵。诗人“一榻萧然”，成天吃药，日子寂寞难挨，因久病幽居不能

① 春病：春季发生之病。《素问·金匮真言论》：“春病在阴，秋病在阳。”阳陷：中医术语。指因阳亢或阳虚而导致的疾病。

② 中台：星名。《晋书·天文志上》：“西近文昌二星曰上台……次二星曰中台。”或指内台。古代天子会诸侯时，为诸侯所设的台，分内外台，内台比外台尊贵。

③ 少微星：星名。喻指处士，隐士。

用世的悲凉之意隐然可见。颔联写景，借景抒情。病中的诗人百无聊赖，躺在床上，仰看着画栋上的乳燕来了又走了，晚上次第又能见到萤火虫的光亮。颈联以枯坐参禅的老僧空守着内经自比，直抒卧病床上长夜难挨的愁苦。尾联以“中台”“少微”二星暗喻归宿，从中可以读出诗人内心痛苦的真正原因。因为卧病家中，诗人无缘赴中台，参与国家政事，用世之志无从实现，病中的他禁不住生出隐居的想法。这其实是无可奈何的选择。全诗叙写病中生活，基调悲慨沉郁，身病烦人，因身病而产生的用世不得的心病更使诗人感到焦灼烦乱。

枕上作

命在须臾病已深，医家首难祸侵寻。强持残骨侵晨起，要识坚强笃老心。

苦忆儿时将母情，廿余年事记分明。撩人夜半成惊叹，阿母床头咳嗽声太夫人病咳二十年，予适同此证。

三人同瘦命偏长，共道吾家兄弟强。儿辈尚能规进取，莫忘先世有书香。

三十生儿终二十，留遗都是后来缘。早筹地下相逢日，累尔相望过廿年。

及见曾文正公刘孟容中丞岁丙申①，笑谈都与圣贤邻。两公名业各千古，孤负江湖老病身。

覆瓿②文章心自疑，枉蒙知己力维持。稍分经纬留人世，已是春蚕丝尽时。

身世看成驹隙过，殷勤良友系怀多。祝宗③祈死非为达，不奈磨难病

① 丙申：指道光十六年（1836）。这一年，郭嵩焘因刘孟容的介绍，与曾国藩相识，三人在长沙游玩近两月。

② 覆瓿（bù）：比喻著作毫无价值或不被人重视。这里是自谦之辞。

③ 祝宗：古代主持祭祀祈祷者。《左传·成公十七年》有晋国范文子“使其祝宗祈死”的记载。

崇何。

（郭嵩焘撰，梁小进主编：《郭嵩焘全集·诗集》，岳麓书社 2012 年版，第 218 页。）

评析

光绪十七年（1891），郭嵩焘咳嗽加剧，自觉不久于人世，回顾平生，感念家国，写下了这组诗。诗以“枕上作”为题，凡七首。第一首自述病情，“命在须臾病已深”。生死关头，作者并没有被病魔吓倒压倒，还是“强持残骨”，天亮即起床，保持着一颗向死而生的坚强笃老之心。第二至四首依次回忆母亲、兄弟和儿子。母亲与他一样“病咳二十年”。兄弟三人身体瘦弱，却能顽强进取，世传书香。自己三十岁得子，儿子在二十岁时却已病终。家道维艰，命运凄苦。第五至七首回忆“知己”“良友”，自评事业成败。1836 年，郭嵩焘因刘孟容的介绍认识曾国藩，从此成为知己。在郭看来，曾、刘二人道德文章与圣贤相近，必然名垂千古。本人“枉蒙知己力维持”，但平生著述是否真有价值尚存疑虑。如果能“稍分经纬留人世”，哪怕已到“春蚕丝尽”之时，心中也聊以慰藉。这当然是自谦之辞。全组诗格调悲苦低沉，但情感真挚，且显得非常理性。

孙鼎臣

孙鼎臣（1819—1859），字子馀，号芝房，善化（今长沙）人。道光二十五年（1845）进士，改翰林院庶吉士。散馆授编修。擢侍读。曾主持贵州乡试。以言事不用，乞假归。读书奉母，益肆力于学术。有《苍筤集》。

君不见四首（录一）

宁波城中夜叫乌，绍兴城中昼见狐。家家逃兵挈妻孥①，纷纷涕泣满路隅。病者委弃无人扶，十队五队来姑苏②。姑苏今年复大水，田中高低长芦苇。君不见，苏州民，一斗米值钱千文。

（张应昌编：《清诗铎》卷十一，中华书局 1960 年版，第 328 页。）

评析

这首诗具有古歌民谣风味。全诗运用白描语言记述宁波、绍兴地区人民因战乱而流离失所的画面，逼真，催人泪下。开篇二句采用互文句式，写宁波、绍兴二城“夜叫乌”“昼见狐”，因战乱变得日夜不宁，言辞精练，极富张力，奠定了全诗的感情基调。中间四句具体描绘人民挈妻带子向姑苏逃亡的景象，“病者委弃无人扶”，“纷纷涕泣满路隅”，情形惨不忍睹。最后四句写姑苏遭遇洪灾，“田中高低长芦苇”，粮价飞涨，“一斗米值钱千文”。如此境况，等待着宁波、绍兴地区灾民的，又将是怎样的命运呢？对此，诗中没有明言，但作者心中的焦灼与忧患之情隐然可见。

① 妻孥（nú）：妻子和儿女。
② 姑苏：苏州古称姑苏。

李元度

李元度（1821—1887），字次青，又字笏庭，自号天岳山樵，晚年更号超然老人，平江人。道光二十三年（1843）举人。咸丰间入曾国藩幕，参与镇压太平军，官至贵州布政使。著有《国朝先正事略》《天岳山馆文钞》《天岳山馆诗集》。

游天岳山记

南纪①之山，高者千百计，衡山外，天岳②为最。天岳山高千八百丈，丹岩为最。余家距山百二十里，屡拟游不果。光绪三年秋七月，家蓉村贰尹③招游。己卯，造其居，山之麓也，距丹岩尚二十里。辛巳，偕游，值阴雨，从者有难色。余贾勇④前，径丁家洞，危峰插天际，疑不可越。久之，陟其巅⑤，又见群峰刺天，如始望时，如是者数。飞泉行山脊，成沟坎，深及仞⑥。水流坎中谾谾然⑦，他山所未见也。久之，白云起峰巅，弇⑧其顶，缕缕相衔以出，寻下合为一，弇山之腰而顶露，如泛洞庭，银盘中见青螺⑨十二。又久之，山足皆隐矣。笋舆⑩行云气中，衣袂尽湿。忽闻云中鸡犬声，

---

① 南纪：指南方。《诗经·小雅·四月》：“滔滔江汉，南国之纪。”郑玄笺：“江也，汉也，南国之大水，纪理众川，使不壅滞。喻吴楚之君能长理旁侧小国，使得其所。”

② 天岳：湖南平江幕阜山的古称。三国时东吴名将太史慈拒刘表大军，扎营幕于山顶，遂改称幕阜山，以山雄、崖险、林奇、谷幽、水秀著称。

③ 蓉村：人名，事迹不详。贰尹：县丞的别称。

④ 贾勇：鼓足勇气的意思。

⑤ 陟其巅：爬上山顶。陟，登高。

⑥ 仞：古代计量单位。一仞相当于七至八尺。

⑦ 谾（hōng）谾然：山谷空而深的样子。

⑧ 弇（yǎn）：覆盖，遮蔽。

⑨ 青螺：喻青山。出自唐代刘禹锡《望洞庭》诗：“遥望洞庭山水翠，白银盘里一青螺。”

⑩ 笋舆：竹舆。

疑桃花源尚在人世。抵绝巘①，叩山家扉，乞盎浆，出茅栗饷客，得小休焉。亡何云散，渐消至无一缕，凡山之峘者、峄者、蜀者、冢者、隋者、隒者、岊者、厜㕒者、鲜且霍者、峐且埒者②，胥③尽一览中。始知身倚半空行，俯瞰辄股栗④。日且莫⑤，宿太平庵，行十五里矣。观缆船石，高数丈，围径二丈，中段滑泽，传为神禹⑥维舟处。是夕小雨，效昌黎祷岳故事⑦。

十月壬午朔，雨霁，云尽敛，出寺门，即陟危岩，螺旋猿引而上。忽云起，如兜罗绵，四山蓬蓬然。望丹岩尚在霄汉，别有云自远飞来，渐飞渐逼如奔马，傍腋驰去，可搴可揽。望前后人，皆在冰绡⑧中矣。寻拥上峰顶，尽天地为冰绡色。而太平庵以下诸山，反无片云，日光穿漏，奇伟骇心目。自是径加险，山加奇，石累累布山上，类人工凿置者。《尔雅》："山多小石磝，多大石岩⑨。"其谓此欤？遂入茅庵饭。饭毕，行三里始达丹岩，葛勾漏⑩烧丹处也。山体遒厚，上有平壤，广袤数十丈。矫首四望，呼吸通帝座⑪，旷然如与造物者游。忽罡风⑫起，懔乎不可留，乃下寻沸沙池，漱飞泉，还宿茅庵。

王山人者，年七十五，岩栖五十余年矣，谈山中事甚悉。癸未，山人导观石田三亩，暨扫坛竹、錾⑬字岩诸胜。山有禹篆，其文曰"大禹治水至

---

① 绝巘（yǎn）：极高的山峰。
② 峘（huán）：大山。峄：山形相连属不断。蜀：独。冢：山顶。谓山峰头岩。隋（tuò）：狭长的山。隒：层叠的山崖。厜㕒（zuī wéi）：指高峻的山巅。鲜且霍：小山与大山分别不相连属者，名"鲜"；小山在中，大山在外围绕之，山形若此者名"霍"。峐且埒（liè）：指没有草木却有水的山。峐，无草木。埒，山上有水。
③ 胥：都。
④ 股栗：大腿发抖，形容恐惧之甚。
⑤ 莫：同"暮"。
⑥ 神禹：夏禹的尊称。
⑦ 昌黎祷岳故事：事见韩愈《谒衡岳庙遂宿岳寺题门楼》诗。韩愈游南岳遇雨，令仆人焚香祭岳，雨即停。后人据此在山筑亭，名开云亭。
⑧ 冰绡：薄而洁白的丝绸。此处喻指云雾。
⑨ 磝：坚石。岩（què）：山多大石。
⑩ 葛勾漏：葛洪，字稚川，号抱朴子，晋丹阳人，从郑隐受炼丹术，东晋道教的集大成者。
⑪ 帝座：亦作"帝坐"，古星名。
⑫ 罡风：道教谓高空之风，后亦泛指劲风。
⑬ 錾（zàn）：在金石上雕刻。

此”，久为苔藓所蚀。宋孟珙摩崖书洞天幕阜山①，字尚可辨。因议建夏王庙于山椒②，而以太史慈、葛洪、孟珙祔祀③，不卜此愿能成否。

顷之，云忽大起。改道普济庵，寻别径穿云而归。是山来自桂岭，折入义宁为黄龙山④，又十里乃为天岳，尽于岳州及武昌。禹迹所经，葛稚川所记，道家第为二十五洞天者也⑤。游时宜秋高日晶，余来晚，不能如韩子之开云。然是游也，转以云胜。三日中奇诡百出，云之变态尽矣。他日当裹数月粮，绝人事，住山中，搜岩剔藓，一觌⑥禹碑真面目。山灵将许我耶？

（李元度著，王澧华校点：《天岳山馆文钞　诗存》卷一七，岳麓书社2009年版，第392-393页。原文有改动。）

评析

李元度是晚清湘乡派得力作家，一生致力于诗文写作，论文力主“有用”，提倡质朴、浅近，反对浮华；论诗力主“温柔敦厚”，强调“性情得其正”。《游天岳山记》作于光绪三年（1877）秋天。这年九至十月，作者应李蓉村县丞的邀请，造游天岳山。其间在李蓉村、王山人等陪同下，多次外出欣赏山景，寻访山中禹碑、道观等遗迹。本文即是其游山后的记录。文章记叙作者历尽千辛万苦才得以攀登绝顶的登山过程，以及途中所见天岳山的雄山险崖、飞泉秀水和百变云胜，叙事有条不紊，条理清晰而气势通畅，特别是对天岳山诸峰峦形状的描写，细腻而生动。

① 孟珙：字璞玉，定居于随州枣阳（今湖北枣阳），南宋名将。摩崖：把文字直接书刻在山崖石壁上。洞天：道教语，指神道居住的名山胜地，包括十大洞天、三十六小洞天，构成道教地上仙境的主体部分。

② 山椒：山顶。

③ 太史慈：字子义，东莱黄县（今山东龙口）人。三国时武将。祔祀：指配享，附祭。

④ 义宁：今江西修水县辖镇。黄龙山：位于江西修水，是湘、鄂、赣三省的天然屏障。

⑤ 相传道教有三十六洞天，七十二福地，皆仙人居处游憩之地。第二十五洞天即幕阜山洞，周围一百八十里，名曰玄真太元天。

⑥ 觌（dí）：睹，相见。

易佩绅

易佩绅（1826—1906），字笏山，号健斋，人称函楼先生，龙阳（今汉寿）人。咸丰八年（1858）举人。历官贵州贵东道、江苏布政使。光绪十年（1884）奉命援台湾。晚年居长沙。尝从郭嵩焘、王闿运游，诗学随园。有《函楼诗钞》《函楼词钞》《函楼文钞》传世。

登岳麓山

我足未及行九州，我身未入五岳游。一卷舆图①在斗室，胜景早向胸怀收。今来岳麓之绝顶，天宇澄霁悬高秋。山明水净日皛皛②，松声竹韵风飕飕。潇湘一气接云梦，全楚大半归双眸。此山云是衡山足，逸兴直上衡山头。寸心自远地不限，茫茫八极③随去留。一丘一壑安足谋？西有昆仑东沧洲④。

（易佩绅撰：《函楼诗钞》卷一，光绪刻本。原文有改动。）

评析

这首诗作于道光二十九年（1849），其时诗人二十三岁。诗以“登岳麓山”为题，艺术上稍显稚嫩，但其思致与心境远远超出了岳麓山的范围，从中可以看到青年易佩绅的胸襟抱负。全诗分三层。开篇六句为第一层。年轻的诗人身居斗室，“足未及行九州”“身未入五岳游”，但是凭着一卷舆图，早已将天下胜景揽入怀中。第五、六句点明登山的时间是秋天。中间六句为第二层。具体描写登山时的所见所感。诗人驻足山顶，放眼四望，澄澈的天

① 舆图：地图。
② 皛皛（xiǎo）：洁白明亮的样子。
③ 八极：八方极远之地。
④ 沧洲：地名，今河北省沧州市，东临渤海。

宇下，山明水净，飕飕秋风捎来动人的松声竹韵，湖湘美景尽收眼底。同许多人一样，诗人认为麓山就是衡山之脚，他心中的逸兴早已登上了衡山的峰顶。最后四句为第三层。诗人的视野由近而远，由实而虚，渐渐心骛“八极”，神游万里，最后突然发出“一丘一壑安足谋？西有昆仑东沧洲”的感慨，表面上看这是表达一种游山的愿望，实际上包含着他经纶天下的抱负。

声声泪

我欲上登九天请命真宰①，阴无伏，阳无愆②，两胁③不得生羽翼，青云之梯何处边。我欲下入九渊丁宁水伯④，河海晏清屡丰年，龙宫鲛室⑤渺难觅，望洋咋舌惊弥漫。更欲遍历九州播告人寰⑥，分甘恤苦⑦无相残。长蛇猛虎当道路，耳不我听口垂涎，俯仰四顾无一可，空斋兀坐⑧心茫然。盛夏淫霖数十日，万家沉灶无炊烟，饿殍⑨已矣沟壑填，幸而存者一息延。赈灾有议待长官，官待富室输缗钱⑩。缗钱未集赈未定，官府日日开华筵。优伶侑酒⑪杂管弦，宾朋胥役皆欢颜。腐儒幻想亦何济，悲愤徒增不平气。一歌一哭声声泪。

（易佩绅撰：《函楼诗钞》卷一，光绪刻本。）

① 真宰：宇宙的主宰。
② 阴无伏二句：意思是不要出现反常的气候。阴无伏，冬天不要出现过热的天气。阳无愆，阳气不要过盛。
③ 两胁：从腋下到肋骨尽处的部分。
④ 丁宁：同“叮咛”，反复地嘱咐。水伯：指龙王。
⑤ 鲛室：鲛人水中居室。
⑥ 人寰：人间，人世。
⑦ 分甘：分享甘美之味。恤苦：同情周济穷苦之人。
⑧ 兀坐：危坐，端坐。
⑨ 饿殍：饿死的人。
⑩ 缗（mín）钱：用绳穿连成串的钱。
⑪ 侑（yòu）酒：劝酒，为饮酒者助兴。

评析

这是一首以七言为主的古体抒情诗，集中抒发了作者关心民瘼、同情民生疾苦的焦灼之情。诗作于盛夏洪灾过后、官府赈灾未定之时。全诗分两层。第一层自开篇至“空斋兀坐心茫然”，主要表达诗人的三个愿望。第一个愿望是“欲上登九天请命真宰”，希望上天不要出现反常的天气。第二个愿望是“欲下入九渊”叮嘱河神，希望“河海晏清”。第三个愿望最强烈，“更欲遍历九州播告人寰”，希望人们彼此间能分享甘美的味道，同情周济穷苦之人，而不要相互残害。遗憾的是，这三个愿望都不能实现。诗人上天无羽翼，不知青云之梯在何处；下海“望洋咋舌”，难觅龙宫；欲遍历九州又有“长蛇猛虎”挡道。“俯仰四顾无一可”，最后无可奈何，只能独坐空斋，心地茫然。

第二层自“盛夏淫霖数十日”至结尾。诗人为什么会产生上述三种愿望？第二层对此作出了回答。大灾过后，“万家沉灶无炊烟，饿殍已矣沟壑填，幸而存者一息延”。人民处于水深火热之中，而官府赈灾未定，却依然歌舞升平，“日日开华筵”。面对如此现状，作者满腔悲愤，心中充满“上登九天”“下入九渊”为民请命的愿望，却难有作为，不得已只能仰望苍穹，“一歌一哭声声泪”。

民怀篇

众口啧啧①，相与言曰：民只畏威，而不怀德。予曰噫嘻②，此言诬民。

① 啧啧：象声词。形容议论纷纷。
② 噫嘻：叹词。表示慨叹。

何德何威，请辨其似与真。柔暗①匪德，残暴匪威，本无劝惩，奚论从违②？惟德统曰仁，仁者万物一体亲，官居民上亲而尊。民家如己家，民身如己身。身家之责系何人？民饥民寒政有缺，民顽民愚教有失。仁心所至能贯彻，方欲给民所无，何忍剥民所有？方欲滋之使荣，何忍摧之使朽？仁心一扩充，德积成山薮③。不待更言廉，操持自无苟；不必更言明，是非自分剖。岂为民怀始，布德德自流。行无壅隔④，诸公都谓民不怀，诸公之德难窥测。有德即有威，威即由德著。离德以言威，兵刑尽无据。刀锯在颈，棰楚⑤在肤，民谁不畏？其畏何如？苛政迫诛求，曲法⑥凭武断，民畏官如虎，须防一朝变。一怒百邪退，一惩百恶警，民畏官如神，威与德相等。诸公欲民作何畏，德外无威知也未？秋肃春温同一天，好把天怀与天对。我巡黔东，骎骎二期⑦，揣德则愧，用威则悲。惟望同寅⑧，共补罅漏。谁毁谁誉，靡薄靡厚。有怀忽触天柱县，我与张侯未识面⑨张华亭济辉，只闻颂声县中遍。此县由来号强梗⑩，长官屡与民构怨，张侯代庖甫数月，民气驯柔如转换。如何民转换？从前只有威刑惯。前车几覆辙，回首增忉怛⑪。眼中犹见穷黎多，意中更盼仁人切。云津⑫晨秣马，谷洞宵驻节。长吟短叹索知音，千里边关一轮月。

（易佩绅撰：《函楼诗钞》卷七，光绪刻本。）

① 柔暗：处事不断，遇事不明。

② 从违：依从或违背。

③ 山薮：山深林密的地方。

④ 壅隔：阻隔。

⑤ 棰楚：指鞭杖之类的刑具。亦称鞭杖之刑。

⑥ 曲法：枉法。

⑦ 我巡二句：指作者曾官贵州贵东道之事。骎骎（qīn）：本意是马跑得很快。这里指时间过得很快。

⑧ 同寅：同僚。

⑨ 有怀二句：天柱，地名，位于贵州省东部，与湖南新晃、靖州交界。张侯：张济辉，号华亭，四川綦江人，光绪年间曾官天柱县令。

⑩ 强梗：骄横跋扈。

⑪ 忉怛（dāo dá）：忧伤，悲痛。

⑫ 云津：天河，银河。

评析

易佩绅关心民瘼，重视教化，有一颗恤民济民之心。《民怀篇》集中表达了他以儒家“仁”“德”观念恤民、化民的思想，是其恤民重教的代表作。全诗以议论结篇，诗之形象性与韵味感稍显不足，但立论中肯，言辞恳切，仍然具有一种感动人心的力量。

诗以驳论开篇。针对现实中官吏们认为“民只畏威，而不怀德”的观点提出否定性意见，继而围绕仁、德、威三者之间的关系展开论述。诗人认为，“官居民上”，欲使民对官“怀德”，前提是官必须先扩充仁心，积德布德，视“民家如己家，民身如己身”。在他看来，“有德即有威”，威由德著，“德外无威”。“离德以言威，兵刑尽无据。”只有广泛地播散与扩充仁心，民之德心才能积少成多。民心中怀德，威即可筑，而且这种“威”不能是“苛政”之威。为了证明这一点，诗人又以天柱县张侯代庖数月使民气转柔为例，进一步论述了对民不能一味施威，而要心存仁德以待之，这样民才会“怀德”，进而“畏威”。全诗文辞谨严缜密，论点鲜明突出，特别是关于仁、德、威三者关系的论述，层层递进，铿锵有力。诗中有关民之“畏威”与“怀德”问题的讨论对于今天的为政者仍然具有借鉴意义。

邓辅纶

邓辅纶（1828—1893），字弥之，武冈人。咸丰元年（1851）副贡生，官浙江候补道。曾就读于长沙城南书院，与王闿运、邓绎、李篁仙、龙汝霖结“兰陵词社”，时人誉为“湘中五子”。晚年主讲江宁文正书院，卒于讲舍。有《白香亭诗文集》传于世。

湘江晚行作

气苍霭余润①，昏凝暧已晦。明景匿霞曜②，孤光得萤态。练色远如界，秋影倒将坠。月黑四山隐，江平一舟駾③。语寂觉浪喧，樯攲④知风汇。乘流妙低昂，瞻衡失向背。行泊苟任天，去来复何碍。

（邓辅纶撰，曾亚兰校点：《白香亭诗集》，岳麓书社 2011 年版，第 19 页。原文有改动。）

评析

邓辅纶是近代湖湘诗派的领军人物，与王闿运齐名。作诗擅长五言，山水风景之作尤具特色。此诗写湘江晚行景色，造语生涩晦奥，构境幽深孤峭，颇见功力。首八句写船上所见。“明景匿霞曜，孤光得萤态”，“匿”字恰当地写出了夜幕初降时霞光隐匿的景象，颇具神韵。继而暮色加重，“月黑四山隐，江平一舟駾”，“駾”字虽然生涩，却灵动跳脱，富有生气。接下来四句由视觉转向听觉，写乘船所闻所感。船上人语寂，唯有浪声喧。晚风吹来，

① 余润：这里指云气向四周蔓延。
② 曜（yào）：照耀，明亮。
③ 駾（tuì）：奔突。
④ 攲（qī）：倾斜，歪向一边。

船体偏向一侧，人在船上低昂起伏，随水流摇摆不定。最后两句用设问语气作结：“行泊苟任天，去来复何碍。”既是写乘船时的感受，又何尝不是人生的体验！全诗以写景为主，但景中含情，理亦包蕴其中。造语虽有刻凿的痕迹，但百炼精工，声律圆稳，艺术上达到炉火纯青的地步。王闿运《说诗》认为邓辅纶之诗“思力沉苦，每吟一句必绕室百转”，又称赞其诗“销尽锋芒百炼中”，评价很高。

王闿运

王闿运（1833—1916），字壬秋，号湘绮，湘潭人。咸丰举人。曾入曾国藩幕。先后主讲成都尊经书院、长沙思贤讲舍、衡州船山书院、南昌高等学堂。廖平、宋育仁、杨锐、刘光第、费行简、杨度、齐白石等均出其门下。辛亥革命后任清史馆馆长。著有《湘绮楼诗文集》《湘绮楼日记》等。

圆明园词

宜春苑①中萤火飞，建章长乐②柳十围。离宫从来奉游豫③，皇居那复在郊圻。旧池澄绿流燕蓟，洗马高梁游牧地④。北藩本镇故元都，西山自拥兴王气。九衢尘起暗连天，辰极星移北斗边。沟洫填淤成斥卤⑤，宫廷映带觅泉原。渟泓稍见丹棱沜⑥，陂陀先起畅春园⑦。畅春风光秀南苑，霓旌凤盖长游宴。地灵不惜瓮山⑧湖，天题更创圆明殿。圆明拜赐本潜龙，因回邸第作郊宫。十八篱门⑨随曲涧，七楹正殿倚乔松。斋堂四十皆依水⑩，山石参差尽

① 宜春苑：秦朝宫苑。汉代称宜春下苑，后世称曲江池，故址在今陕西省长安区南。
② 建章：建章宫，位于汉长安城直城门外的上林苑中。长乐：指汉代的长乐宫。
③ 游豫：指帝王出巡，春巡为“游”，秋巡为“豫”。
④ 旧池二句：原诗有注云：“《水经注》：漯水东与洗马沟水合，沟水上承蓟水，西注大湖。湖水二源俱出蓟县西北平地，道源流结西湖，盖燕之旧池也。绿水澄澹，川亭望远。湖水东流，为洗马沟，东入漯水，又东南高梁之水注焉。水出蓟城西北平地，魏《土地记》云‘在蓟东’，今海淀地也。”
⑤ 沟洫：田间水道。斥卤：盐碱地。
⑥ 丹棱沜（pàn）：池泉名。沜，古同“畔”，岸边。
⑦ 陂陀（pō tuó）：谓倾斜不平或参差峥嵘貌。畅春园：园名，位于圆明园南，原址是明神宗外祖父李伟于丹棱沜修建的别业，清康熙时始建为行宫。
⑧ 瓮山：翁山，今改为万寿山。清高宗以太后寿日而名，正临昆明湖，建寺于上。
⑨ 篱门：行宫之门。圆明园墙外沟水随曲设十八门。
⑩ 斋堂句：原诗注：“园中四字题额者为一所，凡四十所，纯皇以为四十景。”

亚风。甘泉避暑因留跸①，长杨扈从②已弢弓。纯皇缵③业当全盛，江海无波待游幸。行所留连赏四围，画师写仿开双境。谁道江南风景佳，移天缩地在君怀。当时只拟成灵囿，小费何曾数露台。殷勤无逸箴骄念，岂意元皇失恭俭。秋狝④俄闻罢木兰，妖氛暗已传离坎⑤。吏治陵迟民困痡⑥，长鲸跋浪海波枯⑦。始闻计吏忧财赋，欲卖行宫作转输。沉吟五十年前事，厝火薪边然已至⑧。揭竿敢欲犯阿房，探丸早见诛文吏。此时先帝见忧危，诏选三臣出视师⑨。宣室无人侍前席，郊坛有恨哭遗黎⑩。年年辇路看春草，处处伤心对花鸟⑪。玉女投壶强笑歌，金杯掷酒连昏晓。四时景物爱郊居，玄冬入内望春初。袅袅四春随凤辇，沉沉五夜递铜鱼⑫。内装颇学崔家髻，讽谏初除姜后珥⑬。玉路旋惊车毂鸣，金銮莫问残灯事。鼎湖弓剑恨空还，郊垒风烟一

① 跸（bì）：指帝王出行的车驾。
② 扈从：皇帝出巡时的侍从、护卫人员。
③ 纯皇：指乾隆皇帝。缵（zuǎn）：继承。
④ 秋狝（xiǎn）：指秋天打猎。
⑤ 妖氛句：指道光时外敌入侵，国内“督抚拥财，而上下俱困，盗贼起矣”的境况。
⑥ 陵迟：这里是衰微的意思。痡（pū）：疲劳致病。
⑦ 长鲸句：指英军自海上入侵。跋：踏，踩，这里指掀起。
⑧ 然：通“燃”。《汉书·贾谊传》：“夫抱火厝之积薪之下而寝其上，火未及燃，因谓之安。”言置火于积薪之上，比喻潜伏着危机。
⑨ 此时先帝二句：咸丰帝意识到国家形势危急，选派胜保、曾国藩、袁甲三三位大臣外出视师。先帝：指咸丰帝。三臣：指胜保、曾国藩、袁甲三。
⑩ 宣室二句：意思是咸丰帝身边无人可用，郊天前一夜一人痛哭。据原诗注：“咸丰己未郊天前一日，上宿斋宫，夜分痛哭也。”
⑪ 年年二句：据原诗注，系化用唐文宗诗：“辇路生春草，上林花满枝。凭高何限意，无复侍臣知。”亦悲左右之无人。
⑫ 袅袅二句：写咸丰帝宠幸四位宫女，常常深夜变换住所，宫中传膳因此亦无定所。四春：咸丰帝时有四人承宠，分居牡丹春、海棠春、武陵春、杏花春亭馆，内府号曰“四春”。铜鱼：属鲤鱼科，一种产于长江的上等鱼类。
⑬ 内装二句：写咸丰时圆明园宫中后妃的生活故事。崔氏：汉妇，曾入宫为乳妪。姜后：纣王之妻，心有慈德，欲助纣王行德政，终遭妲己之妒忌被杀。这里当指咸丰帝之妻慈安太后。珥：本意是用珠子或玉石做的耳环。这里指珥笔，古代谏官入朝时常插笔于冠侧，以便随时记录。据原诗注，咸丰十年夏天，“上尝夜醉晏朝，后召侍寝者问状，传欲挞之。上还朝入后殿，见内竖肃悚，询知后怒，将去复还，问此妃何罪，后跪言：‘奴无状，不能督率群妾，使主晏起，恐外臣有议奴者，故召此妃戒饬之，无使奴受恶名也。’上笑曰：‘此我多酒，彼焉能劝我酒，请从今少饮矣。’后谢而起，侍者莫不泣下”。

炬间。玉泉悲咽昆明塞，惟有铜犀守荆棘①。青芝岫里狐夜啼，绣漪桥下鱼空泣②。何人老监福园③门，曾缀朝班奉至尊。昔日喧阗④厌朝贵，于今寂寞喜游人。游人朝贵殊喧寂，偶来无复金闺客⑤。贤良门闭有残砖，光明殿毁寻颓壁⑥。文宗新构清辉堂⑦，为近前湖纳晓光。妖梦林神辞二品⑧，佛城舍卫散诸方⑨。湖中蒲稗依依长，阶前蒿艾萧萧响。枯树重抽盗作薪，游鳞暂跃惊逢网。别有开云镂月台，太平三圣昔同来⑩。宁知乱竹侵苔出，不见春花泣露开。平湖⑪西去轩亭在，题壁银钩⑫连到薤。金梯步步度莲花⑬，绿窗处处留螺黛⑭。当时仓卒动铃驼，守宫上直余嫔娥。芦笳短吹随秋月，豆粥长饥望热河。东门旦开胡雏⑮过，正有王公⑯趋道左。敌兵未爇雍门荻，牧童

① 玉泉二句：据原诗注，乾隆四十四年（1779），“以昆明湖成，作铜犀勒铭纪之。咸丰十年，英夷兵入，犀为土人击尾取铜，事定，以棘围之”。

② 青芝岫：房山大石。清高宗命人将此石辇致清漪园正殿为屏门，并赐此名。绣漪桥：昆明湖中桥。

③ 福园：圆明园东南门曰福园，近皇子所居。园殿既焚，正门毁塞，守园董监居福园门内。

④ 喧阗（tián）：哄闹声，形容声音大。

⑤ 金闺客：原诗注，“初园居盛时，内廷诸臣文武侍从俱有赐居，环挂甲屯，列第相望，如乡村焉。君臣野处，故非戒备不虞之道也”。

⑥ 贤良门：圆明园正门曰出入贤良，称为贤良门。光明殿：园正殿曰正大光明，称为光明殿。

⑦ 清辉堂：在寝殿东侧，咸丰八九年间，重新修葺，工成而毁。

⑧ 妖梦句：据原诗注，咸丰九年（1859），上一日独坐，若瞑见白须人跪前，上问：“何人？”对曰：“守园神。”问：“何所言？”云：“将辞差使耳。”问：“汝多年无过，何为而去？”对以“弹压不住，得去为幸”。上曰：“汝嫌官小邪？可假二品阶。”俄顷不见，未一年而乱作矣。

⑨ 佛城句：据原诗注，园中舍卫城，旧供千佛，自康熙以来，凡进佛祝寿及皇太后上寿，造佛像九九皆送其中。董监云：“几十余万尊，皆为民人所毁也。”至同治九年（1870），犹有得之井中，寄库一夜，又为胥吏盗换之。

⑩ 镂月开云台：旧名牡丹台。太平三圣：指清圣祖康熙、世宗雍正和高宗乾隆。王闿运认为，康熙、雍正、乾隆三世享国百卅余年，为自古未有之盛。

⑪ 平湖：平湖秋月，在牡丹台西北，仿照西湖亭馆所建。

⑫ 题壁银钩：指窗壁所嵌纸绢。

⑬ 金梯：指宫中阁道。原诗注云：“宫中阁道皆磨砖平砌，迤而渐高，无阶级也。”莲花：古代女子裹脚，走路时有“步步生莲花”之喻。这里借指宫中女人。

⑭ 螺黛：又叫“螺子黛”，古代妇女用来画眉的一种青黑色矿物颜料。

⑮ 胡雏：这里指英夷。

⑯ 王公：这里指恭亲王奕䜣。英法联军入北京，奕䜣隐于碧云寺，夜至长兴店，诸大臣迎以主和而归。

已见骊山火①。应怜蓬岛一孤臣②，欲持高洁比灵均。丞相迎兵袛握节，徒人拒寇死当门。即今福海冤如海，谁信神洲尚有神？百年成毁何匆促，四海荒残如在目。丹城紫禁犹可归，岂闻江燕巢林木。废宇倾基君好看，艰危始识中兴难。已惩御史③言修复，休遣中官④织锦纨。锦帆枉竭江南赋，鸳文龙爪⑤新还故。总饶结彩大宫门，何如旧日西湖路？西湖地薄比郇瑕，武清暂住已倾家⑥。惟应鱼稻资民利，莫教鹦柳斗宫花。词臣讵解论都赋，挽辂难回幸雒车。相如徒有上林颂⑦，不遇良时空自嗟。

同治十年四月⑧十日，与徐叔鸿、张雨珊同寻海淀故宫，因访园中逸事，证以余所闻见，成诗一篇。拟之元相《连昌》之作，郑嵎津阳之咏。文或不逮，时则尤近。但事类语秘，未应广传。自注之文，不登己集。以价藩仁弟令录全稿，独为书之，它日有好古博闻之士，求得此册，亦有所裨也。立秋日闿运记于南洼太平馆之定庐。

（王闿运著，马积高主编：《湘绮楼诗文集·湘绮楼诗》第八卷，岳麓书社 2008 年版，第 195-201 页。原文有改动。）

---

① 敌兵二句：据原诗注，“夷人入京，遂至园宫，见陈设巨丽，相戒弗入，云恐以失物索偿也。乃夷人出，而贵族穷者倡率奸民，假夷为名，遂先纵火，夷人还而大掠矣”。爇（ruò）：烧。

② 孤臣：这里指当时的圆明园管园大臣文丰。英法联军进园时，文丰投福海而死。

③ 御史：这里指时任御史德东云。同治九年（1870），德东云上书，请求修复圆明园，诏诣切责，被废为奴，德于是自缢而死。

④ 中官：这里指太监安德海。

⑤ 鸳文龙爪：指绣着鸳鸯和龙爪图案的衣服，形容价值连城。

⑥ 郇（xún）：古国名，春秋时为晋地，在今山西临猗县。瑕：古地名，在今山西运城市境。武清：指明朝武清侯李伟。

⑦ 相如：指司马相如。上林颂：指司马相如的《上林赋》。

⑧ 四月：原文作“三月”，据《湘绮楼日记》及徐树钧《圆明园词序》改。

附：徐树钧《圆明园词序》

圆明园在京城西，出平则门三十里，畅春园北里许，世宗皇帝藩邸赐园也。圣祖常游豫西郊，次于丹棱沜，沜盖片字加水，或曰沂字。沂，淀，水不流也。乐其川原。因明武清侯李伟清华园旧址，筑畅春园。藩邸赐园故在其傍。雍正三年，乃大宫殿朝署之规，以避暑听政。前临西山，环以西湖。湖水发原玉泉山，曰瓮山。度宫墙，东流入清河。《水经注》所谓蓟县西湖，绿水澄澹，燕之旧池者也。东流为洗马沟。东南合高梁之水。故鱼稻饶衍，陂泉交绮。高宗皇帝嗣位，海宇殷阗，八方无事。每岁缔构，专饰园居。大驾南巡，浏览湖山风景之胜，图画以归。若海宁安澜园、江宁瞻园、钱唐小有天园、吴县师子林，皆仿其制，增置园中，列景四十。以四字题扁者为一胜区，一区之内斋馆无数。复东拓长春，西辟清漪，离宫别馆，月榭风亭，属之西山，所费不计亿万。园地多明权珰别业。或传崇祯末，诸奄皆以珍宝窟宅于兹。乾隆间，浚池发金银数百万。时国运方兴，地不爱宝。上心悦豫，殚精构造，曲尽游观之妙，元、明以来未之闻也。每岁夏幸园中，冬初还宫。内庭大臣赐第相望。文武侍从并直园林，入直奏对，昕夕往来，络绎道路。历雍、乾、嘉、道，百余年于兹矣。

文宗初，粤寇踞金陵，盗贼蜂起。上初即位，求直言，得胜保、曾国藩、袁甲三三臣。既以塞、程、徐、陆先朝重望相继倾覆，始擢用前言事者，各畀重任。三臣支柱，贼不犯畿，然迭胜迭败，东南数省，蹂躏无完土。上闵苍生之颠沛，慨左右之无人，九年冬，郊宿于斋宫，夜分痛哭，侍臣凄恻。大考翰詹，以宣室前席发题。忧心焦思，伤于祸乱，然后稍自抑解，寄于文、酒。以宫中行止有节，尤喜园居。冬至入宫，初正即出。时园中传有四春之宠，皆汉女，分居亭馆，所谓杏花春、武陵春、牡丹春、海棠春者也。然上明于料兵，委权梱外，超次用人，海内称哲。而部院诸臣无所磨厉，颇袭旧敝。晚得肃顺，敢言自任，故委以谋议。先是道光二十年，英吉黎夷船至广东香港，求通商不得，又以烧烟起衅，执政议和，予海关税银千八百万。英夷请立约，广督耆英与期十年。届期而徐广缙督两广，夷使至广州，拒不许入，以受封爵，夷酋恨焉，志入广州。咸丰元年，英吉黎、佛朗西、米利坚各国，乘粤寇鸱张，中国多故，复以轮舶直入大沽。台王僧格林沁托团练之名，焚其二船，尽击走之。夷人知大皇帝无意于战，特臣民之私愤，乃潜至海岸，买马数千，募群盗为军，半年而成，再犯天津，称西洋马队，闻者恐栗。夷马步登岸，我未陈而敌骑长驱矣。十年六月十六日，上方园居，闻夷骑至通州，仓卒率后嫔幸热河。道路初无供帐，途出密云，御食豆乳麦粥而已。十七日，英夷帅叩东便门，或有闭城者，闻炮而开。王公请和。和议将定，十九日，夷人至圆明园宫门，管园大臣文丰当门说止之，夷兵已去。文都统知奸民当起，环问守卫禁兵，一无在者。索马还内，投福海死。奸人乘时纵火，入宫劫掠，夷人从之。各园皆火发，三昼夜不熄。非独我无官守诘问，夷帅亦不能知也。初英夷使臣巴夏里已拘刑部，和议成，以礼释囚。于是巴夏里与夷帅各陈兵仗，至礼部订约五十七条，予以海关税银三千六百万，而夷人抵偿圆明园银二十万。王公奏言，未敢斥夷。文丰与主事惠丰同死于园，不称殉节，但言遭兵燹而已。十一年七月，文宗晏驾热河，今上即位，奉两宫皇太后还京。垂帘十载，巨寇削平。而夷人通商江海，往来贸易，设通商王大臣以接夷使。然常言某省士民毁天主教堂，某省不行其教，某省民教构衅，日以难我，应之不暇，盖岌岌乎华夷杂处。又忽忽十有一年，园居荒虚，鞠为茂草。西山大寺，夷妇深居。予旅京师，恻然不敢过也。

同治十年春，同年王壬父重至辇下，追话旧游。张子雨珊亦以计偕来，约访故宫。因驻守参将廖承恩许为道主，四月十日，命仆马同过绣漪桥，寻清漪园遗迹。颓垣断瓦，零乱榛芜，宫树苍苍，水鸣呜咽。由辇路登廓如亭，南望万寿山，但见牧童樵子往来林莽间。暮从昆明湖归，桥上铜犀卧荆棘中，犀背御铭朗然可诵。明日访守园者，得董监。自言年七十余，自道光初入侍园中，今秩五品，居福园门旁。导予等从瓦砾中循出，入贤良门而北，指勤政、光明、寿山、太和四殿遗址。至前湖，圆明寝殿五楹，后为奉三无私殿、九州清晏殿，各七楹，坏壁犹立，拾级可寻。董监言："东为天地一家春，后居也；西为乐安和，诸妃嫔贵人居也；洞天深处，皇子居也。"清辉殿为文宗重建，与五福堂、镂月开云台、朗吟阁皆不可复识。镂月开云者，即所谓牡丹春也。世宗为皇子，当花时，迎圣祖至赐园；而高宗年十二，以皇孙召侍左右。三天子福寿冠前古，集于一堂。高宗后制诗，常夸乐之。经其废基，徘徊愁焉。东渡湖为苏堤、长春仙馆、藻园，又北为月地云居、舍卫城、日天琳宇、水木明瑟、濂溪乐处，仅约略指视所在。东北至香雪廊，阶前苇荻萧萧，废池可辨。有老监奉茶自池畔出，讶客所从来，颇似桃源人逢渔郎也。渡桥，循福海西行，为平湖秋月。水光溶溶，一泻千顷。望蓬岛瑶台，岛上殿宇，犹存数楹。惜无方舟，不达其下。流水潺湲，激石成响。董监视予：此管园大臣文公死所也。西北至双鹤斋，又西过规月桥，登绮吟堂，经采芝径，折而东，仍出双鹤斋。园中残毁几遍，独存此为劫灰之余。乱草侵阶，窗棂宛在，尤动人禾黍悲尔。双鹤斋西为溪月松风，翠柏苍藤，沿流覆道，斜日在林，有老宫人驱羊豕下来。东过碧桐书院地，跨池东为金鳌，西为玉蛛，坊楔犹存。又东去，皆败坏难寻，遂不复往。暮色沉沉，栖鸟乱飞，揖董监，出福园门，还于廖宅。廖，澧州人，字枫亭。少从赛尚阿、僧格林沁军，亦能言行间事，感予来游，颇尽宾主之欢。既夕言归，则礼部放榜日也。

雨珊既落第南去，余与壬父每相过从，念言园游，辄罔罔不自得。壬父又曰："园之盛时，纯皇勒记，必殷殷踵事之戒。然仁宗始罢南幸，宣宗尤忧国贫，秋狝之礼，辍而不举。惟夫张弛之道，宜及嘉、道时，补纯皇倦勤之功。而内外大臣惟务慎节，监司宽厚，牧令昏庸，讳盗容奸，以为安静。八卦妖徒，连兵十载。无生天主，教目滋繁。由游民轻法，刑废不用故也。江淮行宫既皆斥卖，国之所患，岂在乏财？"又曰："燕地经安、史戎马之迹，爰及辽、金，近沙漠之风矣。明太宗以燕王旧居，不务改宅，仍而至今，地利竭矣。又园居单外，非所以驻万乘。废而不居，盖亦时宜。”余曰：“然。前车御史德泰请按户亩鳞次损输，复修园宫。大臣以侈端将启，请旨切责，谪戍未行，忿悔自死。自此莫敢言园居者。而比年备办大婚，费以千万，结彩宫门，至十余万，公奏朝廷动用钱粮。婚以成礼，岂在华饰？若前明户部司官得以谏争，予且建言矣。又余闻慈安太后在文宗时，有脱簪之谏，《关雎》《车辖》之贤，中兴之由也。又园宫未焚前一岁，妖言传上坐寝殿，见白须老翁，自称园神，请辞而去。上梦中加神二品阶，明日至祠谕祠之。未一稘而园毁，岂前定欤？子能诗者，达于政事，曷以风人之意，备繁霜、云汉之采？”于是，壬父为《圆明园词》一篇，而周学士、潘侍郎见之，并叹其伤心感人，笔墨通于情性。余以此诗可传后来，虑夫代远年逝，传闻失实，词中所述，罔有征者，乃为文以序之。

同治十年（1871）立秋日，长沙徐树钧撰。

（王闿运著，马积高主编：《湘绮楼诗文集·湘绮楼诗》第八卷，岳麓书社2008年版，第192-195页。原文有改动。）

评析

圆明园是中国古代最著名的园林建筑之一，始建于清代康熙年间，历数十年而成，规模宏大，被称为“万园之园”。咸丰十年（1860），英法联军入侵北京，将园中珍物洗劫一空，然后放火焚烧。同治十年（1871）四月十日，王闿运与朋友徐树钧、张雨珊同游圆明园，寻访故迹，感慨万千，于是模仿唐代诗人元稹的《连昌宫词》，写下了这首《圆明园词》。据《湘绮楼日记》记载，此诗最后写成于同治十年（1871）六月十三日，历时两月有余。诗成之后，作者又不厌其烦作注数千言，可见他对此诗的重视。他的朋友徐树钧则作《圆明园词序》（也有人认为此序系王闿运自作，托名徐树钧——

作者注)，详细记述了圆明园的地理形势、兴衰故实以及他们游园的过程，为理解全诗提供了丰富的材料，足资考证。

全诗可分四部分。第一部分自开篇至“岂意元皇失恭俭”。叙述圆明园的地理位置、建构及营造过程，将其与秦之宜春苑、汉之建章宫和长乐宫相比，指出修园花费太大，有失恭俭，点明全诗的讽谏之旨。第二部分自“秋狝俄闻罢木兰”至“郊垒风烟一炬间”。叙述道光、咸丰二朝与圆明园有关的故实。道光帝担忧国贫，罢废秋狝之礼。咸丰帝虽然意识到国家的危急，选派胜保、曾国藩、袁甲三三臣主持军事，但身边实际上没有可用的谋臣，便整日到圆明园中与宫女胡混，直至车驾西狩，死于外边，最终圆明园也被外人一炬烧光。第三部分自“玉泉悲咽昆明塞”至“谁信神洲尚有神”。具体描述游园时的所见所闻，夹叙圆明园被焚前的盛景与被焚时的惨状以及不同人物在英法联军入侵时的不同表现。作者探访遗迹，但见残砖颓壁，一片凄凉破败的景象。第四部分自“百年成毁何匆促”至结尾。抒发游园感慨，点明作诗主旨。王闿运认为，皇上既然看到了废园倾基，认识到中兴的艰难，并且惩罚了上疏请求修复废园的御史，那就应该吸取教训，不要再派太监安德海之流去督催织锦纨，织造锦纨最终会使江南财赋枯竭。然而令作者感到无可奈何的是，自己的这首诗即使比得上司马相如的《上林赋》，不遇明时也只能枉自嗟叹。

《圆明园词》艺术上有意模仿元稹的《连昌宫词》，后世因此诟病其“一意模拟”，但钱基博《现代中国文学史》称赞其“韵律调新，风情宛然”，钱仲联《近百年诗坛点将录》也肯定它为“长庆体名作”，至于王闿运本人更是以司马相如的《上林赋》相攀附，自负不浅。

梦芙蓉·题王太守《戴笠图》①

看谁持玉杖，是匡庐②旧日，主人无恙。峡泉三叠③，琴调破云浪。浩歌声自放。天风吹做凄荡。不尽吟情，有吴烟几点，摇曳白波上。　　戴笠寻诗有样。瘦损何妨，呼吸通天响。牯牛④平望，夷语⑤乱樵唱。洗空山水瘴。飞流溅瀑千丈。更莫闲游，只凭阑把酒，一醉吐空旷。

（王闿运著，马积高主编：《湘绮楼诗文集·湘绮楼词》，岳麓书社 2008 年版，第 23 页。）

评析

这是一首题画词。作者据图想象，用自然而蕴天趣的笔调刻画了一位超尘脱俗的士大夫形象。他面貌清癯，手持玉杖，头戴斗笠，时而在美丽的三叠泉边弹琴，时而在牯牛岭上平眺，看“吴烟几点”“飞流溅瀑千丈”“一醉吐空旷”。如此潇洒自适的生活图画，既包含着作者对画中人人格志趣的赞美，也可以视为一种自我描摹，表现了他本人对理想生活的向往。

王闿运弱冠之年即从词学名家孙月坡学作词，因受“作词幽怨，非富贵寿考征，且大雅不为”思想的影响，很少措笔，中年以后始从事于词的创作。一生填词六十一首，成就固然无法与其诗歌相比肩，但亦清雅可颂，不乏沉郁空灵之作。《续修四库全书提要》赞“其所为词，不逞才性，而能敛以南宋词人之矩度，故颇具清刚之气，自为词家一作手”。

① 《湘绮楼日记》（宣统元年五月二十四日）作“题张笠臣《洁园修禊图》”。
② 匡庐：指江西的庐山。相传殷周之际有匡俗兄弟七人结庐于此，故称。
③ 三叠：指庐山的三叠泉。位于五老峰下，素有庐山第一景观的美誉。
④ 牯牛：这里指牯牛岭。庐山著名景点之一。
⑤ 夷语：这里指外国语。

辩通

直辞女童，满洲人。其父为京营四品官，则未知其为参领①欤？佐领②欤？

咸丰九年冬，选良家女入宫，引见内殿，上亲临视。女童以父官品例在籍中③。晨入，天寒，上久不出。诸女立阶下，冰冻缩蹙，莫能自主。女童家贫衣薄，不堪其寒，屡欲先出。主者大瞋怪，固留止之，稍相争论。女童大言曰：“吾闻朝廷立事，各有其时。今四方兵寇，京饷不给。城中人衣食日困，恃粥而活。吾等家无见粮，父子不相保。未闻选用将相，召见贤士。今日选妃，明日挑女。吾闻古有无道昏主，今其是邪？”

于是上在屏后，微闻之，出则诏问：“谁言者？”诸女恐怖失色，莫能对。女童前跪，称奴适有言。上问曰：“汝何所云？”女童前对：“奴等当引见，驾久不出，诚不胜寒，欲出不得，而总管以朝廷禁令相责。奴诚死罪，忘其躯命。具言朝廷立事，各有其时。今四方兵寇，京饷不给。城中人衣食日困，恃粥而活。奴等家无见粮，父子不相保。未闻选用将相，召见贤士，今日选妃，明日挑女。窃闻古有无道昏主，窃以论皇上，愿伏其罪。”于是上默然良久。曰：“汝不愿选者，今可出矣。”女童叩头退立。上遂罢选。

当女童前后言时，与在旁者莫不惶急，流汗咋舌，不敢卒听。及得温旨遣出，或犹战悚不能正步。以此女童名闻京师。

君子以为能直辞。《诗》曰：“匪饥匪渴，德音来括④。”此之谓也。

女童既出，上它日以事降其父一阶，欲令后选时女可不豫⑤也。君子以

① 参领：清官职名，即“甲喇章京”，上隶于都统，下辖佐领。

② 佐领：清官职名，即“牛录章京”，汉译为“佐领”。

③ 女童以父官品例在籍中：清制，四品以上官员，其女必须按规定的年龄送入宫中以待选用。故后文言咸丰帝降女童父官阶，目的是使其女不需参选。

④ 括：同“佸”，会合，结合。

⑤ 豫：通“与”，参与。

为女童以一言而悟主，成文宗①之宽明，显名于后世。《诗》曰："静女其娈，贻我彤管。"女童可以炜彤管②矣！

（王闿运著，马积高主编：《湘绮楼诗文集·湘绮楼文》卷第五，岳麓书社2008年版，第155页。）

评析

本文是王闿运所作《今列女传》一组文章中的一篇，着力刻画了一位有胆有识、不畏强权、敢于直言的少女形象。近人王文濡编《续古文观止》选录此文，文后注云："闻此女后嫁一旗人，能尽妇职，以终其身。"文章记叙的当是清代咸丰年间的真人真事。

王闿运为人放浪诡诞，所谓名满天下，谤满天下。其文亦如其人，规范贾（谊）董（仲舒），追慕老（子）庄（子），颇有先秦诸子之风。本文集中体现了他的散文的基本特点。文章篇幅不长，叙述的故事也很简单：咸丰九年冬天，皇帝召选民女入宫，一满洲女童因父官品例在籍中，进宫候选。这种故事在清代司空见惯，但作者截取女童被召进宫的片段，紧紧扣住"直辞"二字展开叙述，写得紧张动人，满洲女童始终处于矛盾的尖端，直到被"温旨"遣出，文章的气氛才缓和下来，而此时女童超乎寻常的见识与胆气已经通过紧张激烈的矛盾冲突凸现出来，并深深地印入读者的心中。

作者刻画女童形象，主要是通过她的具体言行表现其个性与胆识，这是本文写作上最大的特点。文章的主体部分即由女童的两次"直辞"构成。第一次是她与主持选女事宜的朝廷总管，第二次是与至高无上的封建皇帝。从表面上看，女童与总管、皇帝的矛盾冲突是由于天寒引起的，"上久不出"，女童不堪其寒，其实最根本的原因在于女童对朝廷选女事件本身的反感与愤慨。文章最后引用《诗经》"静女其娈，贻我彤管"之句作结，对女童的正

---

① 文宗：咸丰皇帝。

② 炜：光耀。彤管：赤管笔，古代女史以彤管记事，规劝主上过失。

直敢言予以热情的褒扬，这其实是一种曲笔。其中隐寓着作者对咸丰皇帝以及当朝士大夫的讽喻与批判，这也正是直辞女童形象深刻的思想意义所在。文章愈极写女童的识见，就愈显咸丰帝的昏庸；愈极赞女童的正直勇敢，就愈见朝中士大夫的怯懦无能。作者皮里阳秋，含不尽之意见于言外。这正是王闿运散文的一个特点：语言汪洋恣肆，笔风犀利，文意却又诡谲难测。

王先谦

王先谦（1842—1917），字益吾，号葵园，长沙人。清末学者，湘绅领袖。同治乙丑（1865）进士，改庶吉士，授编修，历官祭酒，加内阁学士衔。曾任岳麓书院山长。辑编《皇清经解续编》《十朝东华录》《续古文辞类纂》，著有《汉书补注》《后汉书集解》《荀子集解》《庄子集解》《诗三家义集疏》《虚受堂集》等。

酒后口号①二首

一从抛断少年愁，万象纵横不系留。杯底乾坤如许大，二豪扶我跨沧洲②。

忆回仙楫入青冥，楼阁虚无亦饱经。何物寺钟清报晓？海天万梦一时醒。

（王先谦著，梅季点校：《王先谦诗文集》，岳麓书社2008年版，第400页。）

评析

诗以“口号”为题，有随口吟成之意，始见于梁简文帝《仰和卫尉新渝侯巡城口号》诗。后为诗人袭用。这两首诗系酒后所作。第一首写醉态。诗人借酒浇愁，欲借此摆脱世间“万象”的纠缠，而酒也确实使他获得了暂时的解脱，进入了“万象纵横不系留”的境界。杯底乾坤原来是如此的自由、广大，诗人飘飘欲仙，忘乎所以。至于他因何而“愁”，诗中没有明言，但从“少年愁”“万象纵横”以及第二首中“楼阁虚无”“海天万梦”等意象

① 口号：古诗标题用语，表示随口吟成。

② 二豪：语出刘伶《酒德颂》：“二豪侍侧焉，如蜾蠃之与螟蛉。”沧洲：地处河北省东南，东临渤海，北靠京津，与山东半岛及辽东半岛隔海相望。

语汇来看，他心中的“愁”既有个人理想抱负不能实现的苦闷，也包含着对家国天下的忧患。第二首是梦醒后的回忆。诗人因愁而醉，因醉而梦。梦中的他乘仙舟飘飘然登上青苍幽远的仙界，在虚无缥缈的亭台楼阁间徘徊。直到寺钟报晓，诗人才从梦中醒来。二诗意随笔至，笔随气行，俨然带着一副醉态，平实而无拘束。王先谦论诗，不主性灵，亦不主典实，主张师法杜甫、苏轼、陆游，风格雄浑老成。叶德辉《虚受堂诗存·后序》评其诗“得杜之神，运苏之气，含陆之味，置之国朝集中，挺然拔秀，未有与之相似者也”。

感事二首

喧呼长沙市，一月三点兵。借问发何所，召募辽东行。湖湘多健卒，信美非虚声。所恃廉耻将，恩勤如父兄。武人苟得志，王事①非中情。焉用垂尽饵，羞②彼既饱鹰。吾欲箴大府③，练实④毋啖名。自非罗李俦⑤，勿损忠义氓。

宇宙机日新，取威在制器。尼山⑥生今兹，能无六合议？一从西寇深，横海学都肆。愚夫安墨守，达士骛谈异。东藩⑦久不国，重以邻虎伺。绸缪⑧

① 王事：王命差遣的公事，特指朝聘、会盟、征伐等王朝大事。

② 羞：同“馐”，进献。

③ 箴：劝诫，劝谏。大府：上级官府。明清时称总督、巡抚为“大府”。这里指时任湖南巡抚吴大澂。

④ 练实：竹子开花后结的果实。这句话的意思是要务实，不要贪名。

⑤ 罗李：罗指罗泽南，湘军将领，生平事迹见前注；李指李续宾，字迪庵，湘乡人，罗泽南学生，湘军名将，后在安徽三河镇一役中被太平军击毙。俦：同辈。

⑥ 尼山：尼丘山，指孔子。孔子父母“祷于尼丘得孔子”，所以孔子名丘字仲尼，后人避孔子讳称为尼山。

⑦ 东藩：指日本。

⑧ 绸缪：缠绵，这里是纠缠的意思。

二十秋，牖户安所寄。长平①无天幸，灞上②太儿戏。为问烛大夫③，郑④亡子何利。

（王先谦著，梅季点校：《王先谦诗文集》，岳麓书社2008年版，第582-583页。）

评析

1894年，中日甲午战争爆发，时任湖南巡抚吴大澂“奏请从军”，主动请求率湘军赴前线参战，获朝廷允准。1895年1月，吴率新老湘军二十营出关，反攻海城。吴大澂本人不谙军事，却自命不凡，没有看出日军佯攻辽阳、实取牛庄的声东击西的阴谋，致使战略据点牛庄失守，湘军力战而败，全军尽覆。王先谦的《感事二首》诗即有感于此事而作。

二诗缘事而发，但主题各有侧重。第一首诗叙述湘军从点兵到赴辽东作战及至最后失败的过程，对贪图功名、不务实的“大府”将领提出尖锐的批评。在作者看来，湖湘子弟兵非常优秀，并非徒有虚名。但战争的胜负不能光靠士兵的勇敢，还有赖于将帅的排兵布阵。问题恰恰出在这里。吴大澂并非罗泽南、李续宾一流人物，只会口夸大言，于军旅战事其实不懂，结果导致成千上万的湖湘健儿、忠义之士命丧疆场。第二首诗是从更深层面对战争失败原因的反思。王先谦认为，“宇宙机日新，取威在制器”。而当时的中国，“愚夫安墨守，达士骛谈异”。没有人真正地本着实事求是的精神从体制与器物两方面思考国家面临的危机。而东邻日本在明治维新之后日益强大，为了征服中国，他们整整准备了二十余年。两相对比，甲午之战中国失败就

① 长平：地名，今山西省高平市西北。公元前262—前260年，秦将白起在此大破赵军，史称长平之战。

② 灞上：古地名，位于今陕西省西安市东南，为古代咸阳、长安附近军事要地。刘邦灭秦，经此地进取咸阳。

③ 烛大夫：烛之武，春秋时期郑国人。公元前630年，秦、晋合兵围郑，烛之武前往秦营，向秦穆公陈说利害，终于使得秦穆公放弃了攻打郑国的打算，拯救郑国于危难之中。

④ 郑：指郑国。

不足为奇了。诗的最后四句，作者借长平之战、灞上之役、烛之武退秦师等事典，反复总结历史的教训，号召人们奋起自强。全诗字里行间充满了忧虑和焦灼，爱国之心昭然可见。

纪事

适足以杀盆成括①，此复欲为新垣平②。辟睨两宫幸有变③，沆瀣一气还相生。风元不竞④海氛恶，澜岂容狂湘水清。圣学依然揭日月，春秋始信非纵横。

（王先谦著，梅季点校：《王先谦诗文集》，岳麓书社 2008 年版，第 598 页。）

评析

这首诗作于光绪二十四年（1898）戊戌变法运动失败以后。这年六月十一日，光绪帝颁布《明定国是诏》诏书，宣布变法。九月二十一日，慈禧太后发动政变，康有为、梁启超避难日本，谭嗣同、刘光第等六人被杀，变法失败。

王先谦在政治上属于保守派，对维新变法始终持反对的态度，因此他在诗中将作《孔子改制考》《新学伪经考》并鼓吹维新变法的康有为等人比作

① 盆成括：人名。姓盆成，名括。《孟子·尽心下》："盆成括仕于齐，孟子曰：'死矣盆成括！'盆成括见杀，门人问曰：'夫子何以知其将见杀？'曰：'其为人也小有才，未闻君子之大道也，则足以杀其躯而已矣。'"

② 新垣平：汉文帝时方士，靠骗术爬上了大夫的官位，后被灭门三族。

③ 辟睨：同"辟倪"。旁视，侧目窥察。《史记·魏其武安侯列传》："辟倪两宫间，幸天下有变，而欲有大功。"两宫：这里指光绪帝与慈禧太后。

④ 不竞：谓竞争失利，犹言不胜。

被正统派经学家不断咒骂的盆成括和新垣平。盆成括，战国时齐人，仕齐被杀，孟子说他有小才而未闻大道。新垣平，西汉方士，汉文帝十五年以望气见帝，劝说文帝建渭阳五庙，第二年又派人持玉杯献帝，杯上有“人主延寿”四字，汉文帝信以为祥瑞，于是改明年为后元元年，后因事情败露被杀。王先谦把喋血牺牲的“戊戌六君子”比作有小才而未闻大道的盆成括，认为他们适足以杀，将康有为等人领导的维新变法运动与新垣平利用谶纬之术欺骗汉文帝妄改历法之事相等同，足见其对维新变法的仇视。在他看来，康、梁等人俨然是一群政治投机分子，是靠游说发迹的纵横家，他们沆瀣一气，侧目窥察皇帝、太后的心思，到处宣扬《春秋公羊传》的谬论，掀起了一阵恶涛，搅乱了国家的安定。王先谦的这种观点虽然包含着反对西学、防止用夷变夏以维护封建纲常的文化焦灼，但其对维新派的极端诋毁与诅咒显然是错误的。

陈启泰

陈启泰（？—1909），字鲁生，一字伯屏，号臞庵，长沙人。同治七年（1868）进士，被选为翰林院庶吉士，官至江苏巡抚。著有《臞庵遗稿》。

疏影

飞琼旧事，并美人绝代，谁贮金屋①？巧避时妆，懒御铅华，朝朝淡扫蛾绿。桑田沧海浑闲事，但托意、鼓宫弹角。早禁中②、乐府流传，听有内家③教读。　　已觉阳春④和寡，又还到帝所⑤，歌唱黄竹⑥。惹恨湘灵，五十朱弦，寄与缠绵心曲。翻招拥鼻吴儿笑，道洛下、书生音浊⑦。忍绛河⑧，札断星桥，未许燕梁双宿。

（叶恭绰编：《全清词钞》卷二七，中华书局2019年版，第1371－1372页。）

① 飞琼三句：用汉武帝金屋藏娇的典故。汉武帝幼时说如果能娶到表姐陈阿娇为妻，就一定造一个金屋子给她住。飞琼：仙女名。这里泛指神仙。

② 禁中：封建帝王居住的宫苑。

③ 内家：指宫廷或宫女。

④ 阳春：古歌曲名，后泛指高雅难学的曲子，即所谓阳春白雪、曲高和寡。

⑤ 帝所：天帝或天子居住的地方。

⑥ 黄竹：周穆王所作诗名。据《穆天子传》卷五载，周穆王往苹泽打猎，“日中大寒，北风雨雪，有冻人，天子作诗三章以哀民”，首句即为“我徂黄竹”。其诗为后人伪托。

⑦ 翻招三句：典出《晋书》卷七十九谢安传：“安本能为洛下书生咏，有鼻疾，故其音浊，名流爱其咏而弗能及，或手掩鼻以敩之。”后以“拥鼻”指用雅音曼声吟咏。吴儿：吴地少年。

⑧ 绛河：银河，又称天河。古代观天象者以北极为基准，天河在北极之南，南方属火，尚赤，因借南方之色称之。

评析

“疏影”作为词牌名，系南宋姜夔首创，又名“绿意”“解佩环”，双调一百一十字，用仄韵，创作上难度较大。陈启泰性喜填词，其词学旨趣推重苏、辛，创作上较多地倾向于豪放一派，但是从这首词来看，风格与姜夔、张炎为代表的格律词派更为接近。

词咏美人，词旨难以确解。上片写美人“巧避时妆，懒御铅华”，每天早晨淡扫蛾眉，不仅不注意修饰打扮，而且根本不关心人世间“桑田沧海”的变化。她在乎的只有一样东西，就是“鼓宫弹角”，企图以此赢得贵人金屋藏娇。下片写美人意识到阳春白雪，曲高和寡，于是到天子居住的地方“歌唱黄竹”，以此抒发自己的“缠绵心曲”，企望得到贵人的赏识，结果却遭到“拥鼻吴儿”们的嘲笑。作者如此描写美人的遭遇，似是在抒发怀才不遇的牢骚。全词用典贴切，托意深微。夏敬观《忍古楼词话》论陈启泰之词“格调高隽，词采葩正”，此词堪称代表。

皮锡瑞

皮锡瑞（1850—1908），字鹿门，善化（今长沙）人。光绪八年（1882）举人，三应礼部试未中，遂潜心讲学著书。光绪十六年（1890）主讲湖南桂阳龙潭书院。因景仰西汉初年传授《尚书》的儒者伏生，故名其书斋曰“师伏堂”，学者称师伏先生。崇尚今文经学，工诗及骈文。著有《经学历史》《师伏堂骈文》《师伏堂诗草》《师伏堂咏史》《师伏堂词》等。

哀谭复生

竟洒苌宏①血，难完孟博躯。南冠②已共惜，西市③更何辜？浊世才为累，高堂泪定枯。荣华前月事，缓步入中枢。

同归头未白，相见眼常青。访我来南学④，看君上大廷。枫林忽魂梦，天道有神灵。一自沉冤后，朝朝风雨冥。

嵇康养生戮，何事说延年⑤。杳然匡时略，凄其怀旧篇。孝忠难喻俗，成败总由天。自古如弦直，纷纷死道边！

① 苌宏：又作“苌弘”，人名。字叔，人称苌叔。周敬王大臣刘文公所属大夫。刘氏与晋范氏世为婚姻，在晋卿内讧中帮助范氏，晋卿赵鞅为此声讨，苌弘被周人杀死。传说死后三年，其血化为碧玉。事见《左传·哀公三年》，后用以借指屈死者的形象。

② 南冠：指囚犯。典出《左传·成公九年》：“晋侯观于军府，见钟仪。问之曰：‘南冠而絷者，谁也？’有司对曰：‘郑人所献楚囚也。’”

③ 西市：明清时北京处决死囚的刑场，在今菜市口。

④ 南学：指南学会。1898年2月，谭嗣同、唐才常等人在长沙发起成立的一个维新派团体，以讲求新学、宣传变法为宗旨。皮锡瑞为会长，并主讲学术。

⑤ 嵇康：字叔夜，魏晋时期著名思想家、文学家，著有《养生论》，主张“越名教而任自然”，后被司马昭所杀。这里借指谭嗣同。谭嗣同曾与熊希龄等人发起成立“延年会”，并作《延年会叙》，提倡珍惜生命和时间，改变不文明、不卫生、不科学的生活习惯。

九关屯虎豹①，一夜变龙鱼。李杜②死何憾，伾文③谤是虚。焙茶④嗟未试，芳草痛先除。尚有湘人士，来披邺架⑤书。

君非求富贵，富贵逼人来。讵意山公启⑥，翻成党祸胎。曾无纨袴习，竟枉栋梁材。沧海横流酷，人间大可哀！

（尹飞舟编：《湖南维新运动史料》，岳麓书社 2013 年版，第 783－784 页。）

评析

戊戌变法失败后，谭嗣同、刘光第、杨锐等六君子被杀。皮锡瑞与谭嗣同是好友兼同道，惊闻谭被杀的消息后，痛哭失声，夜不能寐，于枕上口占《哀谭复生》诗五章以志哀悼，同时抒发他心中的悲愤与不平。

第一首诗叙述诗人惊闻谭嗣同被杀后的心理反应，为谭嗣同鸣冤叫屈。在皮锡瑞看来，谭被系狱中，天下人已共惜之，斩首西市，更是无辜之极。诗人还特别担心谭之父母知道儿子被杀后，一定会哭干眼泪。第二至四首回顾谭嗣同生前事迹，主要通过筹办南学会、延年会和创立焙茶公司三件事情，将谭嗣同与历史人物嵇康、李固、杜乔、王伾、王叔文等人的命运比较，用事实证明他的忠孝、正直和蒙冤。第五首与第一首相呼应，再次为谭嗣同之死鸣不平，对其人格做出充分的肯定。诗人认为，谭嗣同绝对不是贪图富贵

① 九关句：意思是到天庭去的九重门都有虎豹把守。九关：九重天门。这里指朝廷。虎豹：比喻凶残的权臣。

② 李杜：李固与杜乔的合称。李固与杜乔是东汉时期两位著名的忠直大臣，因反对大将军梁冀弄权误国被杀。

③ 伾（pī）文：指王伾、王叔文。王伾：唐代大臣，杭州人，唐顺宗时与王叔文一道发起政治改革，史称“永贞革新”。失败后被贬开州司马。王伾收受贿赂，为人品格卑下。王叔文：唐代著名政治改革家，绍兴人。为人十分自负，常意气用事。“永贞革新”失败后被贬渝州司户。

④ 焙茶：1898 年 3 月，谭嗣同受张之洞委托主办湖南机器制茶事，创立湖南焙茶公司。

⑤ 邺架：语出唐代韩愈《送诸葛觉往随州读书》诗：“邺侯家多书，插架三万轴。”邺侯，即李泌，后因以“邺架”比喻藏书处。

⑥ 山公：指山涛，字巨源，竹林七贤之一。山涛任吏部尚书，凡选拔人才必亲作评论，然后公奏，时称“山公启事”。后世以此比喻公开选拔人才，荐贤举能。

之人，他入值军机处是公开荐才的结果，并没有与人结党营私，图谋不轨。其为人亦从无纨绔之习，堪称国家的栋梁之材。这样的人才竟然被杀，这是人间最悲哀的事情。

皮锡瑞工诗、词和骈文，但其文名长期以来被学者之名所掩。治学属今文学派，其学说与维新志士的思想比较接近。戊戌变法时期，皮积极参加维新活动。变法失败后，他本人被江西巡抚驱逐回籍，清廷又革去了他举人的功名。正是因为具有相同的政治主张，皮对谭嗣同之死才感到如此的悲痛。

释敬安

释敬安（1851—1912），俗名黄读山，字福馀；法名敬安，字寄禅。湘潭人。近代爱国诗僧。少以孤贫出家，致力诗文，得王闿运指授，才思日进，入“碧湘诗社”。因曾于宁波阿育王寺烧残二指敬佛，别号“八指头陀”。辛亥革命后任中华佛教总会会长。著有《八指头陀诗文集》。

白梅诗

梅痴子①为豁然道人写梅，录余白梅诗五首于其上，因有余纸，复作此诗。

人间春似海，寂寞爱山家。孤屿②淡相倚，高枝寒更花。本来无色相，何处着横斜？不识东风意，寻春路转差。

（八指头陀撰，梅季校点：《八指头陀诗文集》，岳麓书社2007年版，第192页。）

评析

释敬安一生酷爱梅花，游天童山时曾作《白梅诗》十首，人称“白梅和尚”。程颂万称赞其白梅诗写出了梅之神之骨之格之韵之理，此篇更是“诸诗之冠”，“独擅千古”。

诗写白梅，象征的是一种人格。前四句写梅之骨格神韵。春天来了，百花盛开，人间之繁华热闹，恰如一个欢乐的海洋，只有白梅依旧喜爱山中的家园，守护着自己的那一份寂寞。独立、特出的山峰像一座孤立的岛屿，梅

① 梅痴子：指李瑞清，号梅庵，又号清道人，诗歌、书法冠绝一时。
② 孤屿：孤立的岛屿。这里指山峰。

花独立山巅，高高的枝头上鲜花绽放。白梅的那种孤高平淡，就像常年孤守山寺的诗僧。在诗人眼里，山中的梅花原本就没有色相，又哪里有横斜的疏影呢？人们不识东风的真意，进山寻春，其实一开始路就走错了。诗的后四句以议论为诗，集中表现了作者对梅花独具禅意的审美。全诗咏梅，将梅之性情与人之气质融为一体，笔调自然高澹，令人于梅之缕缕寒香中体会到一种淡淡的情致，禅机四溢，回味无穷。

感事二十一截句，附题冷香塔并序①（选三首）

余既自题冷香塔诗二章，以代塔铭，活埋计就，泥洹②何营？一息虽存，万缘已寂。忽阅邸报，惊悉日俄协约，日韩合并，属国新亡，强邻益迫。内忧法衰，外伤国弱，人天交泣，百感中来。影事前尘，一时顿现，大海愁煮，全身血炽。复得七截二十一章，并书堵波③，以了末后。呜呼！君亲未报，象教④垂危，髑髅将枯，虚空欲碎。掷笔三叹，嗗矣长冥！

四大原空一息存，黯然犹自对松门⑤。生来死去无遗憾，惟有君亲未报恩。

落月哀猿不可听，声声欲唤国魂醒。莫叫遗恨空山里，谁认啼鹃望帝⑥灵？

---

① 截句：绝句。冷香塔：位于浙江天童寺外放生池左侧的山腰上。释敬安曾任天童寺住持十一年，自筑冷香塔。

② 泥洹：涅槃。

③ 堵波：梵语的音译，即塔、佛塔。这里指冷香塔。

④ 象教：指佛教。释迦牟尼离世，诸大弟子想刻木为佛，以形象教人，故称佛教为象教。

⑤ 松门：谓以松为门，或前植松树的屋门。这里指寺庙门。

⑥ 啼鹃望帝：相传战国末年，杜宇在蜀称帝，号望帝，为蜀除水患有功，后禅位，退隐西山，死后化为杜鹃鸟，啼声凄切。

茫茫沧海正横流，衔石难填精卫①愁。谁谓孤云意无着？国仇未报老僧羞。

（八指头陀撰，梅季校点：《八指头陀诗文集》，岳麓书社2007年版，第338-340页。标点有改动。）

评析

所谓“截句”，就是人们常说的绝句。《感事二十一截句》作于1910年。这年七月，日本与俄国签订第二次密约，双方约定联手采取措施以保护各自在中国东北的特权。八月，日本又与韩国签订《日韩合并条约》，整个朝鲜半岛正式被日本吞并。释敬安从报上惊悉这两个条约的签订，“内忧法衰，外伤国弱。人天交泣，百感中来”，于是写下了这二十一首七言绝句。

诗人投身佛门，受戒参禅，本想借此斩断尘缘，息影林泉，清静无为。然而，面对国家和民族日益深重的危机，作为一个有良心的僧人，尽管他已经勘破生死，心中却再也无法平静。“生来死去无遗憾，惟有君亲未报恩”；“谁谓孤云意无着？国仇未报老僧羞”。面对沧海横流的时局，诗人终于发出了自己的声音，“声声欲唤国魂醒”，号召人们发扬精卫填海的精神，奋起努力，拯救中华。

整组诗忧国忧民，缘事而发，语言明白如话，却又凝练传神，富于个性，风格沉郁凝重。杨度论释敬安之诗，“格律谨严，乃由苦吟所得，虽云慧业，亦以工力胜者也”。

① 精卫：古代神话中的鸟名。典出《山海经》。相传炎帝的女儿溺死东海中，化为精卫鸟，每天衔西山的木石来填东海。

王以敏

王以敏（1855—1921），原名以慜，字子捷，号梦湘。武陵（今常德市）人。光绪十六年（1890）进士，改庶吉士，授翰林院编修，后任御史，改任江西抚州、南康、瑞州等地知府。辛亥革命后弃官回家。有《檗坞诗存》。

八声甘州

记香尘十里走钿车①，纹窗按红牙②。又短衣孤剑，乱山危驿，独去天涯。落絮卷春无影，梦断碧云斜。昔日华堂燕，今日谁家③？　　吟遍宫沟冷叶，望重城不见，但见飞沙。尽悲凉心事，分付晚啼鸦。把东风、当时错怨，算人间、无地种琼花。千秋恨、满青衫泪，不为琵琶。

（叶恭绰编：《全清词钞》卷三十六，中华书局2019年版，第1885页。）

评析

此词借游子与都城女子的相思之情抒写作者自我之春愁秋恨。上片写游子。开篇用一“记”字领起，转入对游子命运踪迹的叙述。游子昔日混迹秦楼，与都城女子有过一段钿车舞香尘、纹窗按红牙的奢靡生活。后来“短衣孤剑”，“独去天涯”。“乱山危驿”一句写游子旅途的艰难，表达了都城女对游子的关心。如今这位昔日大户人家的公子又在谁家呢？都城女心中没有答案。面对残春落花，痴情的她“梦断碧云”，望断天涯，满怀惆怅。下片写

① 香尘：芳香之尘，多指女子之步履而起者。钿车：用嵌金装饰的车子。
② 红牙：乐器名。檀木制的拍板，用以调节乐曲的节拍。
③ 昔日二句：化用唐刘禹锡《乌衣巷》诗句：“旧时王谢堂前燕，飞入寻常百姓家。”

都城女的生活心态。游子去后，都城女“吟遍宫沟冷叶”，然而写诗填词释减不了她心中的哀愁。望断重城，都城女但见飞沙扑面，不见游子归来，心中充满悲凉。在游子的想象里，都城女把万千的相思凝结成泪，湿透了青衫。全词写男女爱情，一种相思，两处闲情，词思从对面飞来，章法结构细密，写景抒情融为一体，具有典型的婉约词风格。

易顺鼎

易顺鼎（1858—1920），字实甫，号眉伽，晚号哭庵，龙阳（今汉寿）人，易佩绅之子。光绪元年（1875）举人，其时年仅十七岁，名动公卿，世称“龙阳才子”。甲午战败后曾赴台湾参赞刘永福军事，抵御日军。后以同知候补河南，历任广西右江道、广东钦廉道、陕西布政使等职。诗与樊增祥齐名，并称“樊易”。有《琴志楼编年诗集》传世。

寓台咏怀六首（选一）

宝刀未斩郅支①头，惭愧炎荒此系舟。泛海零丁文信国②，渡泸兵甲武乡侯③。偶因射虎随飞将④，苦对盘鸢忆少游⑤。马革倘能归故里⑥，招魂应向日南州⑦。

（易顺鼎著，王飙校点：《琴志楼诗集》，上海古籍出版社2004年版，第625页。）

评析

甲午战败，清政府割让台湾和澎湖列岛，易顺鼎慷慨上书，力言不可，随即投笔从戎，只身赴台湾参赞刘永福军事，抵御日军。在台湾期间，诗人

① 郅（zhì）支：原名呼屠吾斯，北匈奴第一代单于，后被汉朝远征军击灭。这里借指日本侵略者。
② 文信国：指文天祥。文天祥被俘后，曾作《过零丁洋》诗以明志。
③ 武乡侯：指诸葛亮。《三国志·诸葛亮传》：“建兴元年，封亮武乡侯，开府治事。”诸葛亮曾率兵渡泸水征南蛮。
④ 飞将：指汉代李广。李广骁勇善战，匈奴恐惧，称之为“飞将军”。这句用李广射虎的故事为典。李广任右北平郡太守时，路遇一虎形巨石，误以为虎，搭箭而射，箭镞入石中。待李广知道是石后搭箭再射，箭镞再也不能没入石中。这里借指刘永福。
⑤ 少游：北宋词人秦观，少游是其字。其词以婉约见长，柔弱无骨。
⑥ 马革句：意思是说汉代马援战死沙场，尚能马革裹尸回归故里。
⑦ 日南州：日南郡，中国古代行政区划，地域在今越南中部地区。这里借指台湾。

作有《寓台咏怀六首》《续寓台咏怀六首》两组诗，备述自己对时局的焦灼和“独惭无术救时艰”的苦闷。此诗是前组诗的第六首。

这是一首典型的志士之诗，语多慷慨，气尤悲愤。开篇写自己不能手挥宝刀砍杀日本侵略者的头颅以拯救国家，为此感到万分的惭愧。颔联以文天祥、诸葛亮自励。诸葛亮不畏艰难，亲率大军渡泸水征讨南蛮，巩固蜀国的后方。文天祥抗元失败后被俘，高呼“人生自古谁无死，留取丹心照汗青”。颈联把刘永福比作汉代的飞将军李广，而用秦观自比。从“偶因”“苦对”之语看，诗人心里似有悔意，这可能与没有得到刘永福的重用有关。尾联是感叹之辞，尤为沉痛悲壮。马援马革裹尸，尚能回到家乡，诗人担心自己可能死在台湾，嘱咐家中亲人招魂时一定要面向“日南州（台湾）”。全诗用典，骨气苍劲，表现出一种舍生忘死、难能可贵的民族气节。

黛海歌赋罗浮

罗浮①非土亦非石，乃是太古以来空中纯黛色，积成黛海②浸天湿。此黛四万八千岁，此海三万六千尺。山为黛海之波涛，云为黛海之潮汐，泉为黛海之风雨，瀑为黛海之冰雪。更将黛色染两眉，乃是一日与一月。天入黛海不能碧，日入黛海不能赤，月入黛海不能白。旁人不知罗浮是海水，但道绿嶂苍崖兼翠壁。君不见，上界三峰③飞云峰、孤青峰、老人峰、丫髻峰，以及香台、会真、钵盂、锦绣之诸峰，乃是海中之岛屿，正如蓬莱、方丈、方壶、园峤数点金芙蓉。华首台、拨云寺、延祥寺、宝积寺、冲虚观、白鹤观、黄龙观、酥醪观，正如华严楼阁，弹指即现，中有金银台；又如蜃楼海市，

① 罗浮：指罗浮山。位于广东省惠州市博罗县境内，是著名风景区，人称岭南第一山。
② 黛海：青黑色的海。这里喻指罗浮山。
③ 三峰：从后文看，应为四峰。

忽隐忽现，中有贝厥兼珠宫。铁桥峰乃是秦皇鞭海所驾之黿鼉①，石楼峰乃是八仙过海所跨之长虹。白水门、滴水岩、五龙潭、水帘洞，乃是鲛人龙女所啼泪痕，明珠颗颗，生绡幅幅，织成非烟非雾之帘栊。绿毛凤、碧鸡鸟、五色碟、无色雀，乃是石华海月化为翎毛与草虫。千株松、万株榕，乃是海中绿苔荇藻相横纵。石榴花、刺桐花、木棉花、杜鹃花，一切荔枝龙眼，以及九节菖蒲花紫茸，乃是海底千树万树珊瑚红。安期生、王初平、黄野人、葛仙翁，一切仙佛，乃是海中冯夷、河伯、琴高、水仙、赤鲆公。麻姑仙、玉女仙、鲍仙姑、何仙姑，乃是湘灵汜人②，往来出没，金支翠旗光映空。海兮海兮，吾愿天帝以汝为黛池，日与结璘郁仪沐浴于其中③。我亦入海化为黛，杳然不知其所终。

（易顺鼎著，王飙校点：《琴志楼诗集》，上海古籍出版社 2004 年版，第 1022–1023 页。）

评析

易顺鼎自言“平生好游山水，道长半生，足迹几遍天下”（《琴志楼游山集自叙》），“生平所作诗，不下数千首，盖行役游览之作居其大半，而山水诗尤多”（《庐山集自记》）。《黛海歌赋罗浮》是其山水诗的代表作。

这首诗的最大特点是以“海”喻山，极尽夸张铺叙之能事。诗人眼中的罗浮山，苍翠青黑如黛，深远广袤如海，所以他用“黛海”喻之歌之赋之。全诗脉络清晰，结构分明。开篇至“但道绿嶂苍崖兼翠壁”为第一层，总写罗浮山的黛海壮景。第二层自“君不见”至“金支翠旗光映空”，具体描绘

① 黿鼉：大鳖和猪婆龙。

② 汜（sì）人：本义是水边之人，古诗词中常指钟情之艳女。典出唐沈亚之的传奇小说《湘中怨解》。垂拱年间，太学进士郑生乘晓月渡洛桥，遇艳女，自言养于兄，因嫂恶，欲投水。生载归，与之同居，号曰汜人。汜人能诵善吟，其词艳丽不凡。数年后，汜人自述本系蛟宫之娣，谪而从生，今已期满。遂啼泣离去。

③ 结璘：奔月之仙。郁仪：奔日之仙。

罗浮山的风物景观。以“君不见”三字领起，采用系列排比句式，罗列山中的楼台殿阁、奇峰异石和奇花异草，融合传说中天上海内的仙灵神佛，酿造出一种虚实交融、森罗万象、奇诡壮丽的境界，气势磅礴恢宏。第三层自“海兮海兮”至结尾，直接抒发“我亦入海化为黛，杳然不知其所终”的感受。在表现手法上，诗人还有意识地大量运用散文句式，以长句为主，长短参差错落，以此增强全诗波澜壮阔的气势。其想象之新奇，写景之瑰丽，造句之诡谲，有李白、韩愈、苏轼诸家雄奇浪漫之遗风，且自有其新境独辟处。张之洞评易顺鼎之诗，“瑰伟绝特，如神龙金翅，光彩飞腾，而复有深湛之思”，“才思学力无不沛然有余”，其不足之处是不舍得“割爱”。（《〈庐山集〉评识》）樊增祥论易顺鼎之诗，“大抵才过其情，藻丰于意，而古人之格律、之意境、之神味，举不屑于规步而绳趋”。揆之此诗，诸如此类的评论，应该说相当中肯地指出了易顺鼎诗歌的优点与缺点所在。

别普陀山①

天风吹我去，不忍别莲花。海作空王②泪，云为织女槎③。浮屠④曾寄宿，亡子又离家。今夜山中梦，还应渡洛伽⑤。

（易顺鼎著，王飙校点：《琴志楼诗集》，上海古籍出版社 2004 年版，第 1078 页。）

① 普陀山：中国佛教四大名山之一，在今浙江省普陀区。
② 空王：佛的别称。
③ 槎（chá）：木筏。
④ 浮屠：佛教语。梵语 Buddha 的音译。这里指和尚。
⑤ 洛伽：普陀山东南约五公里处的一个小岛，相传观音大士在此修行，历来与普陀山并称为佛教圣地。

评析

此诗是诗人作别佛教名山普陀山时有感而作。诗中大量运用佛教语典，但不取冷僻，不掉书袋，写景抒情，自有灵气缥缈于其间。诗的基调稍显悲凉，但仍有令人尘心顿释之感。首联和颔联将主观之情融于客观之境，借景抒情，“天风”“海”“云”诸意象皆着我之色彩，具有较强的艺术感染力。颈联“浮屠曾寄宿，亡子又离家”写漂泊行役之苦。尾句“还应渡洛伽”则交织着诗人入世与出世的矛盾心理，即忧国伤时却难为世用，隐居学道又不舍尘凡。全诗短小精悍却意蕴深含，特别是颔、颈两联中的“空王”“织女”“浮屠”等语，虽为专用名词，却无滞涩之感，自然流畅，极见炼字功夫。

水调歌头

青溪小住，画桨迎潮，制此词。倚楫而歌之，如向廿四桥头，闻箫声隐隐也。

曾过蒋山①否，烟雨怕登临。六朝残梦何处？鸥影卧秋深。多少龙蟠虎踞，多少莺啼燕语，流水杳难寻。湖为莫愁好，一碧到如今。　台倚凤，洲呼鹭②，峭寒侵。消他几度斜照，换尽绿杨阴。可惜江山千古，输与红萧尺八③，不付劫灰沉。四百画桥月，依旧荡波心。

（易顺鼎：《丁戊之间行卷》，《续修四库全书》一五七六册，上海古籍出版社 2002 年版，第 338 页。）

① 蒋山：钟山，又名紫金山，位于南京市东北。汉末秣陵尉蒋子文逐盗死于此，三国吴孙权为立庙于钟山，因改称蒋山。

② 台倚凤二句：南京有凤凰台、白鹭洲。

③ 红萧尺八：红萧、尺八为两种乐器。

评析

据词前小序，此词是词人小住青溪时在船上作，是一首怀古词。上片以疑问句开篇，引起读者的注意。表面上看，词人“怕登临”的原因是恐雨，其实他害怕的不是自然的风雨，而是历史的云烟。深秋时节，莫愁湖中闲卧的鸥鹭，勾起词人心中的“六朝残梦”，引起他无限的伤感。“多少龙蟠虎踞，多少莺啼燕语”，南京这座六朝古都，曾经是多么的繁华，而今那一切随着流水一去不返，只有莫愁湖“一碧到如今”。下片首三句写风倚楼台，鹭栖沙洲，“峭寒”二字既点明时令，又映衬出词人伤痛的心情。夕阳西下，绿杨阴里，词人眼望蒋山，感叹千古江山，总“输与红萧尺八”。这虽然是历史的事实，却多少带着红颜祸水的意味。词的结尾，化用姜夔《扬州慢》“二十四桥仍在，波心荡，冷月无声”的意境，抒发对南京昔日繁华的怀念和今日山河破碎的哀思。全词语言圆润清丽，音律婉转和谐。近人陈锐《袌碧斋诗话》论易顺鼎之词，“才大如海，惟忍俊不禁，犹有少年豪气未除”。其才情“豪气”于此词中可见一斑。

哭庵传

哭庵者，不知何许人也。其家世姓名，人人知之，故不述。哭庵幼奇惠，五岁陷贼中。贼自陕、蜀趋郧、襄①，以黄衣绣裸缚之马背，驰数千里，遇蒙古藩王②大军，为骑将所获，献俘于王，哭庵操南音，王不能辨，乃自以右手第二指濡口沫书王掌。王大喜曰：“奇儿也！”抱之坐膝上，趣③召某县

① 郧（yún）、襄：郧阳和襄阳，均属今湖北省。
② 蒙古藩王：指僧格林沁，清科尔沁亲王，蒙古人。
③ 趣（cù）：同“促”，催促。

令使送归。十五岁为诸生，有名。十七岁举于乡，所为诗歌文词，天下见之，称曰才子。已而治经，为训诂考据家言；治史，为文献掌故①家言；穷而思反于身心，又为理学语录家言。然性好声色，不得所欲，则移其好于山水方外，所治皆不能竟②其业。年未三十而仕，官不卑，不二年弃去。筑室万山中居之，又弃去。

综其生平二十余年内，初为神童、为才子，继为酒人、为游侠。少年为名士、为经生、为学人、为贵官、为隐士，忽东忽西，忽出忽处。其师与友谑之，俑为神龙。其操行无定，若儒若墨，若夷若惠③。莫能以一节俑之。为文章亦然，或古或今，或朴或华，莫能以一诣绳之。要其轻天下齐万物、非尧舜薄汤武之心，则未尝一日易也。

哭庵平时谓天下无不可哭，然未尝哭，虽其妻与子死不哭，及母殁而父在，不得渠殉，则以为天下皆无可哭，而独不见其母可哭。于是无一日不哭，誓以哭终其身，死而后已。因自号曰“哭庵”。

（王文濡选编：《古典名著聚珍文库　续古文观止》，浙江古籍出版社2012年版，第247-249页。）

评析

《哭庵传》系易顺鼎自传，但全篇皆用第三人称笔法出之。开篇设疑，“哭庵者，不知何许人也”。既不知其为何许人，却又说“其家世姓名，人人知之，故不述”。这样写是为了引起读者的好奇心。接着讲述哭庵幼年至青少年时的故事。五岁时陷贼中，被蒙古藩王呼为“奇儿”。十五岁为诸生，十七岁中举，赢得“才子”的称誉。然而由于“性好声色”，所以治经、治史，“所治皆不能竟其业”。在这之后，作者用“官不卑，不二年弃去。筑室万山中居之，又弃去”短短两句话，就结束了关于哭庵生平的叙述。以上是

① 掌故：指历史人物、典章制度等有关的故事和传说。

② 竟：完成，完毕。

③ 夷：伯夷。惠：柳下惠。

文章的第一段。

第二段以议论为主。回顾哭庵二十余年的生平经历，其身份在不断地变化。“初为神童、为才子，继为酒人、为游侠。少年为名士、为经生、为学人、为贵官、为隐士，忽东忽西，忽出忽处。其师与友谑之，偁为神龙。”而其操守亦“无定”，“若儒若墨，若夷若惠”。只有一点始终没有变化，那就是“轻天下齐万物、非尧舜薄汤武之心”。在正统派人士看来，这恰恰是大逆不道的。这一段自嘲自谑，语气诙谐戏谑，貌似自贬，实则在自夸自矜，恃才傲物，睥睨一切。

自“哭庵平时谓天下无不可哭”以下为第三段，解释自号哭庵的原因，行文尤为怪诞。表面上看，作者自号哭庵是因为“独不见其母”，实际上他真正悲伤的是时局，所谓“天下无不可哭”者。全文先叙再议后解说，由自赞到自嘲再到自伤以伤世，言简意赅，志深笔长，可谓长歌当哭。

陈锐

陈锐（1860—1922），字伯弢，号褒碧，武陵（今常德市）人。工诗文，与易顺鼎、王以敏齐名。曾师从王闿运。光绪癸巳（1893）举人，曾任江苏靖江知县。有《褒碧斋集》，内收诗五卷，词一卷，文一卷，诗话、词话各一卷。

望江南

春不见，孤负可怜春。淡柳锁愁烟漠漠，小阑扶恨水粼粼，往事已成尘。

人不见，孤负可怜人。花下又逢三月雨，梦中犹隔一条云，风露夜纷纷。

（陈锐撰，曾亚兰校点：《抱碧斋集》，岳麓书社2011年版，第86页。）

评析

此词伤春怀人，风格凄清婉约。上片写景以伤春。首二句“春不见，孤负可怜春”，用感叹句式抒发强烈的怜春、惜春之情。词中主人公独倚小阑，望着眼前的粼粼春水，漠漠烟云，“淡柳锁愁”，满腹惆怅。那么，究竟是什么事情引发她因怜春而生出如此的愁呢？“往事已成尘”一句指出了原因，但并没有说明具体是何“往事”。词的下片转入怀人。首二句“人不见，孤负可怜人”，紧承上片最后一句，又与开篇二句遥相呼应，暗示前面的“怜春”之愁实因“怜人”而起。主人公独立花下，又逢三月春雨，景是一样的景，但相爱的“人”已不在眼前，即使是在梦中，自己与他也隔着“一条云”。春夜寂寥，主人公心中的哀愁恰如纷纷而下的“风露”铺天盖地，揪裹着她的心。全词伤春怀人，情景交融，结构精工，上下片对句工整，“漠漠”“粼粼”“纷纷”等叠字的运用，回环往复而又韵味绵长。

李希圣

李希圣（1864—1905），字亦元，号卧公，湘乡人。光绪十八年（1892）进士，官刑部主事，荐举经济特科，后任京师大学堂提调。初治训诂，工诗文。有《雁影斋诗存》。

怀古

试向高阳访酒徒①，轻过邺下问黄须②。相逢意气从牛饮③，要遣功名到狗屠④。废苑呼鹰⑤花未落，繁台⑥射雁草先枯。沼吴霸越⑦寻常事，已办扁舟向五湖⑧。

（张翰仪编：《湘雅摭残》，岳麓书社2010年版，第616页。原文有改动。）

评析

诗以“怀古”名篇，采用的也是一般怀古诗“临古地思古人，忆其事而

① 高阳：古地名，今河南杞县西南。酒徒：指郦食其。郦食其是高阳人，投奔刘邦时自称“高阳酒徒”。后用以指嗜酒而放荡不羁的人。

② 邺下：古地名，在邺城（今河北省临漳县）西南。黄须：指曹彰。彰为曹操与卞氏所生第二子，须黄色，性刚猛。

③ 牛饮：像牛一样俯身而饮。泛指狂饮，豪饮。

④ 狗屠：以屠狗为业者。亦泛指从事卑贱职业者。

⑤ 呼鹰：呼鹰以逐兽。因指行猎。

⑥ 繁台：古台名。在今开封市东南禹王台公园内，相传为春秋时师旷吹台，汉梁孝王增筑，后有繁姓居其侧，故名。

⑦ 沼吴霸越：犹言灭亡吴国，让越国称霸。语本《左传·哀公元年》：“越十年生聚，而十年教训，二十年之外，吴其为沼乎！”杜预注：“谓吴宫室废坏，当为污池。”

⑧ 五湖：指隐遁之所。春秋末越国大夫范蠡辅佐越王勾践灭亡吴国，功成身退，乘轻舟以泛五湖。事见《国语·越语下》。

抒己志”的传统结构，借古人之意气风神抒发自我的怀抱。首联“试向”“轻过”二词具有引领功能，牵引着读者与诗人一道进入寻访古人遗踪胜迹的过程。两句用郦食其、曹彰的典故概写与古人的交游。据司马迁《史记》记载，郦食其初见汉高祖刘邦，因为头戴汉代儒生的标志性饰物——高山冠，遭到守门士兵的拦阻，直到郦食其大呼老子乃高阳酒徒才引起刘邦的重视，“雪足出迎”。邺下曹彰系曹操与卞氏所生第二子，长着一脸黄色的胡须，性情刚猛，时人称之为“黄须儿”。郦、曹二人皆具有不可一世的豪气，诗人与他们异代相隔，却惺惺相惜。颔联紧承首联，写与古人相逢聚会之乐。前句用“牛饮”表现相逢时意气相投。后句用“狗屠”二字表明不重功名重义气。颈联写景。“废苑”与“繁台”相对，“花未落”与“草先枯”互文，暗示着物是人非的变化，吊古伤今之意非常明确。尾联以归隐江湖作结，通过范蠡辅佐越王勾践灭吴而后泛舟五湖的故事抒发自己的才情和抱负。全诗主要运用典故、互文等艺术表现手法，借历史人物之意气豪情抒发自我的志趣抱负，风格豪迈洒脱，颇具气概。

登城

雨打风吹绿渐稀，十年种柳已成围。晚霞只作须臾影，送尽飞鸿不肯归。

（李希圣著：《李希圣集》，华东师范大学出版社 2011 年版，第 20 页。）

评析

从诗题看，这是一首纯粹的登临写景之诗。傍晚时分，诗人登城远望。一场风雨过后，绿叶更显稀疏。城外十年前种的柳树业已成围。诗人独立城楼，目送飞鸿，迟迟不肯归去。全诗据景写实，借助风雨、柳围、晚霞、飞鸿等意象，酿造出一种略带凄清的意境。“绿渐稀”三字表明时令已是初秋。成围的柳树看似繁盛，实则反衬出诗人心中时过境迁的落寞之感。落霞中最后一群飞鸿已经不见踪影，苍茫的天空下只剩下诗人独立城楼，依旧在眺望，若有所思。

谭嗣同

谭嗣同（1865—1898），字复生，号壮飞，浏阳人。近代著名思想家，维新志士。1898 年变法失败后被杀，“戊戌六君子”之一。诗文俱佳。著有《仁学》。今人蔡尚思、方行辑其著作为《谭嗣同全集》。

题江建霞东邻巧笑图诗（其三）①

世间万物抵春愁，合向沧溟一哭休②。四万万人齐下泪，天涯何处是神州？

（《谭嗣同集》整理组整理：《谭嗣同集》，浙江古籍出版社 2018 年版，第 221 页。）

评析

这是一首题画诗。画中的东邻女子巧笑倩兮，眉目含情，诗人心中却满腹哀愁。甲午战争失败后，清政府被迫与日本签订丧权辱国的《马关条约》，将辽东半岛、台湾岛及其附属岛屿、澎湖列岛割让给日本。此诗就是诗人有感于清政府签订《马关条约》而作。首句以“世间万物”与“春愁”相抵为喻，极言其愁苦之深之巨之痛。第二、三两句写诗人为发泄心中的愁思，仰望天空泪洒苍穹，而四万万同胞也与他一样面对国家危亡潸然泪下。最后一句“天涯何处是神州”，集中表现了诗人对国家与民族前途命运的焦灼和忧虑。全诗短小精悍，情感真挚沉痛，语言通俗易懂，极具艺术感染力。

① 江建霞：指江标，建霞是其字。苏州人。1894 年，江标任湖南学政，其间积极协助湖南巡抚陈宝箴推行新政，又与谭嗣同、黄遵宪、唐才常等人一道创办时务学堂，以变风气、开辟新治为己任。戊戌变法失败后，被清廷革职，永不叙用。原诗题下有注：“图写日本女子小华生也。”

② 合：应当。沧溟：苍天。

晨登衡岳祝融峰（其一）

身高殊不觉，四顾乃无峰。但有浮云度，时时一荡胸。地沉星尽没，天跃日初镕。半勺洞庭水，秋寒欲起龙。

（《谭嗣同集》整理组整理：《谭嗣同集》，浙江古籍出版社 2018 年版，第 88 页。）

评析

祝融峰是南岳衡山的主峰。光绪十七年（1891）秋天，谭嗣同游南岳，在晨光熹微之中登上祝融峰，写下了这首诗。全诗以写景为主，但景中含情。首联写登山的感觉。诗人置身峰顶，于“殊不觉”中发现自己突然变高了，众山尽在脚下。“四顾乃无峰”一句，既是写实，也暗含着山登绝顶人为峰、高看万物俱渺小的胸襟气魄。颔联写峰顶浮云“荡胸”而过，给人以缥缈高峻之感。“荡胸”二字袭用杜甫《望岳》诗“荡胸生层云”句，辞情激越而意气豪迈，颇有老杜气象。颈联写峰顶日出的壮观景象。前句写太阳未出之时，众星沉没，大地处于一片黑暗之中。后句写一轮红日突然间跃出地平线，染红一线天际。尾联写山顶远眺洞庭湖，唐人笔下“气蒸云梦泽，波撼岳阳城”的洞庭湖竟然像半勺之水那么渺小。这样写的目的是以此反衬祝融峰的高峻。全诗融情入景，境界阔大，从中可以感受到诗人的恢宏气度和凌云壮志。

谭嗣同的诗歌创作以 1894 年甲午战争为界，明显分为前后两个时期。前期诗歌都是旧体诗，成就高于后期的“新学之诗”。徐世昌《晚晴簃诗汇》论谭诗“浏利雄健，如铜丸走坂，骏马注坡，不羁才也”，指的即是其前期诗作。阅读此诗，人们不难体会到这一点。

望海潮·自题小照

曾经沧海，又来沙漠，四千里外关河①。骨相②空谈，肠轮③自转，回头十八年过。春梦醒来波？对春帆细雨，独自吟哦。惟有瓶花数枝，相伴不须多。　　寒江才脱渔蓑，剩风尘面貌，自看如何。鉴不因人，形还问影，岂缘酒后颜酡。拔剑欲高歌。有几根侠骨，禁得揉搓？忽说此人是我，睁眼细瞧科。

（《谭嗣同集》整理组整理：《谭嗣同集》，浙江古籍出版社 2018 年版，第 172 页。）

评析

这首词是谭嗣同十八岁时作。词人自题小照，自我写形，既有几分自嘲自谑，又有几分自豪自傲。

词的上片回忆过去，感叹时光流逝功业未成。开篇三句："曾经沧海，又来沙漠，四千里外关河"，从空间角度概写年来踪迹，气势恢宏。词人小时居京师，十三岁随其父外放甘肃，继而回故乡浏阳读书，接着再返西北，历年间跋涉江海，穿越关山大漠，辗转奔波，历尽艰辛。"骨相空谈"三句，从空间范围转向时间过程，感叹岁月流逝，一事无成。"骨相""肠轮"之语，带有自嘲意味。"春梦"以下五句转入本题"小照"。春帆细雨中，词人独自吟哦，蓦然回首时，十八年已经过去，而自己依然无所作为，他不由得自问了一句："春梦醒来波？"

词的下片由写小照转而写对镜顾影慨叹。"寒江才脱渔蓑"，点明从湖南到达西北的时间已是秋冬时节。词人对镜自照，发现镜中的自己只剩下了

① 关河：关塞。泛指山河。
② 骨相：命相学术语。指人的形体状貌。古人常用摸骨看相的方法推断人的性情命运。
③ 肠轮：《云笈七籤》有"胃管肠轮"。这里借以指身体新陈代谢，生命不断流逝。

“风尘面貌”。镜中人与小照已明显今非昔比。“形还问影，岂缘酒后颜酡。”面对日渐苍老的容颜，词人还“拔剑欲高歌”，现实的无情又使他发出“有几根侠骨，禁得揉搓”的慨叹。再看镜中之人那满面风尘的模样，他几乎不敢相信那就是自己，端详一番后禁不住蹦出一句反语：“忽说此人是我，睁眼细瞧科。”“科”本是元杂剧专用术语，指剧中角色的动作。此处借以表示睁眼细看的情状，自嘲中夹带着一种不向命运低头的倔强神态。

曾广钧

曾广钧（1866—1929），字重伯，号觙庵，又号伋庵，别号中国之旧民，湘乡人。曾国藩长孙，曾纪鸿长子。光绪十五年（1889）进士，选庶吉士，授翰林院编修。甲午战争后曾官广西知府。其诗惊才艳丽，属温李一派，与李希圣、汪荣宝、孙希孟并称为擅长玉溪体的四大家。汪国垣《光宣诗坛点将录》比之为浪子燕青，钱仲联《近百年诗坛点将录》则以拼命三郎石秀当之。有《环天室诗集》前后集行世。

庚子落叶词十二首（同李亦元、王聘三作）①

甄官一夕沦秦玺②，疏勒③千年出汉泉。凤尾檀槽陪玉碗④，龙香璎珞殉金钿。文鸾⑤去日红为泪，轻燕仙时紫作烟。十月帝城飞木叶，更于何处听哀蝉。

赤阑回合翠沦漪，帝子精诚化鸟归⑥。重璧招魂伤穆满，渐台持节召贞妃⑦。清明寒食年年忆，城郭人民事事非。湘瑟流哀弹别鹤，寒鱼衰雁尽惊飞。

---

① 庚子：公元1900年，是农历庚子年。这一年八国联军入侵北京，发生了著名的庚子之变。李亦元：李希圣，清末官员，诗人。王聘三：王乃徵，晚号潜道人，四川中江人，清代翰林，官贵州巡抚。

② 甄官：甄官井，位置在河南洛阳东南。汉献帝初平年间，孙坚率兵入洛阳，驻扎甄官井上，令人入井中搜得汉代传国玺印。这里指珍妃所投之井。珍妃，他他拉氏，满洲镶红旗人。光绪皇帝最宠爱的妃子，庚子之变中因获罪于慈禧被投井而死。秦玺：秦以后皇帝世代相传的印章。

③ 疏勒：古西域国名，治地即今新疆疏勒县。汉代耿恭率军驻守疏勒城，遭匈奴围困，城中水源断绝，耿以剑刺枯井，井中泉水喷涌而出。

④ 凤尾：古琴尾部的美称。檀槽：檀木制成的琵琶、琴等弦乐器上架弦的槽格。玉碗：玉制的食具。

⑤ 文鸾：凤凰之类的神鸟。因有文采，故云。

⑥ 帝子句：传说古蜀国国王杜宇，号曰望帝。死后化作杜鹃鸟，啼声凄切。

⑦ 渐台：台名，位于今湖北省江陵县东。贞妃：楚昭王夫人贞姜。据刘向《列女传》记载，楚昭王出游，留夫人于渐台之上。江水大至，台崩，夫人流而死。这里指珍妃。前一句中的“穆满”，本指周穆王，这里借指出巡的光绪皇帝。

银床玉露冷金铺，碧化长虹转鹿卢①。姑恶②声声啼苦竹，子归夜夜叫苍梧。破家叵耐云昭训③，殉国争怜李宝符④。料得佩环归月下，满身星斗泣红蕖⑤。

朱雀乌衣巷⑥战场，白龙鱼服⑦出边墙。鸥波亭⑧外风光惨，鱼藻宫⑨中岁月长。水殿可怜珠宛转，冰绡赢得玉凄凉。君王莫问三生事，满驿梨花绕佛堂。

王母传筹拥桂旗，阁门宣谢肯教迟。汉家法度⑩天难问，敌国文明佛⑪不知。十宅少人簪白柰⑫，六宫同夜策青骊⑬。玉娘湖⑭上粘天草，只托微波杀卷施⑮。

天文正策王良马⑯，地络先摧蜀后蛇⑰。太液⑱自来涵圣泽，水仙从古是名家。蕙兰悼影伤琼树，河汉回心湿绛纱。狄女也怜人薄命，绕栏争挂像

① 鹿卢：亦作“鹿栌”。古时置井上以汲水的滑车或绞盘。
② 姑恶：鸟名，叫声似“姑恶”，故名。苏轼《五禽言》诗：“姑恶，姑恶。姑不恶，妾命薄。”
③ 云昭训：隋文帝长子杨勇宠妃，后归杨广。昭训：古代后妃和太子妾的封号。
④ 李宝符：金代烈女。据《金史》卷130《列女传》，金哀宗宝符李氏，国亡后从后妃北迁，至宣德州，居摩诃院，日夕寝处佛殿中。会当赴龙庭，即于佛殿前自缢死，且自书门纸曰：“宝符御侍此处身故。”后人至其处，见其遗迹，怜而哀之。
⑤ 红蕖：红色的荷花。这里喻指女子的红鞋。
⑥ 朱雀乌衣巷：指南京秦淮河畔的朱雀桥、乌衣巷。三国时吴国军队曾在此驻守。
⑦ 白龙鱼服：白龙穿起鱼的外衣在水中漫游。比喻帝王或贵人微服出行，恐有不测之虞。
⑧ 鸥波亭：元赵孟頫所建亭台，位于浙江湖州市东南的莲花庄内。
⑨ 鱼藻宫：汉高祖刘邦宠幸戚姬，为其建鱼藻宫。
⑩ 汉家法度：这里指清朝的典章制度。
⑪ 佛：这里指慈禧太后，人称老佛爷。
⑫ 十宅：指王府。白柰：出自《晋书·后妃下》：“三吴女子相与簪白花，望之如素柰，传言天公织女死，为了着服，全是而后崩。”后因以“白柰”为丧事的饰花。
⑬ 青骊：青黑色的马。
⑭ 玉娘湖：湖名。位于河南省灵宝市境内盘豆馆附近。李商隐《出关宿盘豆馆对丛芦有感》诗云：“思子台边风自急，玉娘湖上月应沉。”
⑮ 卷施：亦作“卷葹”，草名，又名“宿莽”。李白《寄远》诗：“卷葹心独苦，抽却死还生。”
⑯ 王良马：天马。王良是春秋时期最著名的善御者。
⑰ 地络：犹地脉，土地的脉络，亦指疆界。此句暗用五丁力士开山的神话。相传秦惠王许嫁五位美女给蜀王。蜀王派五丁力士去迎接。回到梓潼时见一大蛇钻于山穴中，五丁力士共掣蛇尾，把山拉倒。力士和美女都被压于山下，山因此分成五岭。
⑱ 太液：古池名。汉唐至元明清，历代均有太液池，位置不一，多位于宫中。

生花。

小海停歌山罢舞，芙蓉猎猎鲤鱼风①，璇台②战鼓惊朱鹭，瑶席新香割绿熊。魂魄黯依秦凤辇，圣明终属晋蛟宫③。景阳楼下胭脂水④，神岳秋毫事不同。

帘外晓风吹碧桃，未央前殿咽秦箫。石华广袖⑤谁曾揽，沉水奇香定未烧。荷露有情抛粉泪，菱波无赖学纤腰。云袍枉绣留仙褶，白石清泉任寂寥。

姊弟双飞侍望仙，风闱元自赐恩偏。赏花夕夕陪铜辇，斗草⑥朝朝费玉钱。秦苑绿芜催夕照，梁园春雪忆华年。身名只合埋青史，何水何山认墓田？

袅袅灵风起绿萍，幽磷明灭掩春星。白杨径断闻山鸟，红藕行疏度冷萤。山驿梦魂悲羽檄，水亭愁思接丹青。鸾舆纵返填桥鹊，咫尺黄姑隔画屏。

鹤市⑦山花蔓镜台，鱼灯⑧汞海落妆梅。三泉纵锢悲宁塞，五胜空埋恨未灰。福海⑨生平愁似墨，泰陵⑩回望绣成堆。如何齐女门前冢⑪，惟有寒鸦啄冷苔。

① 鲤鱼风：指九月的风，秋风。

② 璇台：饰以美玉的高台。泛指华美的台观。

③ 魂魄二句：意思是说珍妃的魂魄悲伤地依附着皇帝的车驾，而圣明的天子（慈禧）最终关注到井中的珍妃。历史上，慈禧返京后曾派人捞起井中珍妃的尸体加以安葬。凤辇：指帝王华贵的车驾。蛟宫：龙人水中的居室。

④ 景阳楼：位于南京古鸡鸣寺山巅。胭脂水：指胭脂井，位于鸡鸣寺东麓山坡上。南朝陈后主妃张丽华在隋兵攻入南京时曾投胭脂井，后为隋兵所执。

⑤ 石华广袖：相传赵飞燕与其妹赵婕妤同坐，飞燕误唾婕妤衣袖。婕妤说："姊唾染人绀袖，正似石上花。假令尚方为之，未必能若此衣之华。"事见《赵飞燕外传》。

⑥ 斗草：古代一种游戏。竞采花草，比赛多寡优劣，常于端午时举行。

⑦ 鹤市：姑苏的别称，即今苏州市。汉赵晔《吴越春秋》载：吴王阖闾有女，因怒王而自杀。王痛之，厚葬于阊门外。下葬之日，吴王令舞白鹤于市中，令万民随观，又使男女与白鹤俱入羡门，因发机以掩之，杀生以送死。后世遂以鹤市别称苏州。

⑧ 鱼灯：一种鱼形的纸灯，内燃蜡烛，可以自由转动。

⑨ 福海：指人间。

⑩ 泰陵：指皇帝的陵墓。

⑪ 齐女门前冢：春秋时齐景公幼女少姜，被逼嫁吴王阖闾之子为妻。齐女思念国家抑郁而死，临终时乞葬虞山，后人称之为齐女墓。这里借指珍妃。

横汾天子①家何在，姑射仙人②雪未消。恨海万重应化石，柔乡三尺不通潮。青羊颔底怜珠褋，白马涛头吊翠翘③。八节四时佳丽夕，倩魂休上绣漪桥④。

（曾广钧撰：《环天室诗后集》，宣统刻本。）

评析

1900年8月，八国联军进攻北京，慈禧太后挟光绪帝仓皇西逃。行前，慈禧将幽禁于北三所的珍妃唤出，以洋人进京恐她有辱于皇室为由，下令内监总管崔玉贵将珍妃推入位于慈宁宫后贞顺门的井中淹死。曾广钧闻知此事，作《庚子落叶词》十二首以寄哀思，同时抒写心中的愤怒。诗以“落叶”为题，系沿袭汉武帝为悼念李夫人而作的《落叶哀蝉曲》。

珍妃他他拉氏，满洲镶红旗人，与其姊瑾妃同时入宫侍奉光绪。珍妃为人乖巧，赞同变法，深得光绪帝的宠爱，也因此获罪于慈禧，最终酿成投井的悲剧，死时年仅二十四岁。

狄葆贤认为《庚子落叶词》十二首“摹玉溪之妍辞，继谢家之哀诔”。全诗缘事而发，用典繁复，主旨扑朔迷离，归纳起来主要包括两个方面的内容。其一，抒写对珍妃的哀悼之情。全诗从珍妃投井写起，追述珍妃入宫的过程、珍妃与光绪帝之间的感情以及慈禧太后对珍妃的迫害，用楚昭王夫人贞姜、金哀宗之妃李宝符、赵飞燕之妹赵婕妤、齐景公之女少姜等古代宫廷女子的命运与珍妃作比，将珍妃之死定性为“殉国”。在诗人看来，珍妃因支持光绪帝维新变法获罪而死，死得冤，死得惨，死得凄凉。“水殿可怜珠

① 横汾天子：这里指光绪皇帝。据《汉武故事》，汉武帝尝巡幸河东郡，在汾水楼船上与群臣宴饮，自作《秋风辞》，中有“泛楼船兮济汾河，横中流兮扬素波”句。后因以“横汾”为典，称颂皇帝或其作品。

② 姑射仙人：古代神话人物，典出《庄子·逍遥游》：“藐姑射之山，有神人居焉，肌肤若冰雪，淖（绰）约若处子。”这里指珍妃。姑射（yè），山名。

③ 翠翘：古代妇人首饰，状似翠鸟尾上的长羽。这里代指珍妃。

④ 绣漪桥：在北京南如意门内，位于昆明湖与长河、东堤与西堤交界处。

宛转，冰绡赢得玉凄凉”；“十宅少人簪白柰，六宫同夜策青骊”；“身名只合埋青史，何水何山认墓田”；“如何齐女门前冢，惟有寒鸦啄冷苔”。诸如此类的诗句，寄托着诗人对珍妃的无限哀思和同情。其二，诗中对珍妃的哀悼其实包含着对光绪帝的同情，对维新派的支持和对慈禧太后的讽刺与批判。维新变法失败后，光绪帝被囚禁，形同虚设，贵为天子却不能保护自己心爱的妃子，这是何等的悲哀。慈禧太后大权独揽，人称老佛爷，诗人在诗中将她比作“传筹拥桂旗”的“王母”，比作“佛”。“君王莫问三生事，满驿梨花绕佛堂”；“汉家法度天难问，敌国文明佛不知”。正是这个愚昧的老佛爷，不谙世界大势，不知西方文明，擅权误国，最终造成了珍妃与光绪帝的悲剧，造成了“城郭人民事事非”的现实。曾广钧作此诗时，慈禧太后还在位，所以诗中对慈禧的批判虽然非常尖锐，但措辞相当隐晦。或许是为了避祸，这组诗最早也以其侧室华金婉之名传世。

曾广钧诗学晚唐，以擅长“玉溪体”闻名于时。汪国垣《光宣诗坛点将录》赞其诗“多沉博绝丽之作，比拟之工，使事之博，虞山而后，此其嗣音”。《庚子落叶词》缘事而发，用典繁复，辞藻绮丽，风格哀感顽艳，确实具有李商隐无题诗的遗韵。

宁调元

宁调元（1883—1913），字仙霞，号太一，曾化名林士逸，醴陵人。南社诗人，近代民主革命烈士。1904年加入华兴会，次年留学日本，加入同盟会。萍醴浏起义爆发后，回国策应，在岳州被捕，入狱三年。出狱后赴北京，主编《帝国日报》。1912年初在上海参加民社，创办《民声日报》。后赴广东任三佛铁路总办。二次革命后赴武汉组织讨袁起义，被捕后遇害于武昌。其诗激昂悲壮，风格沉郁，作品多写于狱中，人称"囚徒诗人"。著有《太一遗书》。今有《宁调元集》传世。

丁未[①]七夕（选三）

（一）

他乡何处是温柔，一夜西风吹尽愁。休忆今宵往年事，双双携手看牵牛[②]。

（二）

伯劳飞燕各纷纭，我亦同情欲诉君。只有场场离别苦，人间天上许平分。

（三）

见时常少别时忙，如此悲欢聚散场。漫说[③]神仙修不到，纵令修到也平常。

（陈书良主编：《湖南文学史·古代卷》，湖南教育出版社1998年版，第384页。）

---

① 丁未：按天干地支纪年法，1907年是农历丁未年。

② 牵牛：星座名。

③ 漫说：别说，不要说。

评析

宁调元因策应萍醴浏起义被捕，狱中三年坚持写诗填词，创作了几百首慷慨激昂批判现实、自伤身世、充满忧国忧民情怀的诗作，并因此被人们称为“囚徒诗人”。《丁未七夕》组诗作于1907年七夕节，集中抒发了诗人对妻子的怀念之情。第一首诗写作者面对空中的那一轮明月，想起往年七夕与妻子“双双携手看牵牛”的温柔情景，如今他身陷囹圄，到哪里去寻找这种温柔呢？诗以问句开篇，回答的却是“一夜西风吹尽愁”。感情悲慨沉郁。“休忆”一句，表面上劝自己不要回忆过去，实际上是对景伤怀，诗人已情不自禁地走进了回忆之中。二、三两首紧承第一首，具体抒写回忆以及回忆时的感慨。诗人因参加革命，到处奔波，与妻子“见时常少别时忙”，常常是“伯劳飞燕各纷纭”。对此，他充满愧疚，他的心中也有万千柔情欲对妻子倾诉，然而，为了拯救这个国家，他带给妻子的仍然只有“场场离别苦”，只有“聚散场”上的悲欢。

武昌狱中书感（选二）

豺狼为伥鸩为媒，万种牢愁到酒杯。事业已随流水尽，年华可有鲁戈①回？尽夸热釜能煎豆，何必寒炉死作灰。地老天荒有如此，起看星斗独低徊。（其三）

拒狼进虎亦何忙，奔走十年此下场。岂独桑田能变海，似怜蓬鬓②已添霜。死如嫉恶当为厉，生不逢时甘作殇。偶倚明窗一凝睇，水光山色剧凄凉。

① 鲁戈：鲁阳戈，谓力挽时光岁月的手段或力量。典出《淮南子·览冥训》：“鲁阳公与韩构难，战酣日暮，援戈而㧑之，日为之反三舍。”

② 蓬鬓：鬓发蓬乱。南朝宋鲍照《拟行路难》诗之十三：“形容憔悴非昔悦，蓬鬓衰颜不复妆。”

（其四）

（陈书良主编：《湖南文学史·古代卷》，湖南教育出版社 1998 年版，第 385 页。）

评析

1913 年 4 月，宁调元自告奋勇去汉口组织反袁革命机关，因事泄被捕。这是他十年中第二次被捕入狱。《武昌狱中书感》组诗作于这一年 7 月，距诗人被杀仅一月时间，从中可以看到他生前最后一段时光的心态。

辛亥革命后，袁世凯凭借北洋军阀的军事实力，暗中与外国列强密谋勾结，最终窃取了革命的胜利成果。以孙中山为首的国民党人为了捍卫革命的果实，发起第二次革命，但最终失败。

宁调元参加革命是为了“拒狼”，也就是推翻清朝的统治，驱除外国列强对中国的侵略，令他没有想到的是，革命最后竟然栽在革命阵营内部的权力争斗之中。自己“奔走十年”，落得如此下场；无数革命者抛头颅，洒热血，得到的竟是这样一个悲剧的结果！“事业已随流水尽，年华可有鲁戈回？”宁调元心里充满悲凉。然而就是在这样的绝望中，诗人仍然怀抱着坚定斗争的决心。“死如嫉恶当为厉，生不逢时甘作殇。”他愿意为革命赴汤蹈火，哪怕死了，也要变成厉鬼，与“豺狼”们斗争到底。全组诗以血泪凝结而成，语气悲凉慷慨，感情沉痛。

芳草渡·游侠

屠燕市，宿秦楼①。黄金尽，白日幽，酣歌达旦舞吴钩②。行迹独，知交绝，奈何秋？　　朝雌伏③，夕远游。出入波涛惯也，如风雨，取仇雠④。刀光起，革囊血，遍全球！

（陈书良主编：《湖南文学史·古代卷》，湖南教育出版社1998年版，第385页。）

评析

这首词成功地塑造了一位个性鲜明、颇具侠肝义胆的游侠形象。词中的游侠在某种程度上可以视为作者的自我期许，隐约透露了他渴望仗剑而行、伸张正义的心理取向。词的上片写游侠的日常生活。散尽黄金，买醉于燕市秦楼间；酣歌达旦，游走于声色犬马中。行迹无踪，知交都绝。这就是游侠！词的下片写游侠之侠肝义胆，快意恩仇。游侠白天雌伏以待，晚上远游无踪，穿行于风雨之中，经得起惊涛骇浪，挥刀取仇人之头，动作干净利落。作者希望这样的游侠能够遍布全球，似乎这样就能在全世界实现公平和正义。全词以三言句为主，上下片各杂一、七或六言句，句式整齐中稍显错落参差，语气急促，节奏明快，颇具有一种“乱世之音怨以怒”的基调。

① 燕市：战国时燕国的国都。《史记·刺客列传》：“荆轲嗜酒，日与狗屠及高渐离饮于燕市。”秦楼：指妓院。

② 吴钩：兵器名，形似剑而曲。春秋时吴人善铸钩，故称吴钩。后泛指利剑。

③ 雌伏：比喻隐藏起来，隐忍不发，屈居人下，无所作为。

④ 仇雠：仇人，冤家对头。雠，仇的异体字。

一剪梅

黄叶萧萧故国秋，明月如钩，好梦如鸥。问天贮有许多愁？朝葬蜉蝣①，暮听猿猴。　　隔一年、前事记不？遮莫回头，望岳阳楼。华年抛掷万般休，十载幽囚，九世仇雠。（下片一作："隔一年前恨莫消，山样风潮，海样仇雠。华年抛掷万般休，低是眉头，瘦是纤腰。"）

（陈书良主编：《湖南文学史·古代卷》，湖南教育出版社 1998 年版，第 385 页。）

评析

这首词作于 1907 年秋天，其时词人身陷狱中。词的上片写景以抒情。首句"黄叶萧萧故国秋"，点明作词的时间，借寒秋黄叶萧萧落下的景象感怀故国，营造一种悲凉如水的词境。明月如钩，好梦难圆，词人仰望苍穹，问天天不语。最后两句"朝葬蜉蝣，暮听猿猴"，用短命的蜉蝣暗示自己的命运，借夜晚猿猴的哀鸣极写其心态的悲凉。词的下片叙事以抒情。首句所云"隔一年、前事记不"指 1906 年 12 月 4 日，萍醴浏起义爆发后，词人受孙中山委派，回国策应，后不幸在岳州被捕入狱。往事不堪回首。词人不怕坐牢，怕的是"华年抛掷"，事业无成。最后两句"十载幽囚，九世仇雠"，表明了词人誓与清廷势不两立的决心，言语激烈铿锵，"有惊四座、辟万夫之概"（语见周实《无尽庵诗话》）。

① 蜉蝣：原始的有翅昆虫，寿命很短，仅一天而已。《诗经·曹风》有《蜉蝣》诗，借蜉蝣讽刺时事，表达朝不保暮的忧心。

黄兴

黄兴（1874—1916），字克强，长沙人。近代民主革命家，中华民国的创建者之一，辛亥革命时期，与孙中山常被时人以“孙黄”并称。有《黄兴集》。

挽刘道一烈士

英雄无命哭刘郎①，惨淡②中原侠骨香。我未吞胡恢汉业③，君先悬首看吴荒④。啾啾⑤赤子天何意，猎猎黄旗日有光⑥。眼底人才思国士，万方多难立苍茫。

（毛注青编著：《黄兴年谱长编》，中华书局 1991 年版，第 114 页。原文有改动。）

评析

刘道一因参加萍醴浏起义被捕，英勇就义，成为同盟会会员为革命流血牺牲的第一人，其人其事在当时影响极大。黄兴在日本东京听到刘道一牺牲的噩耗，与其兄刘揆一相抱痛哭，并作此诗以志哀悼。

① 刘郎：刘道一，字惟伊，祖籍湖南衡山，生于湘潭，1904 年加入华兴会，次年参加同盟会。1906 年 12 月萍醴浏起义提前爆发，被捕遇害，年仅二十二岁，是同盟会会员中为革命流血牺牲的第一个烈士。

② 惨淡：凄惨，阴暗无色。

③ 吞胡：指推翻清王朝的专制统治。恢汉业：恢复汉人的基业。

④ 悬首看吴荒：刘道一在长沙浏阳门外遇害，被悬首示众。悬首：本义是杀人后挂头示众。这里指壮烈殉国。此处暗用“悬首吴阙”的典故。司马迁《史记》：“抉吾眼置之吴东门，以观越之灭吴也。”作者的意思是说，刘道一悬首城门，是要看到清朝的灭亡。

⑤ 啾啾：象声词，泛指各种凄切尖细的声音。

⑥ 猎猎：形容物体随风飘拂的样子。黄旗：指革命的旗帜。

诗开篇恸哭刘郎“英雄无命”。“惨淡中原侠骨香”一句真实表现了当时举国上下对英雄殒命的怜惜和哀悼，奠定了全诗的感情基调。颔联“我未吞胡恢汉业，君先悬首看吴荒”，意思是说自己还没有完成驱除鞑虏、恢复中华的伟业，最信赖的兄弟却已经悬首城门，壮烈殉国。这是何等的悲痛和遗憾。在作者看来，刘道一虽然已死，但他仍然会看到清王朝的灭亡。颈联首句质问苍天，暗含着对现实的愤怒；次句用在太阳下迎风飘扬的黄旗向人们昭示英雄的鲜血不会白流，革命终将取得最后的胜利。尾联“眼底人才思国士，万方多难立苍茫”，进一步抒写作者对死者的哀悼和痛惜，原因不仅仅是激赏他视死如归的气节，还包含着为国惜才的成分。刘道一是黄兴从事革命活动最得力的助手。黄兴曾说：“吾每计议革命，惟伊独能周详。且精通英语，辩才无碍，又为将来外交绝好人才，奈何即死于是役耶?”刘道一的死使黄兴感到中国失去了一位难得的人才。作者独立苍茫，面对万方多难的神州大地，忧心如焚。

杨度

杨度（1875—1931），字皙子，别号虎公、虎禅，湘潭人。近代知名学者，著名政治活动家、宣传家。早年留学日本，思想激进，与同乡杨笃生等创办《游学译编》。光绪年间被保荐入京参加经济特科进士考试，初取一等第二名，后被除名。再次留学日本，与梁启超结识，遂成至交。擅书法。有《虎禅师论佛杂文》三集。

湖南少年歌

我本湖南人，唱作湖南歌。湖南少年好身手，时危却奈湖南何？湖南自古称山国，连山积翠何重叠。五岭横云一片青，衡山积雪终年白。沅湘两水清且浅，林花夹岸滩声激。洞庭浩渺通长江，春来水涨连天碧。天生水战昆明沼，惜无军舰相冲击。北渚伤心二女啼，湖边斑竹泪痕滋①。不悲当日苍梧死，为哭将来民主稀。空将一片君山石，留作千年纪念碑。后有灵均②遭放逐，曾向江潭葬鱼腹。世界相争国已危，国民长醉人空哭。宋玉招魂空已矣，贾生作吊还相渎③。亡国游魂何处归，故都捐去将谁属？爱国心长身已死，汨罗流水长呜咽。当时猿鸟学哀吟，至今夜半啼空谷。此后悠悠秋复春，湖南历史遂无人。中间濂溪④倡哲学，印度文明相接触。心性⑤徒开道学门，空谈未救金元辱。惟有船山⑥一片心，哀号匍匐向空林。林中痛哭悲遗族，

① 北渚二句：北边水涯。以下四句叙述帝舜与娥皇、女英二妃故事。尧禅位与舜，并把娥皇、女英二女嫁给舜。舜南巡时死于苍梧之野，葬于九嶷山。二女闻此噩耗，痛哭流涕，眼泪洒在湘江边的竹子上，竹子因染泪变成现在南方的“斑竹”。

② 灵均：屈原的字。

③ 宋玉二句：意思是说宋玉的《招魂》已经成为空谈，人们还在轻慢贾谊的《吊屈原赋》。王逸《楚辞章句》认为《招魂》乃宋玉之作。贾生：西汉文学家贾谊。渎：轻慢，对人不恭敬。

④ 濂溪：周敦颐号濂溪，世称濂溪先生。

⑤ 心性：指心性之学，即后人所说的宋明理学。

⑥ 船山：王夫之。王夫之晚年隐居衡阳石船山，学者称船山先生。

林外杀人闻血腥。留兹万古伤心事，说与湖南子弟听。

于今世事翻前案，湘军将相遭诃讪。谓彼当年起义师，不助同胞助胡满。夺地攻城十余载，竟看结局何奇幻。长毛①死尽辫发留，满洲翎顶遍湘州。捧兹百万同胞血，献与今时印度酋。英狮俄鹫方争跃，满汉问题又挑拨。外忧内患无已时，祸根推是湘人作。

我闻此事心惨焦，赧颜无语谢同胞。还将一段同乡话，说与湘人一解嘲。洪杨②当日聚群少，天父天兄假西号。湖南排外性最强，曾侯③以此相呼召。尽募民间侠少年，誓翦妖民屏西教。蚌鹬相持渔民利，湘粤纷争满人笑。粤误耶稣湘误孔，此中曲直谁能校？一自西船向东驶，民教相仇从此起。此后纷纭数十春，割土赔金常坐此。北地终招八国兵，金城坐被联军毁。拳民思想一朝熄，又换奴颜事洋鬼。国事伤心不可知，曾洪曲直谁当理？莫道当年起事时，竟无一二可为师。罗山④乡塾教兵法，数十门生皆壮儿。朝来跨马冲坚阵，日暮谈经下讲帷。今时教育贵武勇，罗公此意从何知？江彭⑤游侠时惟耦，不解忠君惟救友。意气常看匣里刀，肝肠共矢杯中酒。江公为护死友骨，道路三千自奔走。曾侯昔困南昌城，敌垒如云绕前后。彭公千里往救亡，乞食孤行无伴偶。芒鞋踏入十重围，大笑群儿复何有！桂阳陈公⑥慕嚣述，湘乡王公⑦兵反侧。大势难将只手回，英雄卒令吞声没。

更有湘潭王先生⑧，少年击剑学纵横。游说诸侯成割据，东南带甲为连

---

① 长毛：清代统治者对太平军的蔑称。
② 洪杨：指洪秀全、杨秀清。
③ 曾侯：指曾国藩。
④ 罗山：罗泽南，字仲岳，号罗山，湘军将领，以贡生在乡协助曾国藩办团练起家。
⑤ 江彭：指江忠源、彭玉麟。江忠源，号岷樵，湖南新宁人。道光十七年举人，因镇压太平军有功，授官安徽巡抚。为人行侠仗义，湖南同乡邹兴如、邓鹤龄、曾如钱病死京中，江为三人置办灵柩，并将灵柩送回湖南老家。下文“江公为护死友骨”二句即咏此事。彭玉麟生平见前注。
⑥ 陈公：指陈士杰，湘军将领，湖南桂阳人，官至山东巡抚。
⑦ 王公：指王鑫，字璞山，湘乡人。湘军早期重要将领，罗泽南的门生。
⑧ 湘潭王先生：指王闿运。

衡。曾胡①欲顾咸相谢，先生笑起披衣下。北入燕京肃顺②家，自请轮船探欧亚。事变谋空返湘渚，专注《春秋》说民主。廖康③诸氏更推波，学界张皇树旗鼓。呜呼吾师志不平，强收豪杰作才人。

常言湘将皆伧父④，使我闻之重抚膺。吁嗟往事那堪说，但言当日田间杰。父兄子弟争荷戈，义气相扶团体结。谁肯孤生匹马还，誓将共死沙场穴。一奏军歌出湖外，推锋直进无人敌。水师喷起长江波，陆军踏过阴山雪。东西南北十余省，何方不睹湘军帜。一自前人血战归，后人不叹《无家别》。城中一下招兵令，乡间共道从军乐。万幕连屯数日齐，一村传唤千夫诺。农夫释耒⑤只操戈，独子辞亲去流血。父死无尸儿更往，弟魂未返兄逾烈。但闻嫁女向母啼，不见当兵与妻诀。十年断信无人吊，一旦还家谁与诘？今日初归明日行，今年未计明年活。军官归为灶下养，秀才出作谈兵客。只今海内水陆军，无营无队无湘人。

独从中国四民外，结此军人社会群。茫茫回部几千里，十人九是湘人子。左公⑥战胜祁连山，得此湖南殖民地。欲返将来祖国魂，凭兹敢战英雄气。人生壮略当一挥，昆仑策马瞻东西。东看浩浩太平海，西望诸洲光陆离。欲倾亚陆江河水，一洗西方碧眼儿。

于今世界无公理，口说爱人心利己。天演开成大竞争，强权压倒诸洋水。公法何如一门炮，工商尽是图中匕。外交断在军人口，内政修成武装体。民族精神何自生，人身血肉拼将死。毕相拿翁尽野蛮⑦，腐儒误解文明字。欧洲古国斯巴达，强者充兵弱者杀。雅典文柔不足称，希腊诸邦谁与敌？区区

① 曾胡：指曾国藩、胡林翼。

② 肃顺：满洲宗室贵族，爱新觉罗氏，字雨亭。同治帝八顾命大臣之一，权倾一时，后被杀。王闿运曾任肃顺家庭教师。

③ 廖康：指廖平、康有为。廖平是王闿运的学生，近代今文经学家。康有为则是廖平的学生。

④ 伧（cāng）父：晋南北朝时，南人讥北人粗鄙，蔑称之为“伧父”。

⑤ 释耒（lěi）：放下农具，即停止耕作。

⑥ 左公：指左宗棠。

⑦ 毕相：指普鲁士王国首相、德意志帝国宰相俾斯麦。拿翁：指法国政治家、军事家拿破仑·波拿巴。

小国普鲁士，倏忽成为德意志。儿童女子尽知兵，一战巴黎遂称帝。内合诸省成联邦，外与群雄争领地。

中国如今是希腊，湖南当作斯巴达，中国将为德意志，湖南当作普鲁士。诸君诸君慎如此，莫言事急空流涕。若道中华国果亡，除是湖南人尽死。尽掷头颅不足痛，丝毫权利人休取。莫问家邦运短长，但观意气能终始。埃及波兰岂足论，慈悲印度非吾比。

我家数世皆武夫，只知霸道不知儒。家人仗剑东西去，或死或生无一居。我年十八游京甸，上书请与倭奴战。归来师事王先生，学剑学书相杂半。十载优游湘水滨，射堂西畔事躬耕。陇头日午停锄叹，大泽中宵带剑行。窃从三五少年说，今日中国无主人。每思天下战争事，当风一啸心纵横。

地球道里凭空缩，铁道轮船竞相逐。五洲四入白人囊，复执长鞭趋亚陆。探马惟摇教士钟，先锋只着商人服。邮航电线工兵队，工厂矿山辎重①续。执此东方一病夫，任教数十军人辱。人心已死国魂亡，士气先摧军势蹙。救世谁为华盛翁②，每忧同种一书空。群雄此日争追鹿，大地何年起卧龙？

天风海潮昏白日，楚歌犹与笳声疾。惟恃同胞赤血鲜，染将十丈龙旗色。凭兹百战英雄气，先救湖南后中国。破釜沉舟期一战，求生死地成孤掷。诸君尽作国民兵，小子当为旗下卒。

（钱仲联主编：《清诗纪事》，凤凰出版社 2004 年版，第 13842－13845 页。原文有改动。）

评析

《湖南少年歌》系诗人受梁启超《少年中国说》一文的影响，有感于“国事伤心不可知”而作。诗写成之后，杨度将它寄给梁启超。梁启超读后非常激赏，决定在自己主编的《新民丛报》上予以发表，并特加按语：“湘

① 辎（zī）重：行军时由运输部队搬运的物资。
② 华盛翁：指美国第一任总统乔治·华盛顿。

潭杨哲子度，王壬秋先生大弟子也。昔卢斯福演说，谓欲见纯粹之亚美利加人，请视格兰德；吾谓欲见纯粹之湖南人，请视杨哲子。顷哲子以新作《湖南少年歌》见示，亟录之，以证余言之当否也。”

全诗洋洋洒洒两千余言，大致可以分为三个部分。第一部分即第一段，略叙湖南的地理特点以及自帝舜、屈原至明末清初王夫之期间湖南文化的传承。从舜帝南巡死于苍梧之野到屈原放逐沅湘行吟泽畔，从宋玉《招魂》到贾谊的《吊屈原赋》；从周敦颐创立理学到王船山隐居石船山以“六经责我开生面，七尺从天乞活埋”自期，诗人追踪吊影，备述湖南“万古伤心事”，“说与湖南子弟听”，尤其对屈原、王船山的爱国主义精神给予了热情的歌颂和肯定。

第二至第六段为诗的第二部分，主要叙述湘军将相的功业，为湘军正名。辛亥革命后，社会上逐渐流行一种观点，认为曾国藩领导的湘军“不助同胞助胡满”，双手沾满了百万同胞的鲜血，是造成国家外忧内患的“祸根”。对此，诗人不敢苟同，但也感到内心“惨焦”，“赧颜无语”。在他看来，曾国藩等人当年办团练，建湘军，与太平军殊死相搏，最终的受益者虽然是满人，但后世不能因此就否定湘军将相的人格精神。“粤误耶稣湘误孔，此中曲直谁能校?”为了证明这一点，诗人逐一列举罗泽南、江忠源、彭玉麟、陈士杰、王鑫等湘军将帅的姓名，评述其人品与功业，其中还特别写到左宗棠和他的老师王闿运。王闿运在“游说诸侯成割据”不成之后，“专注《春秋》说民主”，培养出了廖平等杰出人才。左宗棠率领湖湘子弟西出祁连，策马昆仑，收复回疆，其英雄壮举大长了湖南人的志气。这样写既是为了宣传湖南人为国家做出的贡献，也是为了突显湖南人笃守忠义、英勇善战、敢于为国捐躯的奉献精神。

第三部分包括第七至第十一段，由历史进入现实，漫观世界潮流，指出湖南人在国家民族危急关头应该继承和发扬传统的忠义尚武精神，承担更多的责任和义务。作者认为：“于今世界无公理，口说爱人心利己。天演开成大竞争，强权压倒诸洋水。公法何如一门炮，工商尽是图中匕。外交断在军人口，内政修成武装体。民族精神何自生，人身血肉拼将死。”处此强权世界，中国的地位如何呢？“中国如今是希腊”，处于被奴役受欺凌的境地。要改变这种现状，中国必须向德意志学习，尽快实现富国强兵。在这个过程中，诗人认为湖南人就是中国的斯巴达人、普鲁士人，在民族振兴的道路上必须带头奋起抗争，承担起更多的责任。“若道中华国果亡，除是湖南人尽死。”二语掷地有声，向全世界表明了湖南人的血性和豪情。诗的结尾部分，诗人回顾家世，号召像自己一样的湖南少年，甘做国民“旗下卒”，赶快行动起来，“先救湖南后中国”，尽快改变“人心已死国魂亡，士气先摧军势蹙”的现状。

杨度此诗以长篇歌行之体历数湖南人忠义尚武的传统，唱出了湖南人心忧天下、敢为人先的最强音。全诗风格雄健，语言“慷爽激越”，在情感的肆意奔流中包含着严密的逻辑论证、冷静的时局分析，思想上和艺术上都极具感染力。

自题小照

我是苍生托命人，空空了了入红尘。
救他世界无边苦，总是随缘自在身。

（刘晴波主编：《杨度集》，湖南人民出版社 1986 年版，第 797 页。）

评析

诗人对着小照题诗，目的是想表达对自我形象的认定或期许。全诗旨趣应当从两个方面来考察。其一，诗人自认为身处红尘，却拥有一颗空空了了的佛心，一个随缘自在身。其二，诗人以佛徒自居，内心四大皆空，生活中追求自在随缘，却又以“苍生托命人”自许，将“救他世界无边苦”视为自己义不容辞的责任，具有一种担当精神。在许多人看来，这两个方面必然存在着矛盾，也就是人们常说的出世与入世的对立，然而诗人却要在两者之间求得一种平衡，将两方面统一起来。这种人生态度古已有之，并非诗人首创。唐代南泉普愿禅师就说：“须向那边会了，却来这里行履。”“那边”就是指佛教，“这里”指人间世。在红尘行履，帮助人们渡脱人间的苦难，本来就是佛教的一贯宗旨。

杨度一生与佛学结缘。关于其学佛动机，他在《新佛教论答梅光羲》一文中做过这样的解释：“予因半生经历多在政治，深叹今世社会不自由、不平等，一切罪恶，无非我见；反身自问，亦无一事而非我见。今欲救人，必先救己，其法惟有无我主义。”可见他学佛的目的是要借此救己以救苍生，这其实是他政治失意后的自我疗伤。而从实际情况看，杨度晚年虽然成了一名虔诚的佛门居士，但并没有真正披发入山，彻底皈依佛门。

陈衡哲

陈衡哲（1890—1976），笔名莎菲，祖籍湖南衡山。中国现代文学史上第一位女作家。1914 年考入清华学堂留学生班，赴美留学，先后在美国瓦沙女子大学、芝加哥大学学习西洋史和西洋文学。1920 年回国，曾在北大、川大、东南大学等校任教授。著有短篇小说集《小雨点》《衡哲散文集》。

鸟

狂风急雨，
打得我好苦！
打翻了我的破巢，
淋湿了我美丽的毛羽。
我扑折了翅翮，
睁破了眼珠，
也找不到一个栖身的场所。

窗里一只笼鸟，
倚靠着金漆的栏干，
侧着眼只是对我看。
我不知道他还是忧愁，还是喜欢？

明天一早，
风雨停了。
煦煦的阳光，

照着那鲜嫩的绿草。
我和我的同心朋友，
双双的随意飞去；
忽见那笼里的同胞，
正扑着双翼在那里昏昏的飞绕……
要想撞破那雕笼，
好出来重做一个自由的飞鸟。

他见了我们，
忽然止了飞，
对着我们不住的悲啼。
他好像是说：
“我若出了牢笼，
不管他天西地东。
也不管他恶雨狂风，
我定要飞他一个海阔天空！
直飞到筋疲力竭，水尽山穷，
我便请那狂风，
把我的羽毛肌骨，
一丝丝的都吹散在自由的空气中！”

（蒋念祖主编，叶橹编著：《中学语文全程步步高　课外阅读　诗歌卷》，东北师范大学出版社 2000 年版，第 29-31 页。原文有改动。）

评析

陈衡哲的《鸟》发表于 1919 年 5 月出版的《新青年》第六卷第五期。全诗通过塑造“自由鸟”和“笼中鸟”两个艺术形象，热情抒发了作者对自由人生的勇敢追求和殷切向往。诗之主题带有五四早期一代新人渴望突破封建樊篱、追求个性自由的时代特色。

全诗共四节，从头至尾运用拟人手法，叙事抒情采用第一人称方式。“自由鸟”比喻五四时期个性解放大潮涌动之下焕发出强烈生命力的新女性，“笼中鸟”则是半封建半殖民地社会中女性蒙昧者逐渐觉醒的保守者形象。全诗选择两个场景，通过“自由鸟”和“笼中鸟”不同心理的对比，写出了时代女性的觉醒。诗的一、二节构成第一个场景。“狂风急雨”打翻了“自由鸟”的破巢，淋湿了美丽的毛羽。“自由鸟”在风雨中“扑折了翅翮，睁破了眼珠，也找不到一个栖身的场所”。此时的“笼中鸟”“倚靠着金漆的栏干”，“侧着眼”看着自己的同胞在风雨中挣扎，不知道是忧愁还是喜欢？因为他还在犹豫，不知道雨中的鸟儿最终能否战胜狂风急雨的摧残，寻找到自己的归宿，获得真正的自由。第二个场景即诗的三、四节所写风雨停了之后的早晨，“煦煦的阳光，照着那鲜嫩的绿草”。“自由鸟”和他的同心朋友，“双双的随意飞去”。此时的“笼中鸟”终于止不住悲啼，因为他再也不满足于扑着双翼在雕笼里“昏昏的飞绕”。“我若出了牢笼，不管他天西地东。也不管他恶雨狂风，我定要飞他一个海阔天空!”这是真切的渴望，也是豪迈的誓言，标志着中国现代女性的觉醒。

毛泽东

毛泽东（1893—1976），字润之，湘潭人。中华人民共和国的缔造者，著名革命家、战略家、理论家和诗人。青年时代曾在长沙主编湖南学生联合会会刊《湘江评论》。著有《毛泽东选集》《毛泽东诗词》。

沁园春·长沙

独立寒秋，湘江北去，橘子洲头。看万山红遍，层林尽染；漫江碧透，百舸争流。鹰击长空，鱼翔浅底，万类霜天竞自由。怅寥廓，问苍茫大地，谁主沉浮？　　携来百侣曾游，忆往昔峥嵘岁月稠。恰同学少年，风华正茂；书生意气，挥斥方遒①。指点江山，激扬文字，粪土当年万户侯。曾记否，到中流击水，浪遏飞舟！

（中共中央文献研究室编：《毛泽东诗词集》，中央文献出版社 1996 年版，第 6-7 页。）

评析

《沁园春·长沙》作于 1925 年。这一年秋天，毛泽东去广州主持农民运动讲习所，于长沙停留期间重游橘子洲。面对浩浩北去的湘江流水，联想到当时革命形势的蓬勃高涨，群众运动风起云涌，情不自禁地写下了这首词。

词的上半阕着重写景。开篇三句，词人将视线投射于秋水长天的广阔世界，把读者带进一种高远的深秋意境之中。而后用一“看”字领起下文，将眼中景色和盘写出。词人俯仰天地，远望群山，层林尽染；近观湘水，百舸

① 挥斥方遒：热情奔放，劲头正足。挥斥，意气奔放。遒，雄健有力。

争流，鱼翔浅底。“万类霜天竞自由”，在词人眼里，时节虽已是深秋，但世间万物依然充满生机。这幅景象恰是当时如火如荼革命形势的写照。词人由此发出惊天一问：“问苍茫大地，谁主沉浮？”引发读者无穷的联想。词的下半阕着重抒情。“携来百侣曾游，忆往昔峥嵘岁月稠。”词人想起当年在长沙开展革命活动，“恰同学少年，风华正茂”。那时自己与一班革命志士正值少年，意气风发，时常高谈阔论，发表激浊扬清的文章，指点江山，“粪土当年万户侯”，这是何等的气概。这几句大笔横出，直抒胸臆，如长江东泻，滔滔而下，气势磅礴，痛快淋漓。词的结尾运用象征手法，“到中流击水，浪遏飞舟”，形象地表达了一代革命青年雄姿英发的战斗风貌和振兴中华的凌云壮志，同时也是对上阕“问苍茫大地，谁主沉浮”的最好回答。

毛泽东诗词具有巍峨、博大、壮阔的崇高之美。著名诗人贺敬之评价说：“毛泽东诗词以其前无古人的崇高优美的革命感情、遒劲伟美的创造力量、超越奇美的艺术思想、豪华精美的韵调辞采，形成了中国悠久的诗史上风格绝殊的新形态的诗美，这种瑰奇的诗美熔铸了毛泽东的思想和实践、人格和个性。”阅读此词，其磅礴雄浑之气，读者自有体会。

蝶恋花①·从汀州②到长沙

六月天兵③征腐恶，万丈长缨④要把鲲鹏缚。赣水那边红一角⑤，偏师借

① 蝶恋花：词牌名，唐代教坊曲，本名“鹊踏枝”。
② 汀州：唐朝时设置的州，今属福建长汀。
③ 天兵：指红军。
④ 缨：绳索。
⑤ 赣水那边一句：指赣西南的赣江流域黄公略率领的红六军（1930 年 7 月改称红三军）所建立的根据地。

重黄公略①。　　百万工农齐踊跃，席卷江西直捣湘和鄂。国际悲歌歌一曲，狂飙为我从天落。

（中共中央文献研究室编：《毛泽东诗词集》，中央文献出版社 1996 年版，第 29 页。）

评析

《蝶恋花·从汀州到长沙》作于 1930 年 7 月。是年秋，以李立三为中心的党中央错误估计了形势，作出“会师武汉，饮马长江”的冒险计划。毛泽东则灵活地从南昌郊县挥师西进，而后逐步进军湖南，为第一次反“围剿”战争打下了基础，引领红军走上了正确的道路。词人在江西行军途中写下此诗，一展豪迈心情。

词人先以正发生之事入诗，然后在研判国内、国际形势之后言志。上阕点明时间、地点、人物、事件和红军具有的底气。六月，红军气势如虹地踏上征讨国民党军阀的道路，不管相隔多远，都势必要将对方缚住。第一、二句以“腐恶”和“鲲鹏”来形容当时国民党军队势力强大的情状，预示接下来的斗争会十分艰难，但即便如此，红军仍将克服困难奋勇前进，有愈挫愈勇之势。第三、四句写不远处的赣江流域红旗飘扬，黄公略正带领红六军奋战驻守。这给了词人和军队底气。下阕拓写国内国际形势，气势更加磅礴。国内，百万工农兵雀跃战斗，革命的浪潮席卷江西，直捣湖南、湖北。国际上，国际歌歌声响起，世界爱好和平的人民逐渐觉醒。结尾句“狂飙为我从天落”尤显大气恢宏，既是作者对自己的鼓劲，更预示红军将在国内国际各种正义力量的加持下对未来的势在必得。

这首词体现了毛泽东战争诗词的豪情壮志，从始至终都凝聚着一股必胜的气势。作为领导者，他需要展现出这样的风貌来带领军队；作为红军中央

① 黄公略：红军将领，湖南湘乡人。1930 年 1 月，黄公略调任红六军军长，在赣西南地区发展革命武装，建立苏维埃政权。同年 7 月与毛泽东会合并接受毛泽东的指挥。

的一员，他也需要坚定自己的信念，让这股豪情支撑自己义无反顾地坚持下去，扭转根据地当时不利的局面。这首诗中展现的丰盈、崇高的精神气象和纯净、伟大的志向，也正是毛泽东诗词历久弥新的内在生命力。

蔡和森

蔡和森（1895—1931），字润寰，号泽膺，湘乡（今属双峰县）人。中国共产党早期领导人，无产阶级革命家。1913 年进入湖南省立第一师范读书，其间，同毛泽东等人一起组织进步团体新民学会，创办《湘江评论》。1921 年加入中国共产党，1922 年起，任中共机关刊物《向导》周报主编。1925 年去苏联，出席共产国际第五届执委会第六次扩大会议，会后任中共驻共产国际代表。1927 年回国，任中共中央秘书长。1931 年因叛徒出卖在香港被捕，于广州英勇就义。著有《社会进化史》等，今辑有《蔡和森文集》。

少年行·北上过洞庭有感

大陆龙蛇起，乾坤①一少年②。
乡国③骚扰尽，风雨送征船。
世乱吾自治，为学志转坚。
从师万里外，访友人文渊。
□□□□□，□□□□□。④
匡复有吾在，与人撑巨艰。
忠诚印寸心，浩然⑤充两间。
虽无鲁阳戈⑥，庶几挽狂澜。

① 乾坤：天地。
② 一少年：作者自指。
③ 乡国：湖南。
④ “□”处为缺句。
⑤ 浩然：指正义感。
⑥ 鲁阳戈：出自《淮南子》：“鲁阳公与韩构难，战酣日暮，援戈而㧑之，日为之反三舍。”后人用鲁阳挥戈来指退敌。这里指自己未掌握军权。

凭舟衡国变①，意志鼓黎元②。

潭州③蔚④人望，洞庭证源泉。

（萧三主编：《革命烈士诗抄》，中国青年出版社 2015 年版，第 68－69 页。原文有改动。）

评析

《少年行·北上过洞庭有感》作于 1918 年。当时杨昌济先生在北京大学任教，他写信给毛泽东，讲到有人发起赴法勤工俭学运动。毛泽东主张要争取赴法勤工俭学的机会，以了解欧洲革命的真实情况。是年 6 月下旬，蔡和森受新民学会会员的委托，从长沙赴北京了解赴法勤工俭学运动的相关事宜。在坐船经过洞庭湖时，广袤开阔的湖水引发了诗人对国内形势的遐想，由是赋此诗，抒发诗人改造社会、振兴中华的爱国思想与壮志豪情。原诗散失，此诗根据诗人亲属刘昂同志的记忆所录。

诗开篇即提到，在纷扰混乱的时代背景下，天地之间走出了一少年，也就是诗人自己。诗人的家乡湖南当时正被北洋军阀傅良佐、张敬尧等统治，成为南北军阀长期拉锯的战场，天灾人祸，战乱不断。面对国内派系“龙蛇起”的局面，诗人俨然立于乾坤之间，在战事的风雨中坐船“出征”，北上从事革命工作，冀望尽微薄之力成就伟业。

“世乱吾自治”一句呼应上文所说的国内战乱，诗人逢“世乱”，却不为其所乱，坚定地在革命道路上探索。不管是去北京拜访昔日老师杨昌济先生还是拜访其他有识之士，诗人都将匡复之重任担于肩上，“撑巨艰”三字生动形象地展现出时代重任之艰巨以及革命党人毅力之顽强。“忠诚印寸心，浩然充两间。虽无鲁阳戈，庶几挽狂澜。凭舟衡国变，意志鼓黎元。”虽然

① 衡国变：衡量国内的变乱。
② 黎元：人民，百姓。
③ 潭州：这里指湖南。
④ 蔚：丰盛繁茂，这里指人才济济。

没有传说中楚国鲁阳公那种能使时间倒转的戈，即没有实际的军权，但诗人怀抱着革命的决心，誓将国内军阀所造成的战乱平定。最后两句笔触重回家乡，“潭州蔚人望，洞庭证源泉”，洞庭湖的烟波浩渺证明了它的源泉深远众多，这正如毛泽东领导的新民学会，人才济济，其背后有着深厚的群众基础，定能壮大成为革命的中坚力量。

此诗虽为“过洞庭有感”，但并未言及洞庭之景和观湖之情。目及美景，诗人心中念及的是国内的政治局面与民生劳苦，怀揣的是一腔报国热血和革命豪情。全诗采用叙事与抒情相结合的方式，塑造了一个充满热血的少年形象，这个少年既是诗人，又何尝不是与诗人一样富有崇高理想的爱国志士呢？

萧三

萧三（1896—1983），原名萧子暲，笔名有天光、埃弥·萧、爱梅等，萧子昇之弟，湘乡人。现代著名诗人、翻译家。曾就读湖南第一师范，与毛泽东同学。其间与萧子昇、毛泽东、蔡和森一起创办“新民学会”。曾主编《革命烈士诗抄》及续编，诗集有《和平之路》《友谊之路》《萧三诗选》和《伏枥集》等。

梅花

过年时节看梅花，
折下一枝带回家。
梅花插在花瓶里，
不怕冰雪再冻它。

热酒一壶客满座，
对梅痛饮作诗歌。
梅花心里暗满足，
冷笑姊妹无幸福。

春头过后雪尽消，
颗颗春梅挂树梢。
回头来看花瓶里，
那枝梅花全枯了。

（《萧三诗选》，人民文学出版社 1985 年版，第 77 页。）

评析

1939 年春，萧三回国投身抗日战争。到延安后他虚心拿出自己的诗作手抄本呈请毛泽东审阅。毛泽东特别赞扬《梅花》一诗“写得好”，鼓励他继续创作更多富有战斗力的好作品。至于《梅花》诗好在哪里，毛泽东没有明言。

萧三一生喜欢梅花，崇尚梅花的高尚品节，在苏联期间所用笔名“埃弥·萧”，“埃弥”即是“爱梅”的谐音。《梅花》诗用对比、拟人手法，明写瓶中梅，暗咏雪中梅，通过两者的不同命运，揭示了一种生活的哲理。诗的前两段写作者本着爱梅之心、护梅之意，折下一枝梅花带回家，呼朋引客赏梅作诗，而瓶中独梅对于自己的处境也非常满足，甚至“冷笑”她的姊妹们没有这种幸福。诗的最后一段笔锋一转，写春天到来后，冰雪消融，窗外“颗颗春梅挂树梢”，屋内的瓶中独梅却“全枯了”。雪中梅傲风斗雪，不畏艰难，具有顽强的生命力。瓶中梅贪图安逸，企图独善其身，却无法避免枯萎的厄运。全诗语言朴实自然，口语化的描述蕴含着深刻的哲理。

田汉

田汉（1898—1968），原名寿昌，长沙人。现代著名戏剧作家、诗人、戏剧活动家。早年留学日本，曾参与组织创造社，创办《南国半月刊》，组织南国电影剧社。1930 年加入“左联”。代表作有《获虎之夜》、《名优之死》、《丽人行》、《关汉卿》、《义勇军进行曲》（歌词）等。

毕业歌

同学们！大家起来！
担负起天下的兴亡！
听吧！满耳是大众的嗟伤；
看吧！一年年国土的沦丧。
我们是要选择战还是降？
我们要做主人去拼死在疆场，
我们不愿做奴隶而青云直上！
我们今天是桃李芬芳，
明天是社会的栋梁；
我们今天是弦歌在一堂
明天要掀起民族自救的巨浪！
巨浪，巨浪，
不断地增长！
同学们！同学们！
快拿出力量，
担负起天下的兴亡！

（《田汉全集》第十一卷，花山文艺出版社 2000 年版，第 121 页。）

评析

《毕业歌》作于1934年9月，是田汉为电影《桃李劫》创作的插曲。《桃李劫》描写“九一八”事变后，两个新毕业的青年学生参加工作因理想不能实现落得家破人亡的故事，《毕业歌》是影片中青年学生毕业前欢聚一堂时唱的一首歌。

“九一八”事变后，日本占领东北全境，中华民族日益面临亡国灭种的危险，抗日救亡运动在全国蓬勃兴起。田汉的这首歌就是一首典型的抗战歌曲。诗人目睹“一年年国土的沦丧”，“满耳是大众的嗟伤”，带领广大学生高唱“我们今天是桃李芬芳，明天是社会的栋梁”，“我们要做主人去拼死在疆场”，呼吁同学们团结起来“担负起天下的兴亡”。整首诗语言明白如话，句式自由变换，感情激越奔放，将一代青年的爱国热情抒写得淋漓尽致。影片播映后，《毕业歌》唱遍了大江南北，深受广大群众特别是青年学生的喜爱，激励了无数青年学生投身革命的热潮，在中国革命进程中产生了巨大影响。

刘梦苇

刘梦苇（1900—1926），原名刘国钧，笔名有刘梦苇、梦苇等，安乡人。1920年入长沙第一师范学校读书，参与组织无政府主义核心组织“安社”。新月诗派的主要发起人之一。其诗歌创作数量不多，但现代新格律诗的建立，从理论倡导到形式的实践，都与他有着密切的关系。著有《孤鸿集》。

铁路行

我们是铁路上面的行人，
爱情正如两条铁轨平行。
许多的枕木将它们牵连，
却又好像在将它们离间。

我们的前方像很有希望，
平行的爱轨可继续添长：
远远看见前面已经交抱，
我们便努力向那儿奔跑。

我们奔跑到交抱的地方，
那铁轨还不是同前一样？
遥望前面又是相合未分，
便又勇猛的向那儿前进。

爱人只要前面还有希望，

只要爱情和希望样延长：
誓与你永远的向前驰驱，
直达这平行的爱轨尽处。

（蓝棣之编选：《新月派诗选》，人民文学出版社 2002 年版，第 355-356 页。原文有改动。）

评析

刘梦苇是中国新月诗派的主要发起人之一，其诗歌题材主要包括爱情和革命两方面。《铁路行》是一首爱情诗，颇能体现诗人对诗歌内容和形式的完美处理。内容方面，全诗以“铁轨”作为爱情的整体比喻，“枕木”将平行的爱情“牵连”，又将它们“离间”，“远远看见前面已经交抱”，却还是“同前一样”，“遥望前面又是相合未分”，情感的表达呈现出“二落三起”，将初恋中的少男少女欲合还分、若即若离的心境表现得别致而精妙。诗中，冷冰冰的铁轨一开始就给诗歌涂上了一层黯淡的冷色调。诗人借平行的铁轨抒写爱情无望之痛苦，但“只要爱情和希望样延长”，最终还是表达了对“希望”的坚持与追索。形式方面，全诗共四节，每节都是四句，体现了“节的匀称”和“句的均齐”，具有“建筑美”。两句一换韵，押韵工整自然，富于节奏感和音韵性，又具有“音乐美”。全诗以“铁轨”意象为中心展开描写，不旁生枝节，整体意境十分和谐，则体现出“绘画美”。

沈从文在《谈朗诵诗》中曾评价《铁路行》是那种“能看能读的试验中写成的”诗。此诗最早发表于《晨报副刊·诗镌》第二号（1926 年 4 月 8 日），发表后诗人仍在继续修正，并在该刊第三号上刊登“更正”启事，出于音乐美角度的考虑，将第三节的“铁轨”改为“轨道”。作为现代新诗形式运动的先锋，这首诗可以代表刘梦苇在现代格律诗形式探索上的成就。

最后的坚决

今天我才认识了命运底颜色，
——可爱的姑娘，请您用心听；
不再把我的话儿当风声！——
今天我要表示这最后的坚决。

我的命运有一面颜色红如血；
——可爱的姑娘，请您看分明，
不跟瞧我的信般不留神！——
我的命运有一面颜色黑如墨。

那血色是人生底幸福的光泽；
——可爱的姑娘，请为我鉴定，
莫谓这不干您什么事情！——
那墨色是人生的悲惨的情节。

您的爱给了我才有生的喜悦；
——可爱的姑娘，请与我怜悯，
莫要把人命看同鹅绒轻！——
您的爱不给我便是死的了结。

假使您心冷如铁的将我拒绝；
——可爱的姑娘，这您太无情，
但也算替我决定了命运！——
假使您忍心见我命运的昏黑。

这倒强似有时待我夏日般热；
——可爱的姑娘！有什么定准？
倘上帝特令您来作弄人！——
这倒强似有时待我如岭上雪。

（蓝棣之编选：《新月派诗选》，人民文学出版社 2002 年版，第 356-358 页。）

评析

《最后的坚决》发表于 1926 年 4 月 22 日《晨报副刊·诗镌》第四号，是刘梦苇爱情诗的代表作。较之《铁路行》，这首诗更具有一种杜鹃啼血般的悲苦特色，反映了诗人所信守的唯爱主义。全诗可分为两层。第一至三节为第一层。诗人自白“今天我才认识了命运底颜色”，一面是“红如血”的“人生底幸福的光泽”，一面是“黑如墨”的“人生的悲惨的情节”。红与黑，血与墨，幸福与悲惨，对比鲜明的用词，感情色彩浓重，情感极具冲突性，表达了作者“非爱即死”的极端观念。第四至六节为第二层。诗人反复向心中理想的姑娘倾诉爱情，将自己的命运交由心爱的姑娘来决定。不管是“生的喜悦”，还是“死的了结”，他认为都强似“有时待我夏日般热”“有时待我如岭上雪”的摇摆不定。哪怕是“心冷如铁的将我拒绝”“也算替我决定了命运”，这就是他所谓的“最后的坚决”。刘梦苇短暂的一生基本上是在四处漂泊与贫病交加中度过的，他迷惑于人生的短暂与虚幻，常常退守到狭隘的爱情世界里，以此作为精神的寄托。由于身世悲苦，生活惨淡，他的爱情诗大多也织染着一种悲苦的颜色。

朱湘

朱湘（1904—1933），字子沅，原籍安徽太湖，生于湖南沅陵。现代著名诗人、散文家。1921 年在清华大学读书时开始新诗创作，1925 年出版第一本诗集《夏天》。1927 至 1929 年留学美国，回国后任教于安徽大学外文系。1933 年 12 月 5 日，在从上海到南京的客轮上跳水自杀。著有诗集《夏天》《草莽》和《石门集》。

葬我

葬我在荷花池内，
耳边有水蚓拖声，
在绿荷叶的灯上，
萤火虫时暗时明——

葬我在马缨花下，
永作着芬芳的梦——
葬我在泰山之巅，
风声呜咽过孤松——

不然，就烧我成灰，
投入泛滥的春江，
与落花一同漂去
无人知道的地方。

（赵家璧：《中国新文学大系·诗集》，上海良友图书公司 1935 年版，第 295-296 页。）

评析

诗以“葬我”为题，乍看令人瞠目结舌。当时的诗人正值青春年华，却对死后的归宿如此关注，这种悲情的产生既源于诗人与生俱来的忧郁气质，也与其现实处境和社会现状密切相关。诗人时时为人生和祖国的命运感到焦虑，对生命的终极意义始终抱着一种价值关怀，正是这个原因，他对死后的归宿才会产生如此丰富的想象。时而想象自己葬于“荷花池内”，时而又希望葬于“马缨花下”或“泰山之巅”，好让自己与自然同存，与山水虫草为伴，“永作着芬芳的梦”。但是，在诗的最后一段，诗人笔锋一转，又甘愿死后烧成灰烬，投进滚滚春江，与落花为伴，飘去“无人知道的地方”。转瞬间，诗人的想法出现这么大的变化，表明他对生命意义的思考转向了一个新的角度。或许在他看来，既然活着不能实现自己的梦想，死后如果能挣脱一切束缚，获得真正的自由，也是对生命最好的慰藉。更令人感到悲伤的是，这句话竟然成为谶语。1933 年 12 月 5 日，在上海至南京的客轮上，诗人真的投进滚滚长江，实现了他在《葬我》中的设想。朱湘死后，鲁迅称之为中国的济慈。罗念生说：“英国的济慈是不死的，中国的济慈也是不死的。”

采莲曲

小船啊轻飘，
杨柳呀风里颠摇；
荷叶呀翠盖，
荷花呀人样娇娆。
日落，

微波，
金线闪动过小河，
左行，
右撑，
莲舟上扬起歌声。

菡萏①呀半开，
蜂蝶呀不许轻来；
绿水呀相伴，
清净呀不染尘埃。
溪间，
采莲，
水珠滑走过荷钱②。
拍紧，
拍轻，
桨声应答着歌声。

藕心呀丝长，
羞涩呀水底深藏：
不见呀蚕茧，
丝多呀蛹裹中央？
溪头，
采藕，

① 菡萏（hàn dàn）：古人称未开的荷花为菡萏，即花苞。
② 荷钱：状如铜钱的初生的小荷叶。

女郎要采又夷犹①。

波沉，

波升，

波上抑扬着歌声。

莲蓬呀子多，

两岸呀榴树婆娑；

喜鹊呀喧噪，

榴花呀落上新罗。

溪中，

采莲，

耳鬓边晕着微红。

风定，

风生，

风飔②荡漾着歌声。

升了呀月钩，

明了呀织女牵牛；

薄雾呀拂水，

凉风呀飘去莲舟。

花芳，

衣香，

消溶入一片苍茫；

① 夷犹：犹豫迟疑不前，也作“夷由”。

② 风飔（sī）：凉风。

时静，

时闻，

虚空里袅着歌音。

（徐正华主编：《中国新诗百年精选》，百花洲文艺出版社 2019 年版，第 32-33 页。）

评析

全诗共五节，以写景为主，借景以抒情。景物描写鲜活如画：落日把荷池染红，晚风把岸边的金柳拂醉，一叶小舟袅着歌声来采撷莲藕。菡萏半开时，已惹来几只蜂蝶，一同穿越于碧绿的莲叶间。采莲人娇羞的情感，宛若深藏水底的藕心，缠绵的思念甜美悠长。婆娑榴树间，喜鹊喧噪榴花落，惹得采莲人耳鬓微微晕红。淡淡的月钩升起来了，织女牵牛星变得明亮了，和苍茫的水雾交汇在一起，最后都消融于苍茫的夜色中。

诗中所创造的独特意境，体现了诗人对人生意义的领悟。波沉波升、风定风生，最终都“消溶入一片苍茫”，只剩下“虚空里袅着歌音”。看上去平和宁静的生活，实际上只是一种虚幻的理想。这是诗人对冷酷人生的逃避，是理想消融后苍茫的虚空。而越是逃避，越是感到虚空无力，诗人就越眷念采莲女那张扬着生命活力的纯真情感，于是点染出这么一幅充满诗情画意的江南采莲图。

朱湘的诗歌注重格律形式，极讲究字数、韵脚和声调的变化，且善于融化旧诗词，诗句精练有力而常含哲理，显得字少而意远。《采莲曲》节奏优美舒缓，格调恬然，诗体“变中求齐”，每一节句式参差错落，而各节之间又齐整划一，特别是“左行”“右撑”等两字一行句式的夹用，更使得全诗形如少女般明媚无邪，诗情在形式的匀称中能够流动变化。

吕亮耕

吕亮耕（1914—1974），别号恢畲，笔名素心、朱颜、黄河清、上官柳等，益阳人。现代派诗人。1937 年与力扬、常任侠等在长沙合编《抗战日报》副刊《诗歌战线》，还曾参与创办《中国诗艺》，作品有《金筑集》《吕亮耕诗选》等。

江南曲

记取在离散的日子里，
曾把晶莹的眼泪投给湖波，
曾把惜别的眼色投给湖波，
负起行囊，我告别——
横塘十里的湖面，
笼烟十里的湖堤。
湖堤上
袅袅的柳丝揖送远行人；
（昔日我伫足长堤上
攀折柳丝送别远行人）
而仓皇临闲道
只剩春风吹柳丝送我。
我远去，像给长风
吹走的一朵飞蓬①，
飞越重重的关山，

① 飞蓬：遇风飞旋的蓬草。

走到更远更远的地方。
担负起苦痛的记忆，
从此阔别温柔的乡土！
……而今又是春天，
（一度，两度，三度——）
苦涩的记忆像春草，
蓬勃地茁起新芽，
我在咀嚼这苦涩的记忆。
我在咀嚼这别离的滋味。
当我忆取春天的江南，
江南的风光——
我的乡愁是激越地
像春水一寸寸高涨！
啊，莺啼时节
故乡的湖水想也涨得满满的：
正好打起棹桨，
荡走一叶叶画舫
穿梭在六桥烟波间；
修长的湖堤上
柳枝正抽出黄绿，
桃枝上绽放蕾头；
燕子呢喃着，
剪掠水面，剪掠花间，
剪掠在晴光袅袅的长天——
长天如染，远山如画，

处处峰峦摇曳着翠微①；
记忆里的良辰美景，
而今尽付与逝水和烟云！
啊，江南，我怀念你，
我遥祝勇敢的弟兄，
像长风样奔赴你，
像怒潮样扑向你，
驱走野心的豺狼，
再造江南的春日！

（《吕亮耕诗选》，湖南文艺出版社1989年版，第65-67页。）

评析

《江南曲》创作于20世纪30年代末，抒发了诗人对沦陷于日寇铁蹄下的江南故乡的深沉思念，是吕亮耕抗战时期抒情诗的代表作。全诗分为两层。第一层从开篇“记取在离散的日子里”到“我在咀嚼这别离的滋味”。诗人回忆多年前的一个春天，自己负起行囊阔别温柔的乡土，把“晶莹的眼泪”“惜别的眼色”投给湖波，“走到更远更远的地方”，从此“担负起苦痛的记忆”。如今又逢春天，阔别之景历历在目，惜别之情萦绕于心。第二层从“当我忆取春天的江南，江南的风光——”至结尾。在诗人的记忆里，春天的江南，草长莺飞，满满的湖水里荡着一叶叶画舫，修长的湖堤上，柳枝抽着黄绿，桃枝绽放着蕾头，燕子呢喃着剪掠水面，“长天如染，远山如画，处处峰峦摇曳着翠微”，一切是那样的美丽迷人！接着，笔锋一转，诗人想起自己的故乡正处于日寇铁蹄的蹂躏之下，止不住叹息这一切美景，“而今尽付与逝水和烟云”。前后强烈的情感反差抒发了诗人对祖国河山的热爱及对祖国命运的担忧。诗的结尾，诗人“遥祝勇敢的弟兄，像长风样奔赴你，

① 翠微：青翠的山色。

像怒潮样扑向你，驱走野心的豺狼，再造江南的春日”。这是对故乡未来的祝愿，也是对抗日勇士的召唤，其中包含着诗人抗战必胜的信心。

吕亮耕的抒情诗从容不迫、情思饱满而又富有想象力，具有鲜明的时代特色。《江南曲》寓情于景，语涉双关，诗中大部分自然景物具有双重内涵，既是美丽山水的诗意描写，又象征着民族的生存状态。与此相对应，诗人内心潜藏的苦痛也被赋予了双重含义，既有对故乡山河的热爱，也包含着对人民不幸命运的关怀。

宝剑篇——赠壮士

也许你听了宝剑匣鸣，
遂卷起无边壮心；
犹如远天的鼙鼓①，
在催促慷慨的长征。

你看流苏②摇着夜光，
织着锦样的绮文，
难道你忍看英华蚀尽，
任宝剑无用地尘封？

你不见干戈在呼召国魂？
披起戎衣，好投入厮杀的前队。

① 鼙鼓：大鼓和小鼓。指战鼓。
② 流苏：下垂的穗子，用五彩羽毛或丝线制成。这里指剑穗。

挥一挥剑：寒光摇落星斗，
也摇落三岛儿①双双的眼泪！

如果我为你勒剑铭，则为“干将”②；
——不斩倭奴誓不还！
如果我为你勘剑誓，则为“莫邪”；
——倭奴未灭不为家！

（《吕亮耕诗选》，湖南文艺出版社 1989 年版，第 11 页。）

评析

《宝剑篇》发表于 1938 年 4 月 22 日长沙《抗战日报》副刊《诗歌战线》第六期，全诗采用第一人称语气，假借主人公（“我”）向壮士（“你”）的四次喊话，呼唤抗日将士拿起武器英勇杀敌，是一首典型的政治鼓动诗。

全诗共四节。前三节写主人公对壮士的三次呼唤，语气一次比一次急切严厉。第一节诗人呼唤壮士听宝剑匣鸣，试图以此卷起他“无边壮心”，催促壮士慷慨地出征。第二节诗人呼唤壮士看宝剑的“流苏摇着夜光”，反问他：“难道你忍看英华蚀尽，任宝剑无用地尘封?”第三节紧承第二节，继续责问壮士，“你不见干戈在呼召国魂?”呼吁他赶快披起戎衣，挥剑“摇落三岛儿双双的眼泪”。第四节假设自己为壮士“勒剑铭”“勘剑誓”，鼓励壮士“不斩倭奴誓不还”“倭奴未灭不为家”。全诗从头至尾，依次围绕匣中剑鸣、剑穗、剑气、剑铭和剑誓等意象展开抒情，语言干净利落，诗情饱满豪迈，极具鼓动性。

① 三岛儿：指日本侵略者。
② 勒：雕刻。干将：与下文的“莫邪”，均为古代宝剑名。据《搜神记》：春秋时吴国造剑名匠干将与其妻莫邪奉命为楚王铸成宝剑两把，一曰干将，一曰莫邪。后泛指宝剑。

陈辉

陈辉（1920—1945），原名吴盛辉，常德人。抗日烈士，诗人。1937年加入中国共产党。抗日战争爆发后奔赴延安，入延安抗大学习，后到晋察冀边区新华通讯社工作，在《晋察冀日报》《群众文化》《诗建设》等抗日根据地报刊上发表诗作一万余行。1945年2月因叛徒告密，遭敌包围，壮烈牺牲。1958年作家出版社出版其诗集《十月的歌》。

为祖国而歌

我，
埋怨，
我不是一个琴师。

祖国呵，
因为
我是属于你的，
一个大手大脚的
劳动人民的儿子。

我深深地
深深地
爱你！
我呵，
却不能，

像高唱马赛曲①的歌手一样，
在火热的阳光下，
在那巴黎公社战斗的街垒旁，
拨动六弦琴丝，
让它吐出
震动世界的，
人类的第一首
最美的歌曲，
作为我
对你的祝词。

我也不会
骑在牛背上，
弄着短笛。
也不会呵，
在八月的禾场上，
把竹箫举起，
轻轻地
轻轻地吹；
让箫声
飘过泥墙，
落在河边的柳荫里。

然而，
当我抬起头来，

① 马赛曲：法国国歌。

瞧见了你，
我的祖国的
那高蓝的天空，
那辽阔的原野，
那天边的白云
悠悠地飘过，
或是
那红色的小花，
笑眯眯的
从石缝里站起。
我的心啊，
多么兴奋，
有如我的家乡，
那苗族的女郎，
在明朗的八月之夜，
疯狂地跳在一个节拍上，
…………

我的祖国呵，
我是属于你的，
一个紫黑色的
年轻的战士。

当我背起我的
那支陈旧的“老毛瑟”，
从平原走过，
望见了

敌人的黑色的炮楼，
和那炮楼上
飘扬的血腥的红膏药旗，
我的血呵，
它激荡，
有如关外
那积雪深深的草原里，
大风暴似的，
急驰而来的，
祖国的健儿们的铁骑……
祖国呵，
你以爱情的乳浆，
养育了我；
而我，
也将以我的血肉，
守卫你啊！

也许明天，
我会倒下；
也许
在砍杀之际，
敌人的枪尖，
戳穿了我的肚皮；
也许吧，
我将无言地死在绞架上，
或者被敌人
投进狗场。

看啊，
那凶恶的狼狗，
磨着牙尖，
眼里吐出
绿色莹莹的光……

祖国呵，
在敌人的屠刀下，
我不会滴一滴眼泪，
我高笑，
因为呵，
我——
你的大手大脚的儿子，
你的守卫者，
他的生命，
给你留下了一首
崇高的“赞美词”。
我高歌，
祖国呵，
在埋着我的骨骼的黄土堆上，
也将有爱情的花儿生长。

1942 年 8 月 10 日，初稿于八渡。

（萧三主编：《革命烈士诗抄》，中国青年出版社 2015 年版，第 139－144 页。）

评析

陈辉是一位战士诗人，他的诗歌是他战斗生活的记录。诗人曾经这样表白："深入地接触生活，投入斗争，把新的血的战争的现实写入诗里，我要给诗以火星一样的句子，大风暴一样的声音，炸弹炸裂的旋律，火辣辣的情感，粗壮的节拍，为了更好地为世界、为斗争着的世界而歌唱!"田间在为其诗集《十月的歌》所写的序中称赞"陈辉是'十月革命的孩子'"，"他手上拿的是枪、手榴弹和诗。他年轻的一生，完全投入了战斗，为人民、为祖国、为世界，写下了一首崇高的赞美词"。

《为祖国而歌》作于1942年8月，是一首典型的抒情诗。诗中，诗人称自己是属于祖国的"一个大手大脚的劳动人民的儿子"，"一个紫黑色的年轻的战士"。作为劳动人民的儿子，他埋怨自己不是一个琴师，不能像歌唱《马赛曲》的歌手一样，拨动六弦琴丝，或者骑在牛背上奏响短笛，为伟大的祖国纵情歌唱。但是，当他看到祖国的大好河山，"八月的禾场""河边的柳荫"，乃至"辽阔的原野""红色的小花"，心中的兴奋有如家乡"苗族的女郎"，在明朗的八月之夜疯狂地起舞。作为一个年轻的战士，诗人决心以自己的血肉保卫祖国，不惧敌人的枪尖刺穿肚皮。全诗抒情悲壮慷慨，具有强烈的感染力和鼓动性。

参考文献

［1］洪兴祖. 楚辞补注［M］. 白化文，许德楠，李如鸾，等点校. 北京：中华书局，2006.

［2］龚克昌. 全汉赋评注［M］. 石家庄：花山文艺出版社，2003.

［3］严可均. 全上古三代秦汉三国六朝文［M］. 北京：中华书局，1958.

［4］邓显鹤. 沅湘耆旧集［M］. 欧阳楠，点校. 长沙：岳麓书社，2007.

［5］吴泽顺. 陶渊明集［M］. 长沙：岳麓书社，1996.

［6］彭定求. 全唐诗［M］. 北京：中华书局，1960.

［7］董诰，等. 全唐文［M］. 北京：中华书局，1983.

［8］刘禹锡. 刘禹锡集笺证［M］. 瞿蜕园，笺证. 上海：上海古籍出版社，2021.

［9］曾枣庄，刘琳. 全宋文［M］. 上海：上海辞书出版社，2006.

［10］唐圭璋. 全宋词［M］. 北京：中华书局，1965.

［11］宋诗钞［M］. 吴之振，吕留良，吴自牧选；管庭芬，蒋光煦补. 北京：中华书局，1986.

［12］冯子振，李祁. 海粟集辑存［M］. 长沙：岳麓书社，2009.

［13］李修生. 全元文［M］. 南京：江苏古籍出版社，1998.

［14］永瑢，纪昀，等. 四库全书［M］. 上海：上海古籍出版社，2003.

［15］李东阳. 李东阳集［M］. 周寅宾，钱振民，校点. 长沙：岳麓书社，2008.

［16］江盈科. 江盈科集［M］. 黄仁生，辑校. 长沙：岳麓书社，2008.

［17］王夫之. 船山全书［M］. 长沙：岳麓书社，2011.

［18］叶恭绰. 全清词钞［M］. 北京：中华书局，2019.

［19］谢振定. 知耻斋诗集［M］. 道光刻本.

［20］周有声. 东冈诗剩［M］. 嘉庆二十年刻本.

［21］邓显鹤. 南村草堂诗钞［M］. 弘征，点校. 长沙：岳麓书社，2008.

［22］陶澍. 陶文毅公全集［M］. 道光二十年两淮淮北士民刻本.

［23］中华书局编辑部编. 魏源集［M］. 北京：中华书局，2009.

［24］何绍基. 何绍基诗文集［M］. 龙震球，何书置，校点. 长沙：岳麓书社，2008.

［25］《续修四库全书》编纂委员，编. 续修四库全书［M］. 上海：上海古籍出版社，1996.

［26］罗泽南. 罗泽南集［M］. 长沙：岳麓书社，2010.

［27］曾国藩. 曾国藩全集［M］. 北京：中华书局，2018.

［28］丁力，选注；乔斯，补注. 清诗选［M］. 长沙：湖南人民出版社，1985.

［29］易佩绅. 函楼诗钞［M］. 光绪刻本.

［30］《谭嗣同集》整理组. 谭嗣同集［M］. 杭州：浙江古籍出版社，2018.

［31］左宗棠. 左宗棠全集［M］. 刘泱泱，等校点. 长沙：岳麓书社，2009.

［32］徐世昌. 清诗汇［M］. 北京：北京出版社，1996.

［33］王闿运. 湘绮楼诗文集［M］. 长沙：岳麓书社，2008.

［34］易顺鼎. 琴志楼诗集［M］. 王飙，校点. 上海：上海古籍出版社，2004.

［35］彭玉麟. 彭玉麟集［M］. 梁绍辉，刘志盛，任光亮，等校点. 长沙：岳麓书社，2008.

［36］李希圣. 李希圣集［M］. 上海：华东师范大学出版社，2011.

［37］何绍基. 何绍基诗文集［M］. 龙震球，何书置，校点. 长沙：岳麓书社，2008.

［38］曾广钧. 环天室诗后集［M］. 宣统刻本.

［39］刘晴波. 杨度集［M］. 长沙：湖南人民出版社，1986.

［40］毛注青. 黄兴年谱长编［M］. 北京：中华书局，1991.

［41］蓝棣之. 新月派诗选［M］. 北京：人民文学出版社，2009.

［42］吕亮耕. 吕亮耕诗选［M］. 长沙：湖南文艺出版社，2022.

［43］萧三. 革命烈士诗抄［M］. 北京：中国青年出版社，2015.

［44］中共中央文献研究室. 毛泽东诗词集［M］. 北京：中央文献出版社，1996.

［45］田汉. 田汉全集［M］. 石家庄：花山文艺出版社，2000.

［46］萧三. 萧三诗选［M］. 北京：人民文学出版社，1985.

后记

时光荏苒。

“湖湘文化名著读本”丛书出版已经十年了。犹记那时，总主编朱汉民先生将文学卷的编著任务交与再华先生时，再华和我是犹豫的。其时他已抱恙在身，手头既定的工作也多，但终是应承下来。作为编著者的初心、愿景及成书的过程，再华都记叙在初版的前言里。

近一年来，总有朋友问起《湖湘文化名著读本 文学卷》再版的进展。我说自己还在不断与同行同道商量如何打磨和拓展过去的整理与研究。这么说是对于朋友各种关心的宽解，也是对编辑忙里忙外种种委婉催促的回复，但更多的是想要有一段时间让自己重新浸润到湖湘文学作品和文化脉络中去。

我最早写湖湘文化方面的文章，应该是在2000年，选题是《郭步韫与郭氏闺秀诗人》。此前几年写过一些女性文学的豆腐块，记得其中有《小女人散文　大时代精神》一篇是应《南方周末》的约稿。写郭步韫是基于此前对于女性文学的热爱和思考，没想到因为郭步韫这位既细腻于“春来点点泛波心”，又慷慨于“凭他无限风涛恶，只可高低不可沉”的湘潭“女博士”而更加感性地爱上了湖湘文化。从本科毕业论文《王国维与西方文化》，到硕士论文《德克·卜德研究三题》，再到博士论文《十九世纪英文期刊儒学译介与研究述评》；从学术论文《论朱子学在英语世界的最早传播与研究》《十九世纪"理"概念英译的演进与实践》《二十世纪"理"概念英译的实践与争论》《信、证、释：中国上古帝王形象在近代西方大众化传播的历史研究》，到专著《十九世纪英文期刊儒学译介与传播研究》，再到国家社科基金《德克·卜德与二十世纪美国汉学研究》和《缺席与在场：十九世纪英文期刊儒学译介与传播研究》……我都始终尝试在理论研究和中华文化国际传播实践中探寻和论证中华文明在世界文明中的存在和影响，思考中华文化国际传播的有效入口。

去年仲夏到今年初春，因为准备一个外译项目，我们项目组一直沉浸在"中华文化如何得以形成一个没有中断、源远流长的独特系统"这一开放性的宏大话题中。大家一致认为，从中国思想文化的独特性及特定地域作用出发，应该是探寻中华文化保持恒长生命力原因的一个重要路径。湖湘文学是湖湘文化在中华文化演化序列中存在的重要样态，在古与今、整体与区域的时空坐标下，对湖湘文学中的原创精品展开注释与赏析，也应是提升中华优秀传统文化影响力、传播力和传承力的有效手段。

经过近一年时间，《湖湘文化名著读本　文学卷》的修订工作基本完成，面对眼前这部重新修订后即将付梓的书稿，抚今追昔，感怀良多。回望来路，不只是自我感怀，更是湖湘文化作为中华文化的优秀典范进入中华文化传承发展系统工程的历程。对此，丛书总序和本书前言已有不同视野的说明。此不赘。

本书是我们与学生集体合作的成果。全书初版篇目由冉华先生选定，雷洁、王静两位研究生同学负责材料搜集和原文录入，并对入选作品作了初注。作品赏析主要由冉华撰写，我与孩子以倾听和赞美的方式时加切磋。原版所有注释冉华逐一做了审核，增删补充，力求准确。这次修订，除了对原版逐篇逐页逐字核校之外，还增选了部分体现“毛蔡风神”和湖湘古典文化之当代传播意义指向的文章，如屈原《离骚》、王昌龄《送柴侍御》、毛泽东《蝶恋花·从汀州到长沙》和蔡和森《少年行——北上过洞庭有感》等篇目。承蒙湖南大学文学院向铁生兄、翟新民兄和岳麓书院张科兄在通读了初版之后，给出了不少增选建议，在此特别致谢。增选篇目的注释与赏析由我和顾廷语共同完成。修订的过程中我几度泪满衫袖搁笔不前，但如果就此当逃兵的话，这可不是再华先生一直以来所秉持的勤学乐学并乐活的精神所乐见的状态。所以，终于在今年春暖花开即将花果满枝丫的季节完稿。由于学力所限，加以初选和补选作品大多数是初次作注，没有前人的成果可以参考，书中注释和赏析文字肯定有错误。忝为师长，我们对此要负全部的责任。恳请广大专家和读者朋友不吝指正。

此书无形中记录了我们曾经走过的难忘岁月。初版时雷洁、王静还是研究生，重版时已经分别在管理和教育领域挑大梁，而廷语将完成在岳麓书院的学业赴华东师范大学深造，且有了自己不大不小的学术抱负。初版时孩子宽宽刚刚步入大学，此次重版之际恰逢孩子博士毕业步入职场一年整。时隔十年，孩子对于当年我们在家中将餐桌和书桌连拼起来摆放资料和文稿、父亲一边写一边念给我们听的情景记忆犹新。再华当时说：“文字是表达思想的，好的文字应该可以拿来诵读，而听者能获得思与美的享受，所以好的文章和成功的谈话一样，应该说理周全而辞气谦和。”在孩子求学、求职、履职的历程中，父亲的这番话仿佛一直透过湘水烟波浸润并赋能于孩子的心灵深处。学生们和孩子欣闻当年艰苦条件下精细编著而成的读本即将修订再版的消息时，都表达出他们其实早已有了用自己挣下来的工资推出新版的想法。我想，学生们和孩子这样的表达，有着对于当年那么为此奉献的人超越师生个人情谊与亲情的尊敬与怀念，更有着对此书发自内心的喜爱。中宣部云海兄、出版界资深编辑黄松毅女士和企业界的一些朋友一看这个选题与体例就赞其有价值。种种情形，让我们深感垂青湖湘文学、喜爱传统文化的群体其实跨越了年龄阶段和专业界限。

最后，还要感谢湖南大学出版社李文邦社长、邹彬主任和王桂贞、李婷、周文娟编辑，为本书的修订再版所付出的努力和劳动。

谨以此书纪念我们一起走过的难忘岁月。

谨以此书献给支持我们前行的家人和亲友。家人们善良朴实勤奋上进的氛围和人格魅力一直砥砺我们勤学、乐学、乐活。希望此书能成为大家的乐见。

蔡慧清

2024 年 9 月 11 日于岳麓山下胜利斋